Mastering
워드프레스
실전 사이트 제작북

Mastering
워드프레스
실전 사이트 제작북

초판 1쇄 발행 · 2014년 04월 05일
지은이 · 황홍식, 황현정, 김기원, 허지호
펴낸이 · 조주연
펴낸곳 · 앤써북
출판등록 · 제 382-2012-00007 호
주소 · 경기도 고양시 일산 서구 가좌동 565번지
전화 · 070-8877-4177
FAX · 02-2275-3371

정가 · 22,000원
ISBN · 979-11-85553-02-3 13000

이 책의 일부 혹은 전체 내용을 무단 복사, 복제, 전재하는 것은 저작권법에 저촉됩니다.
본문 중에서 일부 인용한 모든 프로그램은 각 개발사(개발자)와 공급사에 의해 그 권리를
보호하고 있습니다.

도서문의 · 앤써북 http://www.answerbook.co.kr

앤써북은 독자 여러분의 의견에 항상 귀기울이고 있습니다.

머리말

2012년 1월 국내 최대 워드프레스 커뮤니티 탄생!
회원 수 17,000명, 카페 게시글 40,000건(2014년 3월기준)의 국내 최대 워드프레스 커뮤니티 '워드프레스 홈페이지(http://cafe.naver.com/wphome)' 카페가 2012년 1월 개설 이후 워드프레스에 관한 다양한 정보를 공유하기 시작! 그 동안 약 2,000명이 수강한 워드프레스 강좌(초급, 중급, SEO, 쇼핑몰 등)와 정모, 스터디 등 수백 회의 모임을 통해 온오프라인에서 워드프레스 전문가와 수많은 국내 워드프레스 사이트들을 생성시켰습니다. 이제 카페를 뛰어넘어 대한민국을 대표하는 워드프레스 포털 사이트 워드프레스앤(www.wordpressn.com)을 통해 사이트제작, 워드프레스 tip 정보, 국내외 워드프레스 사이트 소개 등 다양한 정보를 제공하는 워드프레스 커뮤니티로 계속 성장해 나갈 것입니다.

카페 회원들에게 가장 인기 있는 테마 7개 선발 - 세 번째 책 탄생!
약 2년간 카페회원들의 온 오프라인의 경험을 바탕으로 회원들이 가장 원하는 홈페이지들을 분석해 보니 인기테마는 역시 회사 홈페이지였고, 두 번째는 자신의 작품을 소개하는 포트폴리오 홈페이지가 많았습니다. 세 번째는 개인 홈페이지와 개인 블로그 네 번째는 커뮤니티 사이트였습니다.
따라서, '워드프레스홈페이지' 카페의 3번째 책은 바로 '워드프레스 실전 사이트 제작북'이 탄생하게 되었고 위의 4가지 주제와 최근 제작의뢰가 많은 음식점 홈페이지를 추가해 총 5개의 주제를 바탕으로 가장 인기 있고 구축하기 쉬운 7개의 무료/유료테마를 선정해서 출간을 하게 되었습니다.

이 책은 어렵나요? 아닙니다! 초급에 가까운 책! 멋있는 홈페이지가 뚝딱!
이번 워드프레스 실전 사이트 제작북은 초급과 중급의 중간수준이라고 할 수 있는데 굳이 따지자면 초급에 더 가까운 책이라고 할 수 있습니다. 따라서 워드프레스 초급을 마스터하면 쉽게 이해할 수 있을 겁니다. 특히, 이번 책은 최근 3년간 전세계에서 가장 인기 있는 테마로 자리를 확고히 하고 있는 3장의 'AVADA 테마로 회사 홈페이지 만들기', 6장의 'Jarvis 테마로 포트폴리오 만들기'는 여러분들이 책을 보고 사이트를 완성하면 감탄할 정도로 멋진 테마와 환상적인 기능들을 구비하고 있습니다.

50대 이후 최고의 재테크! 바로 워드프레스가 답입니다.
수많은 파워 블로그, 대표카페! 여러분이 지금 시작해서 한참 앞에 있는 카페와 블로그들 절대 따라잡을 수 없습니다. 하지만 워드프레스는 아직 국내에서 대중화되지 않았고 이제 시작일뿐입니다. 앞으로 점점 글로벌화되고 웹 표준화와 더불어 전세계의 홈페이지들이 대부분 워드프레스로 만들어 지고 있는 시점에서 여러분의 홈페이지를 지금 워드프레스에서 시작하면 여러분이 만든 홈페이지는 워드프레스로 만든 카테고리에서는 대표카페, 파워 블로그가 될 수 있습니다.
워드프레스는 번역플러그인 등을 이용해서 글로벌화가 가능합니다. 앞으로 다가올 무궁무진한 IT세상의 변화를 선도하고 주도하고 있는 워드프레스로 갈 것인지? 아니면 한국에서만 현재 유행되고 이미 레드오션이 되어 버린 카페와 블로그에서 시작을 할 것인지? 앞으로 5년, 10년을 상상해보시면 답이 보일 것입니다.

저자 씀

Contents

Chapter 01 워드프레스 시작하기 전

Lesson 01	워드프레스 이해하기	16
Lesson 02	워드프레스 설치과정 살펴보기	18
Lesson 03	워드프레스 관리자 페이지 핵심 기능 파악하기	32
Lesson 04	테마 이해와 검색하기	36

- 테마란 … 36
- 테마 선택 시 알아두어야 할 사항 … 37
- 테마 검색하기 … 38
  - 워드프레스 사이트에서 검색하는 방법 … 38
  - 구글에서 검색하는 방법 … 38
  - 유료 테마 사이트에서 검색하는 방법 … 39

Chapter 02 기본 테마를 활용한 개인 홈페이지 & 블로그 만들기

| Lesson 01 | 기본 테마 설치하기 | 42 |

- 기본 테마 설치하기 … 42

| Lesson 02 | 카테고리 만들고 컨텐츠 작성하기 | 46 |

- 홈페이지의 카테고리 만들고 글 작성하기 … 46
- 페이지 작성하기 … 50
- 이미지 삽입 & 대표 이미지 등록하기 … 50
  - 파일 업로드 & 미디어 라이브러리로 미디어 삽입하기 … 51
  - URL에서 미디어 삽입하기 … 55

Lesson 03 | 플러그인으로 홈페이지 꾸미기 57
편집기 기능을 강화하는 TinyMCE Advanced 플러그인 57
숏 코드로 한번에 해결하는 Shortcodes Ultimate 플러그인 60
    Shortcodes Ultimate 플러그인 설치하기 60
    버튼 만들기 61
    갤러리 만들기 64
    슬라이더 만들기 69
네이버 지도 플러그인 설치하기 73

Lesson 04 | 메뉴 만들기 80
Lesson 05 | 컨텐츠 사이드바에 위젯 설치하기 84
최근 글 위젯 설정하기 85
사용자 정의 메뉴 위젯 추가하기 86
텍스트 위젯을 이용한 페이스북 Like Box 추가하기 88

Lesson 06 | 크롬으로 홈페이지 스타일 설정하기 92
크롬 개발자 도구 93
크롬 개발자도구로 메뉴 바 위치 조정하기 94
크롬 개발자 도구를 활용하여 위젯의 배경색 바꾸기 100
크롬 개발자 도구를 활용하여 댓글 영역 삭제하기 104

Lesson 07 | 구글 웹 폰트를 사용하여 한글 글씨체 바꾸기 108
Lesson 08 | 홈페이지 푸터 영역 꾸미기 112
푸터 위젯 설정하기 112
푸터 copyright 설정하기 114
사이트의 디자인적 요소를 강화하기 위한 헤더 이미지 변경하기 117

Lesson 09 | 사이트 커스터 마이징하기 120
메뉴 네비게이션 색상 변경하기 121
푸터 위젯 색상 변경하기 125

Chapter 03 무료 테마로 회사 홈페이지 만들기

Lesson 01 | **회사 홈페이지용 테마 선정하기** — 132

회사 홈페이지에 적합한 무료 테마 선정하기 — 132
- fuzz 테마 — 133
- 반응형 테마 — 133
- Attitude 테마 — 134

테마 설치하기 — 135
- 우더프레스 사이트에서 테마 다운로드 후 설치하기 — 135
- 워드프레스에서 테마 설치하기 — 136

Lesson 02 | **홈페이지 메뉴 구조도와 메뉴 설정하기** — 139

워드프레스 일반 설정하기 — 139
홈페이지 메뉴 설정하기 — 140
- 홈페이지 메뉴 구조도 만들기 — 140
- 페이지 카테고리 만들기 — 141
- 카테고리 만들기 — 143
- 메뉴 설정하기 — 144

Lesson 03 | **홈페이지 페이지 글과 글 작성하기** — 148

비즈니스 템플릿 페이지 설정하기 — 148
메인 슬라이드 하단의 홍보문구 페이지 만들기 — 151
썸네일 이미지 페이지 만들기 — 151
Contact Form 7 플러그인으로 소통 채널 페이지 만들기 — 159
- Contact Form 7 플로그인 설치하기 — 159
- Contact Form 페이지 만들기 — 160

홈페이지 메인 슬라이드에 글 작성하기 — 164
- 메인 슬라이드 이미지 사이즈 확인 — 164
- 글 작성하기 — 164

Lesson 04 | **테마옵션 설정하기** — 166

로고 설정하기 — 166
레이아웃 설정하기 — 169
홈페이지 메인 슬로건 설정하기 — 170

	홈페이지 메인 슬라이드 옵션 설정하기	171
	홈페이지 메인 슬라이드 글/페이지 id값 설정	172
	소셜링크 설정하기	173

Lesson 05 | 위젯 설정하기 — **174**
- Right sidebar 설정하기 — 175
- 비즈니스 페이지 사이드바 설정하기 — 176
- 푸터 설정하기 — 178

Lesson 06 | 사이트 확인하기 — **179**
- 사이트 메인 서브화면 확인하기 — 179
- 나눔고딕 한글폰트 사이트에 적용하기 — 181

Chapter 04 | 중소기업 회사 홈페이지 만들기

Lesson 01 | 유료 테마 선정하기 — **188**
- Avada 테마 살펴보기 — 189
- Avada theme 구입하기 — 192
  - Themeforest 가입하기 — 192
  - 구매하기 — 194

Lesson 02 | Avada 테마 다운로드 및 설치하기 — **195**
- 테마 다운받기 — 195
- 테마 설치하기 — 197
  - 파일 업로드 방식으로 테마 설치하기 — 197
  - FTP를 이용하여서 테마 설치하기 — 200

Lesson 03 | Dummy 파일 가져오기 & 관련 플러그인 설치하기 — **203**
- Avada xml 파일 가져오기 — 203
- 테마 제공 플러그인 설치하기 — 206

Lesson 04 | 회사 홈페이지 메뉴 구조도와 기본 설정하기 — **209**
- 테마 기본 색상 바꾸기 — 210

	메인 페이지 이해하기	212
	Revolution Silder 설치 및 설정하기	216
	숏코드를 이용하여 Content Boxes 만들기	225
	메인 페이지의 1/2 Columms 만들기	228
	메인 페이지의 Client Slider 만들기 및 페이지 옵션 설정하기	234
	나눔고딕 폰트 바꾸기	237
	컨텐츠와 컨텐츠 사이의 공간 줄이기	240

Lesson 05 | 페이지 만들기 — 246

About Us, 회사 소개 페이지 구성하기 — 246
경영철학 페이지 구성하기 — 254
오시는 길 페이지 구성하기 — 257
비지니스 사업소개 페이지 구성하기 — 262
    Layer Silder WP 설정하기 — 262
    개발 비즈니스 페이지 만들기 — 267
Contact Us 페이지 구성하기 — 273

Lesson 06 | 홈페이지 컨텐츠 만들기 — 277

글 작성 및 카테고리 만들기 — 277
원격지에서 MS-Word 이용한 글 작성하기 — 279
블로그 페이지 만들기 — 284
    타임라인 블로그 및 회사연혁 페이지 만들기 — 284
    일반적인 블로그 페이지 만들기 — 288
    다운로드 블로그 페이지 만들기 — 291

Lesson 07 | 포트폴리오 컨텐츠 만들기 — 297

포트폴리오 카테고리 만들기 — 297
포트폴리오 새 글 쓰기 — 298
포트폴리오 페이지 만들기 — 306
    Home Portfolio Style 2를 이용한 페이지 만들기 — 306

Lesson 08 | 메뉴 만들기 — 311

Main Menu 만들기 — 311
Top Menu 만들기 — 316

Lesson 09	테마 옵션 설정하기	**318**
	Header Options 설정하기	318
	Footer Options 설정하기	321
	위젯 설정하기	326

Chapter 05 음식점 홈페이지 만들기

Lesson 01	음식점 테마 선정하기	**330**
	Pluto 테마	330
	Palazzo Di Sole 테마	331
	Feast-Facebook Fanpage & WordPress theme	331
	Seasons 테마	332

Lesson 02	음식점 홈페이지 메뉴구조도 기획하기	**334**
	홈페이지 메뉴구조도 완성하기	334
	선정한 테마 살펴보기	335
	메인 슬라이드	335
	메인 서브페이지	335
	메인 페이지	336
	블로그 글 목록 페이지	336
	갤러리 페이지	337
	CONTACT 페이지	337

Lesson 03	테마 설치하기	**338**
Lesson 04	글 작성하기	**341**
	새 글 작성하기	341
	컨텍트 폼 템플릿을 이용한 고객의견 페이지 만들기	342

Lesson 05	메뉴 만들기	**344**
	메뉴 카테고리 만들기	344
	새 메뉴 만들기	345

Lesson 06	갤러리 만들기	350
	갤러리 만들기	350
	홈 갤러리 만들기	362
Lesson 07	메뉴 구성하기	354
Lesson 08	커스터 마이징하기	361
	스킨, 로고, 파비콘 설정하기	361
	폰트 크기 조절하기	363
	버튼 색 변경하기	365
	홈페이지 메인 부분 커스터 마이징하기	366
	footer 영역 배너 삽입 후 링크 설정하기	368
	구글 웹 폰트를 사용하여 한글 글씨체 바꾸기	369
	Copyright 변경하기	372

Chapter 06 포트폴리오 홈페이지 만들기

Lesson 01	포트폴리오 무료 테마 선정하기	376
	무료 테마 후보 찾기	376
	IMBALANCE 테마	377
	Portfolium 테마	378
	Emphaino 테마	378
	Photum 테마	379
	테마 다운로드 받기	379
Lesson 02	테마설치 및 일반 설정하기	382
Lesson 03	메뉴 구조 기획 및 카테고리 만들기	384
	포트폴리오 홈페이지 메뉴 구조 기획하기	384
	카테고리 만들기	385
	페이지 만들기	385
	메뉴 설정하기	386
	로고 등록하기	388

Lesson 04	포트폴리오 이미지 등록 & 설정하기	**389**
	포트폴리오 이미지 등록하기	389
	포트폴리오 설정하기	392
	지역 & 장치 설정하기	392
	Photos 글 작성하기	393

Lesson 05	위젯 설정 & 사이트 확인하기	**396**
	위젯 설정하기	396
	사이트 확인하기	397

Chapter 07 포트폴리오 사이트 만들기

Lesson 01	사이트 기획하기	**400**
Lesson 02	테마 선정하기	**401**
	테마 분석을 통한 레이아웃 이해하기	402
	Z 레이아웃	402
	F 레이아웃	403
	원 페이지 레이아웃	403
	레이아웃에 맞는 테마 찾기	404
	다양한 스타일의 테마 선별하기	406
	원 페이지 스타일	406
	갤러리와 블로그 집중형 스타일	408
	풀 스크린 슬라이드 스타일	409
	테마 선정하기	410

Lesson 03	테마 설치하기	**411**
Lesson 04	테마 레이아웃과 메뉴 구조도 만들기	**413**
	메뉴 구조도 만들기	414

Lesson 05	페이지 만들기	**415**
	메인 페이지 만들기	416

페이지 기본 항목 입력하기 416
페이지 숏코드 설정하기 418
로고 삽입하기 421
ABOUT 페이지 만들기 421
Quote 페이지 만들기 426
SERVICES 페이지 만들기 427
포트폴리오 페이지 만들기 431
Twitter 페이지 만들기 432
TEAM-CATs 페이지 만들기 435
Blog 페이지 만들기 438
ADDRESS 페이지 만들기 439
Contact 페이지 만들기 440
Front 페이지 만들기 441

Lesson 06 | 메인 메뉴 생성하기 **442**
Lesson 07 | 포트폴리오 콘텐츠 올리기 **444**
블로그 콘텐츠 올리기 446

Lesson 08 | Jarvis 테마 옵션 분석하기 **447**
Lesson 09 | 플러그인 설치하기 **453**
Lesson 10 | 웹호스팅에 유용한 사항들 **455**
Google Drive를 이용해 호스팅 용량 절약하기 455
Code snippet 플러그인을 이용한 숏코드 만들기 461

Chapter 08 커뮤니티 사이트 만들기

Lesson 01 | 커뮤니티형 테마 선정하기 **466**
버디프레스 테마 선정하기 466
Buddy 테마 살펴보기 468
Buddy 테마 설치하기 469

Lesson 02 | 커뮤니티 사이트 구축을 위한 기본 설정하기 470

- Buddy 테마에서 제공하는 플러그인 설치하기 470
- 버디프레스 플러그인 설치하기 471
- 버디프레스 플러그인 설정하기 473
  - 고유주소 업데이트하기 473
  - 구성요소 설정하기 475
  - 버디프레스 플러그인 페이지 설정하기 476
  - 버디프레스 플러그인 설정 탭 부분 설정하기 478
- 포럼 생성을 위한 비비프레스(bbpress) 플러그인 설치하기 478

Lesson 03 | 사이트 콘텐츠 만들기 481

- 카테고리 만들기 481
- 글 작성하기 482
- 페이지 만들기 483
- 메뉴 만들기 484
- 메인 슬라이드 만들기 486
- 위젯 설정하기 490

Lesson 04 | 친구 맺기와 그룹 생성하기 491

- 친구 추가하기 491
- 친구 수락하기 492
- 그룹 생성하기 493

Lesson 05 | 커뮤니티 사이트에 다양한 기능 업데이트하기 499

- Quform을 이용한 입력 폼 만들기 499
- 메인 페이지 커스트 마이징하기 508
- 커뮤니티 사이트의 상태 관리 플러그인 설치하기 511
- 플러그인으로 이미지, 동영상, 링크 첨부하기 513
- 게시글과 그룹에 투표 평가 시스템 추가하기 514

이 장에서는 워드프레스를 이해하고, 워드프레스 설치 및 웹호스팅 서비스 이용 방법에 대해서 알아본 후 워드프레스 환경 설정 방법을 습득합니다. 워드프레스 관리자 페이지 핵심 기능 파악하고 테마 이해와 검색 방법에 대해서도 알아보겠습니다.

워드프레스
실전 사이트 제작북

워드프레스 시작하기 전

Chapter 01

Lesson 01 워드프레스 이해하기
Lesson 02 워드프레스 설치과정 살펴보기
Lesson 03 워드프레스 관리자 페이지 핵심 기능 파악하기
Lesson 04 테마 이해와 검색하기

Chapter 01 — Lesson 01

워드프레스 이해하기

워드프레스란 블로그, 홈페이지를 제작하기 위해 PHP 언어로 개발된 오픈소스 콘텐츠 관리 시스템(CMS, Contents Management System)입니다. 오픈소스는 누구나 무료로 자유롭게 소수의 수정과 재배포할 수 있다는 의미이고, 콘텐츠 관리 시스템이란 콘텐츠를 만들고, 수정하는 등 전반적인 관리를 위한 시스템을 의미합니다.

워드프레스는 다운로드 받은 후 설치하면 바로 사용할 수 있습니다. 워드프레스는 데이터베이스와 연동해서 데이터가 관리되고, PHP에 의해 작동하는 프로그램입니다. PHP는 서버에서만 작동하기 때문에 워드프레스를 연습하기 위해서는 카페24, 닷홈, 가비아, 후이즈 등 호스팅 서비스 업체의 웹호스팅 서비스를 이용하여 서버에 설치해야 합니다.

워드프레스를 이용하여 시험적으로 홈페이지, 블로그 등 사이트를 만드는 경우 웹호스팅을 이용하거나 내 컴퓨터에 웹 서버를 구축하여 다음과 같은 절차로 진행됩니다. 단 정식 사이트를 만드는 경우에는 유료 웹호스팅을 사용하기를 권장합니다.

웹 호스팅을 이용하는 경우	웹 서버를 구축하는 경우
도메인 구입 또는 웹호스팅 ID 이용	로컬 호스트
웹호스팅 신청	웹 서버 만들기
워드프레스 다운로드	워드프레스 다운로드
데이터베이스 환경 설정하기	데이터베이스 환경 설정하기
환경 설정 파일(wp-config.php) 만들기	환경 설정 파일(wp-config.php) 만들기
서버에 워드프레스 설치	서버에 워드프레스 설치
테마 및 플러그인 설치	테마 및 플러그인 설치
사용자 정의 구조를 위한 소스 수정	사용자 정의 구조를 위한 소스 수정

■ 표 1-1 워드프레스 구축 방법 비교

↔_tip_

워드프레스 기초 자료 보기

이 책에서는 워드프레스 설치와 웹호스팅, 도메인 등록, 내 컴퓨터를 웹 서버(가상 서버)로 만드는 방법, 데이터베이스 만들기 등과 같은 기본적인 사항은 생략 하였습니다. 워드프레스의 기본적인 사항에 대해서는 워드프레스 홈페이지 카페(http://cafe.naver.com/wphome)의 [wp홈피]-[노하우] 게시판의 [Tip설치] 게시판에 등록된 글 중 '홍마리오' 또는 'FOTH' 님의 게시글을 참고하기 바랍니다

■ 그림 1-1 워드프레스 홈페이지 카페의 Tip 설치 게시판

워드프레스 설치과정 살펴보기

워드프레스 설치 과정을 간략하게 살펴보겠습니다. 워드프레스 프로그램은 누구나 아무런 제약 없이 설치할 수 있습니다. 설치 과정에 관한 상세한 설명은 워드프레스 홈페이지 카페 (http://cafe.naver.com/wphome)의 [wp홈피]-[노하우] 게시판의 [Tip설치] 게시판 글을 참조합니다.

워드프레스 설치 과정은 다음 순서로 진행합니다.

- 1단계 : 도메인 구입
- 1단계 : 웹호스팅 서비스 신청
- 2단계 : 워드프레스 프로그램 다운로드
- 3단계 : FTP 프로그램을 이용하여 워드프레스 프로그램 설치파일 복사(업로드)
- 4단계 : 워드프레스 설치

위의 5단계를 거쳐서 워드프레스로 사이트를 만들기 위해서는 도메인을 구입해야 하고 도메인 등록업체와 웹호스팅업체에 소정의 금액을 결제를 해야 합니다.

위 과정에서 '1단계 : 도메인 구입' 과 '2단계 : 웹호스팅 서비스 신청'은 웹호스팅 업체를 이용하면 해결할 수 있습니다. 특히 카페24 웹호스팅 서비스는 부록으로 제공되는 "10G 광아우토반 Full SSD 절약형 서비스 3개월 무료 이용 쿠폰"을 이용하면 무료 호스팅 계정과 무료 웹호스팅 서비스를 이용할 수 있고, 닷홈 웹호스팅 서비스 "무료호스팅" 서비스를 이용하면 무료 계정과 무료 웹호스팅 서비스를 이용할 수 있습니다.

01 카페24 사이트(cafe24.com)에 접속한 후 무료 계정을 만들기 위해서 회원가입하고 로그인합니다. '웹호스팅-10G광호스팅' 메뉴를 선택한 후 10G 광아우토반 Full SSD 서비스 중 '절약형'의 [신청하기] 버튼을 클릭합니다.

■ 그림 1-2 카페24 웹호스팅 신청 페이지

→ _tip_

3개월간 무료로 사용할 수 있는 "10G 광아우토반 Full SSD 절약형" 서비스의 하드디스크 용량은 400M이고 트래픽은 1.4G입니다. 이 정도 용량은 워드프레스로 사이트 제작을 연습하기에는 충분할 것입니다.
"10G 광아우토반 Full SSD 3개월 무료이용 쿠폰"은 부록을 참조합니다.

02 회원 정보와 관리자 정보를 입력한 후 약관 동의 박스를 체크하고 [다음] 버튼을 클릭합니다. 아이디와 비밀번호 그리고 FTP 비밀번호는 반드시 기억하거나 별도로 메모해둡니다.

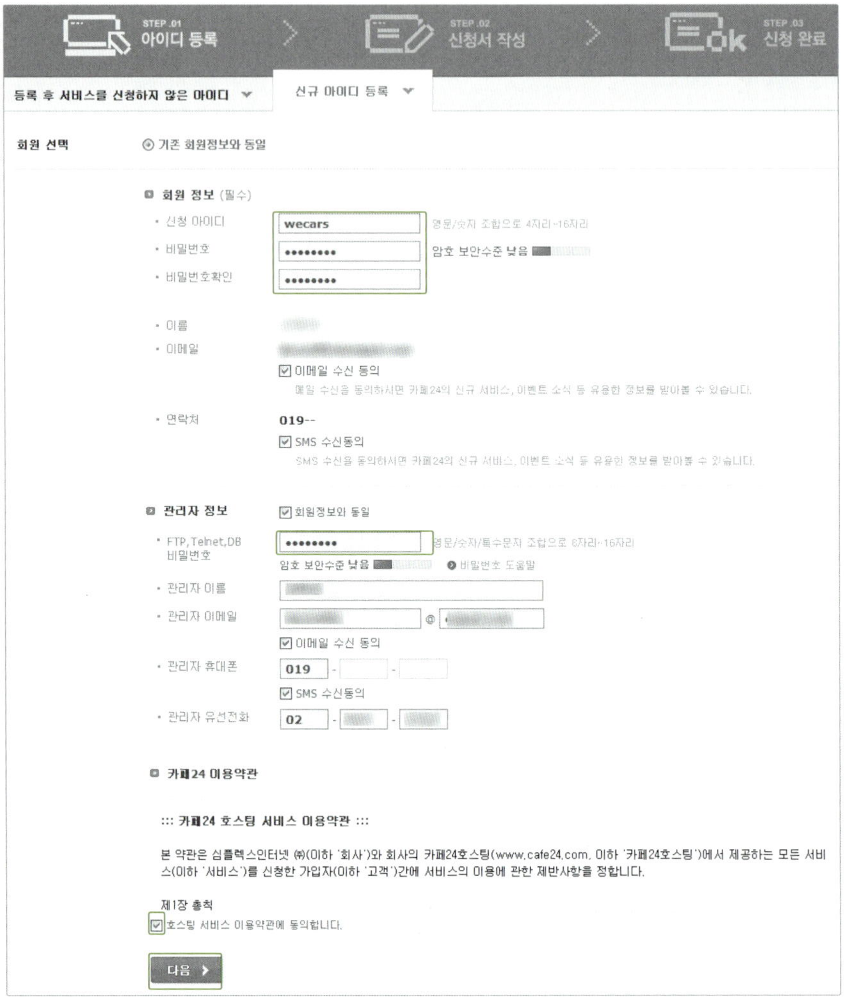

■ 그림 1-3 카페24 웹호스팅 신청 페이지 회원 선택

03 신청서비스 작성 페이지에서 신청내역은 '3개월'을 선택하고, 서비스 환경설정은 'PHP5.3/MySql 5.3x UTF-8(제로보드XE, 워드프레스 자동설치 제공, 다국어 사이트에 적합)' 버튼을 선택한 후 도메인을 선택합니다. 결제수단은 '쿠폰'을 선택한 후 쿠폰정보는 '도서 쿠폰'을 쿠폰번호는 부록으로 제공되는 16자리 쿠폰번호를 입력합니다. [결제하기] 버튼을 클릭합니다.

■ 그림 1-4 카페24 웹호스팅 신청 서비스 선택

04 카페24 10G 광아우토반 FullSSD 절약형 웹호스팅 서비스 신청이 완료됩니다.

■ 그림 1-5 카페24 웹호스팅 신청 완성

Chapter 01_ 워드프레스 시작하기 전   21

↔_tip_

닷홈 무료호스팅 서비스 이용 방법

닷홈 사이트(www.dothome.co.kr)에 접속한 후 회원가입 후 로그인합니다. '웹호스팅-무료호스팅' 메뉴를 선택한 후 워드프레스의 [신청하기] 버튼을 클릭합니다.

■ 그림 1-6 닷홈 웹호스팅 무료 호스팅 선택

[무료호스팅 신청하기] 버튼을 클릭한 후 '웹호스팅 신청' 페이지에서 정보를 입력합니다. 특히 웹호스팅 설정 정보의 FTP 아이디와 FTP 비밀번호, DB 비밀번호, 관리자 아이디, 관리자 비밀번호 등은 반드시 기억하거나 메모해둡니다.

■ 그림 1-7 닷홈 웹호스팅 무료 호스팅 신청   ■ 그림 1-8 닷홈 웹호스팅 신청 페이지

이메일 인증에서 [인증코드 발송] 버튼을 클릭한 후 이메일로 전송된 인증코드를 입력하고 [신청하기] 버튼을 클릭하면 무료 호스팅 신청이 완료됩니다.

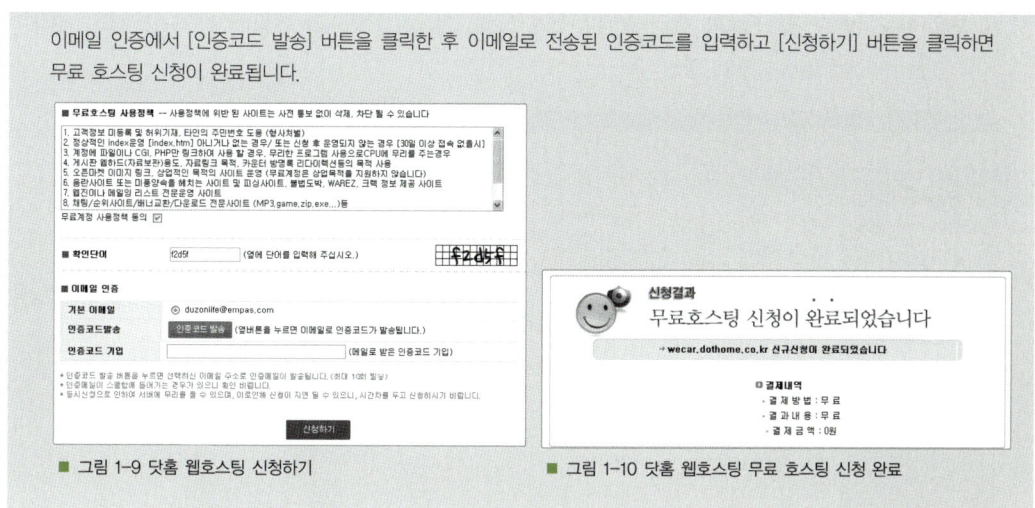

■ 그림 1-9 닷홈 웹호스팅 신청하기   ■ 그림 1-10 닷홈 웹호스팅 무료 호스팅 신청 완료

05 워드프레스 한글 버전을 다운로드로 받을 수 있는 사이트(http://ko.wordpress.org)에 접속한 후 [워드프레스 버전 다운로드] 버튼을 클릭하여 워드프레스 한국어 버전을 다운로드 받습니다. 한글 버전 중 최신 버전(3.8(2014년 1월 기준)) 버튼을 클릭하여 PC로 저장한 후 압축을 풉니다.

■ 그림 1-11 워드프레스 다운로드 화면

06 윈도우 탐색기에서 다운로드 받은 워드프레스 프로그램(worpress-3.x.x-ko_KR)의 압축을 푼 후 압축 해제 폴더로 들어가면 'wp-admin', 'wp-content', 'wp-includes' 3개의 폴더와 텍스트 및 PHP 파일들

이 보입니다. 이후에 워드프레스 환경 설정과 웹호스팅을 설치하면 테마를 선택하여 워드프레스로 홈페이지를 만들 수 있는 준비 과정이 끝납니다.

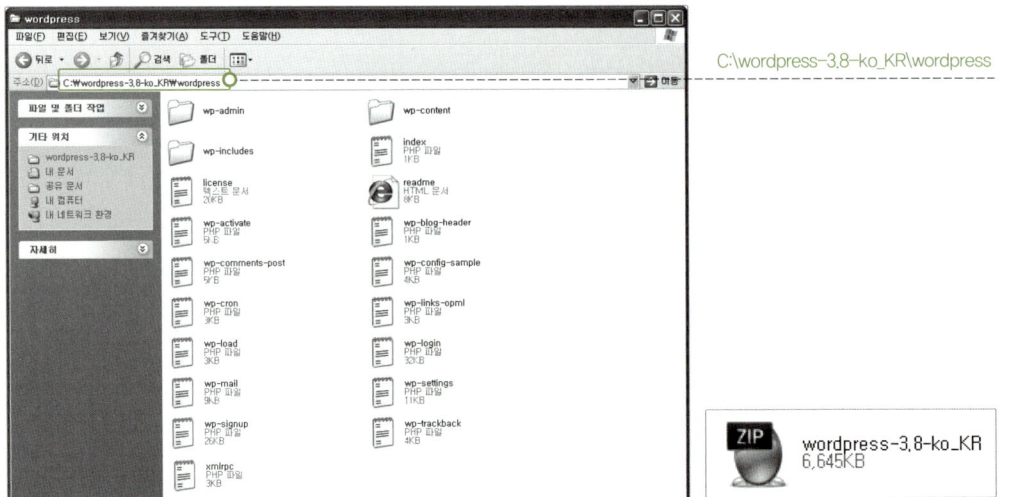

■ 그림 1-12 워드프레스 설치 파일　　　　　　　　　　　　　　　■ 그림 1-13 다운로드 받은 워드프레스 프로그램

07 FTP 프로그램(여기서는 파일질라)을 실행한 후 호스트, 사용자명, 비밀번호를 입력한 후 [빠른 연결] 버튼을 클릭하여 FTP에 접속합니다. 카페24 웹호스팅을 받은 경우 FTP에 연결하면 'www'를 클릭합니다. 폴더에 나타난 모든 파일을 선택하고 마우스 오른쪽 버튼을 클릭하여 '삭제' 메뉴를 선택합니다.

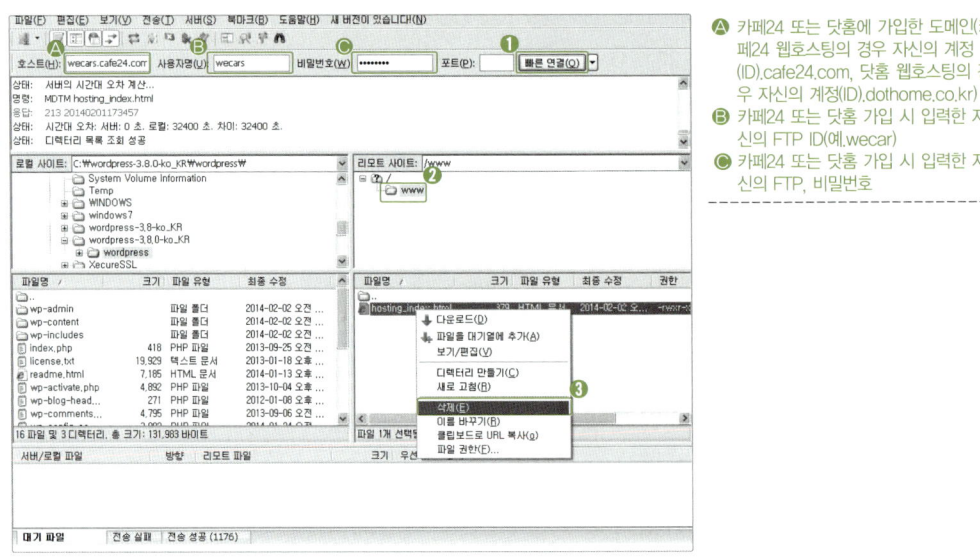

■ 그림 1-14 파일질라 FTP 프로그램을 이용하여 접속

> _tip_
> 닷홈 웹호스팅을 받은 경우 FTP에 연결하면 'html'를 클릭합니다.

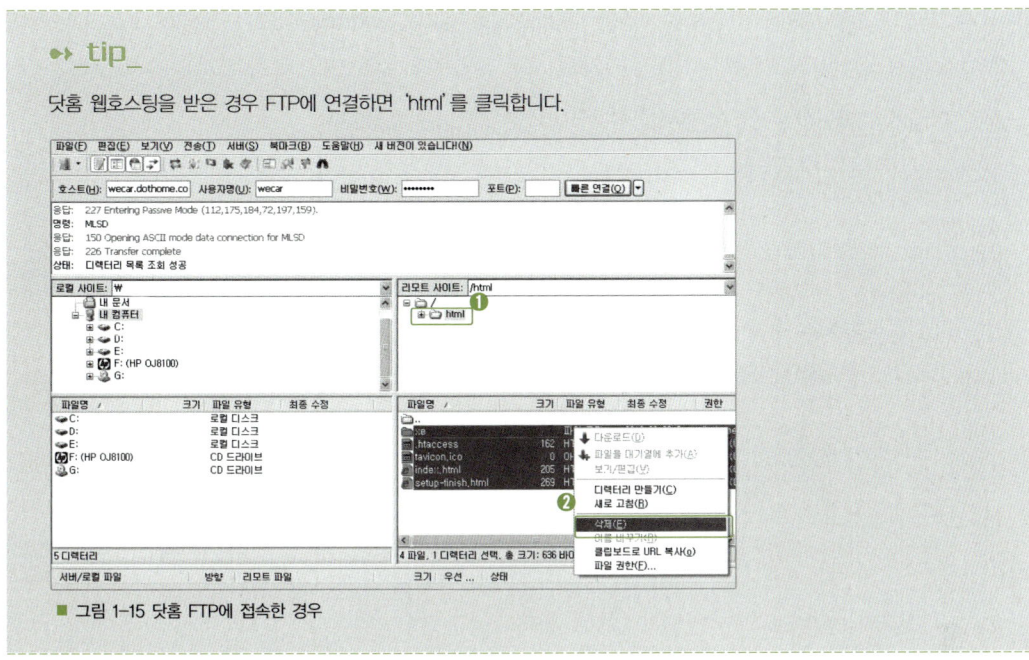

■ 그림 1-15 닷홈 FTP에 접속한 경우

08 'www' 폴더 내 모든 파일이 삭제되었습니다.

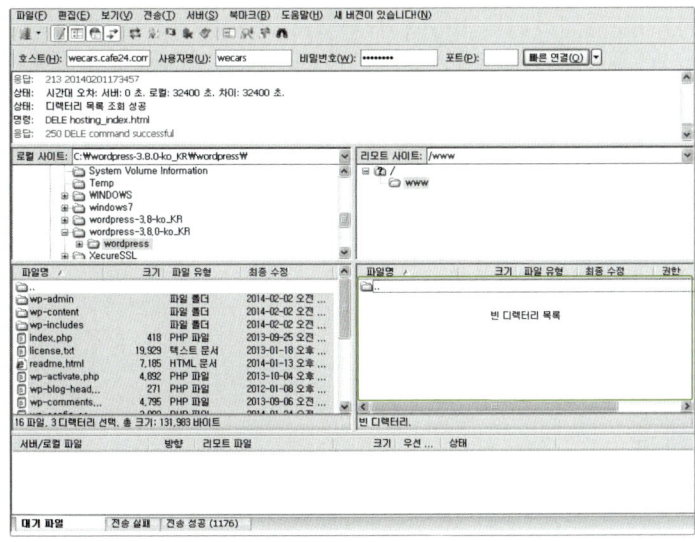

■ 그림 1-16 FTP 접속 후 폴더 및 파일 삭제

09 왼쪽 자신의 PC 영역에서 압축을 해제한 워드프레스 폴더(C:\wordpress-3.8-ko_KR\wordpress)의 Wordpress 설치파일(3개 폴더와 16개 파일)을 모두 선택한 후 www 폴더로 드래그하여 복사합니다.

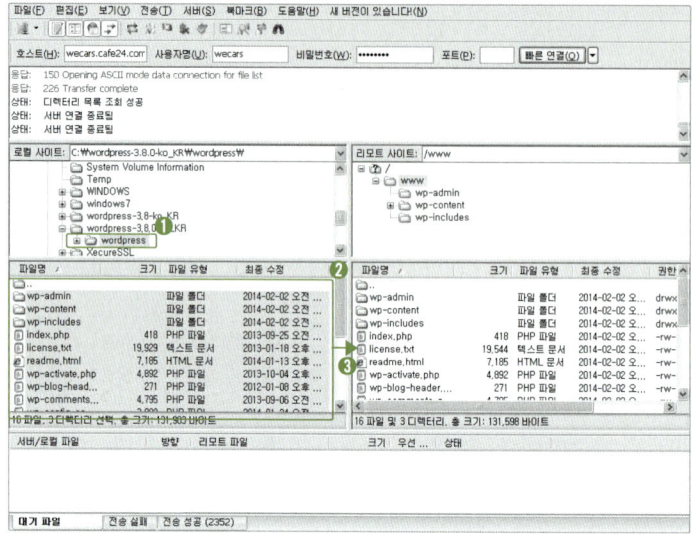

■ 그림 1-17 FTP에 워드프레스 설치 파일 복사

↔_tip_

닷홈 FTP의 루트(html 폴더)아래에 워드프레스 설치 파일 복사를 완료된 화면입니다.

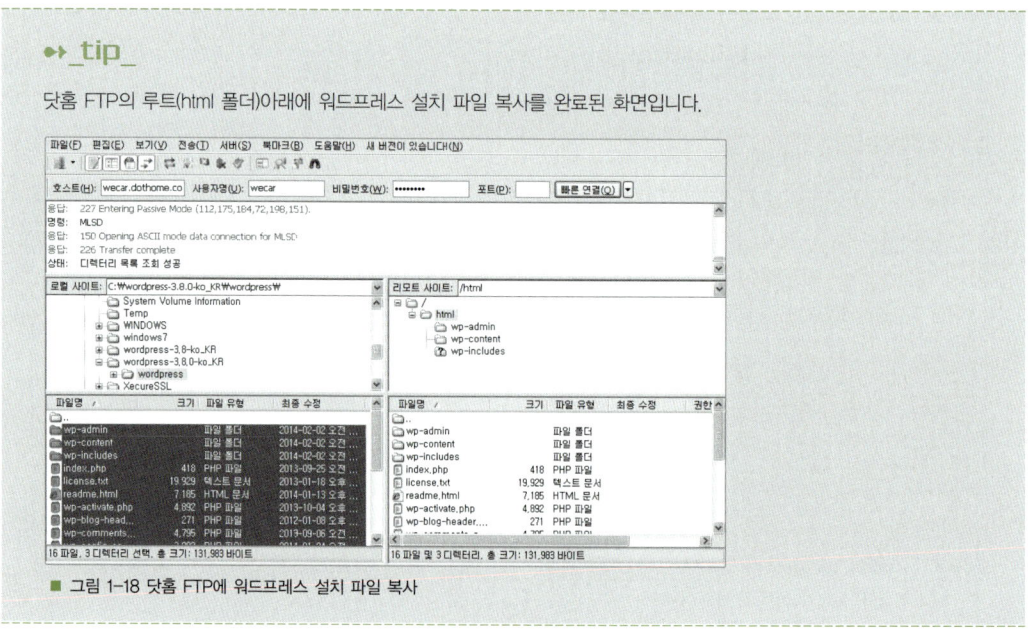

■ 그림 1-18 닷홈 FTP에 워드프레스 설치 파일 복사

10 자신의 웹호스팅 계정으로 사이트에 접속합니다. 카페24의 경우 'http://자신의계정(ID).cafe24.com', 닷홈의 경우 'http://자신의계정(ID).dothome.co.kr'로 접속합니다. '워드프레스 오류' 페이지에서 환경설정(wp-config.php)을 만들기 위해 [환경 설정 만들기] 버튼을 클릭합니다.

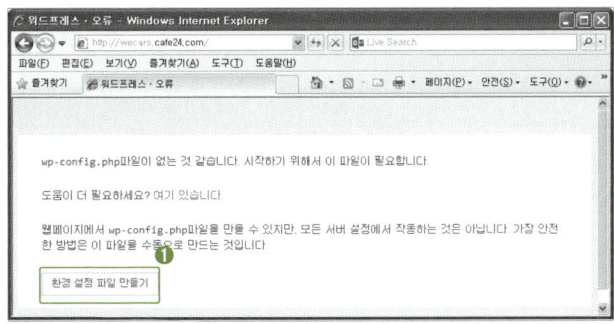

■ 그림 1-19 워드프레스에서 환경 설정_시작하기

11 워드프레스 환경 설정 파일 설정 페이지가 나타나면 [Let's go!] 버튼을 클릭합니다.

■ 그림 1-20 워드프레스에서 환경 설정_로그인

> **_tip_**
>
> **수동으로 워드프레스 환경 설정 파일 만들기**
> wordpress 폴더에서 wp-config.sample.php 파일에서 데이터베이스 이름, 사용자명, 비밀번호 등을 설정하면 워드프레스 환경 설정 파일을 만들 수 있습니다.

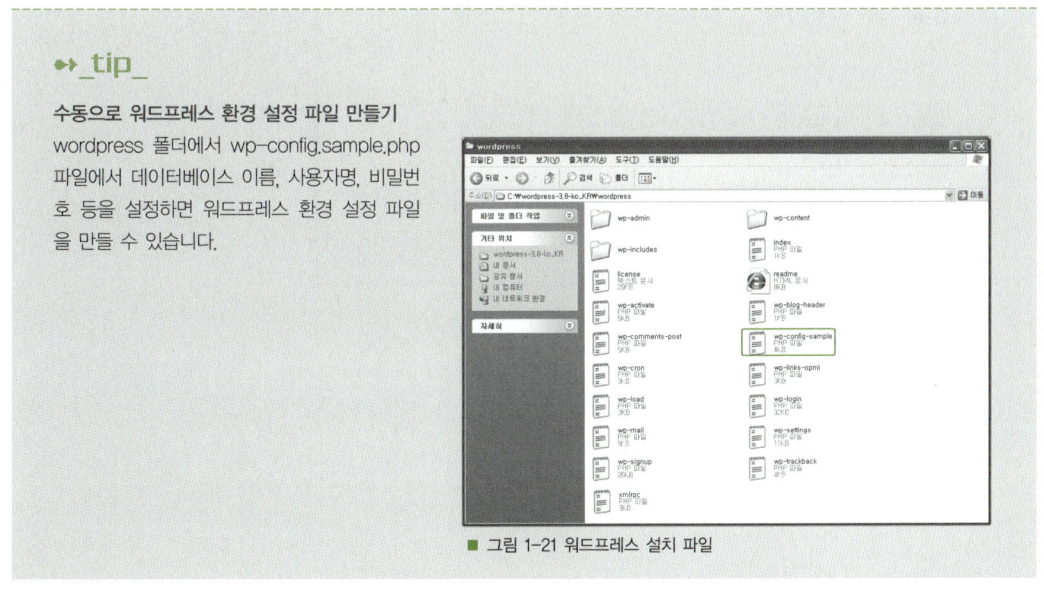

■ 그림 1-21 워드프레스 설치 파일

에디터 플러스 등 텍스트 편집기로 wp-config.sample.php 파일을 불러온 후 다음 소스 코드에서 웹호스팅 서비스 신청 시 작성했던 데이터베이스 이름, 사용자명, 비밀번호를 입력합니다.

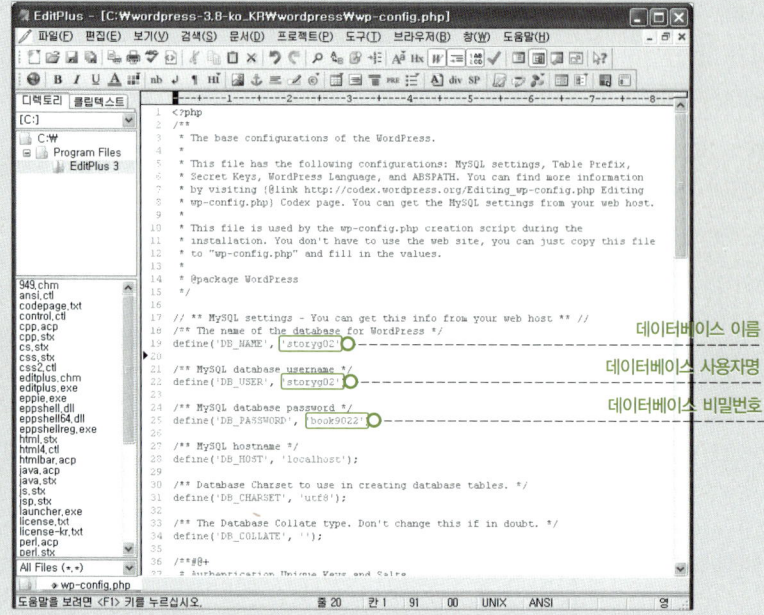

■ 그림 1-22 워드프레스 환경 설정 파일 수정

워드프레스 환경 설정 파일을 만들기 위해서 파일이름은 '다른 이름으로 저장' 창에서 wp-config.php로 저장하면 수동으로 워드프레스 환경 설정 파일 만들기가 완성됩니다.

■ 그림 1-23 워드프레스 환경 설정 파일 저장

12 데이터베이스 정보(데이터베이스, 사용자이름, 비밀번호)를 입력한 후 [전송] 버튼을 클릭합니다. 간혹 데이터베이스의 사용자이름과 비밀번호를 로그인 사용자이름과 비밀번호와 혼동하는 경우가 있습니다. '그림 1-3 카페24 웹호스팅 신청 페이지 회원 선택'에서 설정한, 즉 웹호스팅 서비스 가입 시 입력한 계정 ID와 동일하게 입력합니다. 데이터 접두어는 공유 서버처럼 하나의 데이터베이스를 사용하면 여러 개의 워드프레스를 설치할 경우 서로 혼동을 방지하기 위해서 접두어를 다르게 기정할 수 있습니다.

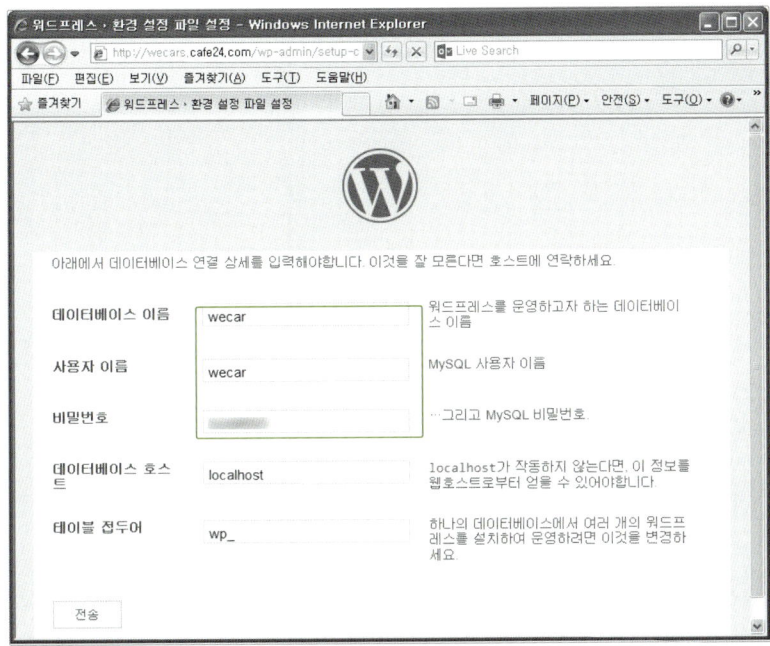

■ 그림 1-24 워드프레스에서 환경 설정_데이터베스 설정

13 지금까지는 데이터베이스를 만드는 과정이었고, 이제 워드프레스를 설치하는 과정입니다. [설치 실행하기] 버튼을 클릭하여 설치를 시작합니다.

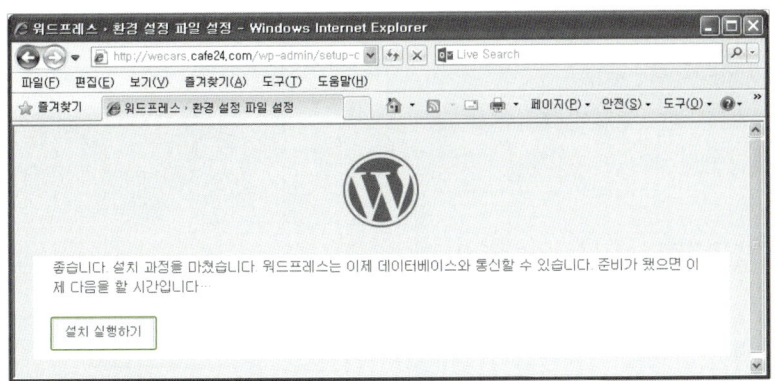

■ 그림 1-25 워드프레스 설치 실행하기

■ 그림 1-28 워드프레스 로그인

14 워드프레스 기본 정보를 입력한 후 [워드프레스 설치하기] 버튼을 클릭합니다. 사이트 제목에는 원하는 사이트 제목을 입력하고, 사용자명은 워드프레스 로그인 사용자 이름으로 보통은 admin을 사용하지만 해킹 등에 방지하기 위해 다른 사용자 이름을 사용합니다.

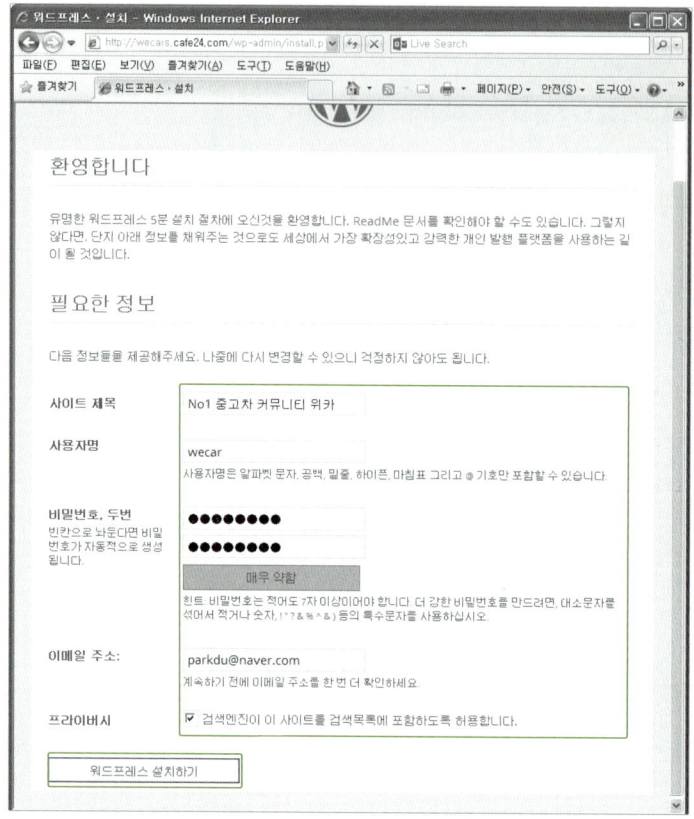

■ 그림 1-26 워드프레스 설치 실행하기

15 워드프레스 설치가 완료되었습니다. [로그인] 버튼을 클릭하면 로그인 창이 나타납니다. 사용자명과 비밀번호를 입력한 후 [로그인] 버튼을 클릭합니다.

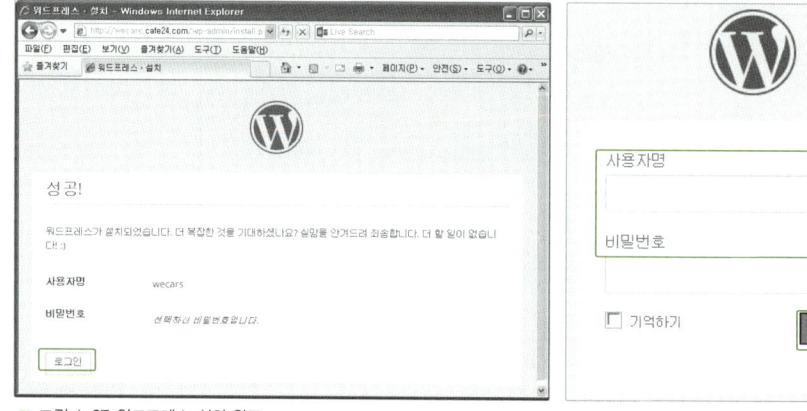

■ 그림 1-27 워드프레스 설치 완료

> **_tip_**
>
> 주소 입력란에 '도메인/wp-admin/'을 입력하고 접속하면 관리자 페이지 로그인 창이 나타나고 아이디와 패스워드를 입력하면 워드프레스 관리자 페이지에 접속됩니다.
>
> 【예】http://wecar.cafe24.com/wp-admin/

16 워드프레스 관리자 페이지(알림판)에 접속됩니다.

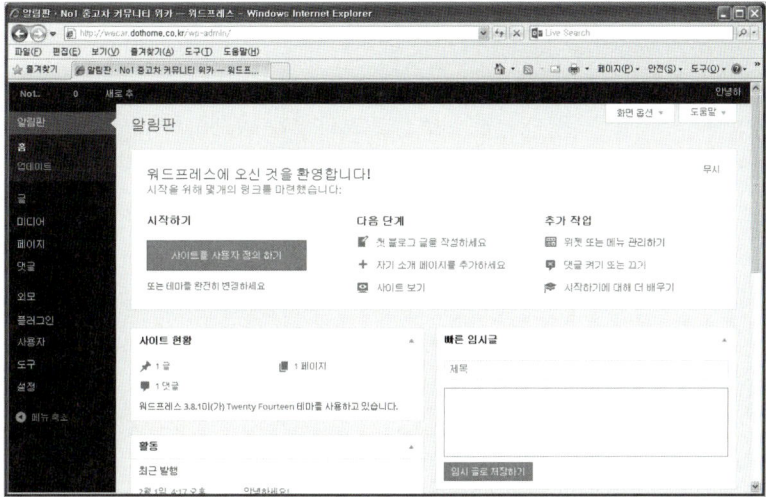

■ 그림 1-29 워드프레스 관리자 페이지(알림판)

Chapter 01 Lesson 03

워드프레스 관리자 페이지 핵심 기능 파악하기

워드프레스는 관리자 페이지(알림판)에서 워드프레스 관련 작업의 90% 이상을 진행할 수 있습니다. 일반적으로 블로그나 카페에서는 실제로 보이는 화면에서 바로 글을 작성할 수 있지만, 워드프레스는 댓글을 제외한 대부분의 작업이 알림판에서 이루어집니다. 워드프레스 설치 후 가장 관심을 가지고 친숙하게 보게 될 영역도 바로 알림판 영역입니다. 그 만큼 알림판은 워드프레스의 핵심이자 가장 중요한 부분이므로 주요 기능들을 미리 익히고 시작하는 것이 좋습니다.

워드프레스 관리자 페이지 주소(http://도메인주소/wp-admin/)를 입력한 후 로그인 창에서 아이디와 패스워드 입력하여 로그인하면 다음과 같이 워드프레스(3.8-ko_KR)의 관리자 페이지(알림판) 메인 화면이 나타납니다.

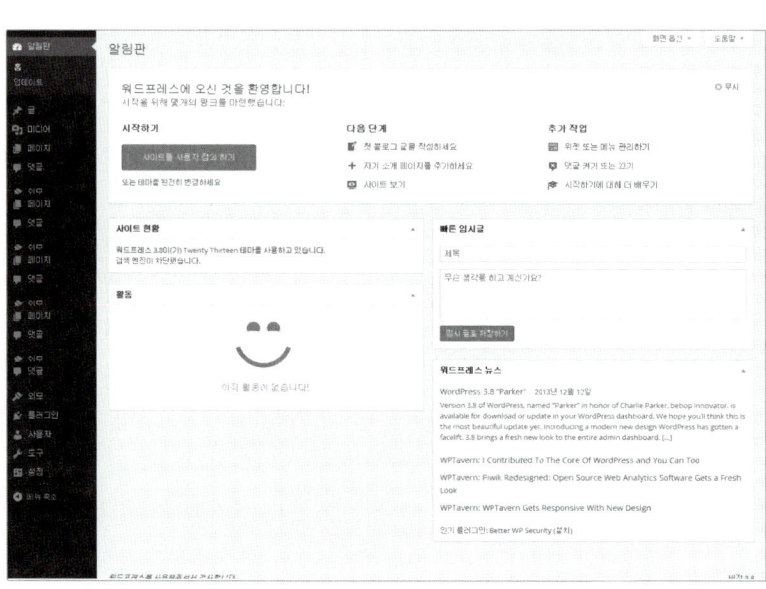

■ 그림 1-30 워드프레스 관리자 페이지(알림판) 메인 화면

▷ 글(post) 영역

워드프레스의 모든 글쓰기 및 관리(수정, 삭제)가 가능합니다.

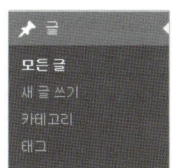

■ 그림 1-31 글 메뉴

❶ 모든 글 (All Posts) : 작성된 모든 글을 보고 수정 할 수 있습니다.
❷ 새 글 쓰기 (Add New) : 새로운 글을 작성할 수 있습니다.
❸ 카테고리 (Categories) : 카테고리를 생성 및 관리 할 수 있습니다.
❹ 태그 (Tags) : 태그를 관리할 수 있습니다.

▷ 미디어(Media) 영역

게시글이나 페이지 등에 올릴 이미지와 동영상을 생성 또는 편집하는 곳입니다.

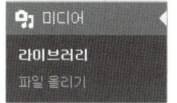

■ 그림 1-32 미디어 메뉴

❶ 라이브러리(Library) : 현재 등록된 미디어들을 관리할 수 있습니다.
❷ 파일 올리기(Add New) : 새로운 미디어를 등록할 수 있습니다.

▷ 페이지(Pages) 영역

자주 바뀌지 않는 내용을 올리는 곳입니다.

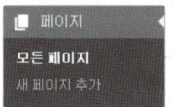

■ 그림 1-33 페이지 메뉴

❶ 모든 페이지(All Pages) : 현재 등록된 페이지를 모두 확인하고 관리할 수 있습니다.
❷ 페이지 만들기(Add New) : 새로운 페이지를 등록할 수 있습니다.

▷ 댓글(Comments) 영역

전체 댓글을 관리하는 곳입니다. 작성된 댓글을 승인하여 사이트에 노출 시킬 수 있으며, 스팸으로 분리하거나 삭제도 가능합니다.

■ 그림 1-34 댓글 메뉴

▷ **테마 디자인(Appearance) 영역**

테마, 위젯, 메뉴 등 화면에 노출되는 부분을 관리하는 곳입니다.

■ 그림 1-35 외모 메뉴

❶ 테마(Themes) : 새로운 테마를 설치할 수 있고 활성화 여부를 선택해 관리할 수 있습니다.
❷ 위젯(Widgets) : 기본적으로 제공하는 위젯과 설치한 테마, 플러그인에서 제공하는 위젯을 관리하는 곳입니다. 사용할 수 있는 위젯에서 위젯을 선택한 뒤 우측부분에 원하는 영역으로 드래그해서 등록할 수 있습니다.
❸ 메뉴(Menus) : 메뉴 명을 정해서 메뉴를 지정할 수 있으며, 카테고리나 페이지에서 만든 메뉴를 최종적으로 위치를 정하고 상위, 하위 메뉴 별로 drag&drop을 통해 위치를 정할 수 있습니다. 또한 메뉴가 2개 이상인 테마인 경우 Top navigation, Main navigation 등으로 지정이 가능합니다. 최종적으로 메뉴 설정이 끝나면 [메뉴 저장]버튼을 눌러 메뉴를 저장합니다.
❹ 편집기(Editor) : 워드프레스는 html, css, php로 이루어져 있기 때문에 소스코드를 수정하여 기능을 추가/수정/삭제 할 수 있습니다.

▷ **플러그인(Plugins) 영역**

플러그인을 관리하는 곳입니다.

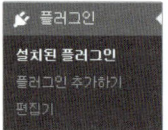

■ 그림 1-36 플러그인 메뉴

❶ 설치된 플러그인(Installed Plugins) : 설치한 플러그인을 활성화하고 플러그인의 세부사항을 설정 할 수 있습니다. 사용하지 않는 플러그인은 삭제할 수 있습니다.
❷ 플러그인 추가하기(Add New) : 새로운 플러그인을 설치할 수 있습니다.
❸ 편집기(Editor) : 플러그인의 소스코드를 수정할 수 있습니다.

▷ **사용자(Users) 영역**

사용자 영역에서는 내 사이트에 가입한 모든 사용자를 볼 수 있고 각각의 권한을 설정할 수 있으며 관리할 수 있습니다.

❶ 모든 사용자(All Users) : 사용자 정보를 확인하고 수정/삭제 할 수 있습니다.
❷ 사용자 추가하기(Add New) : 새로운 사용자를 등록 할 수 있습니다.
❸ 당신의 프로필(Your Profile) : 내 정보를 수정 할 수 있습니다.

■ 그림 1-37 사용자 메뉴

▷ **도구(Tools) 영역**

도구를 사용할 수 있는 메뉴입니다.

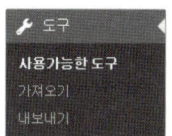

■ 그림 1-39 도구 메뉴

❶ 사용 가능한 도구 : '끌어오기'라는 북마크 도구를 제공하며 카테고리와 태그 변환기를 사용할 수 있습니다.
❷ 가져오기 : 다른 시스템에 있는 글이나 페이지 댓글 등을 현 워드프레스 사이트로 가져올 수 있습니다. 유료 테마를 이용할 경우 Dummy 파일을 가져올 때도 사용이 됩니다. 단, 가져온 컨텐츠를 사이트에 맞게 수정하는 작업이 필요합니다.
❸ 내보내기 : 현 워드프레스 사이트의 컨텐츠를 xml형태의 파일로 저장하여 내보낼 수 있습니다.

▷ **설정(Settings) 영역**

설정(Settings) 영역에서는 사이트의 타이틀과 url, 태그 등을 입력하고 기본적인 설정을 할 수 있습니다. 화면에 보여질 게시글 개수와 우선적으로 보여질 카테고리를 선정 등을 이곳에서 간편하게 할 수 있습니다. 테마나 플러그인에 따라 차이가 있지만 기본적으로 설정 영역에서 볼 수 있는 메뉴들은 다음과 같습니다.

■ 그림 1-40 설정 메뉴

❶ 일반(General) : 사이트의 기본 정보와 알림을 받을 메일을 설정할 수 있습니다.
❷ 쓰기(Writing) : 기본적으로 보여질 카테고리와 링크를 설정할 수 있습니다.
❸ 읽기(Reading) : 게시글을 최신 순으로 보여줄 것인지, 고정형으로 보여줄 것인지, 게시글을 몇 개까지 보여줄 것인지를 설정할 수 있습니다.
❹ 토론(Discussion) : 게시글과 댓글 승인여부 등을 메일로 먼저 받을 것인지를 설정할 수 있습니다.
❺ 미디어(Media) : 이미지 사이즈의 제한을 설정할 수 있습니다.
❻ 프라이버시(Privacy) : 검색엔진에 사이트 노출유무를 설정할 수 있습니다.
❼ 고유주소(Permalinks) : 포스트나 페이지 작성 시 제공되는 고유주소를 사용자가 정의한 형태로 보여줍니다.

 Chapter 01  Lesson 04

테마 이해와 검색하기

테마란

워드프레스에서 테마(Theme)는 사이트의 모양을 결정짓는 요소로 블로그의 스킨과 유사한 개념입니다. 사이트의 성격을 잘 표현할 수 있는 디자인을 선택할 수 있도록 아주 다양한 테마가 존재합니다. 워드프레스를 설치하면 기본적으로 테마가 적용되는데, 이러한 테마를 기본 테마라고 합니다. 기본 테마는 사이트의 성격에 따라 원하는 대로 변경할 수 있습니다. 기본 테마는 매년 다르며, 'Twenty Fourteen'이 2014년의 기본 테마입니다.

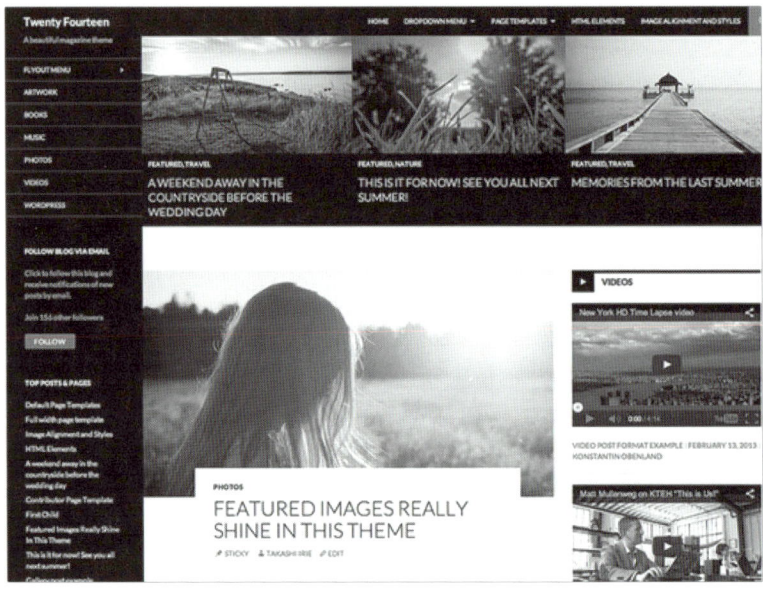

■ 그림 1-41 워드프레스 3.8 기본 테마 Twenty Fourteen

> **_tip_**
> 기능이 많은 테마의 경우 플러그인을 통해서 기능을 추가하는 경우 충돌하여 일시적으로 기능이 구현되다가 멈추는 경우가 있는데, 이런 테마를 스타터 테마(Starter Theme)라고 합니다. 특히 스타터 테마는 무료 테마에서 종종 발생하기 때문에 제대로 된 사이트를 만들기 위해서는 유료 테마를 선택하는 것을 추천합니다.

테마 선택 시 알아두어야 할 사항

웹 사이트에는 수많은 워드프레스 테마가 있으며, 그 중에는 일정 금액을 지불해야 되는 유료 테마와 무료로 사용할 수 있는 무료 테마가 있습니다.

유료 테마는 1달러 정도의 저가 테마도 있지만 가격에 따라 디자인과 기능에 차이가 많습니다. 일반적으로 20~100달러까지이며, 50달러 정도면 우수한 디자인과 기능이 제공되는 테마를 구입할 수 있습니다.

무료 테마를 선택하는 경우 알아두어야 할 사항은 테마의 코드 안에 링크가 삽입되어 있는지 확인해야 합니다. 그 중에는 악성 코드가 있는 경우가 있기 때문입니다.

수많은 무료 테마와 유료 테마가 있지만 원하는 디자인의 테마를 찾기란 쉽지 않습니다. 테마를 선택할 때에는 테마에서 제공되는 기능과 로고나 메뉴 및 사이드바 등 구성요소가 배치된 레이아웃 그리고 모든 웹브라우저의 지원 여부 등을 고려하여 선정하면 좋습니다.

이 책의 각 장에서 만드는 사이트들은 기본 테마, 무료 테마, 유료 테마 등 다양한 디자인과 기능의 테마들을 이용하여 만들어볼 것입니다.

장	유·무료(2014.1월 기준)	테마명	사이트명/완성결과
1	무료	Twenty Thirteen	개인 홈페이지 만들기
2	무료	attitude	회사 홈페이지 만들기
3	유료($55)	Avada	회사 홈페이지 만들기
4	유료($50)	Pluto	음식점 홈페이지 만들기
5	무료	Photum	포토폴리오 홈페이지 만들기
6	유료($40)	Jarvis	포토폴리오 홈페이지 만들기
7	유료($60)	buddy	커뮤니티 사이트 만들기

테마 검색하기

워드프레스로 사이트를 만드는데 있어서 가장 많은 시간을 투자해야 하는 부분이 테마를 선택하는 것입니다. 워드프레스 테마는 워드프레스 홈페이지에서 공식적으로 제공하는 무료 테마와 세계의 여러 웹디자이너들이 제공하는 유료 테마가 있습니다. 테마를 검색하는 방법은 세 가지 방법이 있습니다.

- 워드프레스 사이트에서 검색하는 방법
- 구글에서 검색하는 방법
- 유료 테마 사이트에서 검색하는 방법

워드프레스 사이트에서 검색하는 방법

워드프레스 테마 사이트(http://wordpress.org/themes/)에 접속한 후 검색 창에 원하는 단어를 입력한 후 검색합니다. 여기서는 레스토랑 테마(restaurant)를 검색해 보겠습니다.

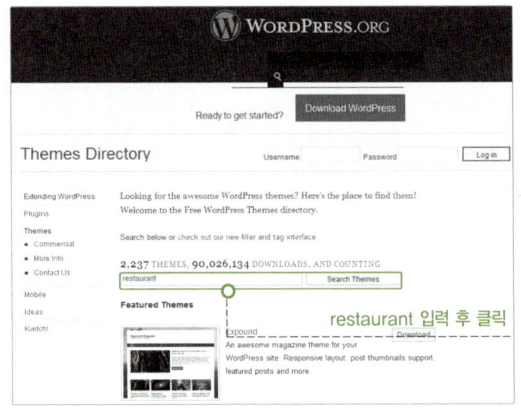
■ 그림 1-42 워드프레스 테마 사이트

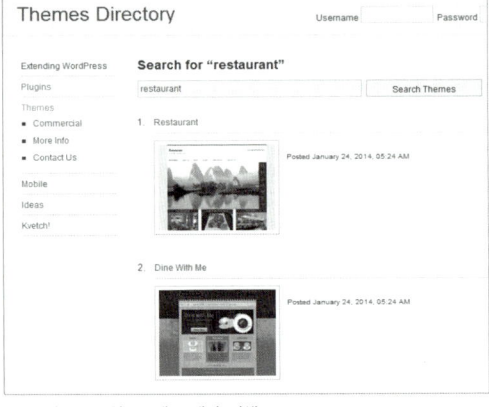
■ 그림 1-43 워드프레스 테마 검색

구글에서 검색하는 방법

구글(google.com)에 접속한 후 검색 창에 원하는 단어를 입력한 후 검색합니다. 여기서는 레스토랑 워드프레스 무료 테마(restaurant wordpress theme free)를 검색해보겠습니다. 검색 결과에서 '이미지' 탭을 클릭하면 레스토랑 워드프레스 무료 테마 썸네일 이미지 결과를 보고 테마를 찾을 수 있습니다.

■ 그림 1-44 구글에서 테마 검색

→ _tip_

무료 테마를 찾을 때는 반드시 검색 키워드에 'free'를 넣어줘야 찾기가 수월합니다. 만약 '비즈니스 테마'를 검색한다면 검색 키워드에 'business'를 넣어서 검색합니다.

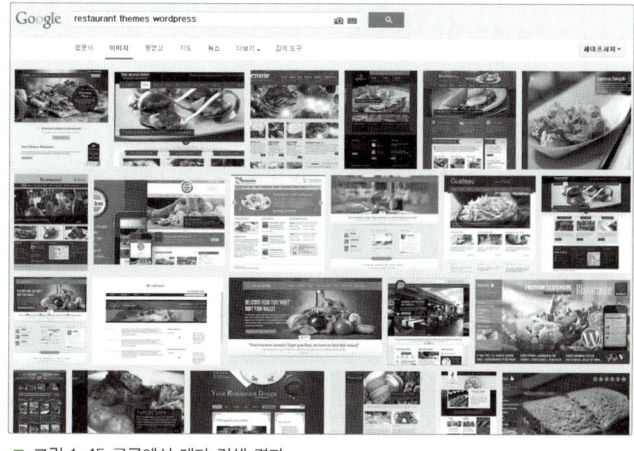

■ 그림 1-45 구글에서 테마 검색 결과

유료 테마 사이트에서 검색하는 방법

themeforest(themeforest.net), Woothemes(woothemes.com), Mojo-themes(mojo-themes.com) 등 워드프레스 테마 업체를 통해서 테마를 검색 및 구입할 수 있습니다. 이들 테마 업체에 등록된 테마는 대부분 유료 테마입니다.

themeforest 테마 오픈마켓(themeforest.net)에 접속한 후 검색 창에 원하는 단어를 입력한 후 검색합니다.

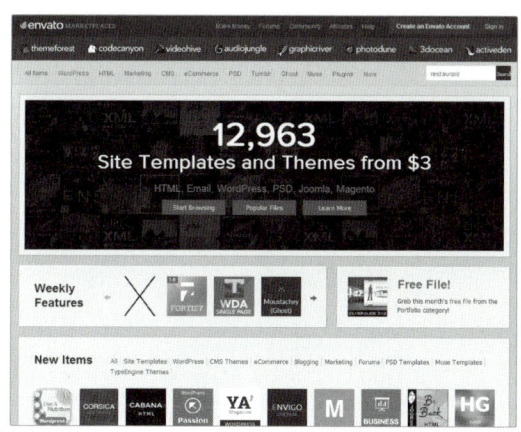

■ 그림 1-46 themeforest 사이트

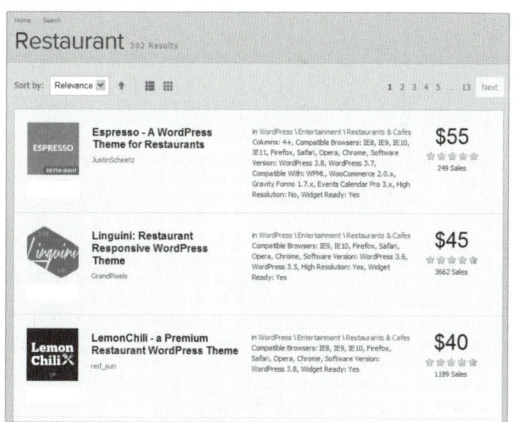

■ 그림 1-47 themeforest에서 테마 검색

워드프레스를 이용한 제작 사례는 무료 테마보다 유료 테마를 이용해서 사이트를 만드는 경우가 더 많습니다. 하지만, 값비싼 유료 테마로 홈페이지를 만들어야만 좋은 홈페이지를 만들 수 있는 것은 아닙니다. 홈페이지의 진정한 가치는 겉모습보다 홈페이지만의 고유의 색깔 즉, 콘텐츠가 더욱 중요하기 때문입니다. 이번 장에서는 워드프레스의 기본 테마 중 하나인 Twenty Thirteen(13) 테마를 활용하여 개인 홈페이지(개인 블로그)를 제작하는 과정에 대해 알아보겠습니다. 이 장에서 실습으로 사용된 개인 홈페이지는 http://www.mocaphoto.net 입니다.

워드프레스
실전 사이트 제작북

기본 테마를 활용한 개인 홈페이지 &블로그 만들기

Chapter 02

Lesson 01 기본 테마 설치하기
Lesson 02 카테고리 만들고 컨텐츠 작성하기
Lesson 03 플러그인으로 홈페이지 꾸미기
Lesson 04 메뉴 만들기
Lesson 05 컨텐츠 사이드바에 위젯 설치하기
Lesson 06 크롬으로 홈페이지 스타일 설정하기
Lesson 07 구글 웹 폰트를 사용하여 한글 글씨체 바꾸기
Lesson 08 홈페이지 푸터 영역 꾸미기
Lesson 09 사이트 커스터마이징하기

Chapter 01　　Lesson 01

기본 테마 설치하기

기본 테마 설치하기

워드프레스 3.6 이상 버전을 사용하고 있다면 Twenty Thirteen 테마가 기본적으로 설치되어 있습니다.

■ 그림 2-1 워드프레스 3.8 버전의 테마 목록 화면

만약, 버전이 다르거나 설치되어 있지 않을 경우, 다음과 같이 설치합니다.

01 알림판에서 [외모] – [테마] 메뉴를 선택하고 [새로 추가] 버튼 또는 [새 테마 추가하기] 아이콘을 누릅니다.

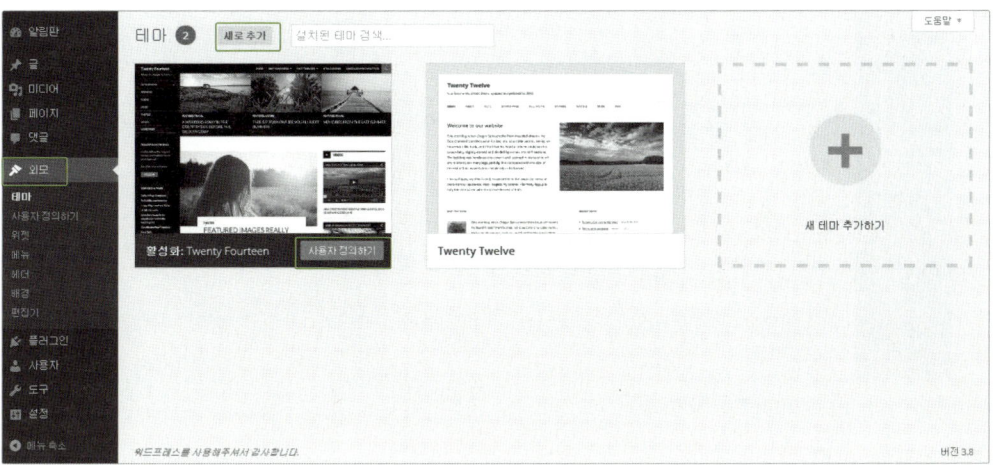

■ 그림 2-2 테마 추가하기

02 테마를 검색하여 설치할 수 있는 테마 설치 화면이 나옵니다. 검색 부분에 키워드를 직접 입력하거나 특정 기능을 기준으로 선택하여 원하는 테마를 찾을 수 있습니다. 업로드 부분에서는 테마 zip 파일을 직접 업로드하여 설치할 수 있습니다. 추천, 최근에 업데이트된 테마를 각각 검색하여 필요한 테마를 설치할 수 있습니다.

■ 그림 2-3 테마 찾기

03 검색창에 Twenty Thirteen을 입력하고 [검색] 버튼을 누릅니다.

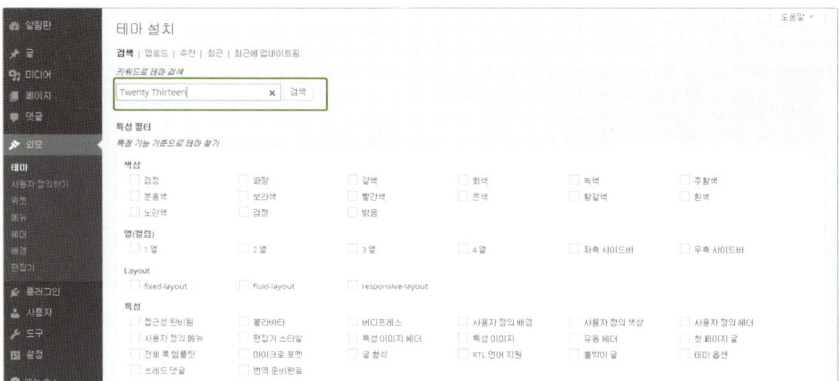

■ 그림 2-4 Twenty Thirteen 테마 검색하기

04 Twenty Thirteen의 [지금 설치하기]를 누르면 테마 설치가 시작됩니다.

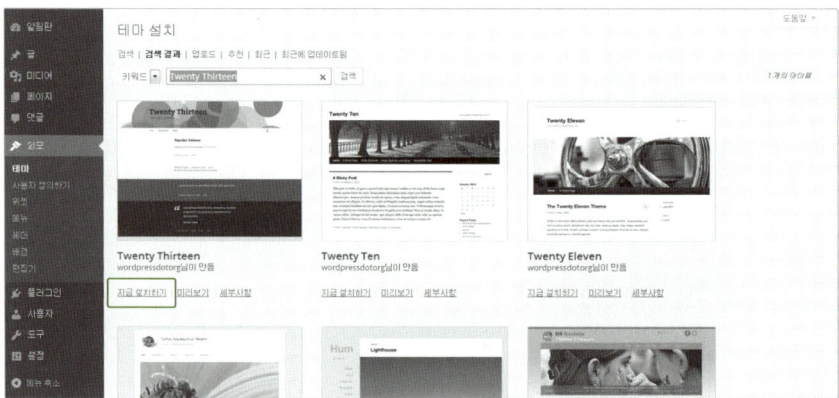

■ 그림 2-5 Twenty Thirteen 테마 설치하기

05 설치가 성공적으로 완료되면 [활성화]를 누릅니다.

■ 그림 2-6 Twenty Thirteen 테마 활성화하기

06 Twenty Thirteen 테마가 활성화되었습니다.

■ 그림 2-7 활성화된 Twenty Thirteen 테마

카테고리 만들고
컨텐츠 작성하기

발행한 글의 수가 늘어나면 글을 종류별로 분류할 필요가 있습니다. 글을 분류하는 가장 기본적인 방법은 글과 관련된 주제를 정한 후, 주제에 맞는 글을 카테고리에 등록하는 방법입니다. 즉 카테고리는 글의 특징을 나타내는 주제라고 할 수 있습니다. 워드프레스에서 카테고리를 만든 후 글을 작성하는 방법에 대해서 알아보겠습니다.

홈페이지의 카테고리 만들고 글 작성하기

워드프레스에서 카테고리는 글(Post)을 쓰는 과정에서 만들 수 있고, 글을 쓰기 전에 미리 만들어 놓을 수 있습니다.

01 [글] – [카테고리] 메뉴를 선택한 후 카테고리 페이지가 나타나면 새 카테고리의 [이름]을 입력하고 [새 카테고리 추가] 버튼을 누르면 카테고리가 만들어집니다. 만일 여러분들이 개인 홈페이지/블로그가 웹접근성을 준수해야 한다면 슬러그, 설명 등의 항목을 모두 채워야 합니다.

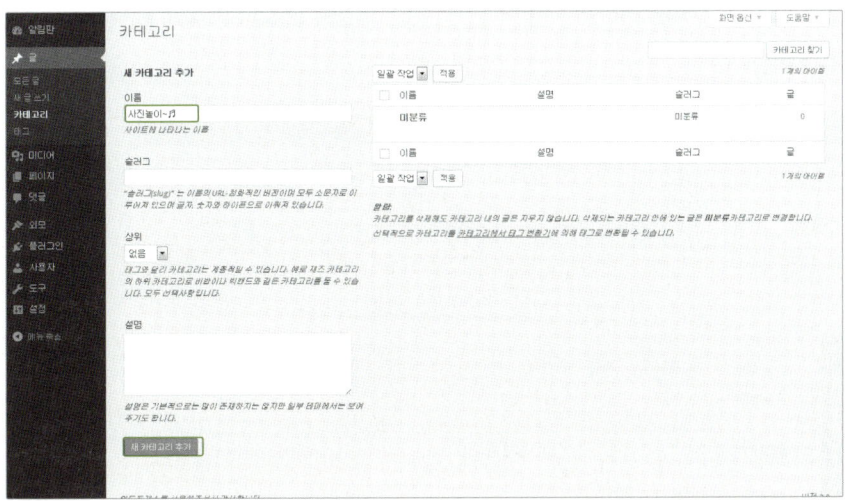

■ 그림 2-8 새 카테고리 추가하기

> **_tip_**
>
> **웹접근성이란**
> 웹표준화라고도 하며, 디스플레이 될 수 있는 모든 장치에서 웹화면이 익스플로러, 크롬, 파이어폭스 등의 브라우저와 상관없이 모두 동일하게 보이며, 시각장애인 같은 사회적 소외계층도 홈페이지를 이용하는데 지장이 없도록 웹표준화 코딩으로 홈페이지를 제작하는 것입니다.

02 하위 카테고리를 생성할 때는 [상위]를 지정해주면 그 카테고리 아래에 생성됩니다.

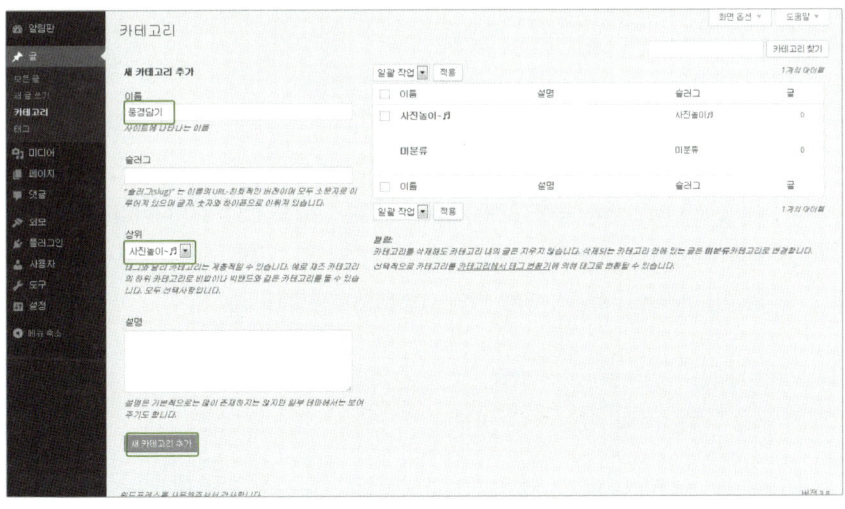

■ 그림 2-9 하위 카테고리 추가하기

> **_tip_**
>
> 미분류 카테고리는 워드프레스에서 자동으로 만들어진 기본 카테고리입니다.

03 카테고리를 어떤 구조로 만들 것인지 미리 카테고리 맵을 만들면 좋습니다. 여기서는 다음과 같은 구조로 카테고리를 추가합니다.

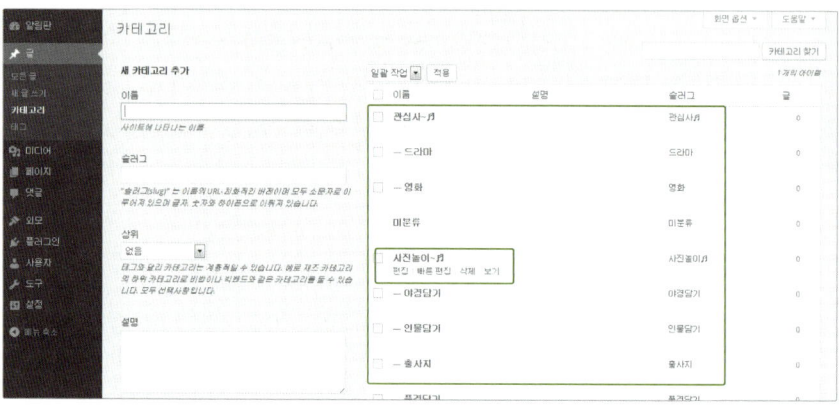

■ 그림 2-10 생성한 카테고리

> **↪ _tip_**
>
> **카테고리 이름 변경하기**
> '편집' 또는 제목을 클릭하면 편집 화면이, '빠른 편집'을 클릭하면 바로 아래에 제목과 슬러그만 편집할 수 있는 창이 나오며 '보기'를 클릭하면 해당 카테고리의 글을 확인할 수 있는 화면이 나타납니다.

04 [글] – [새 글 쓰기] 메뉴를 선택하면 워드프레스에서 글을 작성할 수 있는 편집기가 나타납니다. 편집기 글 쓰기 영역에 새로운 글을 작성합니다. 제목과 내용을 작성한 후 우측의 [카테고리] 영역에서 해당 카테고리를 체크해주고 [공개하기] 버튼을 누르면 선택한 카테고리에 글이 등록됩니다.

> **↪ _tip_**
>
> **글과 페이지의 차이점**
> 워드프레스에서 콘텐츠를 만드는 방법은 두가지가 있습니다. 하나는 글(Post)이고 다른 하나는 페이지(Page)입니다. 글과 페이지의 가장 큰 차이점은 정렬 방식입니다. 글은 시간의 역순으로 정렬되지만 페이지는 상하구조를 만들어 등록할 수 있습니다. 즉 글을 카테고리로 분류하여 상하구조를 만들 수 있습니다.

■ 그림 2-11 새 글쓰기

05 위의 방식으로 여러 개의 글을 작성하였습니다.

■ 그림 2-12 생성한 글

페이지 작성하기

01 [페이지] – [새 페이지 추가] 메뉴를 클릭한 후 새 페이지 추가 페이지가 나타나면 새로운 페이지를 작성합니다. 제목과 내용을 작성한 뒤 우측의 [페이지 속성]에서 상위 페이지를 지정하고 알맞은 템플릿을 지정하고 [공개하기] 버튼을 누르면 페이지가 등록됩니다.

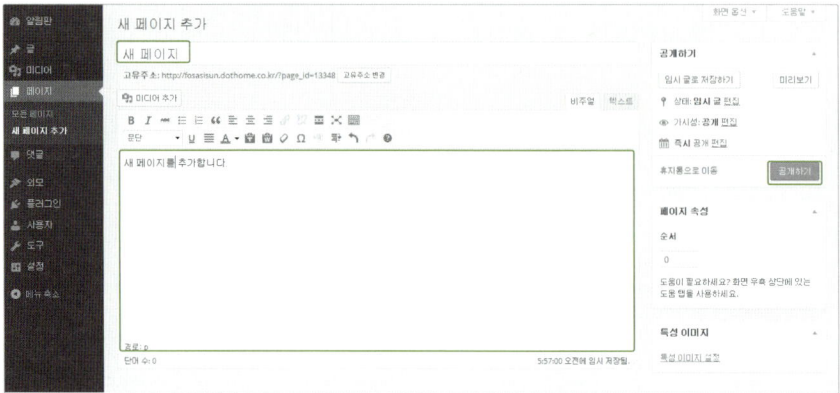

■ 그림 2-13 새 페이지 만들기

02 위의 방식으로 페이지를 생성하였습니다.

■ 그림 2-14 생성한 페이지

이미지 삽입 & 대표 이미지 등록하기

게시글을 넣을 때, 이미지가 없으니 아쉬움이 남습니다. 이제 포스팅에 이미지를 넣고, 메인 화면에 보일 대표 이미지를 설정해 더욱 알찬 포스팅을 완성해보겠습니다. 새 게시글 본문에 이미지를 삽입해보겠습니다.

01 [글] – [새 글쓰기] 메뉴를 선택하여 새 글쓰기 페이지가 나타나면 [미디어추가] 버튼 클릭합니다. 기존의 글에 삽입하시려면 [글] – [모든 글] 메뉴를 선택한 후 글 목록에서 해당 글의 [편집]을 누르면 됩니다. 페이지에서도 마찬가지로 [페이지] – [새 페이지 추가] 메뉴를 선택하거나 [페이지] – [모든 페이지] 메뉴를 선택한 후 해당 페이지의 [편집]을 누르면 됩니다.

■ 그림 2-15 미디어 추가하기

미디어 삽입 화면이 나타나면 다음 세 가지 방법으로 이미지 파일을 불러올 수 있습니다.
- 파일 업로드 : 내 컴퓨터에 있는 이미지 파일을 불러옵니다.
- 미디어 라이브러리 : 미디어 라이브러리에 저장되어 있는 파일을 불러올 수 있습니다.
- URL에서 삽입하기 : 이미지의 고유 URL을 입력하면 이미지 파일이 로딩되어 보여집니다.

위의 순서대로 이미지 파일을 불러오도록 해보겠습니다.

파일 업로드 & 미디어 라이브러리로 미디어 삽입하기

01 미디어 삽입에서 파일 업로드를 선택하면 다음과 같은 미디어 삽입창이 나옵니다. [파일을 선택하세요] 버튼을 누릅니다.

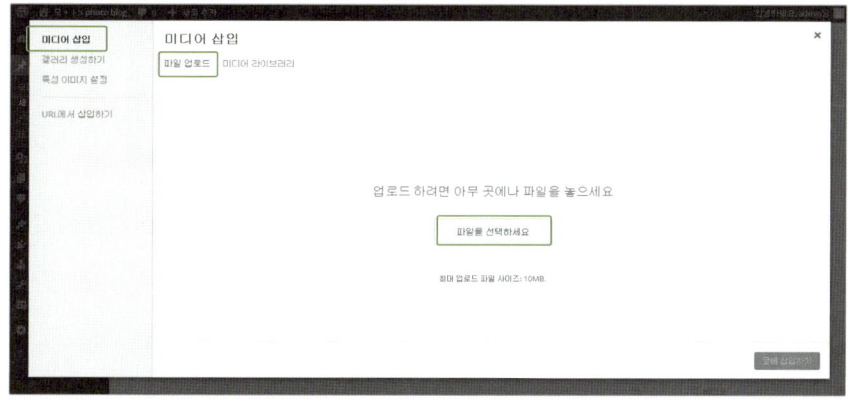

■ 그림 2-16 파일 업로드로 미디어 삽입하기

02 파일을 선택한 뒤 [열기] 버튼을 누릅니다. 여러 개의 파일을 동시에 선택하여 열 수도 있습니다.

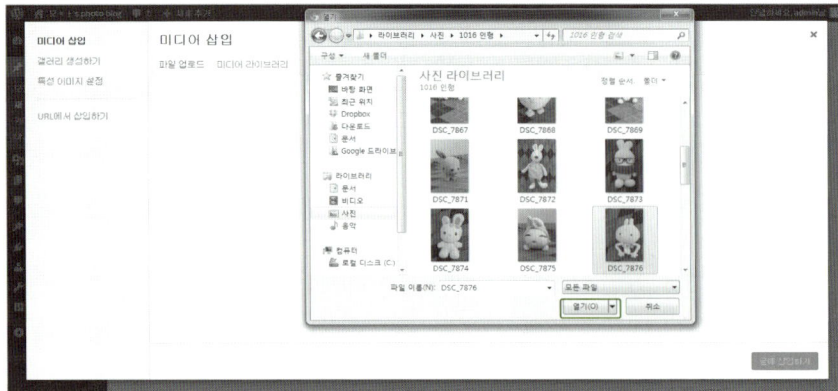

■ 그림 2-17 파일 선택하여 열기

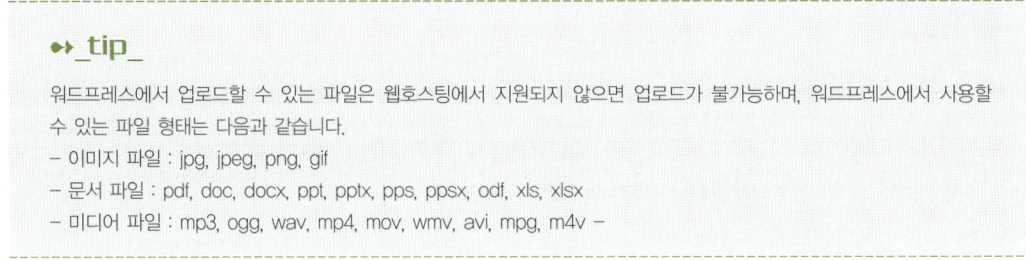

→_tip_

워드프레스에서 업로드할 수 있는 파일은 웹호스팅에서 지원되지 않으면 업로드가 불가능하며, 워드프레스에서 사용할 수 있는 파일 형태는 다음과 같습니다.
- 이미지 파일 : jpg, jpeg, png, gif
- 문서 파일 : pdf, doc, docx, ppt, pptx, pps, ppsx, odf, xls, xlsx
- 미디어 파일 : mp3, ogg, wav, mp4, mov, wmv, avi, mpg, m4v -

03 미디어 라이브러리에 파일이 삽입되었습니다. 미디어 라이브러리에서 본문에 삽입할 이미지를 선택하면 우측에서 이미지 정보를 확인할 수 있습니다.

■ 그림 2-18 파일 업로드로 미디어 라이브러리에 삽입된 이미지

tip

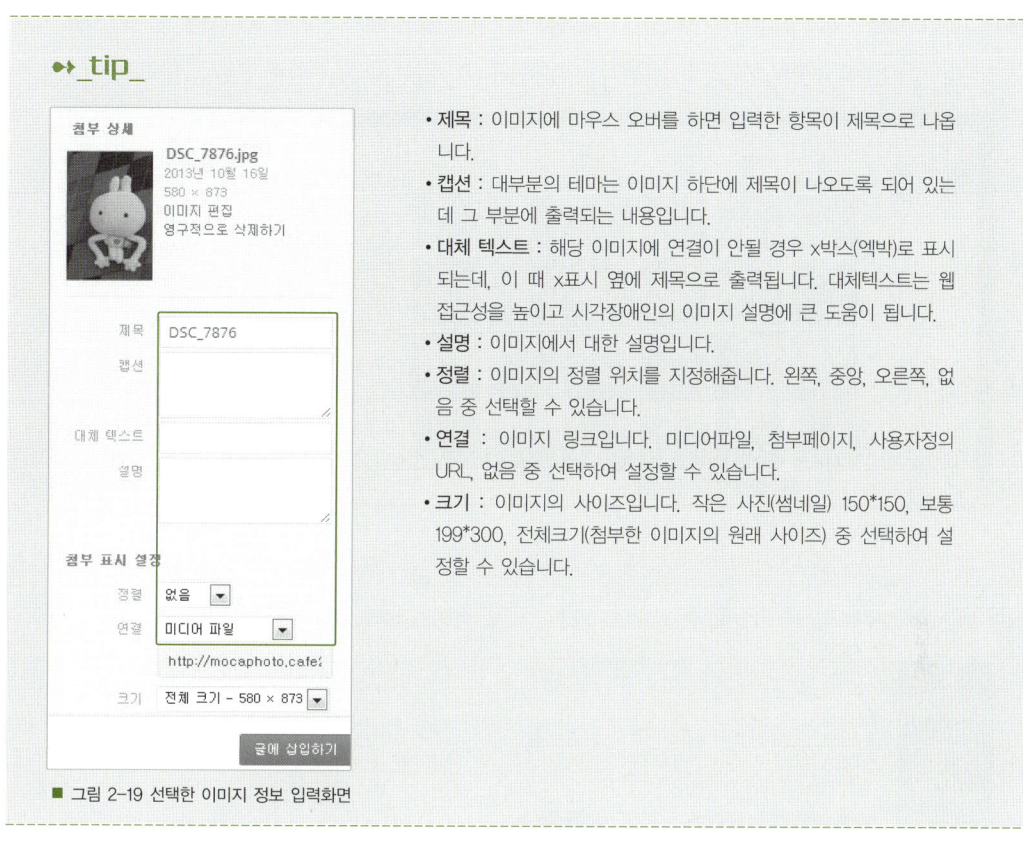

- **제목** : 이미지에 마우스 오버를 하면 입력한 항목이 제목으로 나옵니다.
- **캡션** : 대부분의 테마는 이미지 하단에 제목이 나오도록 되어 있는데 그 부분에 출력되는 내용입니다.
- **대체 텍스트** : 해당 이미지에 연결이 안될 경우 x박스(엑박)로 표시되는데, 이 때 x표시 옆에 제목으로 출력됩니다. 대체텍스트는 웹 접근성을 높이고 시각장애인의 이미지 설명에 큰 도움이 됩니다.
- **설명** : 이미지에서 대한 설명입니다.
- **정렬** : 이미지의 정렬 위치를 지정해줍니다. 왼쪽, 중앙, 오른쪽, 없음 중 선택할 수 있습니다.
- **연결** : 이미지 링크입니다. 미디어파일, 첨부페이지, 사용자정의 URL, 없음 중 선택하여 설정할 수 있습니다.
- **크기** : 이미지의 사이즈입니다. 작은 사진(썸네일) 150*150, 보통 199*300, 전체크기(첨부한 이미지의 원래 사이즈) 중 선택하여 설정할 수 있습니다.

■ 그림 2-19 선택한 이미지 정보 입력화면

04 정보 입력이 완료되었으면 [글에 삽입하기] 버튼을 누릅니다.

■ 그림 2-20 이미지 첨부하기

05 미디어 라이브러리에 이미지가 많다면 그 중 첨부할 이미지를 선택하여 여러 이미지를 삽입할 수도 있습니다. 마찬가지로 첨부할 이미지를 선택한 후 설정하고 [글에 삽입하기] 버튼을 누르면 됩니다.

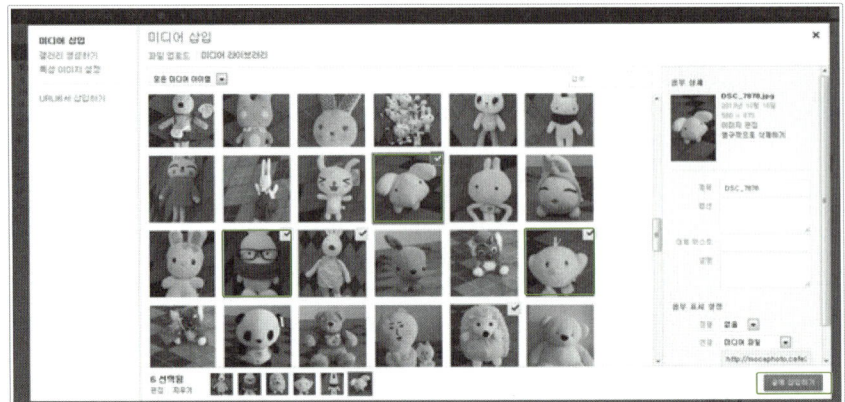

■ 그림 2-21 미디어 삽입 시 여러 개의 이미지 선택하기

06 이미지가 첨부되었음을 확인할 수 있습니다. [공개하기] 버튼을 눌러 글을 저장합니다.

■ 그림 2-22 이미지가 첨부된 글쓰기 화면

07 글이 발행되었습니다. [글 보기] 버튼을 눌러 발행된 글을 확인합니다.

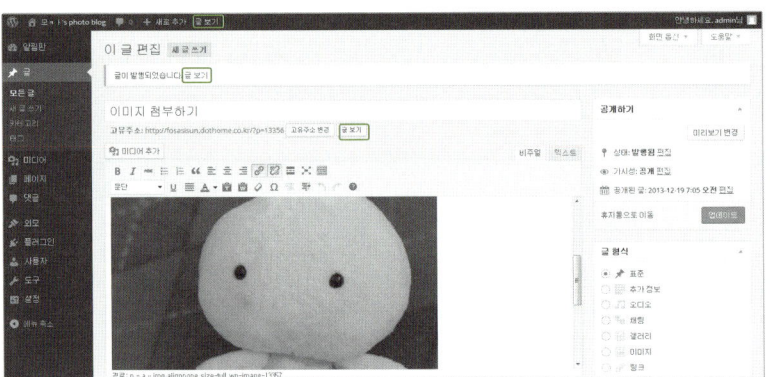

■ 그림 2-23 이미지가 삽입된 발행된 글

08 이미지가 삽입된 글의 모습을 미리 확인할 수 있습니다.

■ 그림 2-24 미디어가 삽입된 글 보기 화면

URL에서 미디어 삽입하기

01 [URL에서 삽입하기] 메뉴를 누르면 주소를 입력할 수 있는 영역이 나옵니다.

■ 그림 2-25 URL에서 삽입하기

Chapter 02_ 기본 테마를 활용한 개인 홈페이지&블로그 만들기   55

02 워드프레스 네이버카페(cafe.naver.com/wphome)의 대문 상단 이미지의 URL을 가져오도록 하겠습니다. 상단 이미지에 마우스를 가져다 대고 마우스 오른쪽 버튼을 누릅니다. 메뉴 목록중 [이미지 URL 복사] 메뉴를 누릅니다.

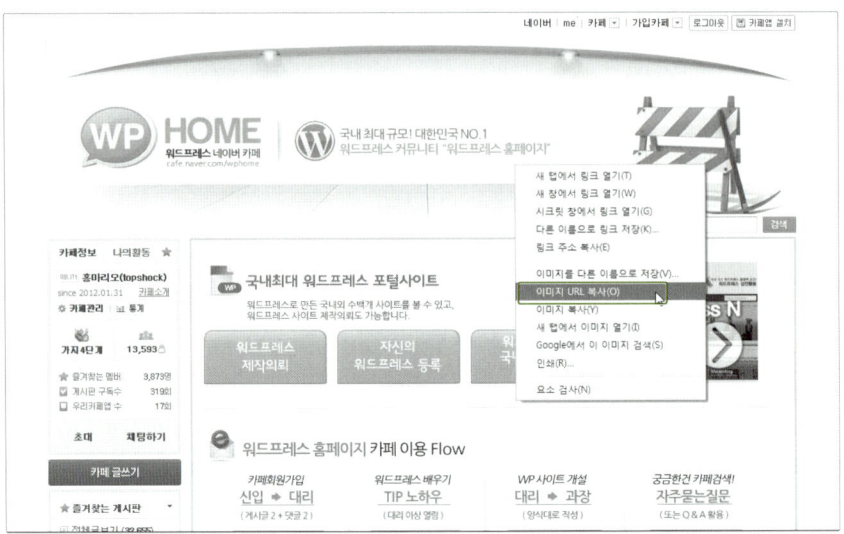

■ 그림 2-26 이미지 URL 복사하기

03 복사된 이미지 URL을 URL에서 삽입하기 주소 입력 부분에 붙여넣기 합니다. 필요에 따라 캡션, 대체 텍스트, 정렬, 연결을 설정해주고 [글에 삽입하기] 버튼을 누르면 미디어가 삽입됩니다.

■ 그림 2-27 복사된 이미지 URL을 넣어 미디어 삽입하기

04 미디어 삽입이 완료된 글을 저장하고 확인하는 과정은 위의 과정과 동일합니다.

Chapter 02 >>> Lesson 03 >>>

플러그인으로
홈페이지 꾸미기

편집기 기능을 강화하는 TinyMCE Advanced 플러그인

워드프레스에서 컨텐츠를 작성하면서 편집기 기능들을 살펴보면 글 작성 편집기의 기본적인 기능이 많이 부족한 것을 확인할 수 있습니다. TinyMCE Advanced라는 플러그인은 글 페이지에 글자색을 다양하게 하거나 편집기에 다양한 기능을 추가하는 등 기존의 편집기 기능을 보완하기에 적합한 플러그인입니다. 설치하는 방법은 다음과 같습니다.

01 [플러그인] – [플러그인 추가하기] 메뉴를 선택한 후 검색창에 'TinyMCE Advanced'를 입력하고 [플러그인 검색] 버튼을 클릭합니다.

■ 그림 2-28 TinyMCE 플러그인 검색하기

02 [TinyMCE Advanced 플러그인이 검색 결과에 아래 화면과 같이 나옵니다. [지금 설치하기] 버튼을 클릭합니다.

■ 그림 2-29 TinyMCE 플러그인 설치하기

03 설치하기 팝업 창이 나타나면 [확인] 버튼을 클릭합니다.

04 플러그인이 설치되었습니다. [플러그인을 활성화]를 클릭하면 플러그인 적용이 완료됩니다.

■ 그림 2-30 TinyMCE 플러그인 활성화

05 [설정] – [TinyMCE Advanced] 메뉴를 선택하면 TinyMCE Advanced 플러그인의 설정 메뉴가 나타납니다. 아래쪽의 아이콘 중 사용할 것들을 선택한 후 드래그하여 위쪽으로 끌어다 놓습니다.

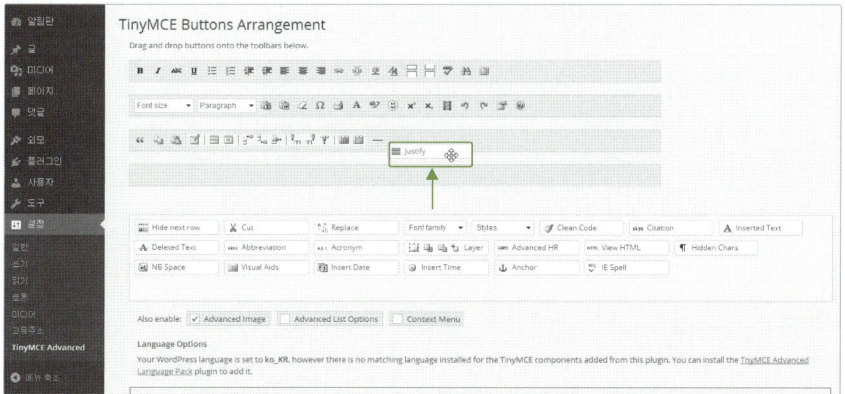

■ 그림 2-31 TinyMCE 플러그인 설정하기

06 [Save Changes] 버튼을 눌러 설정 내용을 저장합니다.

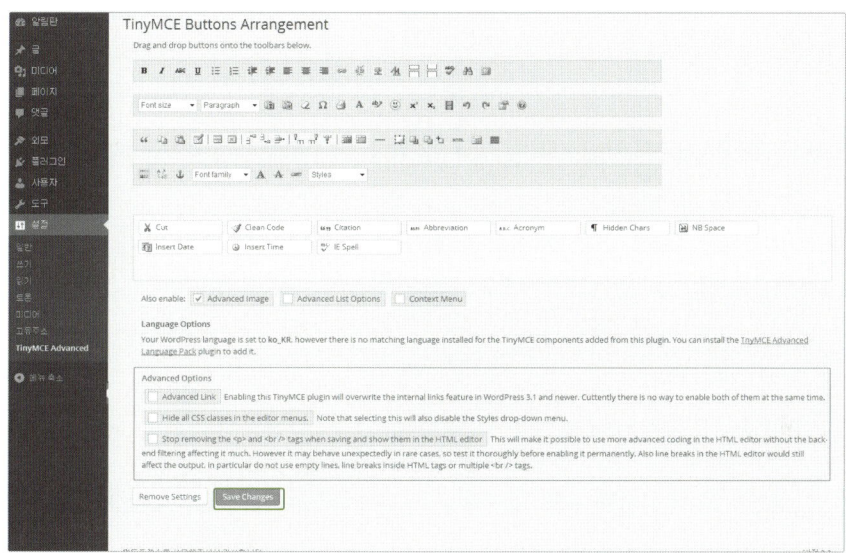

■ 그림 2-32 TinyMCE 플러그인 설정 저장하기

07 페이지를 추가하거나 새 글을 작성할 때 편집기가 변화된 것을 확인할 수 있습니다.

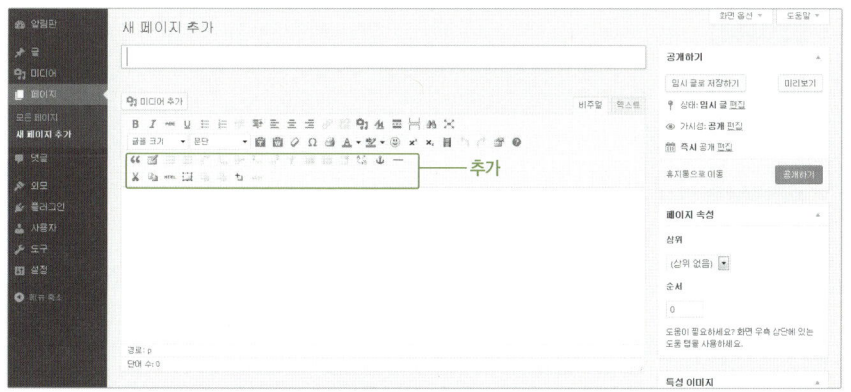

■ 그림 2-33 TinyMCE 플러그인 설정이 적용된 편집기

08 강화된 편집기의 기능을 사용하여 페이지를 추가하고 글을 작성할 수 있습니다.

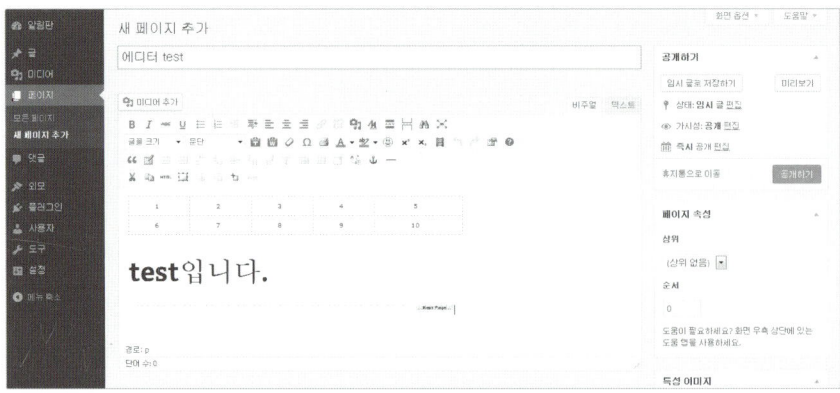

■ 그림 2-34 TinyMCE 플러그인을 사용하여 강화된 편집기 기능

숏 코드로 한번에 해결하는 Shortcodes Ultimate 플러그인

글이나 페이지를 작성하다 보면 음악, 동영상을 첨부하거나 한 페이지에 여러 내용을 탭 형태로 넣고, 리스트를 깔끔하게 표시하는 등의 다양한 기능들이 필요합니다. 이러한 기능들을 Shortcodes Ultimate 플러그인에서 제공해줍니다.

Shortcodes Ultimate 플러그인 설치하기

01 [플러그인] – [플러그인 추가하기] 메뉴를 클릭한 후 플러그인 설치 페이지가 나오면 Shortcodes Ultimate를 검색합니다.

■ 그림 2-35 ShortcodesUltimate 플러그인 추가하기

02 [지금 설치하기]를 클릭하여 플러그인을 설치합니다.

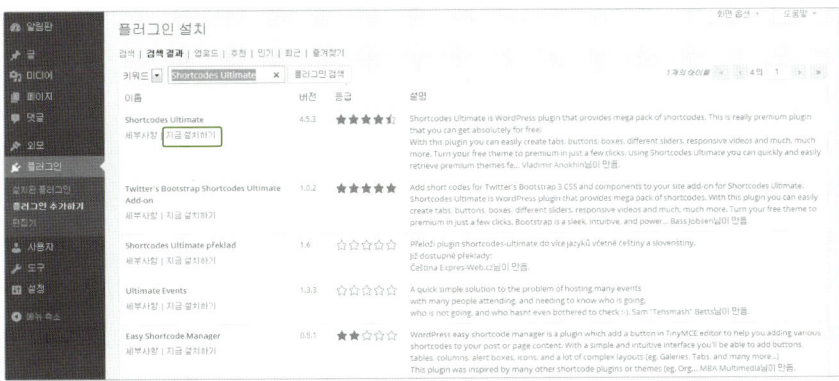

■ 그림 2-36 ShortcodesUltimate 플러그인 설치하기

03 플러그인이 설치되었습니다. [플러그인을 활성화]를 클릭합니다.

■ 그림 2-37 ShortcodesUltimate 플러그인 활성화

버튼 만들기

01 새 페이지 추가 혹은 기존 페이지를 편집하는 경우 편집기 상단에 [Insert shorcode] 버튼이 생성되었음을 확인할 수 있습니다. [Insert shorcode] 버튼을 클릭합니다.

■ 그림 2-38 Shortcode로 버튼 만들기 1

02 아래 그림과 같이 다양한 형태의 포맷이 숏 코드 형태로 생성됩니다. 버튼을 생성하여 보겠습니다. [Button] 버튼을 클릭합니다.

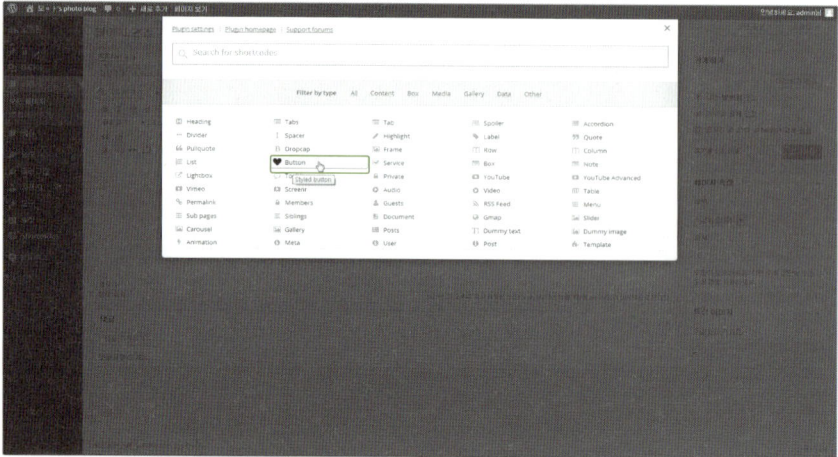

■ 그림 2-39 Shortcode로 버튼 만들기 2

03 Button 설정 창이 나타납니다. 버튼에 설정할 링크와 배경색상, 텍스트 색상, 포함될 문구 등을 수정할 수 있습니다.

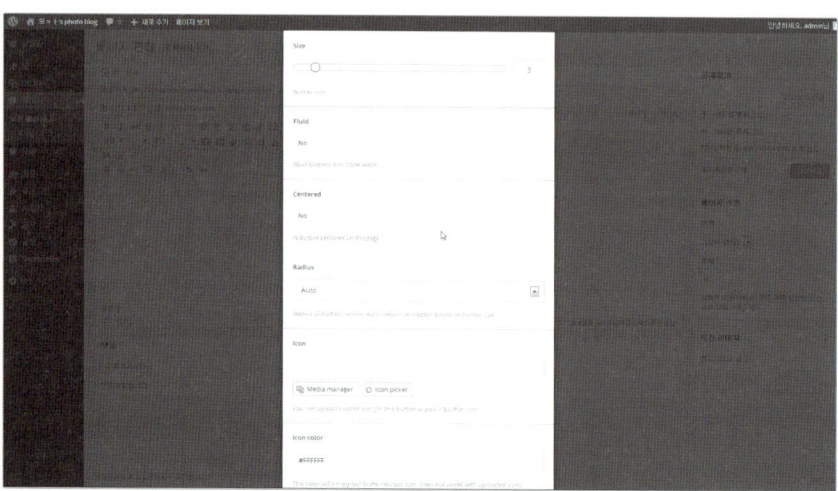

■ 그림 2-40 Shortcode로 버튼 만들기 3

04 [Live Preview] 버튼을 누르면 버튼을 미리 보기로 볼 수 있습니다. 설정이 완료되었으면 [Insert shortcode] 버튼을 누릅니다.

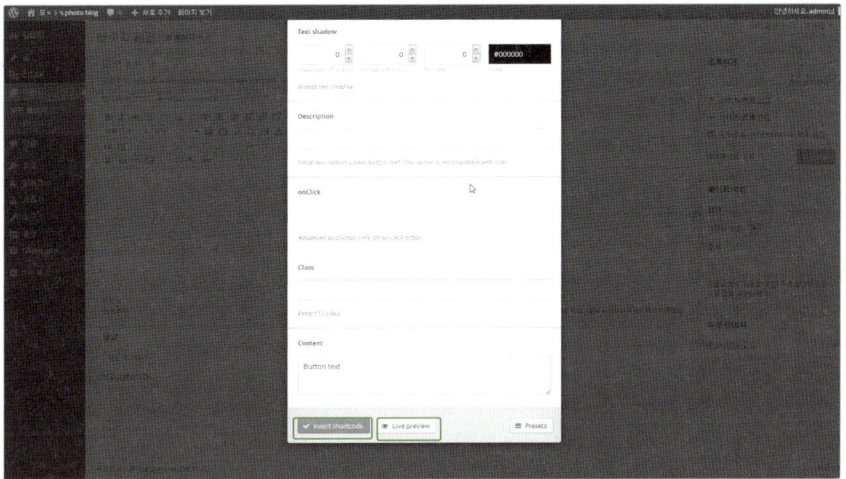

■ 그림 2-41 Shortcode로 버튼 만들기 4

05 숏 코드가 삽입되었습니다. [공개하기](새 페이지나 글일 경우)나 [업데이트](기존 글이나 페이지를 수정할 경우) 버튼을 눌러 글을 저장합니다.

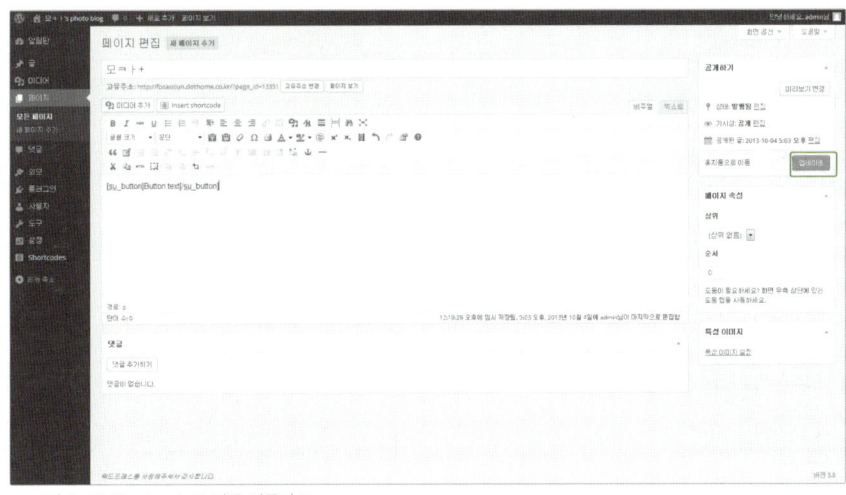

■ 그림 2-42 Shortcode로 버튼 만들기 5

06 [페이지 보기] 버튼을 클릭해서 생성된 페이지를 확인해 봅니다. 버튼이 들어간 페이지가 생성되었습니다.

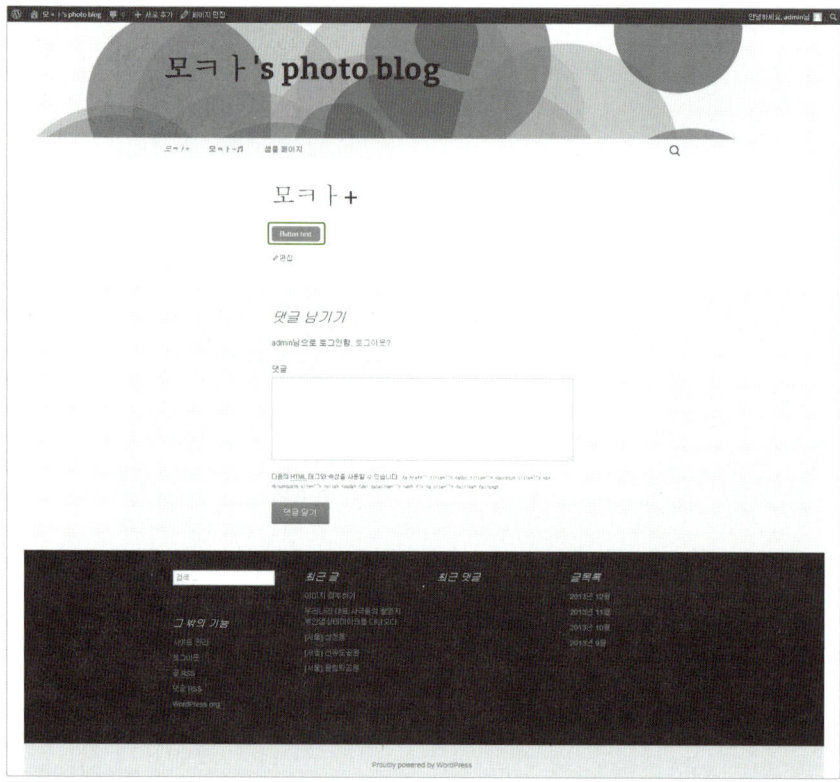

■ 그림 2-43 Shortcode로 버튼 만들기 6

갤러리 만들기

01 버튼 위쪽에 갤러리를 삽입해 보겠습니다. [Insert shortcode] 버튼을 누릅니다.

■ 그림 2-44 Shortcode로 갤러리 만들기 1

02 Gallery를 선택합니다.

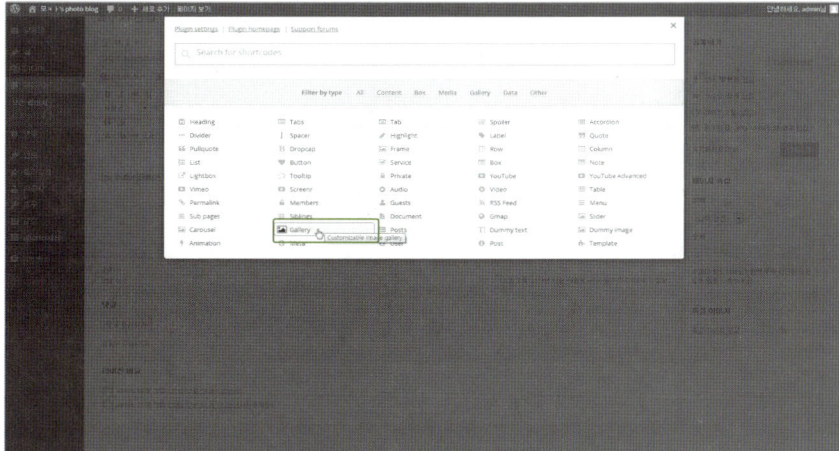

■ 그림 2-45 Shortcode 갤러리 만들기 2

03 Gallery에 대한 설정창이 나옵니다. Source에서 이미지를 첨부할 방식을 선택할 수 있습니다. 여기서는 Media library를 선택하여 보겠습니다.

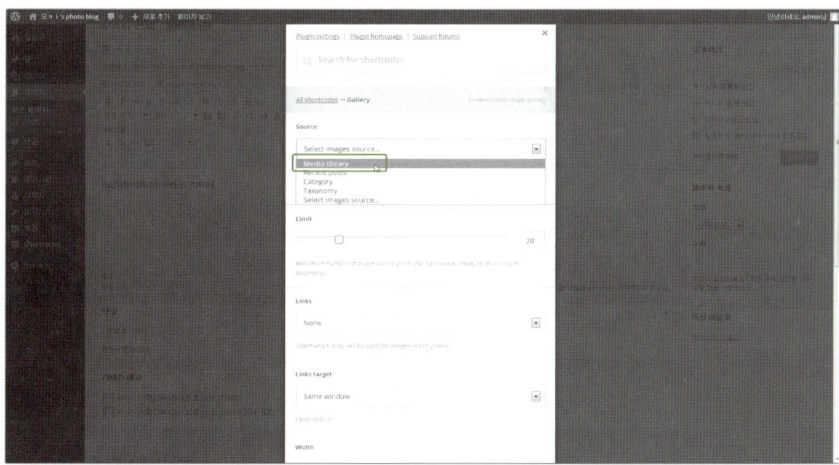

■ 그림 2-46 Shortcode로 갤러리 만들기 3

04 [Add Images] 버튼을 클릭합니다.

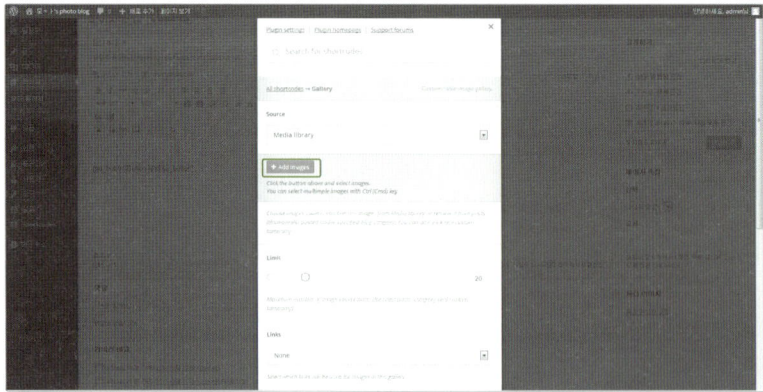

■ 그림 2-47 Shortcode 갤러리 만들기 4

05 [파일 업로드]를 선택한 후 열기창이 나타나면 업로드시킬 이미지 파일을 선택하여 첨부합니다.

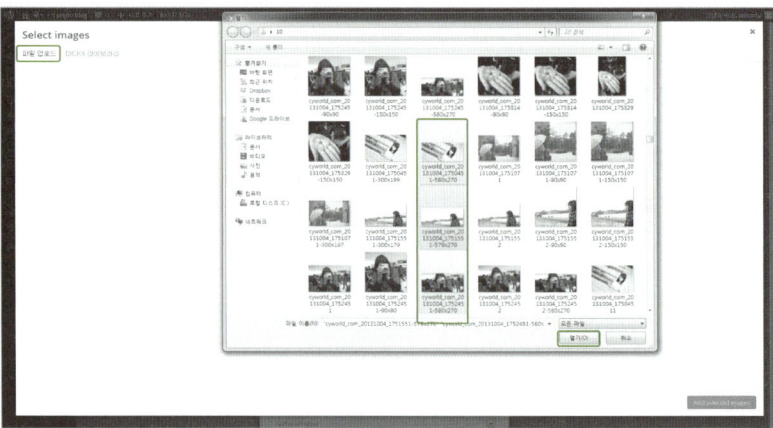

■ 그림 2-48 Shortcode 갤러리 만들기 5

06 미디어 라이브러리에 이미지가 첨부되었습니다. 갤러리에 넣을 이미지를 선택하여 [Add selected images] 버튼을 누릅니다.

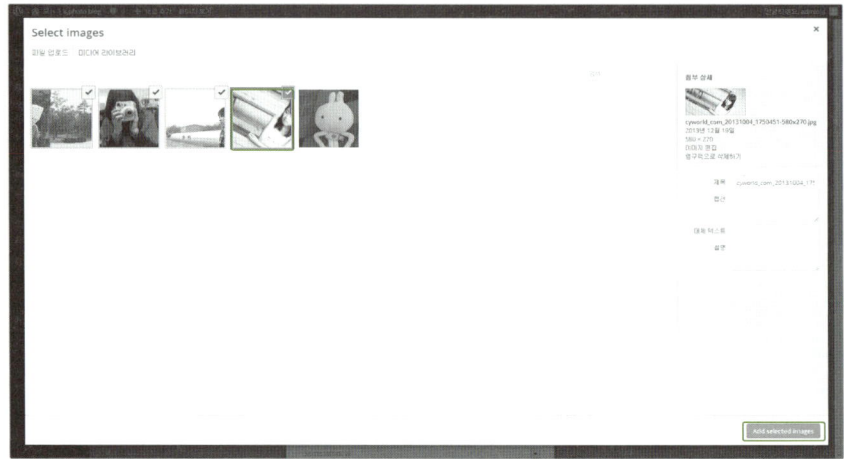

■ 그림 2-49 Shortcode 갤러리 만들기 6

07 갤러리에 이미지가 첨부되었습니다. 이제 나머지 부분을 설정을 해보겠습니다. Limit에서는 갤러리에 이미지가 몇 개까지 들어갈 것인지, Links에서는 링크를 사용할지 여부를 설정할 수 있습니다.

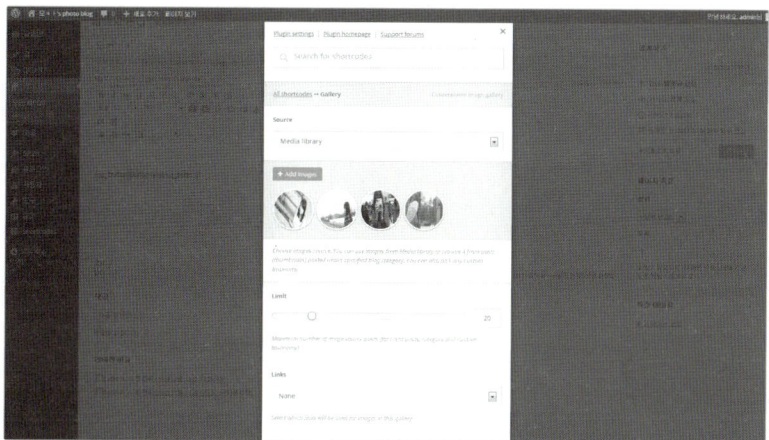

■ 그림 2-50 Shortcode 갤러리 만들기 7

나머지 Links target이나 Width, Height, Show titles, Class도 설정을 지정한 후 [Import shortcode] 버튼을 누릅니다.

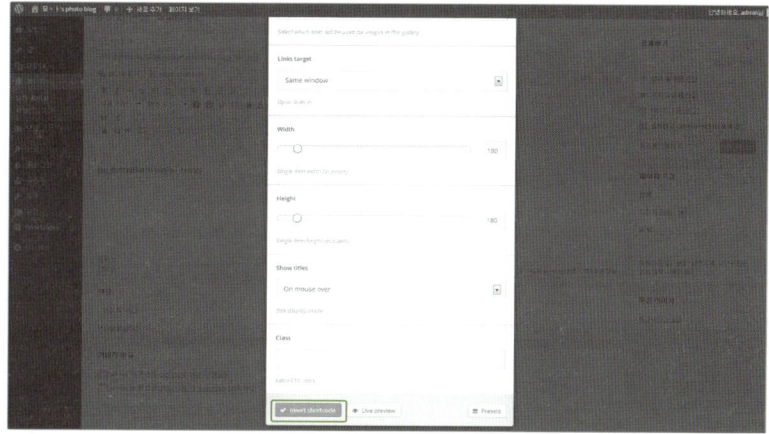

■ 그림 2-51 Shortcode 갤러리 만들기 8

08 본문에 갤러리 숏코드가 삽입되었습니다. [업데이트] 버튼을 눌러 페이지를 저장합니다.

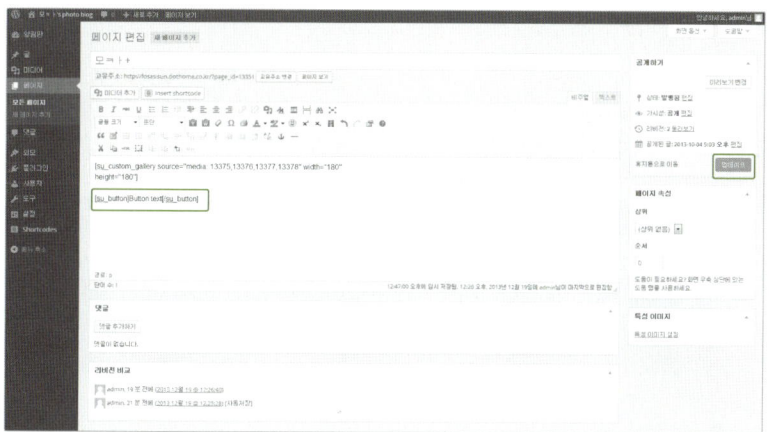

■ 그림 2-52 Shortcode 갤러리 만들기 9

Chapter 02_ 기본 테마를 활용한 개인 홈페이지&블로그 만들기　67

09 갤러리 숏 코드가 삽입된 페이지가 완성되었습니다. [페이지보기]를 눌러서 확인합니다.

■ 그림 2-53 Shortcode 갤러리 만들기 10

10 갤러리가 삽입된 페이지가 완성되었습니다.

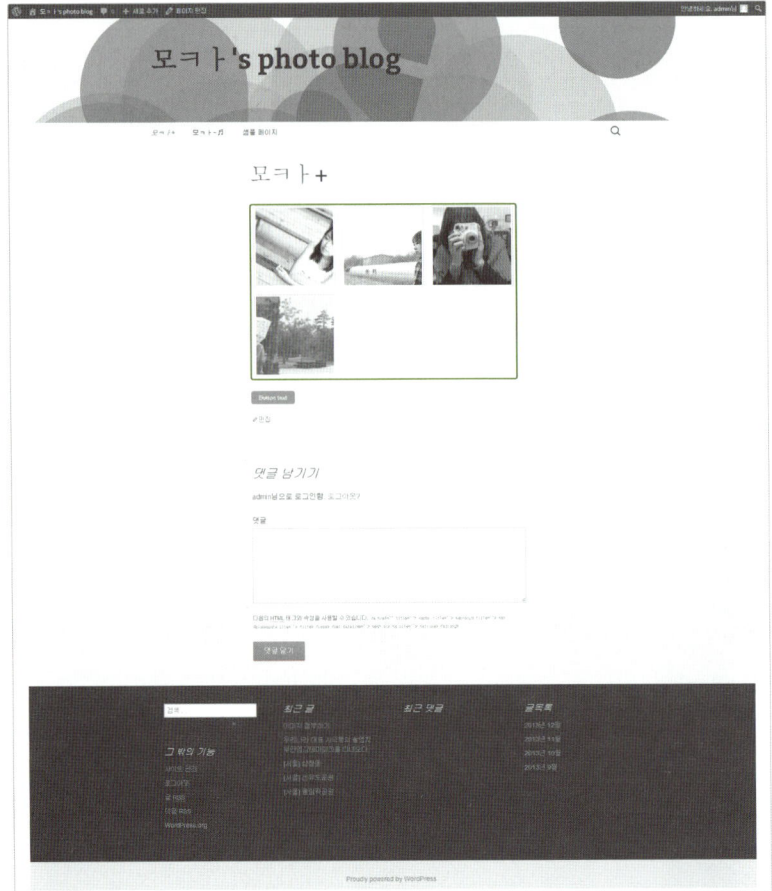

■ 그림 2-54 Shortcode 갤러리 완성화면

슬라이더 만들기

01 '한강다리 프로젝트'라는 글에 이미지 슬라이더를 숏코드로 만들어 첨부해 보도록 하겠습니다.

■ 그림 2-55 Shortcode 슬라이더 만들기 1

02 숏코드 목록 중 Slider를 선택합니다.

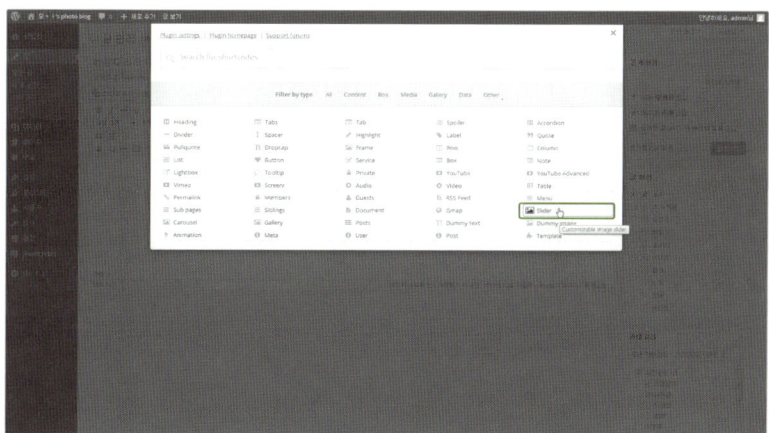

■ 그림 2-56 Shortcode 슬라이더 만들기 2

03 이미지를 첨부하는 방법은 갤러리에서 사용했던 방법과 동일합니다. Media library를 선택한 후 [Add Images] 버튼을 누릅니다.

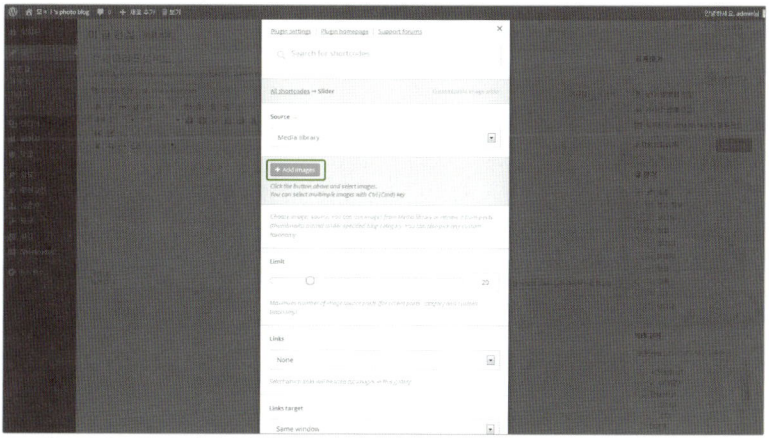

■ 그림 2-57 Shortcode 슬라이더 만들기 3

04 [파일 업로드]를 선택한 후 업로드할 이미지 파일을 선택하여 첨부합니다.

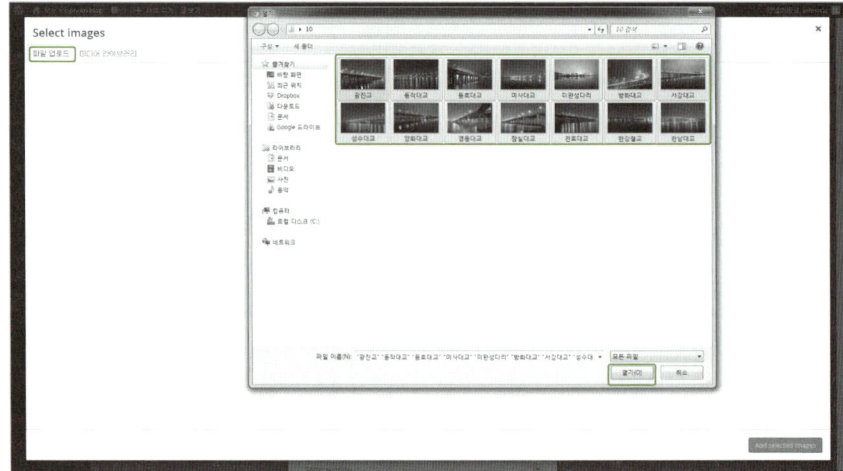

■ 그림 2-58 Shortcode 슬라이더 만들기 4

05 슬라이더에 들어갈 이미지들을 클릭하여 선택하고 [Add selected images] 버튼을 누릅니다.

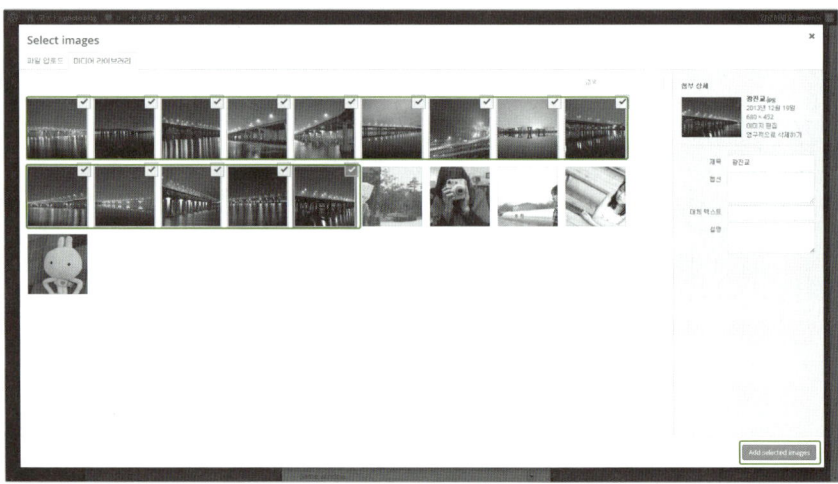

■ 그림 2-59 Shortcode 슬라이더 만들기 5

06 슬라이더 이미지가 첨부되었습니다. 이제 나머지 부분을 설정합니다.

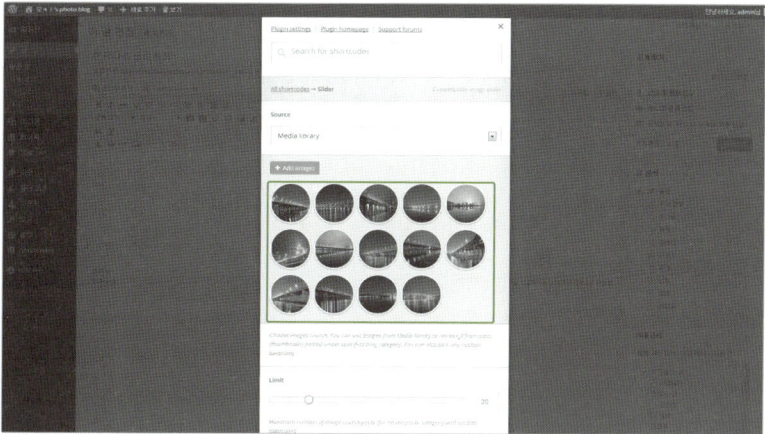
■ 그림 2-60 Shortcode 슬라이더 만들기 6

Limit나 Links, Links target Width, Height, Responsive, Show titles를 설정할 수 있습니다.

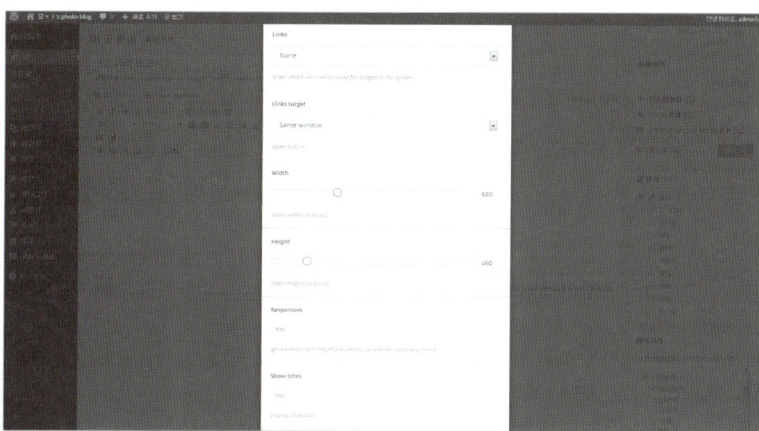
■ 그림 2-70 Shortcode 슬라이더 만들기 7

Center, Arrows, Pagination, Mouse wheel control, Autoplay, Speed를 설정할 수 있습니다.

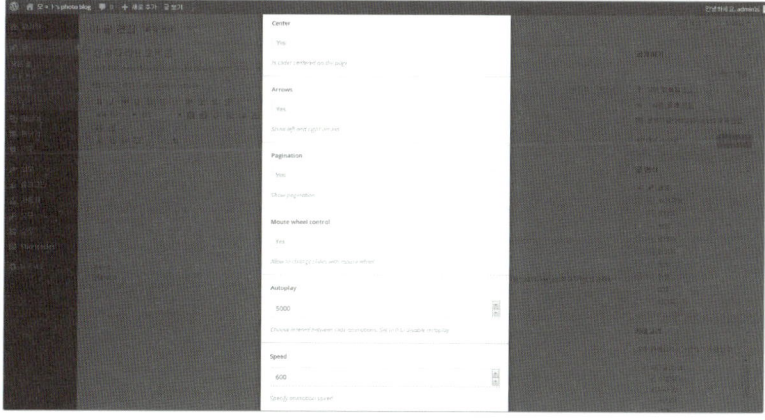
■ 그림 2-71 Shortcode 슬라이더 만들기 8

입력이 완료되었으면 [Insert shortcode] 버튼을 누릅니다.

■ 그림 2-72 Shortcode 슬라이더 만들기 9

07 글 본문에 슬라이더 숏코드가 삽입되었습니다. [업데이트] 버튼을 눌러 글을 저장합니다.

■ 그림 2-73 Shortcode 슬라이더 만들기 10

08 글이 업데이트 되었습니다. [글 보기] 버튼을 눌러 완성된 글을 확인합니다.

■ 그림 2-74 Shortcode 슬라이더 만들기 11

09 슬라이더가 첨부된 글이 완성되었습니다. 자동으로 넘어가게 되어있고, 슬라이더 중간에 마우스오버시 나타나는 작은 원들을 클릭하면 다른 이미지를 볼 수 있습니다. 양 옆 화살표 버튼을 누르면 앞뒤 이미지로 이동할 수 있습니다. 여러분이 실습한 슬라이드 화면 구현이 제대로 되었는지 실습예제 페이지 http://www.mocaphoto.net의 [사진놀이] [야경담기]의 페이지와 비교합니다.

■ 그림 2-75 Shortcode 슬라이더 완성화면

네이버 지도 플러그인 설치하기

멋진 여행지를 추천하고 싶을 때, 지도를 첨부하면 그 장소의 위치를 읽는 사람이 쉽게 알 수 있을 것입니다. 지도를 첨부하는 방법은 여러 가지가 있지만, 네이버 지도 플러그인을 활용하여 지도를 첨부하여 보도록 하겠습니다.

01 [플러그인] – [플러그인 추가하기] 메뉴를 선택한 후 플러그인 설치 페이지의 검색창에 naver를 입력하고 [플러그인 검색] 버튼을 클릭합니다.

■ 그림 2-76 NaverMap 플러그인 1

02 Naver Map 플러그인의 [지금 설치하기]를 클릭합니다.

■ 그림 2-77 NaverMap 플러그인 2

03 플러그인이 설치되었습니다. [플러그인을 활성화]를 누르면 활성화가 완료되었습니다.

■ 그림 2-78 NaverMap플러그인 3

04 네이버 지도 플러그인을 사용하기 위해서는 먼저 네이버 지도 API 키를 등록해야 합니다. [네이버 지도 API 키 보기] 버튼을 클릭합니다.

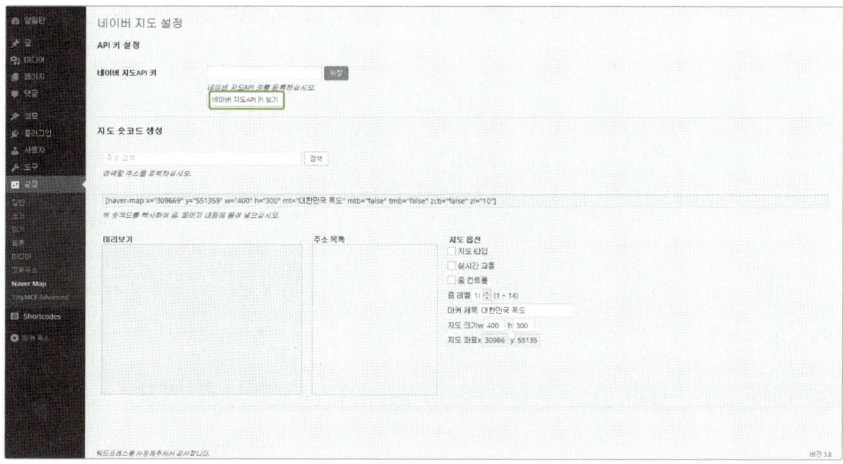

■ 그림 2-79 NaverMap 플러그인 4

05 NAVER 개발자센터 페이지가 나오면 로그인을 합니다.

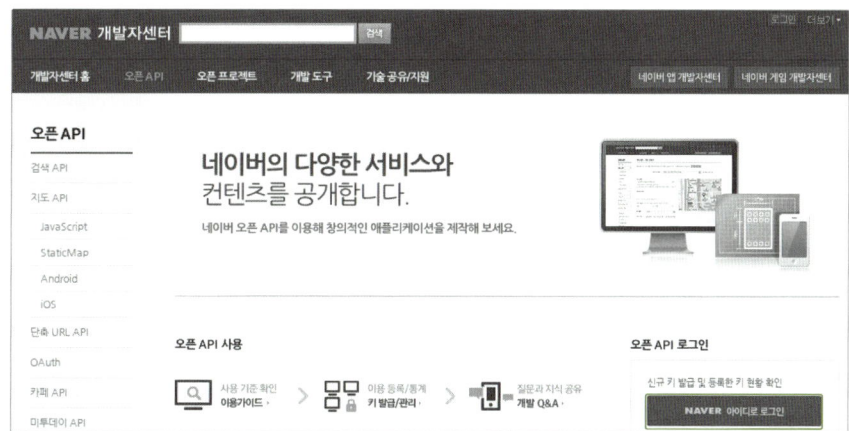

■ 그림 2-80 NaverMap 플러그인 5

06 로그인 후 오픈 API 사용 페이지에서 [키 발급/관리] 버튼을 클릭합니다.

■ 그림 2-81 NaverMap 플러그인 6

07 지도 API에 발급받은 키가 없습니다. (기존에 발급받은 키가 있다면 그 키를 사용하셔도 무관합니다.) [키 추가] 버튼을 클릭합니다.

■ 그림 2-82 NaverMap 플러그인 7

08 지도 API 발급을 위한 창이 나옵니다. 사용할 URL을 입력하고 보안문자 입력 후 약관에 동의하고 [키 발급] 버튼을 누릅니다.

■ 그림 2-83 NaverMap 플러그인 8

09 키가 발급되었습니다.

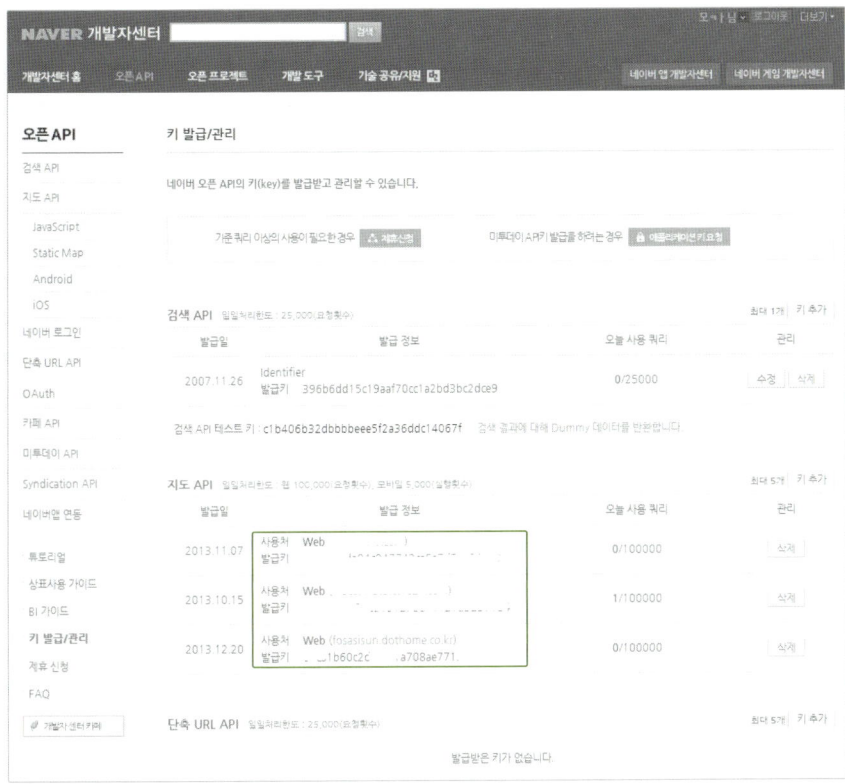

■ 그림 2-84 NaverMap 플러그인 9

10 발급받은 키를 복사해서 [네이버 지도 API키] 입력 영역에 입력하고 Save Changes를 클릭합니다.

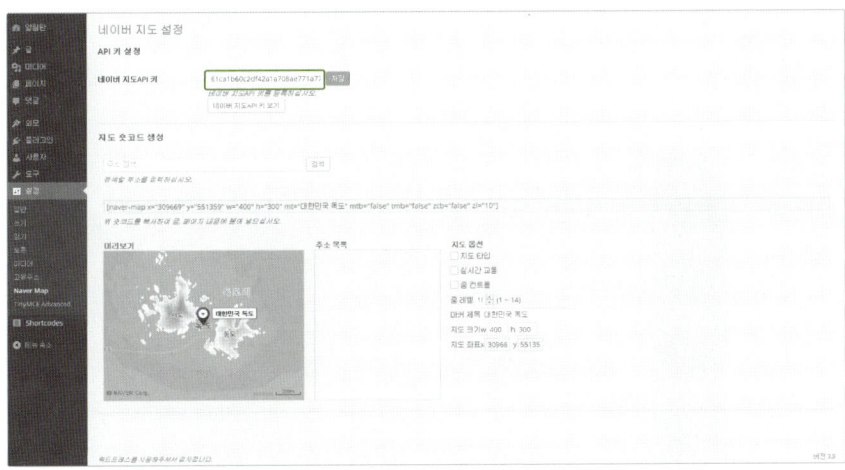

■ 그림 2- 85NaverMap 플러그인 10

11 키 세팅이 완료되었다면 아래의 Map Shortcode Generator 부분에 주소를 입력한 뒤 [검색] 버튼을 누릅니다.

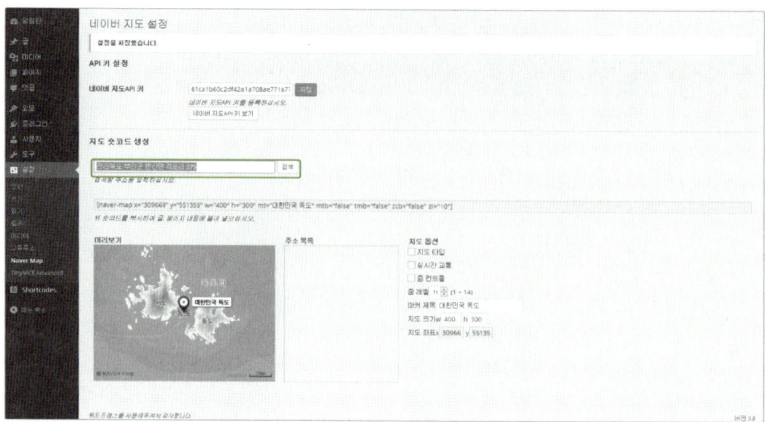

■ 그림 2-86 NaverMap 플러그인 11

12 주소를 선택하고 지도의 옵션을 설정합니다. 지도타입, 실시간교통, 위성, 줌컨트롤, 지도 크기 등을 설정할 수 있습니다.

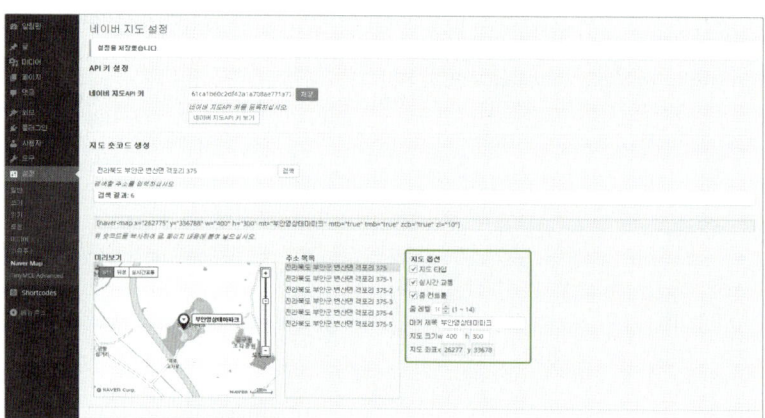

■ 그림 2-87 NaverMap 플러그인 12

13 옵션 설정을 완료하여 지도가 완성되었으면 숏코드 부분을 복사합니다.

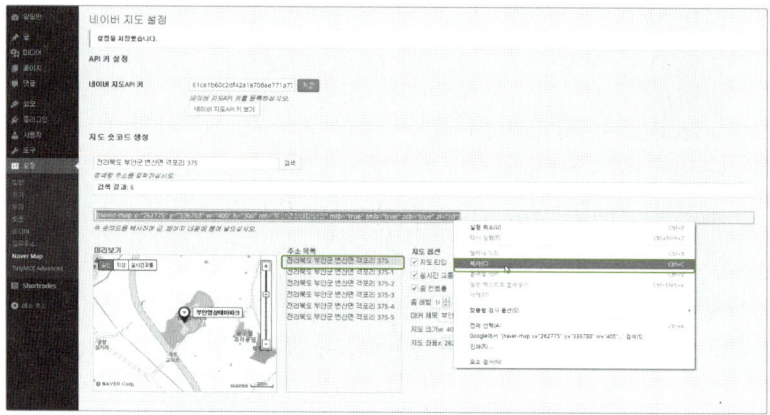

■ 그림 2-88 NaverMap 플러그인 13

14 이제 다시 글작성 모드로 돌아가서 비쥬얼 영역에서 복사해둔 네이버지도 숏코드를 붙여넣기 하고 [업데이트] 버튼을 누릅니다.

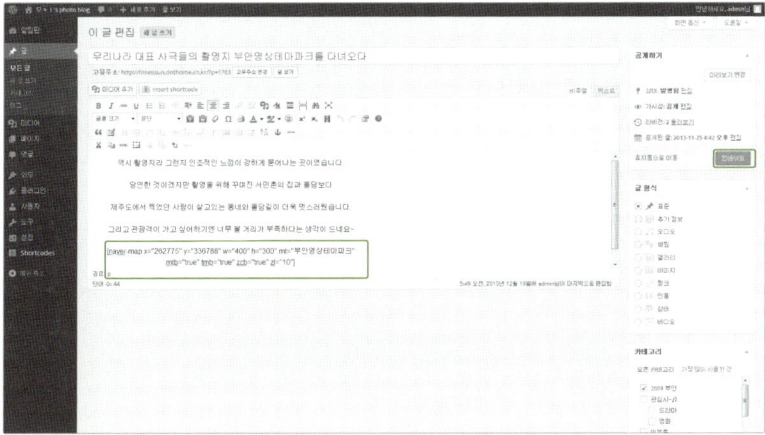

■ 그림 2-89 NaverMap 플러그인 14

15 네이버 지도가 첨부되었습니다.

■ 그림 2-90 NaverMap 플러그인 15

Chapter 02   Lesson 04

메뉴 만들기

사이트 상단 타이틀 아래에 홈페이지 메뉴를 만들어 보겠습니다.

01 [외모] – [메뉴] 메뉴를 클릭하여 메뉴 편집하기 화면에 들어갑니다. 만들어져 있는 메뉴가 없다면 [새로운 메뉴를 생성하세요.]를 누릅니다.

■ 그림 2-91 메뉴 구성하기 1

02 메뉴의 이름 영역에 '메인메뉴'라 입력하고 [메뉴저장] 버튼을 누릅니다.

■ 그림 2-92 메뉴 구성하기 2

03 카테고리와 페이지에서 메뉴에 구성할 항목을 선택하여 [메뉴에 추가] 버튼을 누릅니다.

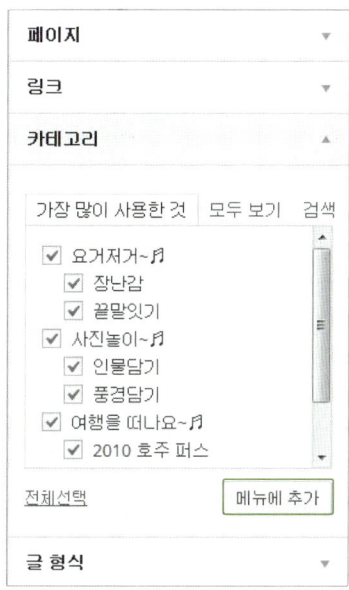
■ 그림 2-92 메뉴 구성하기 3

■ 그림 2-92 메뉴 구성하기 4

04 클릭해서 상하로 드래그 앤 드롭하면 순서를 조정할 수 있고, 좌우로 드래그 앤 드롭하면 상하위치를 조정할 수 있습니다.

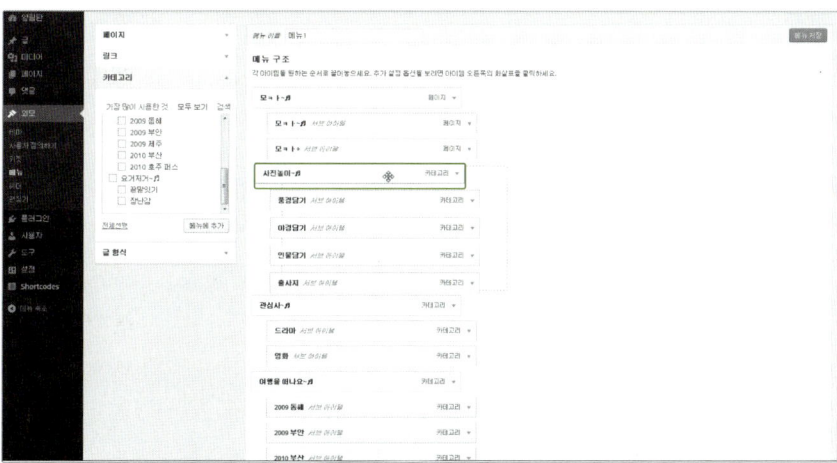
■ 그림 2-95 메뉴 구성하기 5

05 메뉴 구성을 완성했다면 [메뉴 저장] 버튼을 누릅니다.

■ 그림 2-96 메뉴 구성하기 6

06 [외모] - [사용자 정의하기] 메뉴를 선택합니다..

■ 그림 2-97 메뉴 구성하기 7

07 내비게이션 메뉴 부분에서 메뉴1을 선택합니다.

■ 그림 2-98 메뉴 구성하기 8

08 메뉴 선택 이후에는 [저장함] 버튼은 [저장 & 발행] 버튼으로 바뀝니다. 버튼을 누르면 메뉴 적용이 완료됩니다.

■ 그림 2-99 메뉴 구성하기 9

09 네비게이션 메뉴가 적용되었습니다.

■ 그림 2-100 메뉴 구성 완성화면

 Chapter 02  Lesson **05**

컨텐츠 사이드바에
위젯 설치하기

컨텐츠도 작성했고, 메뉴도 구성했지만 홈페이지의 완성도가 떨어지고 무언가 허전함을 느낄 것입니다. 컨텐츠가 들어가는 부분의 옆쪽 사이드바 영역에 위젯을 설정하여 완성도를 높여보겠습니다.

■ 그림 2-101 위젯 설정

최근 글 위젯 설정하기

01 [외모] – [위젯] 메뉴를 클릭합니다. 화면을 살펴보면 주 위젯 영역과 부 위젯 영역으로 나뉘어 있는 것을 확인 할 수 있습니다. 주 위젯 영역은 설명되어 있듯이 사이드바 푸터 영역에 나타나고, 부 위젯 영역은 글과 페이지의 사이드바에 나타나게 됩니다.

■ 그림 2-102 위젯 설정 화면

02 부 위젯 영역에 위젯을 추가하여 보겠습니다. 먼저, 어떤 위젯을 설정할지 왼쪽의 [사용할 수 있는 위젯]에서 고른 후 해당 위젯을 클릭하면 위젯을 추가할 영역을 선택할 수 있습니다. 여기서는 [최근 글] 위젯을 부위젯 영역에 추가해 보겠습니다. 부위젯 영역을 선택하고 [위젯 추가] 버튼을 누릅니다. 또는 최근글 위젯을 부 위젯 영역에 드래그앤 드롭하셔도 동일하게 추가할 수 있습니다.

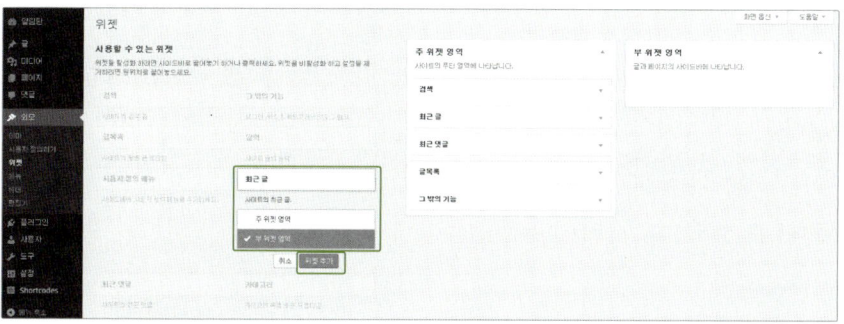

■ 그림 2-103 최근글 위젯 설정하기 1

03 부 위젯 영역에 최근 글 위젯이 추가되었습니다.

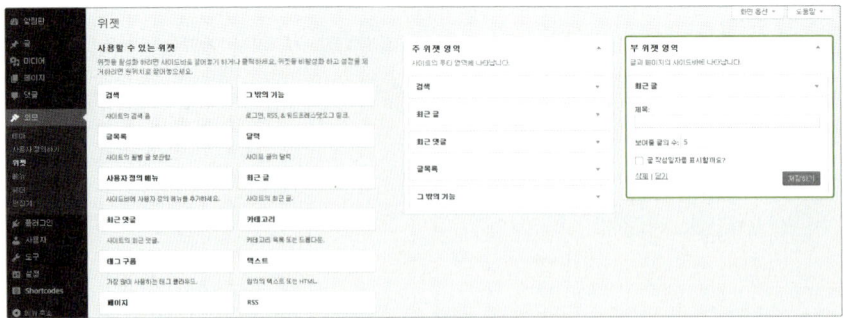

■ 그림 2-104 최근 글 위젯 설정하기 3

04 제목과 보여줄 글 수, 작성일자 표시여부를 선택하고 [저장하기] 버튼을 누르면 위젯이 저장됩니다.

■ 그림 2-105 최근 글 위젯 설정하기 3

사용자 정의 메뉴 위젯 추가하기

이번에는 [사용자 정의 메뉴] 위젯을 이용하여 원하는 카테고리로만 구성한 메뉴를 위젯에 추가해 보겠습니다.

01 [외모] – [메뉴] 메뉴를 선택한 후 "새로운 메뉴를 생성하세요"를 누릅니다.

■ 그림1-106 위젯에 추가될 메뉴 만들기 1

02 메뉴 이름을 입력합니다. 여기서는 "위젯에 들어갈 메뉴"라고 하겠습니다. 입력이 완료되면 [메뉴생성] 버튼을 누릅니다.

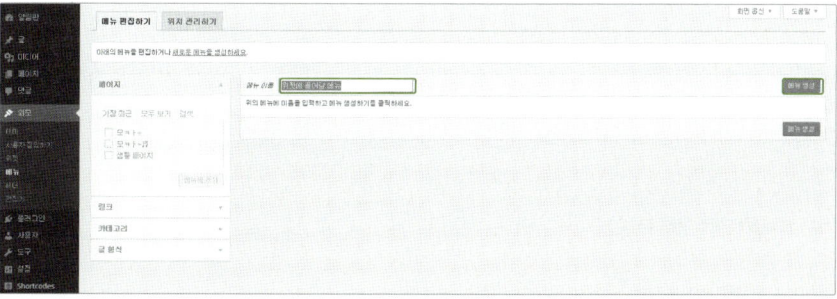
■ 그림 2-107 위젯에 추가될 메뉴 만들기 2

03 원하는 메뉴를 추가하여 메뉴 구조를 만든 후 [메뉴저장] 버튼을 누릅니다.

■ 그림 2-108 위젯에 추가될 메뉴 만들기 3

04 외모]-[위젯] 메뉴를 선택하여 위젯 페이지로 돌아와서 사용자 정의 메뉴를 부 위젯 영역에 추가합니다.

■ 그림 2-109 사용자정의메뉴 위젯 설정하기 1

05 사용자 정의 메뉴 설정 중 메뉴선택 부분에서 위젯에 들어갈 메뉴를 선택합니다.

■ 그림 1-110 사용자정의메뉴 위젯 설정하기 2

06 제목을 입력합니다. 설정이 완료되었으면 [저장하기] 버튼을 누릅니다.

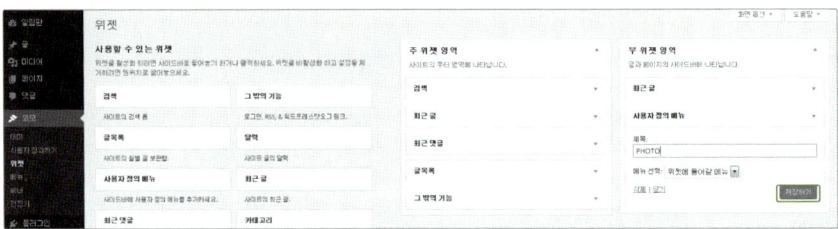

■ 그림 2-111 사용자정의메뉴 위젯 설정하기 4

텍스트 위젯을 이용한 페이스북 Like Box 추가하기

이번에는 텍스트 위젯을 이용하여 페이스북 Like Box를 추가하여 보겠습니다
페이스북 Like Box는 페이스북 페이지 개설후 url가 코드값만 있으면 텍스트 위젯으로 쉽게 구현이 가능합니다.

01 먼저 텍스트 위젯을 부 위젯 영역에 추가합니다.

■ 그림 2-112 텍스트 위젯 설정하기

02 Like Box를 만들기 위해서는 페이스북 페이지가 있어야 합니다. 자신의 페이스북 페이지 주소를 복사합니다.

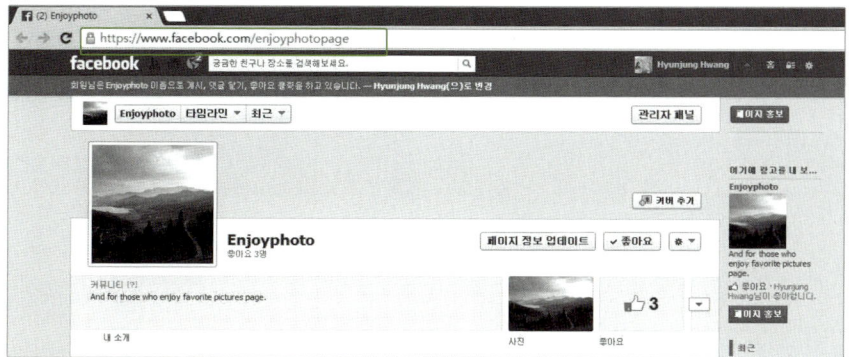

■ 그림 2-113 페이스북 페이지

03 http://goo.gl/1pjuDX에 접속합니다. Facebook Page URL 부분에 자신의 페이스북 페이지 주소를 입력합니다. 가로 세로 사이즈와 박스 스타일 칼라를 조정하고 보여질 내용들을 체크합니다.

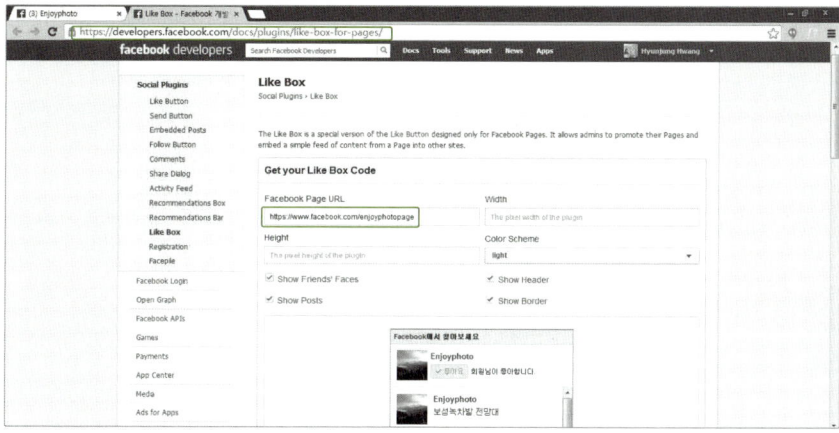

■ 그림 2-114 Facebook LikeBox 설정하기

04 페이지 아래쪽에서 [Get Code] 버튼을 누릅니다.

■ 그림 2-115 Facebook LikeBox 설정 저장하기

05 소스코드가 나옵니다. IFRAME 탭으로 이동해 아래쪽의 코드를 모두 복사합니다.

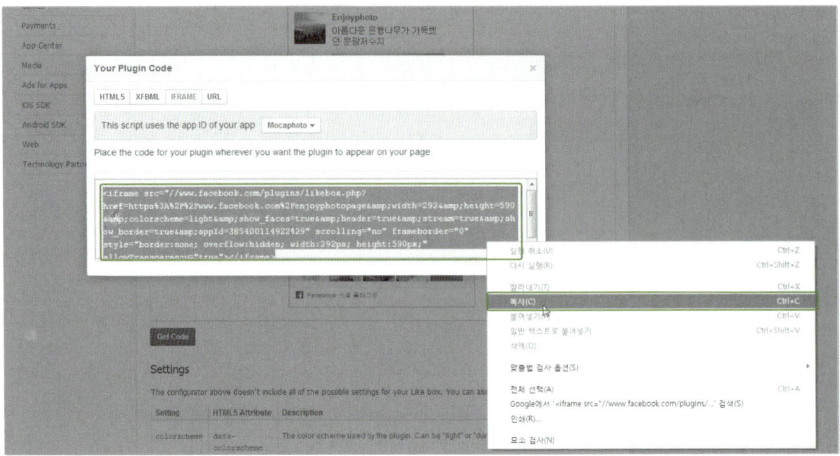

■ 그림 2-116 Facebook LikeBox 코드

06 [외모] – [위젯] 메뉴를 선택한 후 부 위젯 영역에 추가한 텍스트 위젯의 본문에 복사했던 코드를 붙여넣기하고 [저장하기] 버튼을 누릅니다.

■ 그림 2-117 텍스트 위젯에 LikeBox코드 붙여넣기

07 다음과 같이 사이드바 영역에 위젯이 설정되었음을 확인할 수 있습니다.

■ 그림 2-118 사이드바 위젯 적용완료화면

크롬으로 홈페이지 스타일 설정하기

지금까지 기본 설정할 수 있는 메뉴들을 이용해 홈페이지를 재구성했다면, 이번에는 알림판의 [외모] – [편집기]에 있는 스타일시트(style.css)를 비롯한 파일을 수정하여 원하는 스타일로 바꾸어 보겠습니다.

실습에 들어가기 전에 Twenty Thirteen 테마의 소스구조를 살펴보면 아래와 같습니다. 워드프레스에서 사용되는 대부분의 테마는 다음과 같은 기본 구조이며, 이 구조는 테마에 따라서 부분적으로 변경될 수 있습니다. 아래의 구조를 이해하면 수정하고자 하는 부분의 소스 위치를 쉽게 파악할 수 있습니다.

헤더 영역(header)	헤더 영역 header.php(헤더)	
	메뉴 영역 header.php(헤더)	
컨텐츠 영역(content)	컨텐츠 영역 page.php(페이지 템플릿) category.php(카테고리 템플릿) archive.php(글 목록) single.php(단일 글)	사이드바 영역(sidebar) sidebar.php
	답글 목록/폼 영역 (comments list/form) comments.php(댓글)	
푸터 영역(footer)	푸터 영역 footer.php	

이제 본격적으로 크롬 개발자 도구에 대하여 알아보도록 하겠습니다.

크롬 개발자도구

크롬 개발자도구는 소스를 수정하여 홈페이지의 스타일을 설정하고자 할 때 유용하게 사용됩니다.

크롬 개발자도구를 이용하려면 반드시 구글 크롬을 설치해야 합니다.

01 구글 크롬 다운로드 사이트(www.google.com/chrome)에서 [Chrome 다운로드] 버튼을 클릭하여 설치합니다. 만약 설치되어 있다면 구글 계정은 넘어가셔도 됩니다.

■ 그림 2-119 Chrome 브라우저 다운로드

02 크롬 브라우저를 열고 지금까지 실습한 사이트 메인 화면을 띄웁니다. 여기서 [F12] 키를 누르면 크롬 개발자도구가 보입니다.

■ 그림 2-120 크롬 개발자도구

크롬 개발자도구로 메뉴 바 위치 조정하기

크롬 개발자도구를 이용하면 소스를 변경하고자 할 때 수정해야 할 부분을 쉽게 찾을 수 있습니다. 개발자도구의 왼쪽 영역은 사이트의 소스이며, 오른쪽 영역은 스타일시트를 보여줍니다.

지금까지 만든 사이트를 가지고 실습을 해보도록 하겠습니다. 먼저 메뉴 바를 맨 위로 이동하고자 할 때 수정해야 할 부분을 확인해보겠습니다.

01 메뉴 바 부분의 소스를 확인해보도록 하겠습니다. 소스를 확인하는 방법은 두가지가 있습니다. 첫 번째는 메뉴 바 부분에 마우스를 대고 오른쪽 버튼을 누르고 [요소검사] 메뉴를 누르는 방법입니다.

■ 그림 2-121 크롬 개발자도구 요소검사

02 두 번째는 왼쪽 아래의 세 번째 돋보기 아이콘을 누르고 메뉴 바 영역에 마우스 오버입니다.

■ 그림 2-123 크롬 개발자도구 돋보기 아이콘 활용

03 메뉴 바 영역의 요소검사를 하면 아래 개발자 도구 부분에 〈div id="navbar" class="navbar"〉 부분이 파란색으로 활성화됩니다. 메뉴 바는 〈div id="navbar" class="navbar"〉부터 라는 것을 확인할 수 있습니다.

■ 그림 2-124 크롬 개발자도구로 변경할 영역 확인하기

04 위와 같은 방법으로 요소검사 또는 돋보기를 사용하여 메뉴 바 위쪽 부분도 확인해 볼 수 있습니다.

■ 그림 2-125 메뉴 바 위쪽부분 확인하기

> **↔_tip_**
>
> 한 화면에 소스와 화면이 같이 있어서 보기가 불편하다면 왼쪽 아래의 첫 번째에 있는 아이콘(Undock into separate window)를 누르시면 개발자도구 창이 분리됩니다.

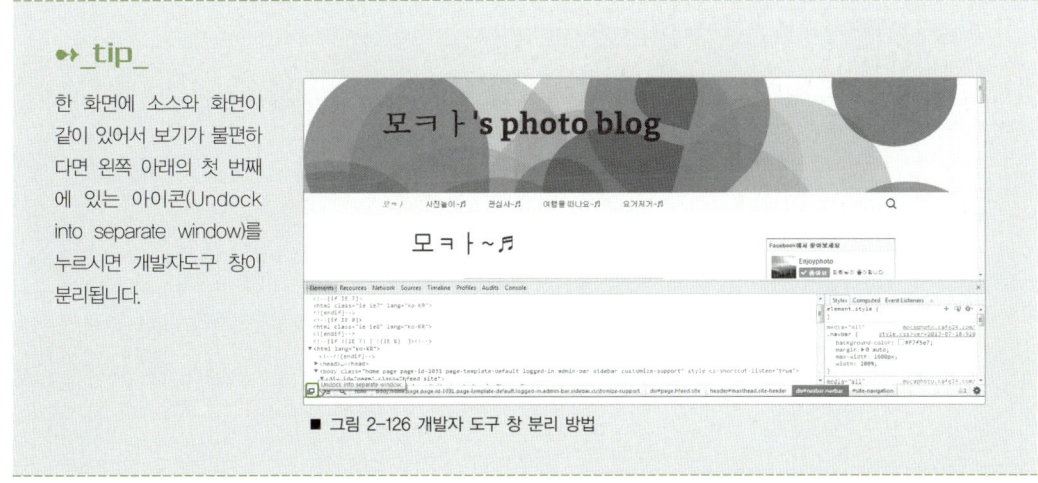

■ 그림 2-126 개발자 도구 창 분리 방법

05 <div id="navbar" class="navbar">를 클릭한 상태로 한 줄 위로 드래그 앤 드롭 합니다.

```
<!--[if IE 7]>
<html class="ie ie7" lang="ko-KR">
<![endif]-->
<!--[if IE 8]>
<html class="ie ie8" lang="ko-KR">
<![endif]-->
<!--[if !(IE 7) | !(IE 8)  ]><!-->
▼<html lang="ko-KR">
  <!--<![endif]-->
 ▶<head>…</head>
 ▼<body class="home page page-id-1031 page-template-default logged-in admin-bar sidebar customize-support" style cz-shortcut-listen="true">
  ▼<div id="page" class="hfeed site">
   ▼<header id="masthead" class="site-header" role="banner">
    ▶<a class="home-link" href="http://mocaphoto.cafe24.com/" title="모ㅋㅏ's photo blog" rel="home">…</a>
    ▼<div id="navbar" class="navbar">
     ▼<nav id="site-navigation" class="navigation main-navigation" role="navigation">
        :before
        <h3 class="menu-toggle">Menu</h3>
        <a class="screen-reader-text skip-link" href="#content" title="Skip to content">Skip to content</a>
      ▼<div class="menu-%eb%a9%94%ec%9d%b8%eb%a9%94%eb%89%b4-container">
        ▶<ul id="menu-%eb%a9%94%ec%9d%b8%eb%a9%94%eb%89%b4" class="nav-menu">…</ul>
        </div>
      ▶<form role="search" method="get" class="search-form" action="http://mocaphoto.cafe24.com/">…</form>
        :after
      </nav>
      <!-- #site-navigation -->
     </div>
     <!-- #navbar -->
    </header>
    <!-- #masthead -->
```

■ 그림 2-127 메뉴 바 위치 이동하기

06 변경된 화면을 바로 확인할 수 있습니다. 실제로 변경되는 것이 아니라 모의로 테스트해보는 것이라고 생각하시면 됩니다. 새로 고침(F5)하면 다시 원래의 페이지로 복구됩니다.

■ 그림 2-128 변경된 메뉴 바 위치

```
 ▶<head>…</head>
 ▼<body class="home page page-id-1031 page-template-default logged-in admin-bar sidebar customize-support" style cz-shortcut-listen="true">
  ▼<div id="page" class="hfeed site">
   ▼<header id="masthead" class="site-header" role="banner">
    ▼<div id="navbar" class="navbar">
     ▶<nav id="site-navigation" class="navigation main-navigation" role="navigation">…</nav>
      <!-- #site-navigation -->
     </div>
    ▶<a class="home-link" href="http://mocaphoto.cafe24.com/"   title="모ㅋㅏ's photo blog" rel="home">…</a>
     <!-- #navbar -->
    </header>
    <!-- #masthead -->
```

■ 그림 2-129 변경된 소스

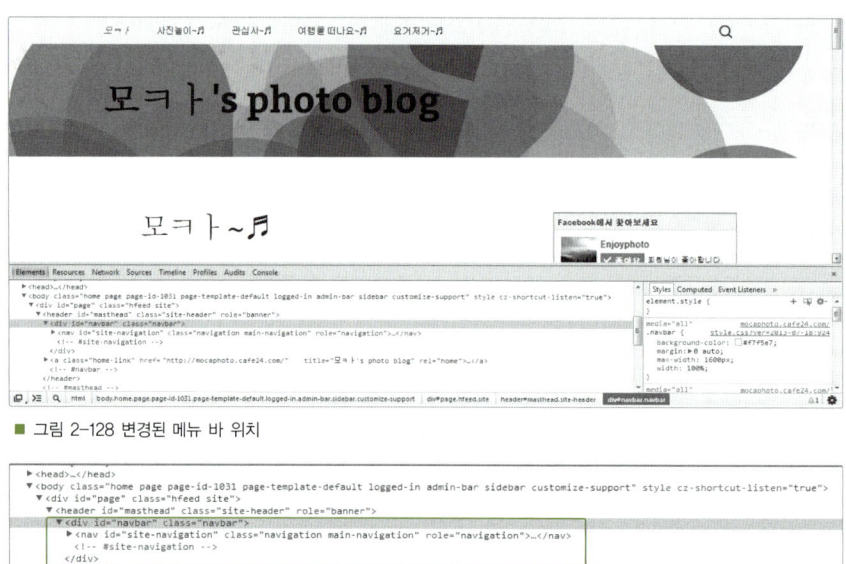

07 이제 실제로 적용을 해보도록 하겠습니다. 개발자도구에서 보았던 소스를 살펴보면 메뉴 바가〈header〉태그 안쪽 〈a class="home-link" href="http://mocaphoto.cafe24.com/" title="모카's photo blog" rel="home"〉 아래에 위치해 있음을 알 수 있습니다.

■ 그림 2-130 메뉴 바 소스 위치

08 앞의 개발자도구에서 〈header〉태그에서 수정이 가능했기 때문에 알림판의 [외모] - [편집기] 메뉴를 선택한 후 테마 편집 화면에서 오른쪽 목록 중 헤더(header.php)를 클릭합니다.

■ 그림 2-131 헤더 파일 열기

Chapter 02_ 기본 테마를 활용한 개인 홈페이지&블로그 만들기 97

09 여기서 Ctrl+F (mac일 경우 Command + F)를 누르면 검색창이 뜨고 여기서 'navbar'라로 검색을 하면 아래 화면과 같이 해당 위치가 보입니다. 만약 여러 개가 나온다면 개발자도구에서 보았던 소스위치가 나올 때까지 찾아주시면 됩니다.

■ 그림 2-132 메뉴 바 소스 부분 찾기

10 메뉴 바의 소스 부분은 다음과 같습니다.

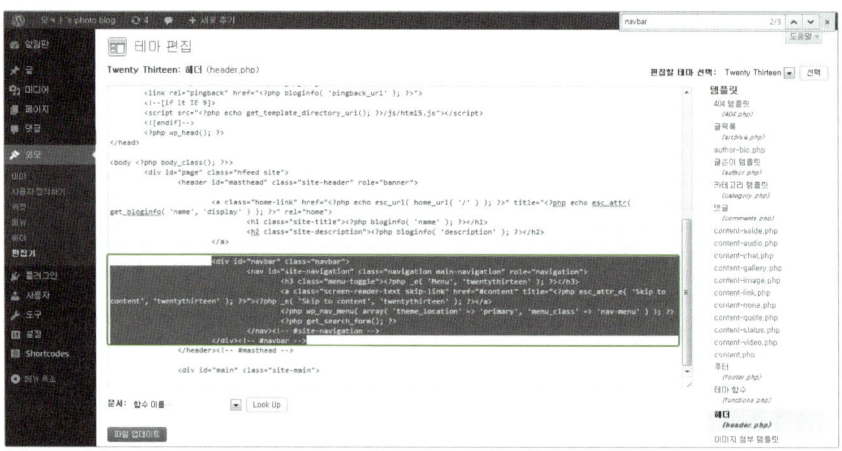

■ 그림 2-133 이동할 메뉴 바 소스 부분

* 이동할 소스

```
<div id='' "navbar" class="navbar">
<nav id="site-navigation" class="navigation main-navigation" role="navigation">
<h3 class="menu-toggle"><?php _e( 'Menu', 'twentythirteen' ); ?></h3>
<a class="screen-reader-text skip-link" href="#content" title="<?php esc_attr_e( 'Skip to content', 'twentythirteen' ); ?>"><?php _e( 'Skip to content', 'twentythirteen' ); ?></a>
<?php wp_nav_menu( array( 'theme_location' => 'primary', 'menu_class' => 'nav-menu' ) ); ?>
<?php get_search_form(); ?>
</nav><!-- #site-navigation -->
</div><!-- #navbar -->
```

11 소스를 header 부분의 가장 상단으로 이동시킨 후, [파일 업데이트] 버튼을 누릅니다.

■ 그림 2-134 메뉴 바 소스 위치 이동하기

12 메뉴 바가 화면의 가장 상단으로 이동되었음을 확인하실 수 있습니다. 실제 소스에 적용하였기 때문에 새로 고침(F5)을 해도 원래대로 돌아오지 않습니다.

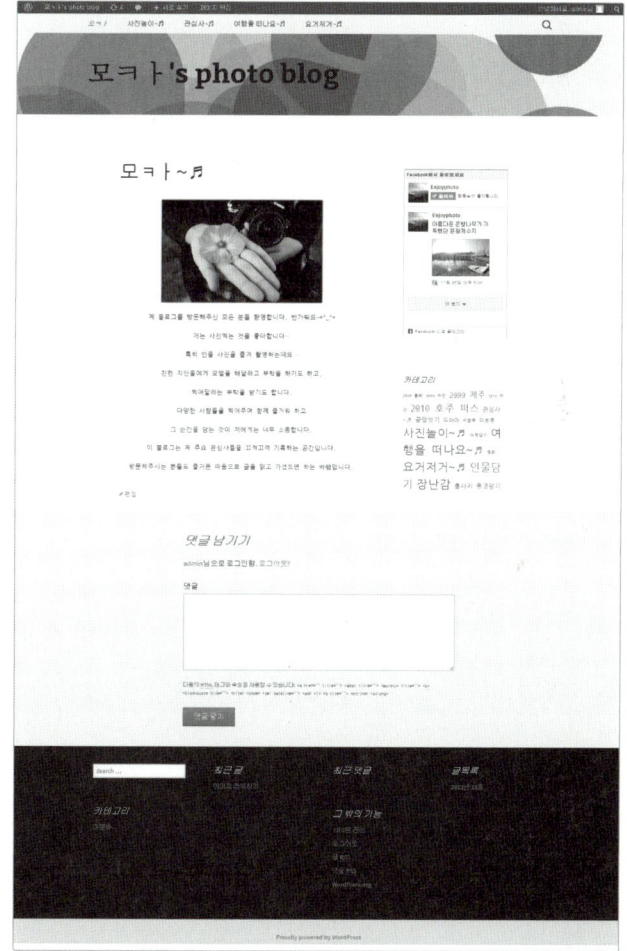

■ 그림 2-135 메뉴 바가 상단으로 이동된 완성화면

Chapter 02_ 기본 테마를 활용한 개인 홈페이지&블로그 만들기 □ **99**

이와 같이 크롬 개발자도구는 사이트의 레이아웃이나 스타일을 변경하고자 할 때 유용하게 사용됩니다. 원래대로 만들기 위해서는 다시 header.php에서 위치를 조정했던 소스 부분을 원래 위치로 돌려놓고 [파일 업데이트] 버튼을 눌러 저장하면 됩니다. 이 책에서는 다시 원래대로 되돌린 후 다음 실습을 진행하도록 하겠습니다.

크롬 개발자 도구를 활용하여 위젯의 배경색 바꾸기

지금부터는 우측 사이드바 위젯에 있는 기본 색상에서 다른 색상으로 바꾸는 작업을 크롬 개발자 도구를 이용해서 실습을 해보도록 하겠습니다.

■ 그림 2-136 오른쪽 사이드바 위젯의 배경

01 앞에서 구축한 사이트를 열고, 사이트의 우측 사이드바에 있는 최근 글 부분의 소스를 요소검사나 돋보기 아이콘을 이용해 확인합니다.

■ 그림 2-137 사이드바 영역 소스 확인하기

02 위 그림의 오른쪽 스타일시트 부분을 살펴보면 style.css의 .widget { 부분에 해당 소스가 위치해 있음을 알 수 있습니다. 또, background-color: rgba(247, 245, 231, 0.7); 이라고 되어있는 부분을 볼 수 있는데, css에서 background-color의 의미는 배경색이므로 이 부분이 위젯의 배경색 부분임을 알 수 있습니다. rgba는 각각 적색·녹색·청색·알파(투명도)를 나타냅니다. 따라서 여기서의 위젯 배경 색상은 r 247, g 245, b 231이고 투명도 0.7(70%)인 색상입니다. 투명도는 0.0부터 1.0까지 있고, 0일 때는 투명, 1일 때는 불투명을 나타냅니다.

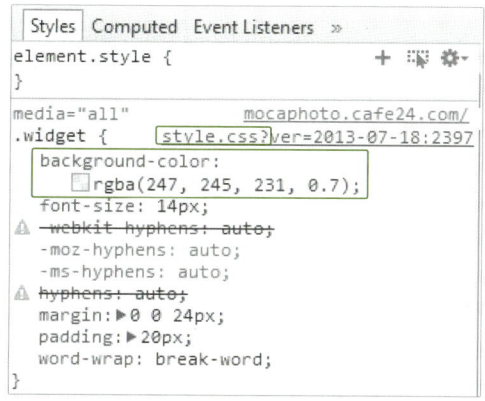

■ 그림 2-138 사이드바 위젯의 스타일시트

↔_tip_

CSS에서 배경 색상을 입력하는 방법

CSS에서 색상을 입력하는 방법은 여러 가지가 있습니다.

- Background-color : red; → 키워드로 입력하는 방법
- Background-color : #00ff00; → 16진수(Hex) 코드 단위
- Background-color : rgb(0,0,255); → RGB 색상단위 rgb(red, green, blue);
- Background-color : rgba(0,0,255,0.5); → RGBA 색상단위 rgba(red, green, blue, alpha);

그 외에도 HSL과 HSLA 색상단위가 있지만 잘 쓰이지 않으므로 생략하도록 하겠습니다.
색상코드를 찾으려면 http://www.colorcodehex.com에 들어가서 색상을 선택하고 [search] 버튼을 누릅니다.

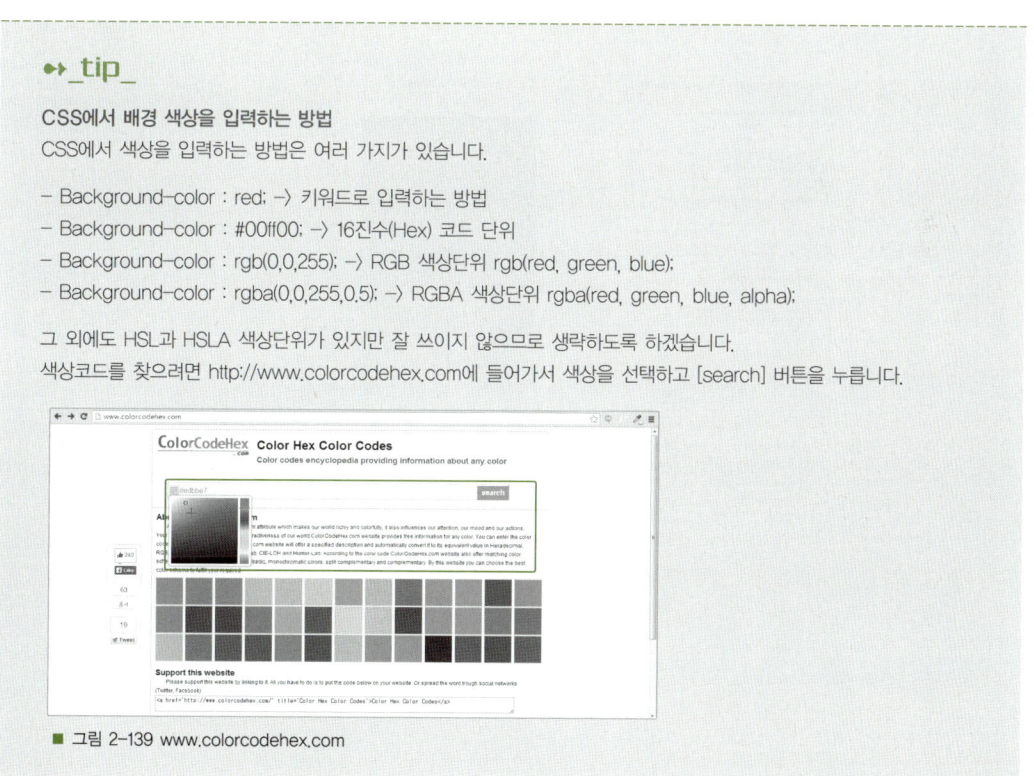

■ 그림 2-139 www.colorcodehex.com

색상을 선택하면 색상코드와 rgb코드를 알 수 있을 뿐만 아니라, 어떤 형태로 삽입해야 하는지 코드도 제공합니다.

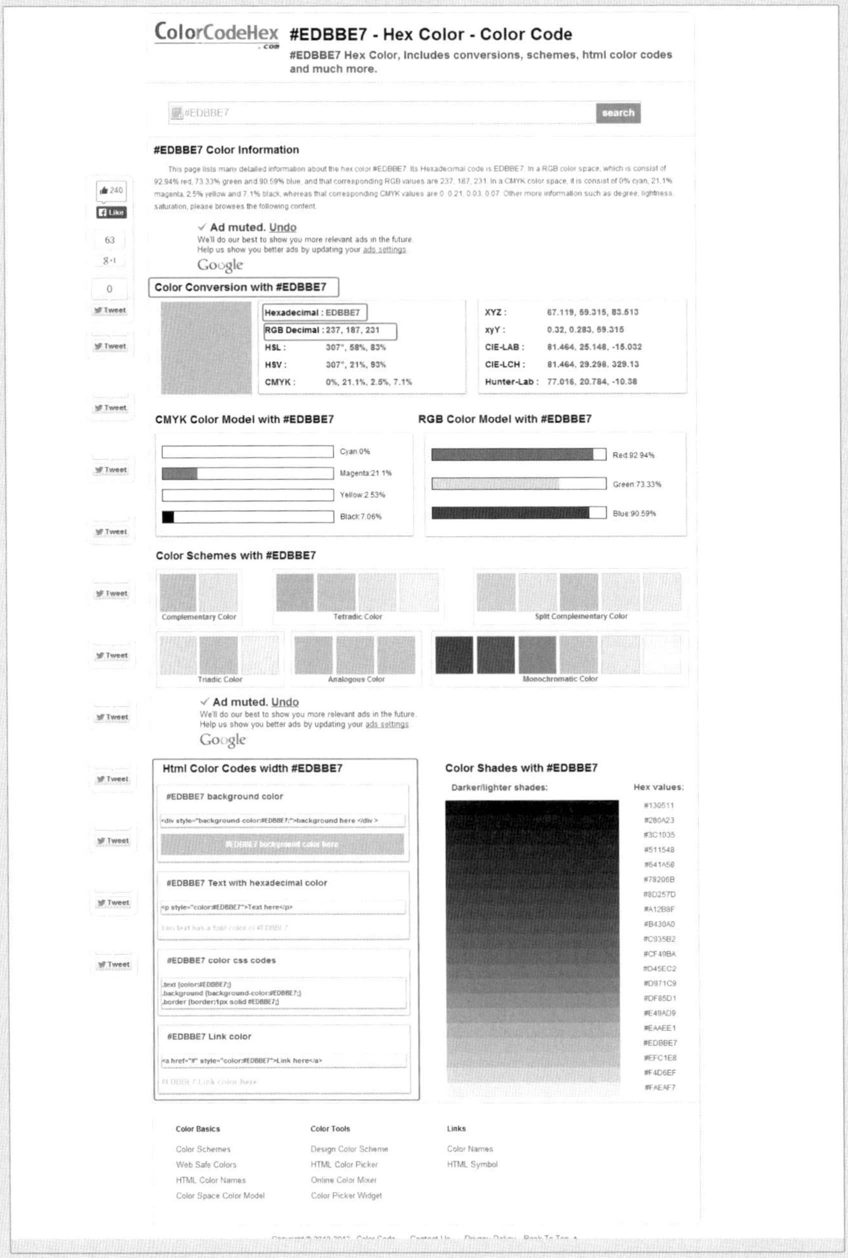

■ 그림 2-140 색상코드 찾기

03 이제 크롬 개발도구에서 확인한 부분을 수정하기 위해 편집기로 이동하겠습니다. 일반적으로 칼라 변경 등은 스타일시트(style.css)에서 수정하기 때문에 [외모] – [편집기] 메뉴를 선택한 후 테마 편집 페이지에서 스타일시트(style.css)를 확인할 수 있습니다. Ctrl+F (mac일 경우 Command+F) 를 누르고 ".widget {" 을 검색합니다.

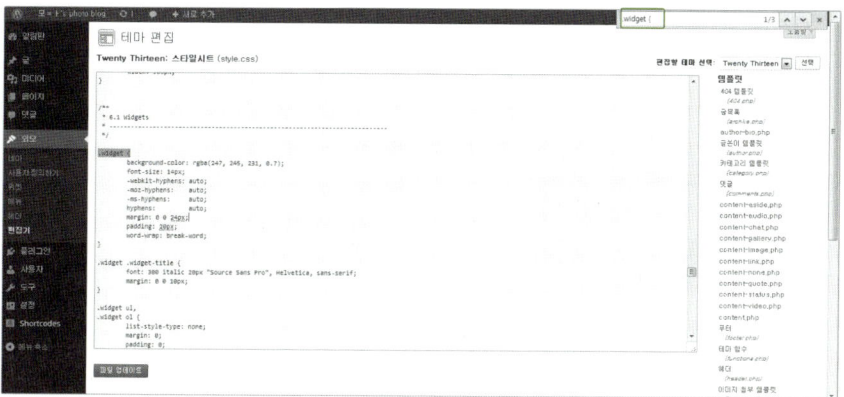

■ 그림 2-141 스타일시트에서 사이드바 위젯 부분 찾기

04 기존의 배경색은 주석 처리하고, background-color:#ffffff; 를 입력하였습니다. 주석 처리는 '//' 또는 '/* */'로 표시해서 주석으로 표시한 부분은 프로그램으로 인식을 하지 않고 넘어간다는 뜻입니다.

```
.widget {
        //background-color: rgba(247, 245, 231, 0.7);
        background-color: #ffffff;
        font-size: 14px;
        -webkit-hyphens: auto;
        -moz-hyphens:    auto;
        -ms-hyphens:     auto;
        hyphens:         auto;
        margin: 0 0 24px;
        padding: 20px;
        word-wrap: break-word;
}
```

■ 그림 2-142 스타일시트에서 위젯 배경색 소스 변경하기

05 [파일 업데이트] 버튼을 누르면 변경된 소스가 저장됩니다.

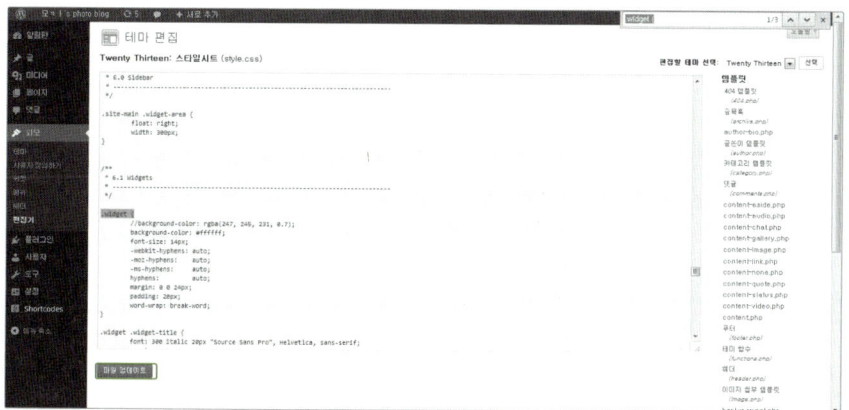

■ 그림 2-143 변경된 위젯 스타일 저장

06 위젯 영역의 배경색상이 하얀색(#ffffff)으로 지정이 완료되었습니다. 사이트에서 완성된 모습을 보면 위젯의 배경색이 하얀색으로 바뀐 것을 확인할 수 있습니다.

■ 그림 2-145 위젯 배경색 지정이 완료된 사이트

크롬 개발자도구를 활용하여 댓글 영역 삭제하기

Twenty thirteen테마는 페이지로 작성한 글에도 댓글이 남게 됩니다. 따라서 댓글이 필요 없는 나의 프로필 같은 페이지에서는 댓글을 삭제해주는 것이 깔끔합니다. 이번 장에서는 댓글을 크롬 개발자도구를 활용해서 댓글 영역을 삭제하는 방법을 알아보겠습니다.

01 크롬 개발자도구로 페이지 아래쪽의 댓글 남기기 부분 소스위치를 확인합니다. 이전 과정에서 실습해본 요소검사나 돋보기도구를 활용하시면 됩니다. 〈div id="comments" class="comments-area"〉부터 댓글 영역임을 확인할 수 있습니다.

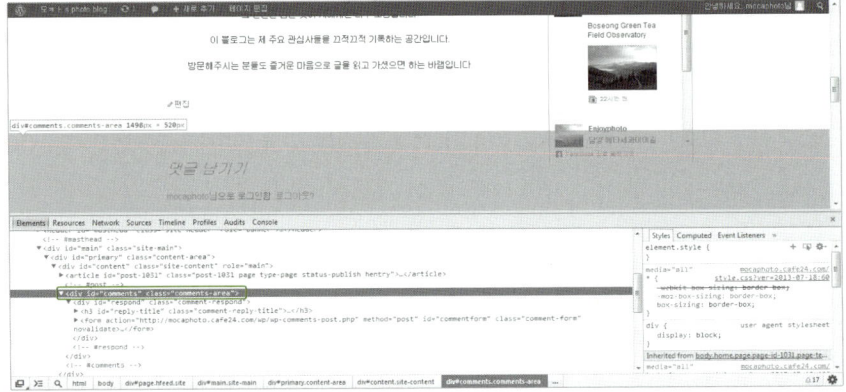

■ 그림 2-146 개발자도구로 댓글 부분 소스확인하기

```
<div id="page" class="hfeed site">
    <header id="masthead" class="site-header" role="banner">…</header>
    <!-- #masthead -->
    <div id="main" class="site-main">
        <div id="primary" class="content-area">
            <div id="content" class="site-content" role="main">
                <article id="post-1031" class="post-1031 page type-page status-publish hentry">…</article>
                <!-- #post -->
                <div id="comments" class="comments-area">
                    <div id="respond" class="comment-respond">
                        <h3 id="reply-title" class="comment-reply-title">…</h3>
                        <form action="http://mocaphoto.cafe24.com/wp-comments-post.php" method="post" id="commentform" class="comment-form" novalidate>
                            <p class="logged-in-as">…</p>
                            <p class="comment-form-comment">…</p>
                            <p class="form-allowed-tags">…</p>
                            <p class="form-submit">…</p>
                            <input type="hidden" id="_wp_unfiltered_html_comment_disabled" name="_wp_unfiltered_html_comment" value="5796fac2b6">
                            <script>…</script>
                        </form>
                    </div>
                    <!-- #respond -->
                </div>
                <!-- #comments -->
            </div>
            <!-- #content -->
        </div>
        <!-- #primary -->
```

■ 그림 2-147 댓글 영역 소스

02 댓글 영역을 삭제하는 작업은 테마 별로 차이가 있지만 대부분의 페이지는 페이지 템플릿(page.php), 포스트는 단일 글(single.php)에서 수정하면 됩니다. [외모] – [편집기] 메뉴를 선택한 후 오른쪽 목록 중에 페이지 템플릿을 클릭합니다.

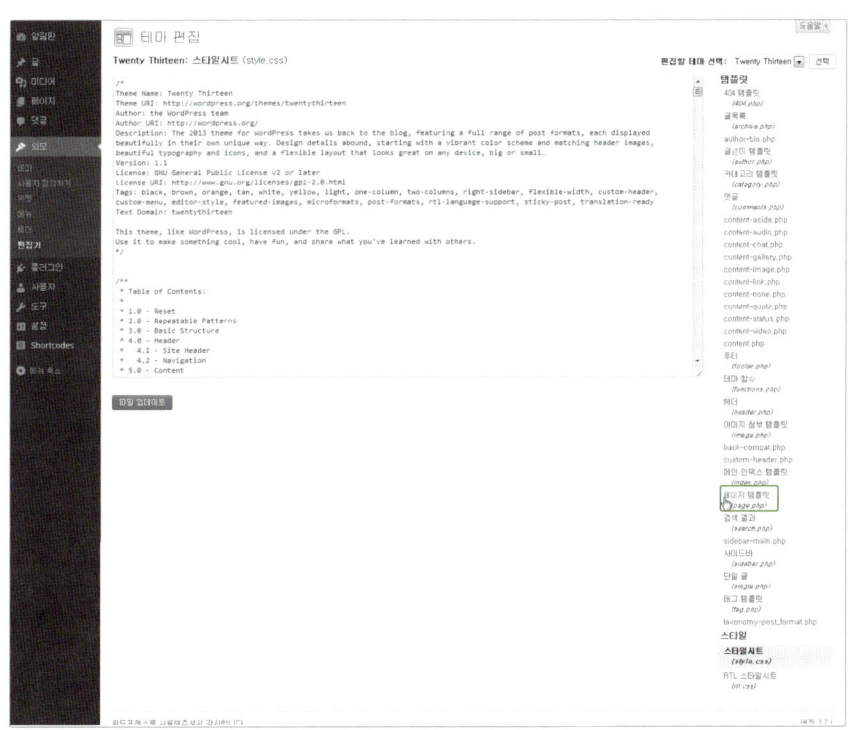

■ 그림 2-148 페이지 템플릿

03 Ctrl+F (mac일 경우 Command + F)를 누르고 comments라고 검색합니다. 검색은 보통 id값으로 하는데 앞에서 개발자도구로 확인하였듯이 댓글 영역의 소스가<div id="comments" class="comments-area">부터 이므로 id값인 comments로 검색하면 됩니다.

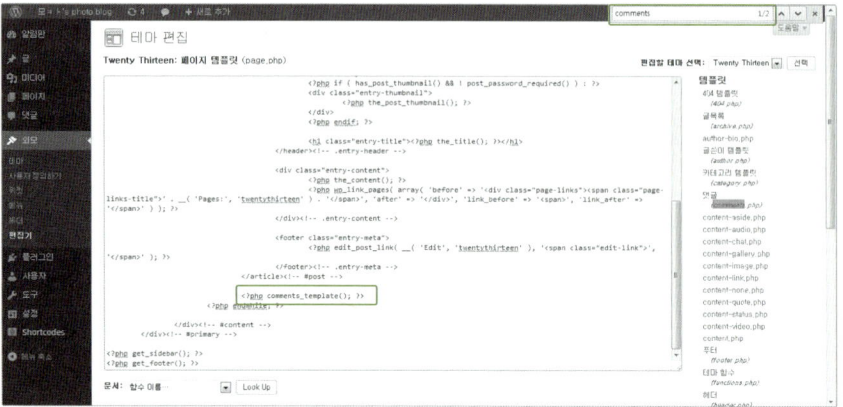

■ 그림 2-149 페이지 템플릿에서 댓글 영역 찾기

04 <?php comments_template(); ?>은 댓글을 불러오는 부분입니다. php 함수 형태로 호출되었고, 실제 소스는 comments.php에서 확인하실 수 있습니다.

```
                        <div class="entry-content">
                                <?php the_content(); ?>
                                <?php wp_link_pages( array( 'before' => '<div class="page-links"><span class="page-
links-title">' . __( 'Pages:', 'twentythirteen' ) . '</span>', 'after' => '</div>', 'link_before' => '<span>', 'link_after' =>
'</span>' ) ); ?>
                        </div><!-- .entry-content -->

                        <footer class="entry-meta">
                                <?php edit_post_link( __( 'Edit', 'twentythirteen' ), '<span class="edit-link">',
'</span>' ); ?>
                        </footer><!-- .entry-meta -->
                </article><!-- #post -->

                <?php comments_template(); ?>
            <?php endwhile; ?>

        </div><!-- #content -->
    </div><!-- #primary -->
```

■ 그림 2-150 댓글 영역 소스

05 <?php comments_template(); ?> 부분을 삭제하였습니다.

```
                        <div class="entry-content">
                                <?php the_content(); ?>
                                <?php wp_link_pages( array( 'before' => '<div class="page-links"><span class="page-
links-title">' . __( 'Pages:', 'twentythirteen' ) . '</span>', 'after' => '</div>', 'link_before' => '<span>', 'link_after' =>
'</span>' ) ); ?>
                        </div><!-- .entry-content -->

                        <footer class="entry-meta">
                                <?php edit_post_link( __( 'Edit', 'twentythirteen' ), '<span class="edit-link">',
'</span>' ); ?>
                        </footer><!-- .entry-meta -->
                </article><!-- #post -->


            <?php endwhile; ?>

        </div><!-- #content -->
    </div><!-- #primary -->
```

■ 그림 2-151 댓글 영역 소스 삭제하기

06 [파일 업데이트] 버
튼을 눌러 변경된
소스를 저장합니다.

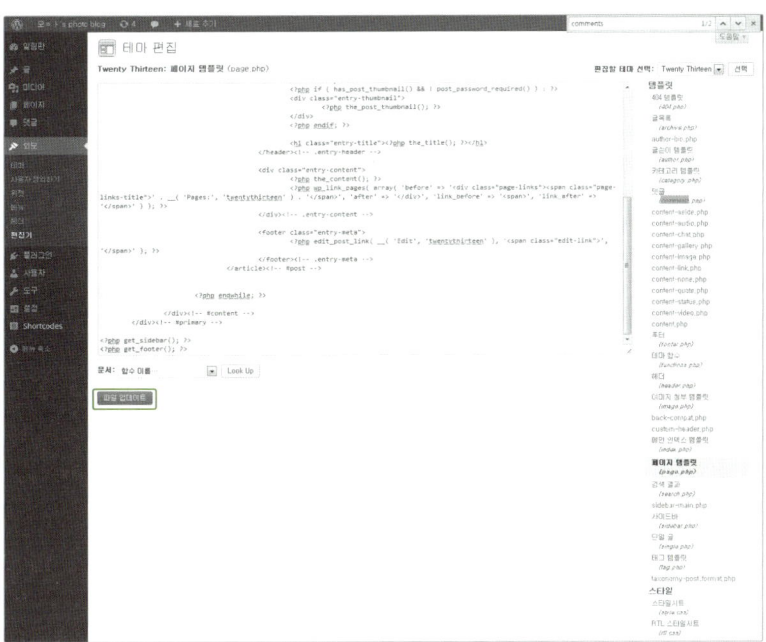

■ 그림 2-152 댓글 영역 소스 수정사항 저장하기

07 페이지의 댓글 영역이 사라
졌음을 확인할 수 있습니다.

■ 그림 2-153 페이지 댓글 영역 삭제완료

Chapter 02_ 기본 테마를 활용한 개인 홈페이지&블로그 만들기   107

구글 웹 폰트를 사용하여 한글 글씨체 바꾸기

워드프레스는 대부분 영어 폰트로 되어 있고 한글 폰트는 기본적인 서체만 적용 됩니다. 또한 한글폰트를 다양하게 적용하려면 저작권 등의 문제로 제약이 많은 실정입니다. 이럴 경우 구글에서 제공하는 웹 폰트를 이용해서 한글 글씨체를 적용하는 방법에 대해서 알아 보도록 하겠습니다.

01 구글 웹 폰트 사이트(http://www.google.com/fonts/earlyaccess)에 접속합니다.

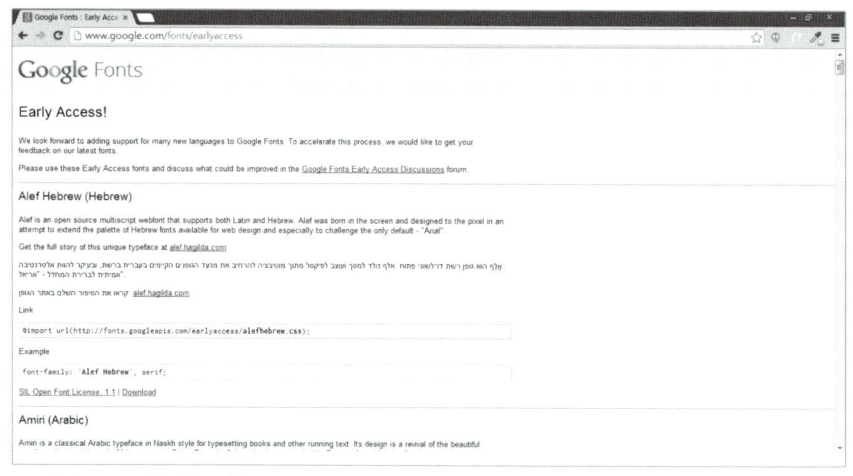

■ 그림 2-154 구글 웹 폰트 사이트

02 위 화면을 보면 여러 가지 웹 폰트들을 볼 수 있습니다. 위 화면에서 Ctrl + F (Command + F : 맥 이용자)를 누르고 korean이란 단어를 검색하면 한글 폰트들을 확인할 수 있습니다.

여기서는 검색 된 한글 폰트 중 Nanum Brush Script 를 적용해 보도록 하겠습니다.

■ 그림 2-155 구글 웹 폰트 Nanum Brush Script

03 Link 부분의 소스를 편의상 ❶번, Example 부분을 ❷번 이라 정하겠습니다. 그리고 이 소스 값을 각각 복사를 해서 메모장 같은 곳에 붙여 넣기합니다.

■ 그림 2-156 Nanum Brush Script 살펴보기

04 [외모] – [편집기] 메뉴를 선택한 후 스타일시트(Style.css)로 이동합니다.

■ 그림 2-157 스타일 시트 화면

05 스타일시트에 미리 복사해두었던 ❶번을 붙여 넣기합니다. 보통 처음 주석부분이 끝나는 자리에 붙여 넣습니다.

■ 그림 2-158 스타일시트에 ❶번 붙여 넣기

06 스타일시트(Style.css)에서 Ctrl+F (Command+F : 맥 이용자) 찾기를 이용해서 font-family: 가 나오는 부분을 찾습니다.

■ 그림 2-159 font-family부분 검색

07 변경하려는 부분의 폰트영역에 ❷번을 붙여 넣기합니다. 부분적으로 변경하려면 앞에서 실습해 보았던 것처럼 개발자도구를 통해 해당 부분을 확인하시면 됩니다. 여기서는 일괄적으로 전체 폰트를 모두 변경하도록 하겠습니다.

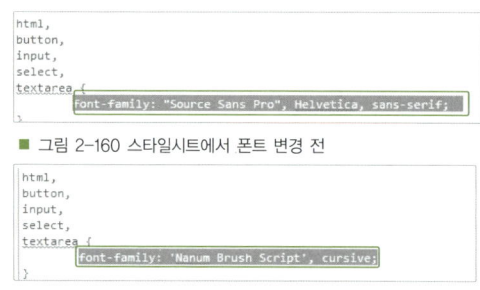

■ 그림 2-160 스타일시트에서 폰트 변경 전

■ 그림 2-161 스타일시트에서 폰트 변경 후

위와 같이 font-family로 검색되는 모든 부분을 변경합니다.

08 위의 모든 단계가 완료되었으면 [파일 업데이트] 버튼을 눌러 적용시켜줍니다.

■ 그림 2-162 폰트 변경 저장하기

09 아래와 같이 폰트가 변경된 것을 확인할 수 있습니다.

■ 그림 2-163 구글 웹 폰트로 서체가 변경 완료된 화면

10 Nanum Brush Script (Korean)으로 폰트를 변경하고 완성된 화면을 보니 가독성이 떨어져서 웹 폰트 중 Nanum Gothic Coding (Korean)으로 다시 변경하였습니다. 변경하는 방법은 위에서 설명한 내용과 동일합니다.

■ 그림 2-164 Nanum Gothic Coding (Korean) 웹 폰트로 변경

홈페이지 푸터 영역 꾸미기

푸터 위젯 설정하기

이제 홈페이지 구축의 마지막 단계인 푸터 영영을 완성해보도록 하겠습니다. 푸터 영역은 홈페이지의 가장 아래쪽에 있는 부분으로 위젯으로 설정하게 됩니다.

[외모] – [위젯] 메뉴를 선택한 후 위젯 페이지에서 푸터 위젯을 설정하여 보겠습니다. 푸터 위젯은 주 위젯 영역에서 설정합니다.

01 ❶ 최근 글과 ❷ RSS, ❸ 달력, ❹ 텍스트 위젯을 사용할 수 있는 위젯에서 드래그 앤 드롭하여 오른쪽의 '주 위젯 영역'으로 삽입합니다.

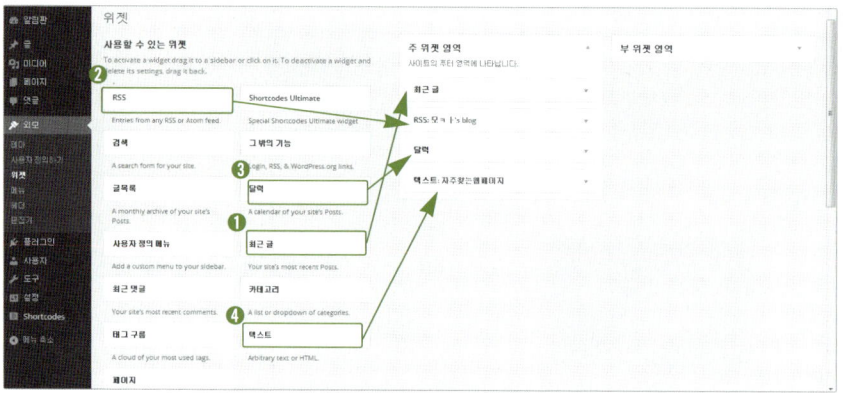

■ 그림 2-165 푸터 위젯 설정하기

02 RSS 설정 부분은 아래 화면과 같이 되어있습니다. 피드 URL과 제목을 입력하고 보여줄 개수를 설정한 후 [저장하기] 버튼을 누릅니다. Rss 피드 URL을 생성하는 방법은 블로그 자체에서 제공해주는 경우와, 구글 RSS FEED를 활용하는 방법 등이 있으니 참조하시기 바랍니다.

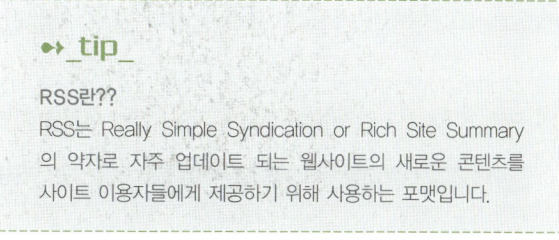

■ 그림 2-166 RSS 위젯 설정하기

03 아래 그림의 텍스트 부분에는 HTML 소스를 이용하여 링크나 이미지를 삽입할 수 있습니다. 링크는 〈a href="웹페이지 주소" target="_blank"〉보여질 텍스트나 이미지〈/a〉 형식으로 넣으시면 됩니다. 여기서 target="_blank"는 새 창에서 열기를 뜻합니다. 이미지는 〈img src="이미지주소"〉 형식으로 삽입할 수 있습니다. 〈br/〉은 줄을 띄울 때 사용합니다. 여기서는 워드프레스 카페 주소와 Chapter 08에서 소개되는 버디프레스 테마에서 사용된 시숍클럽 사이트를 링크해서 적용하겠습니다.

■ 그림 2-167 텍스트 위젯 설정하기

푸터부분 설정이 끝났으면 이제 실제 사이트에서 어떻게 적용되었는지 확인해보도록 하겠습니다.

04 다음과 같이 푸터 위젯 영역이 완성되었습니다.

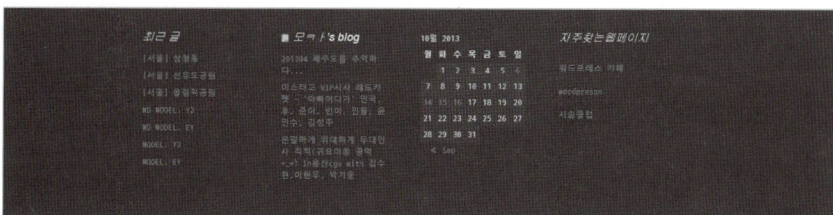

■ 그림 2-168 푸터 위젯 적용된 화면

푸터 copyright 설정하기

copyright는 저작권 표시를 할 때 사용됩니다. 홈페이지를 완성했으니 마무리 과정으로 copyright 부분의 내용을 변경해 보도록 하겠습니다.

01 구글 개발자도구를 이용해 푸터의 copyright 영역을 확인합니다.

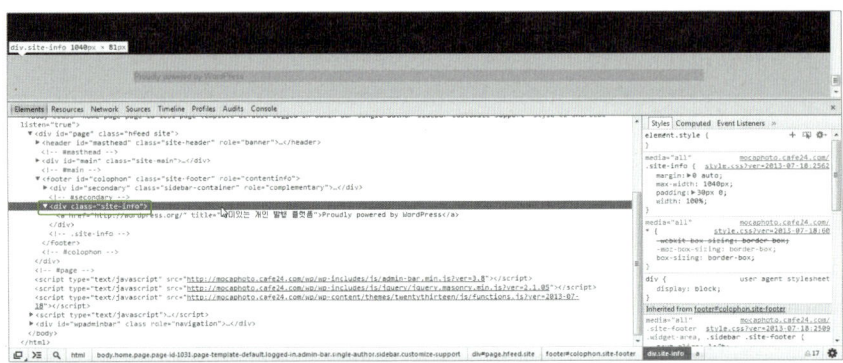

■ 그림 2-169 개발자도구로 copyright 영역 확인하기

02 [외모] - [편집기] 메뉴를 선택한 후 오른쪽의 푸터(footer.php)를 누릅니다.

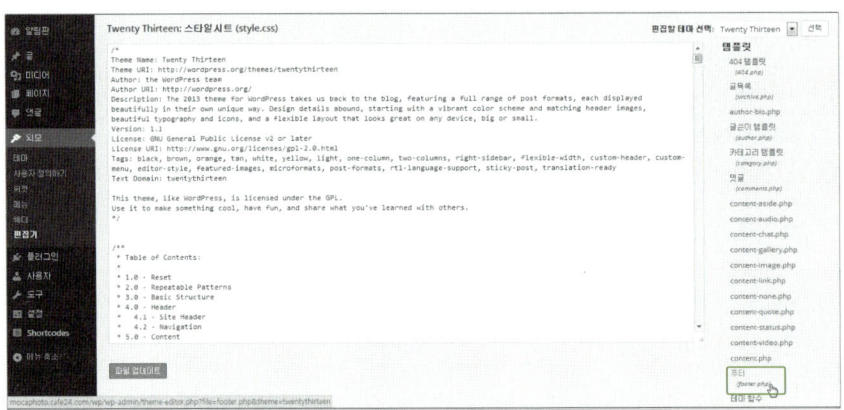

■ 그림 2-170 푸터(footer.php) 열기

03 Ctrl + F (Command + F : 맥 이용자)를 누르고 site-info를 입력한 후 검색합니다.

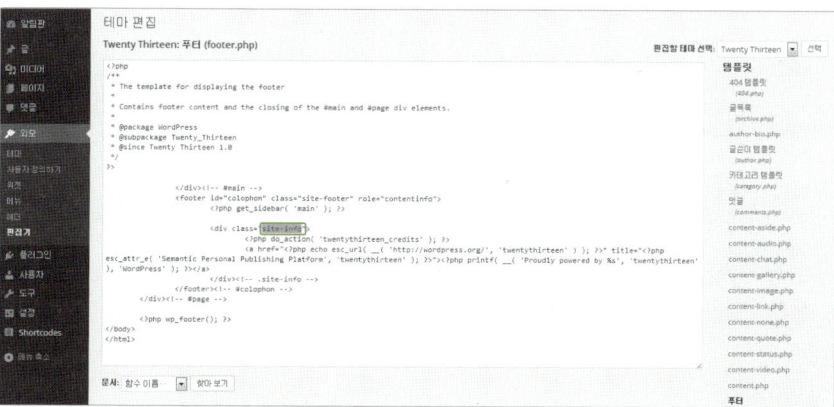
■ 그림 2-171 푸터에서 copyright부분 찾기

04 copyright 영역의 소스는 아래와 같습니다. 〈a href="..중략.. ?〉〈/a〉 부분이 보여지는 copyright 영역입니다.

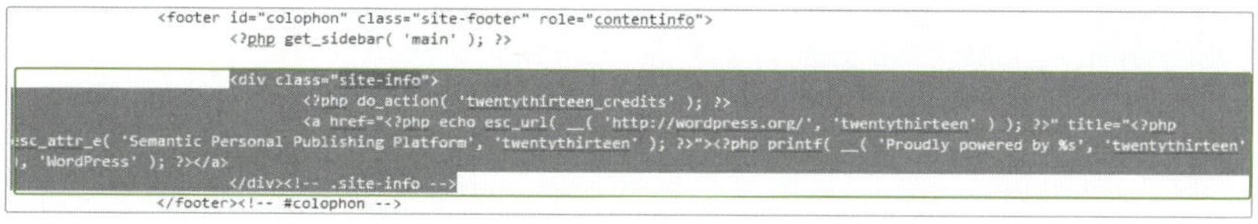

■ 그림 2-172 푸터의 copyright 영역 소스

05 위 부분을 아래와 같이 변경해 보겠습니다.

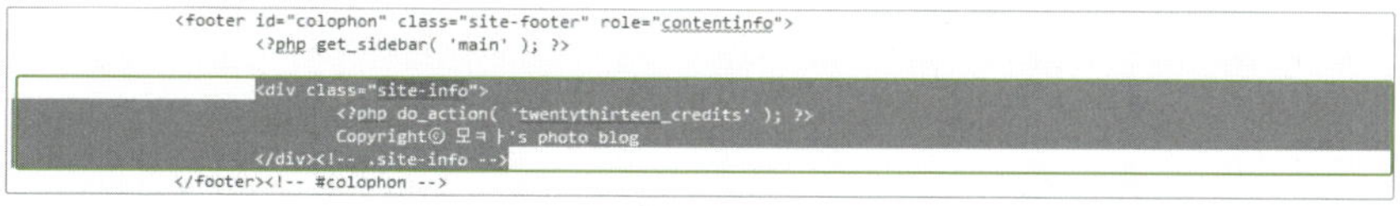

■ 그림 2-173 푸터의 copyright 영역이 변경된 소스

```
<div class="site-info">
<?php do_action( 'twentythirteen_credits' ); ?>
<a href="<?php echo esc_url( __( 'http://wordpress.org/', 'twentythirteen' ) ); ?>" title="<?php esc_attr_e( 'Semantic Personal Publishing Platform', 'twentythirteen' ); ?>"><?php printf( __( 'Proudly powered by %s', 'twentythirteen' ), 'WordPress' ); ?></a>
</div><!-- .site-info -->
```
■ 변경 전 소스

```
<div class="site-info">
<?php do_action( 'twentythirteen_credits' ); ?>
Copyrightⓒ모ㅋㅏ's photo blog
</div><!-- .site-info -->
```
■ 변경 후 소스

06 [파일 업데이트] 버튼을 눌러 변경한 내용을 저장합니다.

■ 그림 2-174 푸터 copyright 영역 변경내역 저장하기

07 아래와 같이 푸터의 copyright 내용이 변경되었습니다.

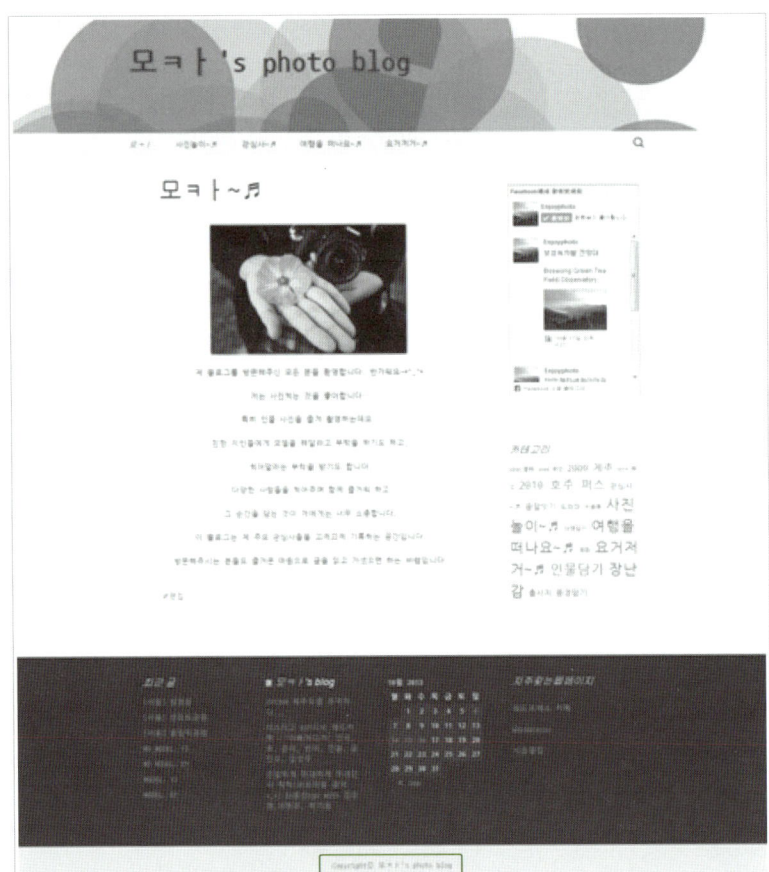

■ 그림 2-175 copyright 내용 변경 완료 화면

사이트의 디자인적 요소를 강화하기 위한 헤더 이미지 변경하기

워드프레스 테마의 기본은 아래 화면과 같이 상단 배너 이미지로 구성되어 있습니다. 헤더 부분은 주로 로고와 사이트 제목을 표시하게 됩니다. 만약 이 부분에 다른 배경 이미지를 배치하려면 어떻게 설정해야 되는지 알아보도록 하겠습니다.

01 [외모] – [헤더] 메뉴를 선택합니다. 사용자 정의 헤더 페이지의 이미지 선택 부분에서 [파일 선택] 버튼을 클릭합니다. 아래 화면과 같이 헤더부분의 설정 값들이 보여집니다.

■ 그림 2-176 헤더 이미지 설정 화면

02 헤더 이미지를 변경하려면 기본으로 설치되어 있는 이미지의 사이즈를 알아야 합니다. 확인해본 결과 이미지 사이즈는 1,600×230 픽셀이었습니다. 확장자명은 JPG, PNG 등이 가능합니다. 여기서 헤더 이미지를 변경하기 위해서 1,600×230 픽셀로 미리 만들어 둔 이미지를 선택하고 [열기] 버튼을 누릅니다.

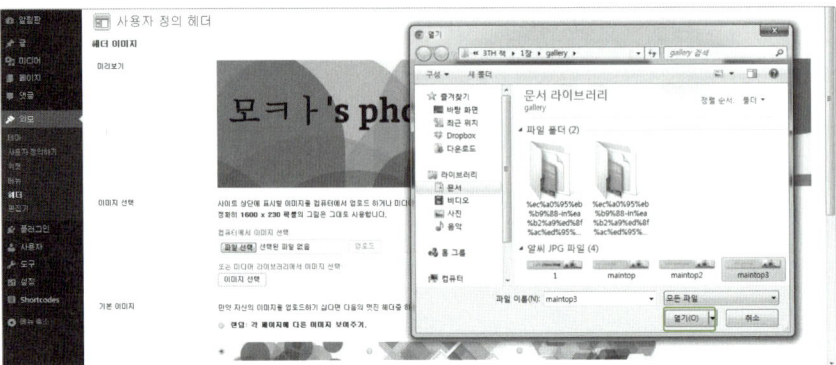

■ 그림 2-177 헤더 이미지 열기

03 파일이 첨부되었으면 [업로드] 버튼을 누릅니다.

■ 그림 2-178 헤더 이미지 업로드 하기

04 배경 이미지가 교체되었습니다. 기존의 헤더부분은 이미지에 사이트 제목 글씨가 얹어지는 방식으로 되어 있는데, 직접 첨부한 이미지 자체에 글씨가 포함되어 있었기 때문에 사이트 제목이 표시되는 부분과 겹쳐져 보입니다.

■ 그림 2-179 헤더 이미지 교체된 모습

05 아래쪽으로 내려보면 헤더 텍스트 부분이 나옵니다. 여기에서 [이미지와 함께 헤더 텍스트 보이기]의 체크를 해제한 뒤 [변경사항 저장] 버튼을 누릅니다.

■ 그림 2-180 헤더텍스트 설정하기

06 사용자 정의 헤더 설정이 완료되었습니다.

■ 그림 2-181 헤더 이미지 설정 저장 완료

07 사이트에 정상적으로 적용된 것을 확인할 수 있습니다.

■ 그림 2-182 헤더 이미지가 변경된 화면

사이트 커스터마이징하기

사이트가 1차적으로 완성되었습니다. 사이트를 정식 오픈하기 전에 지인들의 의견들을 수렴해서 커스트마이징을 합니다. 필자의 경우 메뉴 navibar 부분과 푸터 부분의 색상이 변경되었으면 좋겠다는 의견이 대부분이었습니다. 여기서는 이 부분을 추가로 수정해 보도록 하겠습니다.

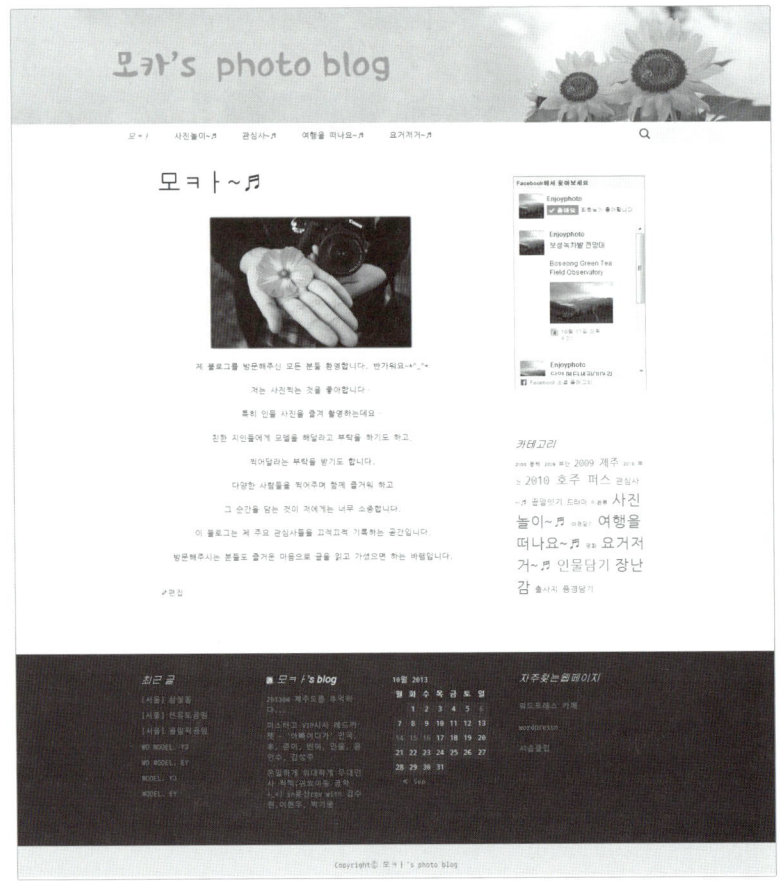

■ 그림 2-183 사이트 1차 완성화면

메뉴 네비게이션 색상 변경하기

크롬 개발자도구를 사용하여 메뉴 네비게이션의 색상을 변경하여 보겠습니다. 개발자도구 사용법에 대한 더 자세한 내용은 '스타일 설정하기' 부분을 참조하시기 바랍니다.

■ 그림 2-184 부족한 부분 수정하기(메뉴 바)

변경할 부분을 개발자도구에서 확인한 후 소스를 수정하여 보도록 하겠습니다.

01 마우스를 '풍경담기' 메뉴에 위치시킨 후 마우스 오른쪽 버튼을 누르고 [요소검사] 메뉴를 클릭하면 개발자 도구가 사이트 아래쪽에 펼쳐집니다.

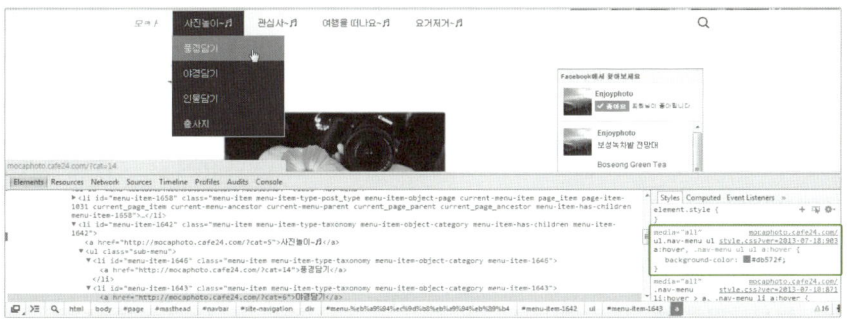

■ 그림 2-185 메뉴 네비게이션 색상 수정하기 1

02 메뉴 네비게이션에서 마우스 오버 시 변경되는 배경색 부분 우측 스타일 부분을 확인해보면 네비게이션에서 메뉴 선택 시 배경 색상이 #db572f임을 알 수 있습니다. 그리고 해당 부분의 소스는 style.css에 있다는 것을 알 수 있습니다.

```
media="all"        mocaphoto.cafe24.com/
ul.nav-menu ul   style.css?ver=2013-07-18:903
a:hover, .nav-menu ul ul a:hover {
    background-color: ▇ #db572f;
}
```

■ 그림 2-186 네비게이션 마우스 오버 시 배경색

03 [외모] - [편집기] 메뉴를 선택한 후 style.css에서 `Ctrl`+`F` (`Command`+`F` : 맥 이용자)를 누르고 background-color: #db572f;를 입력하고 검색합니다. 검색 결과 중 개발자도구에서 확인했던 부분과 동일한 소스를 찾습니다.

■ 그림 2-187 스타일 시트의 네비게이션 마우스 오버 시 배경색 부분

04 아래와 같이 배경색 부분 소스를 변경하고 파일 업데이트 버튼을 누릅니다.

```
ul.nav-menu ul a:hover,
.nav-menu ul ul a:hover {
    background-color: #db572f;
}
```
■ 변경 전 소스

```
ul.nav-menu ul a:hover,
.nav-menu ul ul a:hover {
    background-color: #989897;
}
```
■ 변경 후 소스

05 메뉴 네비게이션 기본 배경색 우측 스타일 부분을 확인해보면 네비게이션에서 메뉴의 기본 배경 색상이 #220e10임을 알 수 있습니다. 그리고 해당 부분의 소스는 style.css에 있다는 것을 알 수 있습니다.

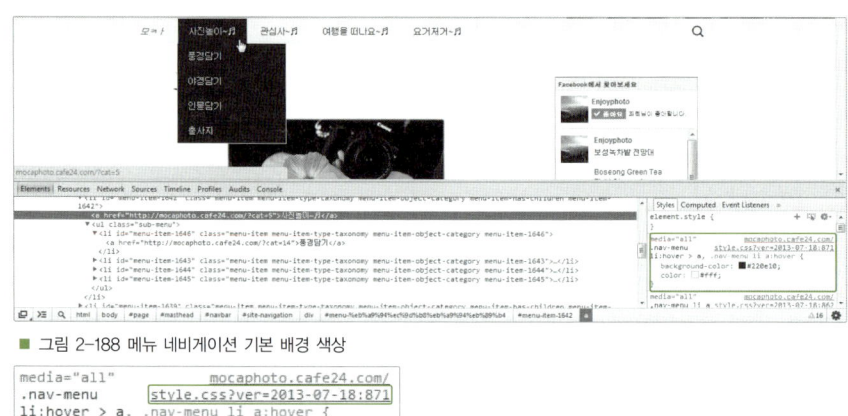

■ 그림 2-188 메뉴 네비게이션 기본 배경 색상

■ 그림 2-189 네비게이션 기본 배경색

06 [외모] – [편집기] 메뉴를 선택한 후 style.css에서 Ctrl+F (Command+F : 맥 이용자)를 누르고 background-color: #220e10; 를 입력하고 검색합니다. 검색 결과 중 개발자도구에서 확인했던 부분과 동일한 소스를 찾습니다.

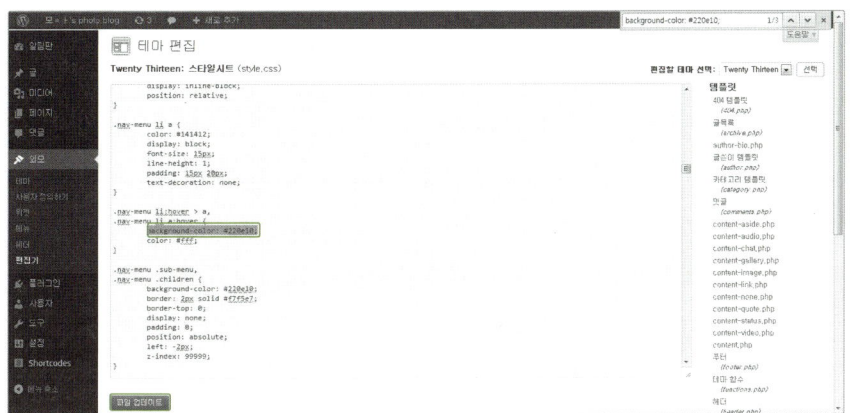

■ 그림 2-190 스타일 시트의 네비게이션 기본 배경색 부분

07 아래와 같이 style.css 파일에서 해당 부분을 찾아 수정하고 [파일 업데이트] 버튼을 누릅니다.

```
.nav-menu li:hover > a,
.nav-menu li a:hover {
    background-color: #220e10;
    color: #fff;
}
```
■ 변경 전 소스

```
.nav-menu li:hover > a,
.nav-menu li a:hover {
    background-color: #C5DAF4;
    color: #fff;
}
```
■ 변경 후 소스

08 다음에는 앞에서 하던 방식과 마찬가지로 메뉴 네비게이션의 위쪽 메뉴 배경색을 변경해보도록 하겠습니다. 우측 스타일 부분을 확인해보면 네비게이션에서 위쪽 메뉴 배경 색상이 #220e10임을 알 수 있습니다. 그리고 해당 부분의 소스는 style.css에 있다는 것을 알 수 있습니다.

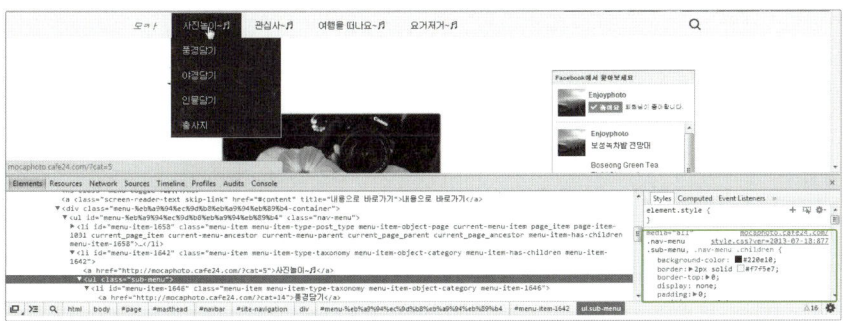

■ 그림 2-191 메뉴 네비게이션의 위쪽 메뉴 배경색

■ 그림 2-192 네비게이션 위쪽 메뉴 배경색

09 [외모] – [편집기] 메뉴를 선택한 후 style.css에서 Ctrl + F (Command + F : 맥 이용자)를 누르고 background-color: #220e10;를 입력하고 검색합니다. 검색 결과 중 개발자도구에서 확인했던 부분과 동일한 소스를 찾습니다.

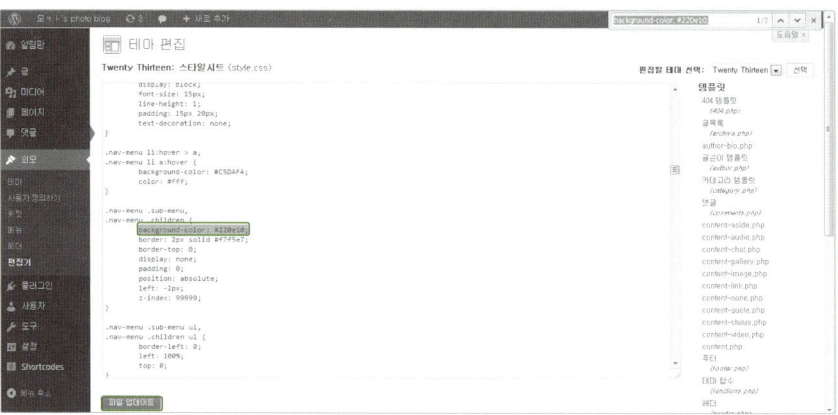

■ 그림 2-193 스타일 시트의 네비게이션 위쪽 배경색 부분

10 아래와 같이 style.css파일에서 해당 부분을 찾아 수정하고 [파일 업데이트] 버튼을 누릅니다.

```
.nav-menu .sub-menu,
.nav-menu .children {
    background-color: #220e10;
    border: 2px solid #f7f5e7;
    border-top: 0;
    display: none;
    padding: 0;
    position: absolute;
    left: -2px;
    z-index: 99999;
}
```

■ 변경 전 소스

```
.nav-menu .sub-menu,
.nav-menu .children {
    background-color: #C5DAF4;
    border: 2px solid #f7f5e7;
    border-top: 0;
    display: none;
    padding: 0;
    position: absolute;
    left: -2px;
    z-index: 99999;
}
```

■ 변경 후 소스

11 아래와 같이 메뉴 네비게이션의 색상이 변경되었습니다.

■ 그림 2-194 메뉴 네비게이션 색상 변경 후

푸터 위젯 색상 변경하기

크롬 개발자도구를 사용하여 푸터 위젯의 배경색상을 변경하여 보겠습니다.

■ 그림 2-195 부족한 부분 수정하기(푸터)

변경할 부분을 마우스로 드래그하고 개발자도구에서 확인한 후 소스를 수정하여 보도록 하겠습니다.

01 푸터 위젯의 배경색 부분을 확인해보면 푸터 위젯 배경 색상이 #220e10임을 확인할 수 있습니다. 그리고 해당 부분의 소스는 style.css에 있다는 것을 알 수 있습니다.

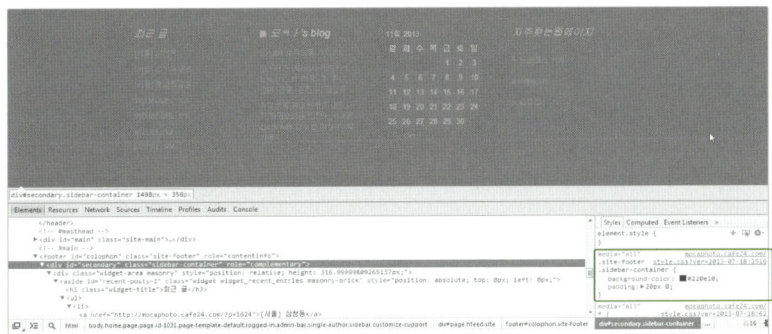

■ 그림 2-196 개발자도구에서 푸터 위젯 배경색 확인하기

```
media="all"        mocaphoto.cafe24.com/
.site-footer       style.css?ver=2013-07-18:2516
.sidebar-container {
    background-color: #220e10;
    padding: ▶20px 0;
}
```

■ 그림 2-197 푸터 위젯 배경 색

02 알림판의 [외모] – [편집기]의 style.css에서 Ctrl + F (Command + F : 맥 이용자)를 누르고 .site-footer .sidebar-container { 를 입력하고 검색합니다. 검색 결과 중 개발자도구에서 확인했던 부분과 동일한 소스를 찾습니다.

■ 그림 2-198 스타일시트에서 푸터 위젯 배경색 변경하기

03 아래와 같이 style.css파일에서 해당 부분을 찾아 수정하고 [파일 업데이트] 버튼을 누릅니다.

```
.site-footer .sidebar-container {
    background-color: #220e10;
    padding: 20px 0;
}
```
■ 변경 전 소스

```
.site-footer .sidebar-container {
    background-color: #F7F5E7;
    padding: 20px 0;
}
```
■ 변경 후 소스

04 푸터 위젯의 위젯 제목부분 색상 변경하기 위해서 우측 스타일 부분을 확인해보면 푸터 위젯 제목 색상이 #fff 임을 알 수 있습니다. 그리고 해당 부분의 소스는 style.css에 있다는 것을 알 수 있습니다.

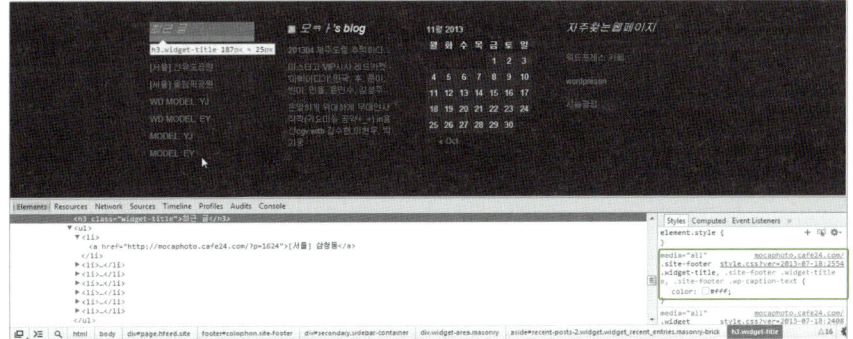

■ 그림 2-199 개발자도구에서 푸터 위젯 제목부분 색 확인하기

■ 그림 2-200 푸터 위젯 제목 색

05 [외모] – [편집기] 메뉴를 선택한 후 style.css에서 Ctrl + F (Command + F : 맥 이용자)를 누르고 .site-footer .widget-title, 를 입력하고 검색합니다. 검색 결과 중 개발자도구에서 확인했던 부분과 동일한 소스를 찾습니다.

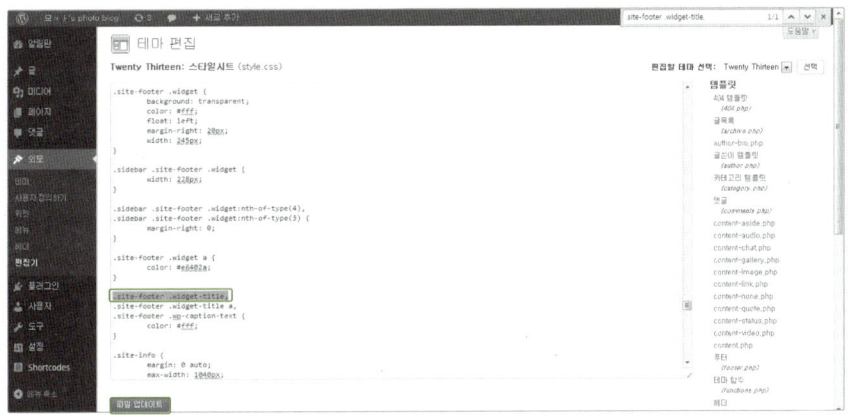

■ 그림 2-201 스타일시트에서 푸터 위젯 제목 색상 변경하기

아래와 같이 style.css 파일에서 해당 부분을 찾아 수정하고 [파일 업데이트] 버튼을 누릅니다.

```
.site-footer .widget-title,
.site-footer .widget-title a,
.site-footer .wp-caption-text {
    color: #fff;
}
```

■ 변경 전 소스

```
.site-footer .widget-title,
.site-footer .widget-title a,
.site-footer .wp-caption-text {
    color: #bc360a;
}
```

■ 변경 후 소스

06 푸터 위젯의 붉은 글씨부분 색상 변경하기 위해 우측 스타일 부분을 확인해보면 푸터 위젯 붉은 글씨부분 색상이 #e6402a 임을 알 수 있습니다. 그리고 해당 부분의 소스는 style.css에 있다는 것을 알 수 있습니다.

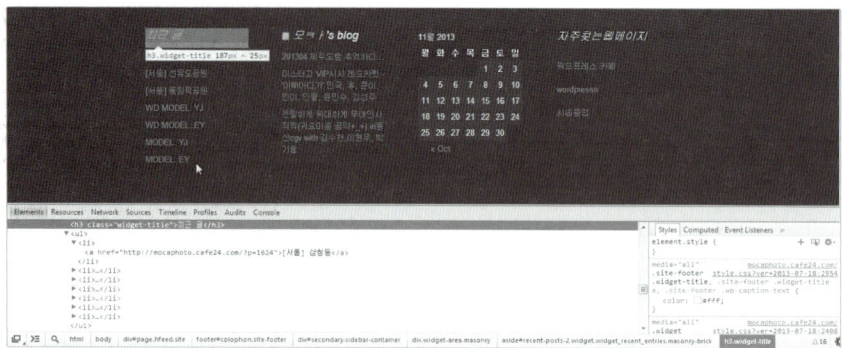

■ 그림 2-201 개발자도구에서 푸터 위젯 붉은 글씨부분 색상 확인하기

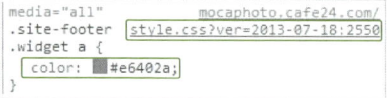

■ 그림 2-202 푸터 위젯 붉은 글씨 부분 색상

07 [외모] - [편집기] 메뉴를 선택한 후 style.css에서 Ctrl + F (Command + F : 맥 이용자)를 누르고 .site-footer .widget-title, 를 입력하고 검색합니다. 검색 결과 중 개발자도구에서 확인했던 부분과 동일한 소스를 찾습니다.

■ 그림 2-203 스타일시트에서 푸터 위젯 제목 색상 변경하기

08 아래와 같이 style.css파일에서 해당 부분을 찾아 수정하고 [파일 업데이트] 버튼을 누릅니다.

```
.site-footer .widget a {
    color: #e6402a;
}
```

```
.site-footer .widget a {
    color: #989897;
}
```

■ 변경 전 소스   ■ 변경 후 소스

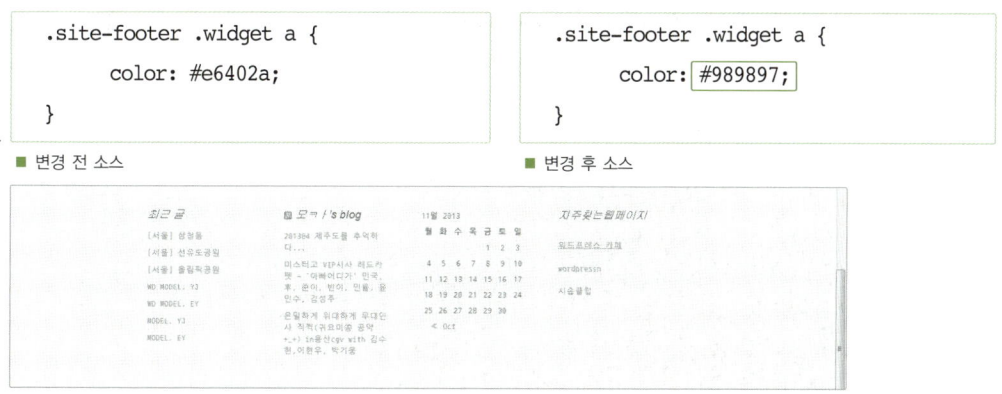

■ 그림 2-204 푸터 위젯 색상 변경 후

지금까지 Twenty Thirteen 테마를 활용해 개인 홈페이지(http://www.mocaphoto.net)를 만들어 보았습니다. 무료 테마에서도 위젯과 플러그인 등을 잘 활용하면 얼마든지 멋진 사이트를 만들 수 있습니다. 개인 홈페이지를 아래 처럼 완성해보고 만약 잘 안되는 부분이 있을 경우 이전 과정을 꼼꼼히 살펴보시기 바랍니다.

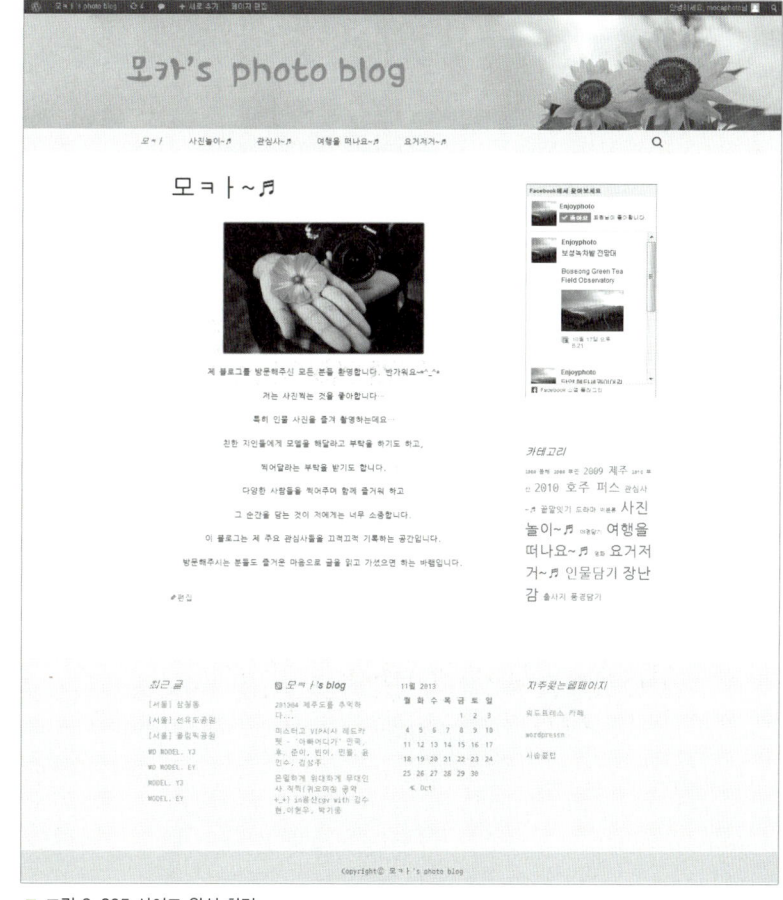

■ 그림 2-205 사이트 완성 화면

Chapter 02_ 기본 테마를 활용한 개인 홈페이지&블로그 만들기   129

여러가지 유형의 워드프레스 무료 테마 중 비즈니스용 테마의 수가 가장 많습니다. 즉 회사 홈페이지 타입의 템플릿 형태를 띈 테마가 많다는 것입니다. 무료 테마의 가장 큰 장점은 비용을 들이지 않고 홈페이지 개설이 가능하다는 점입니다. 이 장에서는 무료 테마를 이용하여 회사 홈페이지를 만들어보겠습니다. 여기 실습으로 사용된 개인 홈페이지는 http://www.themekorea.com 입니다.

워드프레스
실전 사이트 제작북

무료 테마로 회사 홈페이지 만들기

Chapter 03

Lesson 01 회사 홈페이지용 테마 선정하기
Lesson 02 홈페이지 메뉴 구조도와 메뉴 설정하기
Lesson 03 홈페이지 페이지글과 글 작성하기
Lesson 04 테마옵션 설정하기
Lesson 05 위젯 설정하기
Lesson 06 사이트 확인하기

회사 홈페이지용 테마 선정하기

워드프레스로 홈페이지를 만드는 과정에서 테마 선정은 홈페이지의 외형을 결정하는 가장 중요한 부분이기 때문에 회사의 사업 아이템과 테마의 조화를 잘 고려하는 것이 중요합니다. 즉 테마로 회사 홈페이지를 제작할 때 회사의 장점과 특성을 잘 반영할 수 있는 테마를 선정하는 것이 중요합니다.

회사 홈페이지에 적합한 무료 테마 선정하기

회사 홈페이지용 무료 테마는 wordpress.org 사이트에서 제공되는 테마와 테마제작 업체에서 무료로 제공하는 테마 등 무수히 많습니다. 그 중에서 검색과 실제 테스트 등을 통해 추천할 만한 워드프레스 무료 테마를 살펴보겠습니다.

fizz 테마

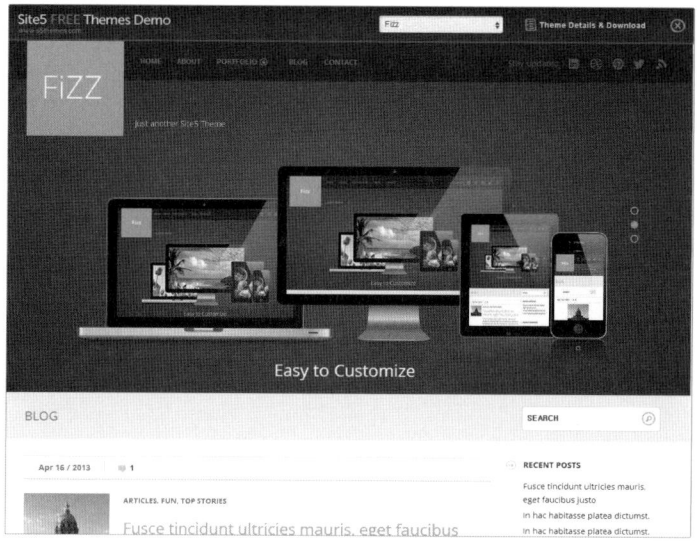

Fizz 테마 주소 : http://demo.s5themes.com/?theme=fizz

위 주소의 우측상단 [theme Details & Download]를 클릭하면 Fizz 테마를 다운받을 수 있으며, 회사소개, 포트폴리오, 블로그 타입 등으로 콘텐츠를 구성할 수 있습니다. 그리고, 메인 슬라이드 이미지가 상하로 이동되는 형태로 이루어져 있어 비주얼 부분을 강조해야 되는 회사의 홈페이지에 적합한 무료 테마입니다.

반응형 테마

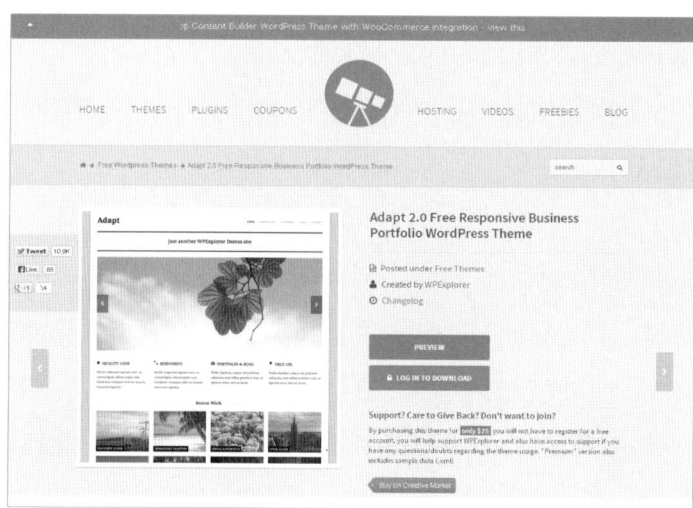

반응형 테마 주소 : http://www.wpexplorer.com/adapt-free-responsive-wordpress-theme/

반응형(responsive) 테마로 깔끔한 회사 홈페이지를 만들 때 아주 유용한 무료 테마로 가장 전형적인 레이아웃 구성을 가지고 있어서 웬만한 회사 홈페이지 구축에 무리가 없는 깔끔한 테마라고 볼 수 있습니다. 위 반응형 테마 주소로 접속하면 [preview]를 통해 데모 페이지를 볼 수 있고, [Login to Download]를 클릭하면 테마를 다운받을 수 있습니다.

Attitude 테마

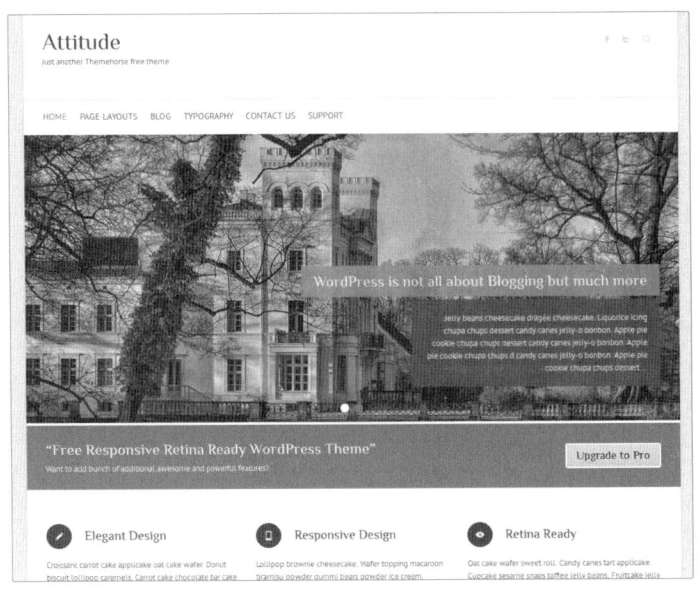

Attitude 테마 주소 : http://www.themehorse.com/themes/attitude/

themehorse에서 만든 무료 테마 중 매우 인기 있는 테마입니다. 회사 홈페이지에 적합한 테마로 pro버전의 유료 테마도 있습니다.

필자가 위 3가지 유형의 무료 테마를 실제로 테스트한 결과 회사용 홈페이지로 구축하기 적합한 테마는 Attitude 테마였습니다. Attitude 테마 주소(http://www.themehorse.com/themes/attitude/)에 접속한 후 회원가입하고 승인을 받아야 사용할 수 있습니다. 하지만 wordpress.org 사이트에서 다운받으면 아무런 절차 없이도 이용할 수 있습니다.

도메인 등록, 웹호스팅, 워드프레스를 설치 등의 과정은 "Chapter 01 워드프레스 시작하기 전-워드프레스 설치 과정 살펴보기"를 참조합니다.

이 장에서 Attitude 테마로 완성된 홈페이지 주소는 themekorea.com이며, 웹호스팅은 카페24를 이용해서 만들었습니다. 이 장에서는 Attitude 무료 테마를 이용하여 웹사이트를 전문으로 제작하는 웹에이젼시 업체를 가상의 회사로 정해서 회사 홈페이지를 만들어 보도록 하겠습니다.

테마 설치하기

attitude 테마는 wordpress.org 공식 사이트에서 무료로 다운받을 수 있기 때문에 제작회사 홈페이지에 별도로 가입하지 않아도 쉽게 다운받을 수 있습니다. attitude 테마를 다운받는 방법은 wordpress.org 공식사이트에서 다운로드 받은 후 알림판에서 테마 설치의 업로드해서 설치하는 방법과 워드프레스 알림판의 테마 설치 페이지에서 검색 후 설치하는 방법 등 두 가지 설치 방법이 있습니다.

워드프레스 사이트에서 테마 다운로드 후 설치하기

01 워드프레스 공식 사이트(wordpress.org)의 테마 웹페이지(http://wordpress.org/themes/attitude)에 접속한 후 [Download Version 1.2.5] 버튼을 클릭한 후 attitude.1.2.5.zip 설치 파일을 다운받습니다. 단 테마 버전에 따라서 attitude 다음의 숫자는 변경될 수 있습니다. 별도의 회원가입이 없이 공식사이트에서 무료로 다운로드 받을 수 있습니다.

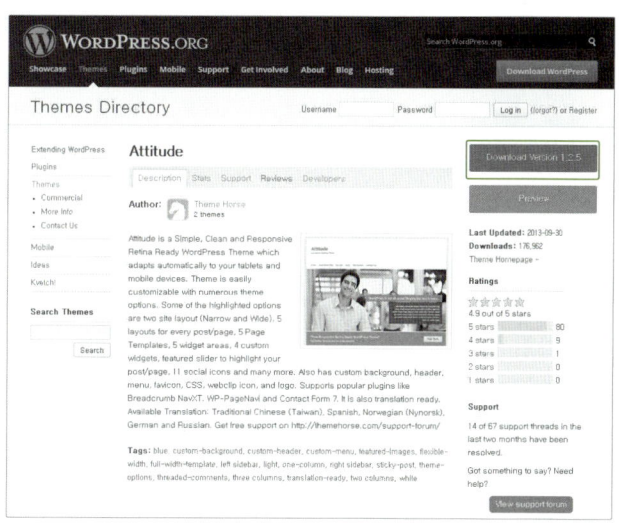

■ 그림 3-1 wordpress.org/themes 메인 페이지

02 워드프레스 알림판(http://사이트주소/wp-admin/)에서 [외모]-[테마] 메뉴를 선택합니다. 테마 설치 페이지에서 [업로드]를 선택한 후 다운로드 받은 zip 파일 형식의 테마 설치 파일을 선택하고 [지금 설치하기] 버튼을 클릭합니다. "테마를 성공적으로 설치했습니다." 메시지가 나타나면 [활성화]를 클릭합니다.

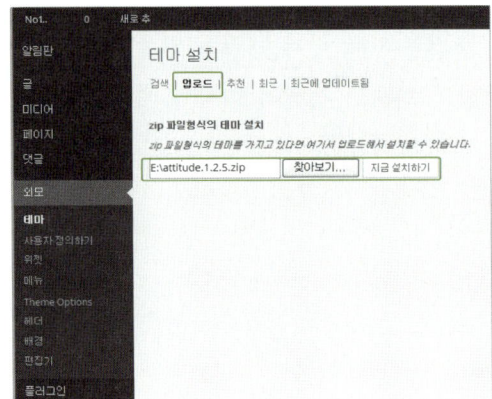

■ 그림 3-2. 워드프레스 테마 설치 화면

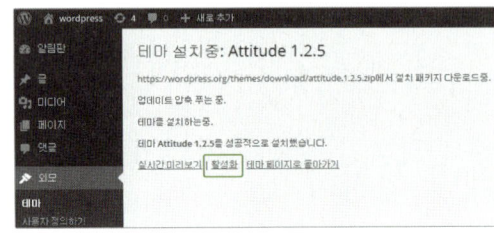

■ 그림 3-3. 워드프레스 테마 설치 완료 화면

03 알림판에서 [외모]-[테마] 메뉴를 선택하면 추가한 테마를 확인할 수 있습니다.

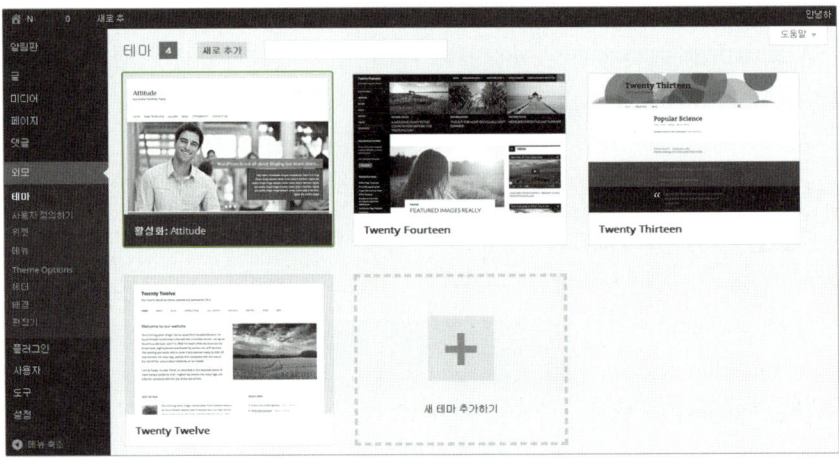

■ 그림 3-4. 추가된 테마

워드프레스에서 테마 설치하기

이번에는 워드프레스가 설치된 사이트의 알림판에서 설치하는 방법을 알아보겠습니다. 일반적으로 유료 테마는 업로드를 통해서 설치하지만, attitude 테마는 wordpress.org에서 제공하는 테마로 검색이 가능하므로 검색을 통해서 테마를 다운로드 받도록 하겠습니다.

01 알림판의 [외모]-[테마] 메뉴를 선택하면 테마를 추가할 수 있는 테마 페이지가 나옵니다. 새로운 테마를 추가하기 위해서 [새로추가] 버튼을 클릭합니다.

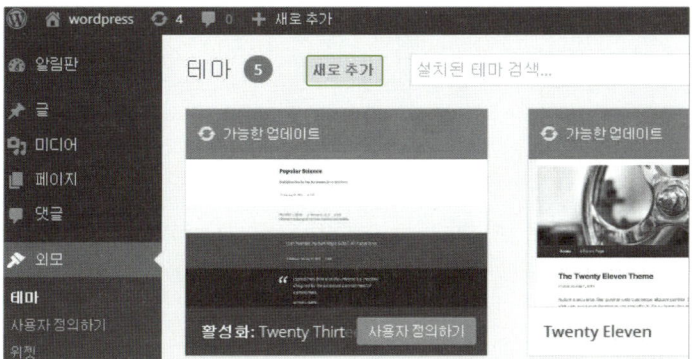

■ 그림 3-5 테마를 추가할 수 있는 화면

02 검색창에서 'attitude'라고 입력하고 [검색] 버튼을 클릭합니다.

■ 그림 3-6 테마 설치에서 attitude 검색 화면

03 검색된 테마 중 attitude 테마 이미지 아래에 있는 [지금 설치하기]를 클릭합니다.

■ 그림 3-7 Attitude 테마검색 결과 화면

04 자동으로 설치가 진행되며, 설치가 완료되면 [활성화]를 클릭하여 테마를 활성화시킵니다.

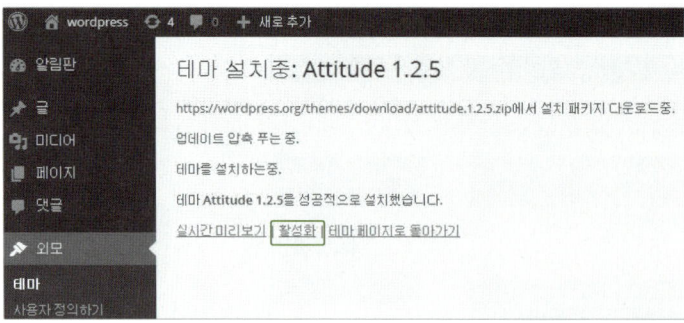

■ 그림 3-8 attitude 테마 설치 화면

05 테마가 활성화되면 정상적으로 테마 설치가 완성된 것입니다.

■ 그림3-9 Attitude 테마 완성 화면

 Chapter 03  Lesson 02

홈페이지 메뉴 구조도와 메뉴 설정하기

워드프레스 일반 설정하기

테마 설치가 완료되었으면 이제 워드프레스 홈페이지 기본 설정을 하겠습니다.

attitude 테마는 기본적으로 영문폰트가 깔끔하게 나오기 때문에 일반 설정만 잘해도 로고 없이도 홈페이지를 만들 수 있습니다. 그렇기 때문에 홈페이지 기본 설정에서 사이트 제목을 영문으로 사용하고 태그 라인을 부가설명하면 홈페이지가 완성되었을 때 깔끔하게 보입니다.

01 사이트 제목을 'Themekorea', 태그라인을 '워드프레스 제작전문 웹에이전시', 시간대를 '서울'로 정한 후 페이지 왼쪽 하단에 있는 [변경 사항 저장] 버튼을 클릭합니다.

❶ 사이트 제목 : 사이트의 제목은 워드프레스를 설치할 때 입력했더라도 변경할 수 있습니다.
❷ 태그라인 : 사이트의 표현 문구로 사이트의 특징을 가장 잘 나타낼 수 있는 문구를 사용합니다.
❸ 워드레스 주소(URL) : 워드프레스 파일을 업로드한 폴더의 주소(URL) 입니다.
❹ 사이트 주소(URL) : 사이트의 주소(URL)입니다.
❺ 이메일 주소 : 워드프레스를 설치하거나 신규 회원 가입 시 이메일로 통보하기 위한 공식 이메일 주소입니다.
❻ 멤버쉽 : 체크 박스를 체크하면 회원가입이 가능한 사이트를 운영할 수 있습니다.
❼ 새 사용자를 위한 규칙 : 회원에 대한 권한 부여를 설정할 수 있습니다.
❽ 시간대 : 대한민국은 UTC+9이며, 도시명을 선택해도 됩니다.
❾ 날자 표시 형식 : 글의 발행 날짜를 표시하는 형식입니다.

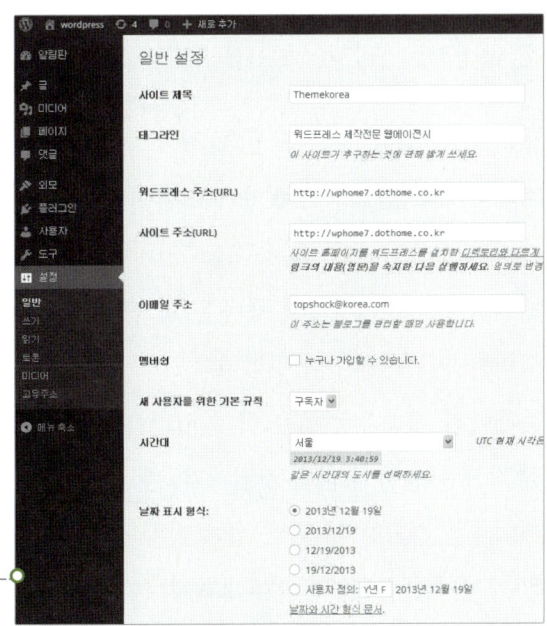

■ 그림 3-10 워드프레스 기본 정보 설정하기

> **_tip_**
>
> **워드프레스 비밀번호 분실 시 해결방법**
> 워드프레스로 홈페이지를 운영 중 비밀번호가 기억나지 않아 난감한 경우가 있을 수 있습니다. 워드프레스는 비밀번호 분실 시 아래 화면과 같이 로그인이 되지 않으면서 로그인 창이 흔들거리고 [암호를 잃어버렸나요?]를 클릭하면 사용자 이름이나 이메일 주소를 입력해서 [새 비밀번호 얻기]를 하면 되는데, 워드프레스의 버그인지 몰라도 이메일이 오지 않는 경우가 많습니다.
> 이런 경우 어떻게 해결하는 것이 좋을까요?
> Php myadmin과 가입한 웹호스팅업체의 계정을 통해서 가능합니다. 자세한 내용은 워드프레스앤 사이트 팁 노하우 게시물(http://www.wordpressn.com/wordpress_member_password_modify/)을 참고합니다.
>
>
> ■ 그림 3-11 로그인이 안 되는 경우
>
>
> ■ 그림 3-12 암호를 잃어버렸을 때 뜨는 팝업 창

홈페이지 메뉴 설정하기

홈페이지 메뉴 구조도 만들기

홈페이지를 만들기 위해 가장 기본이 되는 세가지 요소는 홈페이지 제목, 홈페이지의 컨셉 그리고 홈페이지의 메뉴 구조도입니다. 여러분들이 개설하고자 하는 홈페이지가 회사 홈페이지라면 홈페이지의 제목은 회사명이 될 것이고, 홈페이지의 컨셉은 회사가 추구하는 영리사업이 주제가 될 것입니다.

홈페이지 제목과 컨셉은 이미 머리속에 정해 놓았겠지만, '메뉴 구조도'는 어떤 의미인지 잘 모르는 분들이 많을 것입니다. 메뉴 구조도는 홈페이지의 사이트맵과 유사한 것으로 홈페이지를 기획할 때 분석, 설계 단계를 거쳐서 홈페이지에 들어갈 주요 메뉴를 어떻게 구성할 것인지를 설계하는 설계도와 같은 것입니다.

이 책에서 실습으로 사용되는 themekorea.com 사이트로 예로 들면, 회사 홈페이지 제목은 'themekorea' 이고, 회사 홈페이지 컨셉은 국내 최대 워드프레스 커뮤니티에서 운영하는 워드프레스 전문 웹에이젼시' 라고 정하도록 하겠습니다. 그리고 유사 사이트 벤치마킹 등을 통해서 홈페이지 제작업체의 메뉴구조도를 엑셀로 아래와 같이 정하였습니다.

아래 메뉴구조도를 보면 글(post)보다 페이지(page)가 많은 것을 알 수 있습니다. 그 이유는 서비스(Service) 메뉴를 제외하고는 대부분 콘텐츠가 자주 변경되거나 업데이트가 되지 않는 부분이고, attitude 테마가 비즈니스형 테마로서 메인화면에서 고정형으로 보여주기 때문에 portfolio 등을 노출시키려면 페이지로 만들어야 가능하기 때문입니다.

Home	Service	Portfolio	Related Sites	Publishing	Contact Us
	워드프레스 최신정보	전체제작	워드프레스엔닷컴	워드프레스 초급책	제작문의
	워드프레스 전체제작	부분제작	워드프레스홈카페	워드프레스 중급책	멤버소개
	워드프레스 부분제작	디자인	워드프레스 페북그룹		
	워드프레스 초중급강의		워드프레스 페북 페이지		
링크	글	페이지	페이지	페이지	페이지

■ Themekorea.com 메뉴구조도

> **_tip_**
>
> **메뉴구조도에서 depth(뎁스)란**
> 위 그림의 메뉴구조도에서 메인 메뉴 즉, [Home], [Service]…[Contact Us]는 웹 전문 용어로 '1 depth' 라고 하고, 위 그림에서 워드프레스 최신정보, 전체제작 등은 두 번째 메뉴로 '2 depth' 라고 합니다. 만약에 위 메뉴 중 [워드프레스 초중급강의] 메뉴 아래에 [초급강의][중급강의] 2개의 하위메뉴가 있다면 [초급강의][중급강의] 메뉴는 3depth가 됩니다.
>
> 위 내용과 같이 홈페이지를 구축하기 전에 반드시 홈페이지 제목, 홈페이지 컨셉, 홈페이지 메뉴구조도 정도는 미리 결정한 후 진행하는 것이 바람직합니다.

페이지 카테고리 만들기

메뉴구조도에서 작성한 카테고리와 페이지를 만들어 보겠습니다.

01 알림판에서 [페이지]-[새 페이지 추가] 메뉴를 선택한 후 새 페이지 추가 화면에서 다음과 같이 페이지 제목을 작성하고 [공개하기] 버튼을 클릭하여 페이지를 생성합니다.

■ 그림3-14 페이지 제목을 작성한 후 페이지 구성하기

02 2depth 메뉴는 다음과 같이 제목을 작성하고 페이지 속성에서 상위를 해당 메뉴의 상위 메뉴 페이지를 정해줍니다. 여기서는 1depth 메뉴인 'Related Sites'로 선택해서 [공개하기] 버튼을 클릭합니다. 여러분들은 직접 만든 메뉴구조도 대로 적용해보기 바랍니다.

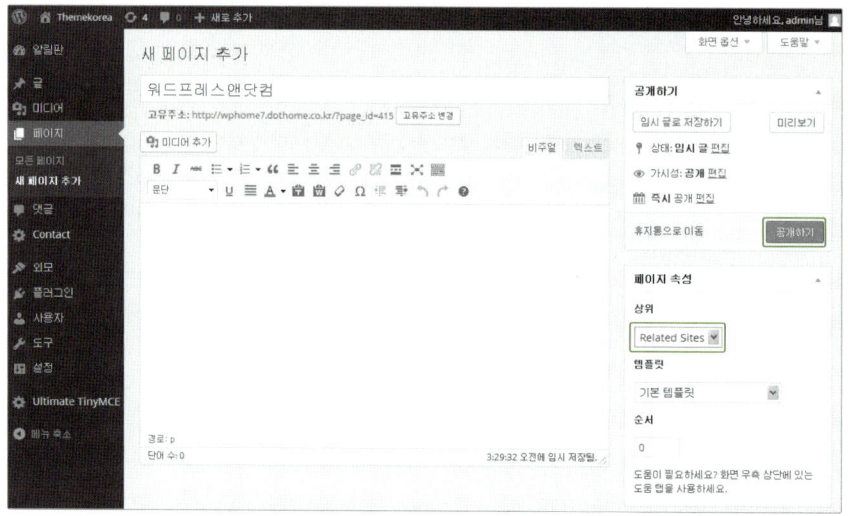

■ 그림 3-15 페이지 제목과 속성 설정하기

03 위와 같은 방식으로 페이지 제목과 속성만으로 새 페이지를 추가해서 아래와 같이 구성합니다.

■ 그림 3-16 페이지 제목 만들기가 완성된 화면

카테고리 만들기

이제 홈페이지의 카테고리를 만들어 보겠습니다.

01 [글]-[카테고리] 메뉴를 선택한 후 카테고리 화면이 나타나면 메뉴구조도와 같이 작성합니다. 카테고리 제목, 슬러그 내용, 설명 글 등을 작성한 후 상위를 선택하고 [새 카테고리 추가] 버튼을 클릭합니다.

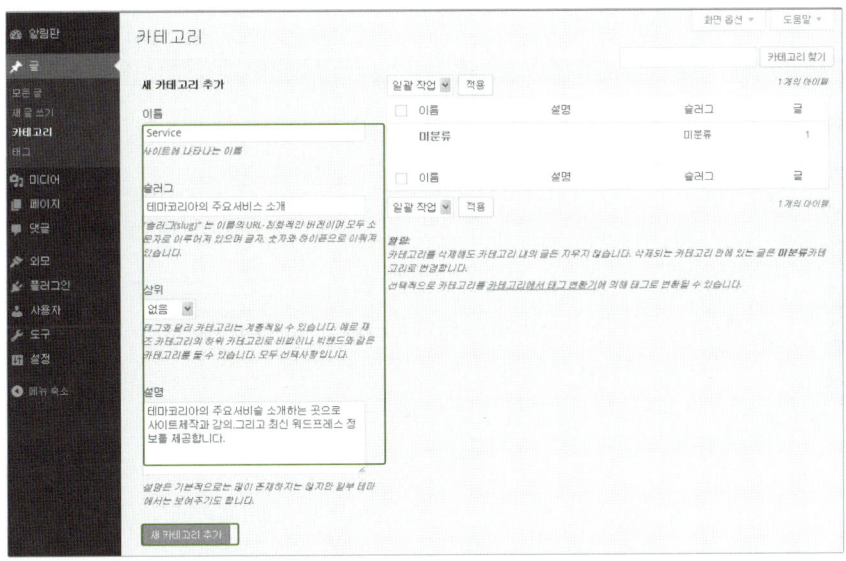

■ 그림 3-17 카테고리 글 작성

02 위와 같은 방식으로 앞에서 정한 메뉴구조도와 동일하게 카테고리를 생성합니다.

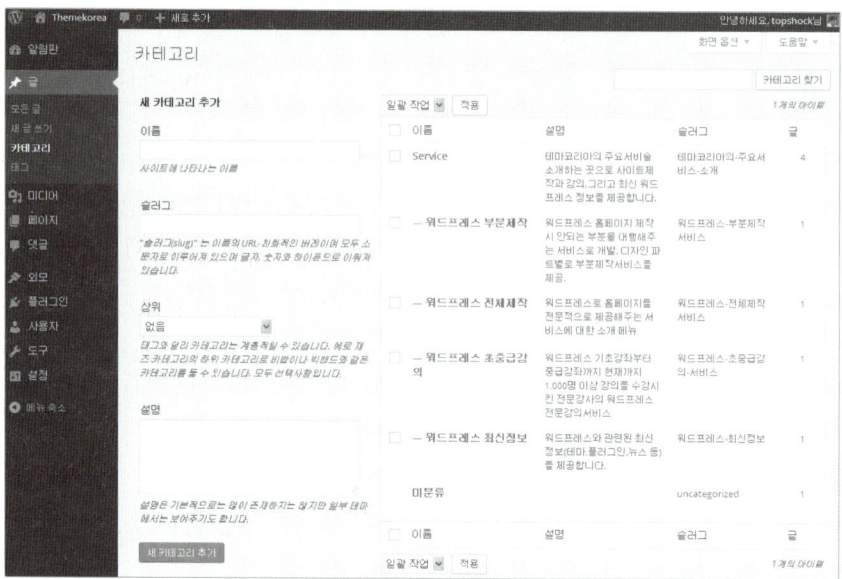

■ 그림 3-18 메뉴구조도와 동일하게 카테고리 작성

메뉴 설정하기

페이지와 카테고리를 만든 후 바로 전에 만든 페이지와 카테고리의 위치와 순서를 정해보 겠습니다.

01 [외모]-[메뉴] 메뉴를 선택한 후 메뉴 편집하기 화면이 나타나면 메뉴이름을 '메뉴'라고 입력하고 [메뉴 생성] 버튼을 클릭해서 메뉴명을 생성시킵니다.

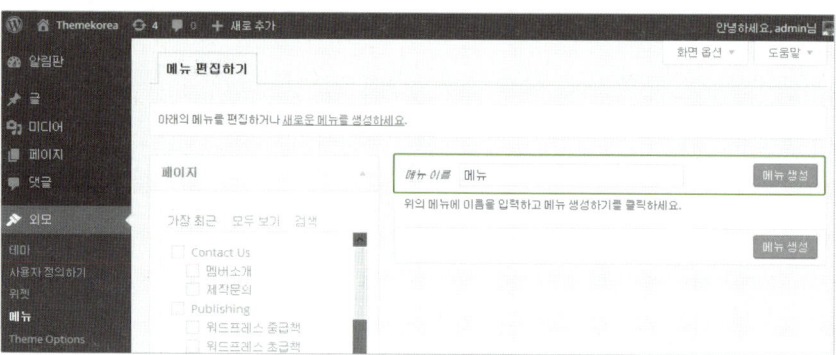

■ 그림 3-19 메뉴명 생성하기

02 페이지 영역에서 '전체선택'을 클릭하고 [메뉴에 추가] 버튼을 클릭합니다. 우측 메뉴영역의 하단에 있는 Primary Menu의 선택 박스를 체크하고 [메뉴저장] 버튼을 클릭합니다.

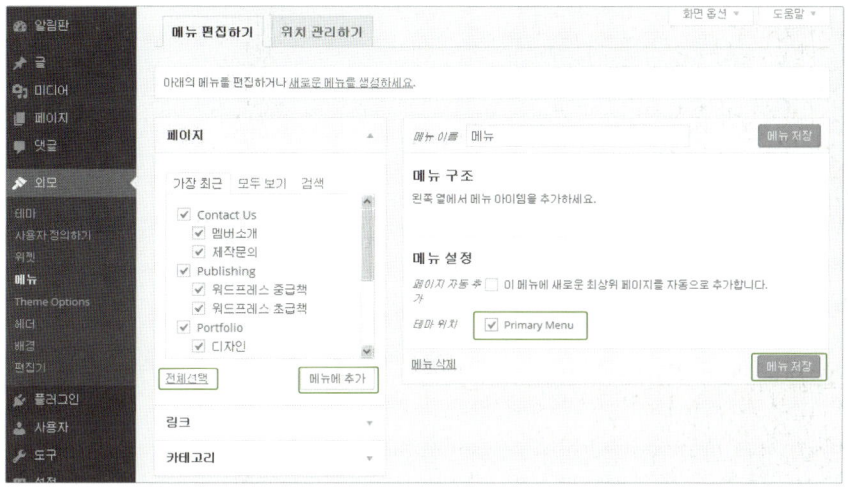

■ 그림 3-20 메뉴에서 페이지 추가 화면

03 링크 영역의 드롭(▼) 버튼을 클릭한 후 URL입력 상자에 홈페이지 주소를 입력하고, 링크 텍스트 입력 상자에는 'Home' 이라고 입력합니다. 즉, Home을 클릭했을 때 해당 URL로 링크한다는 의미입니다.

■ 그림 3-21 링크 설정 화면

04 카테고리 영역에서 '모두보기' 탭을 선택하고 '전체선택(미분류 제외)'을 선택한 후 [메뉴에 추가] 버튼을 클릭하여 카테고리를 추가합니다.

■ 그림 3-22 메뉴에 카테고리 추가하기

05 이제 마지막 단계인 메뉴의 위치를 드래그 앤 드롭하여 앞 장에서 소개한 메뉴구조도와 동일하게 1depth, 2depth 위치와 순서를 아래와 같이 조정합니다.

■ 그림 3-23 메뉴 위치를 조정한 상태의 알림판 화면

06 알림판 좌측 상단 바의 [사이트보기]를 클릭해서 메뉴가 제대로 설정되었는지 메인 화면에서 확인합니다.

■ 그림 3-24 메뉴확인을 위한 사이트보기

07 다음과 같이 메뉴를 마우스오버 했을 때 2depth 메뉴가 보이는 것을 확인할 수 있습니다.

■ 그림 3-25 사이트 메인 접속해서 메뉴설정 확인

Chapter 03 — Lesson **03**

홈페이지 페이지 글과 글 작성하기

현재 무료 테마로 진행하고 있는 attitude 테마는 페이지가 유난히 많이 적용되는 테마입니다. 그렇기 때문에 실제 사이트를 구축할 때는 콘텐츠를 미리 작성한 후 워드프레스에 적용하는 것이 좋습니다.

비즈니스 템플릿 페이지 설정하기

회사 홈페이지에서 가장 중요한 부분 중 하나인 페이지에 콘텐츠를 작성하는 방법에 대해서 알아보도록 하겠습니다. 페이지(page)는 글(post)과 다르게 템플릿을 가지고 있고, 페이지는 자주 바뀌는 콘텐츠가 아니기 때문에 최대한 정성을 기울여서 꾸밀 필요가 있습니다. Attitude 테마는 비즈니스용 홈페이지 테마이기 때문에 일반적인 홈페이지와 다르게 메인 화면이 정적인 홈페이지로 되어 있습니다. 정적인 홈페이지란 메인 화면에 최신 글이 보이지 않고, 메인 슬라이드 아래에 다음 그림과 같이 고정적인 회사 홍보용 글이 3단 또는 4단 칼럼으로 구성되어 있는 것을 말합니다.

■ 그림 3-26 attitude 데모 페이지

attitude 데모 페이지를 보면 메인 슬라이드 화면 아래 3단구조로 회사소개 글이 3단으로 구성된 것을 볼 수 있습니다. 즉 위 그림에서 Elegant Design, Responsive Design, Retina Ready는 정적인 페이지로 고정된 비즈니스 형태를 띄고 있는 테마입니다.
이런 형태의 테마는 반드시 다음과 같이 임의의 페이지를 만들어서 비즈니스 템플릿을 선택해주어야 합니다.

01 [페이지]-[새 페이지추가] 메뉴를 선택한 후 제목에 '홈' 이라고 입력하고, 템플릿에서 'Business Templet' 을 선택한 후 [공개하기] 버튼을 클릭해서 페이지를 생성합니다.

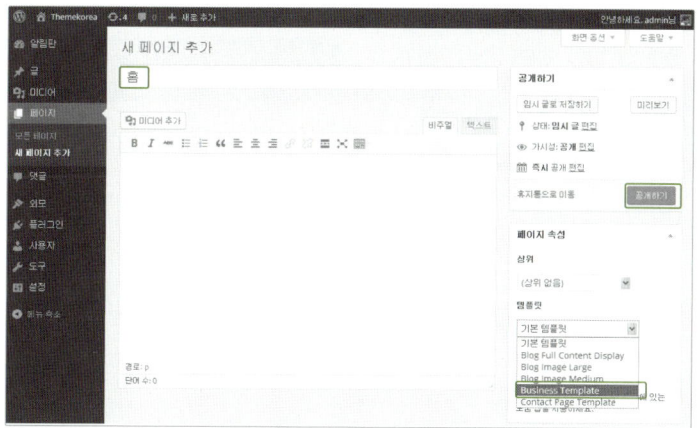

■ 그림 3-27 Business Template을 설정을 위한 '홈' 이란 제목의 페이지 생성

02 Business Template를 위한 페이지를 생성한 후 [설정]-[읽기] 메뉴를 선택합니다. 초기 설정값이 '최근 글'로 되어 있습니다. 비즈니스 테마가 아닌 일반적인 워드프레스의 홈페이지는 대부분 최근 글을 보여주지만 앞에서 언급한대로 attitude 테마는 메인 화면이 정적인 페이지이기 때문에 아래 화면 처럼 전면 페이지 표시를 '정적인 페이지'로 선택한 후 전면 페이지 선택 박스에서 바로 이전에 생성한 '홈'이란 제목의 페이지를 선택하고, 가장 아래의 [변경 사항 저장] 버튼을 클릭합니다.

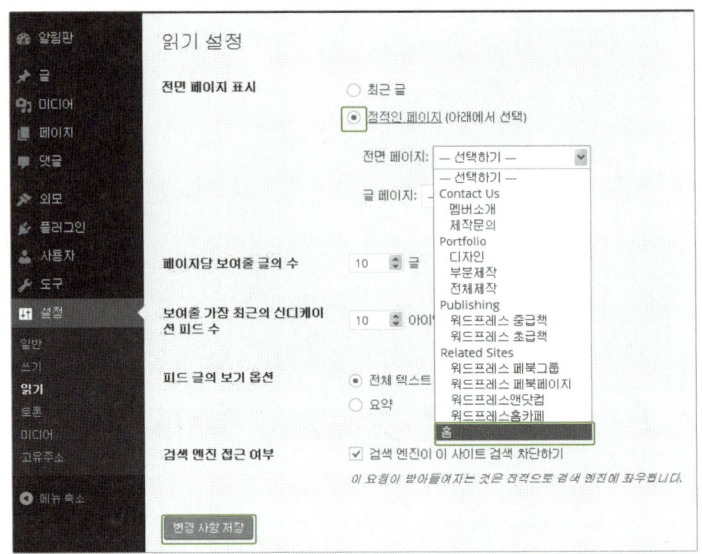

■ 그림 3-30 읽기 설정을 정적인 페이지로 설정하기

> _tip_
>
> **정적인 페이지와 최근글의 차이**
> 워드프레스 홈페이지는 메인 페이지의 레이아웃 구성이 비즈니스형 같은 정적인 페이지로 구성하는 방법과 최신글로 구현하는 방식의 두 가지가 있습니다.
> 최근 인기 테마의 경우 대부분 정적인 페이지를 많이 선호하고 있습니다. 정적인 페이지는 주로 회사 홈페이지에 많이 이용되고 있습니다. 현재 우리가 실습하고 있는 attitude 테마처럼 메인 슬라이드 아래 부분의 콘텐츠를 관리자가 지정한 페이지/글만 보여주게 정하는 방식입니다. 왜냐하면 회사는 메인 페이지를 회사를 소개하는 주요 카피글이 포함되기 때문에 자주 바뀌지 않고 콘텐츠를 고정적으로 보여줍니다.
> 하지만, 최근 글 스타일의 페이지는 콘텐츠가 자주 업데이트 되기 때문에 뉴스사이트, 정보형 사이트에 많이 이용됩니다. 따라서 테마를 선택할 때는 반드시 여러분의 사이트가 정적인 페이지로 갈 것인지? 최근 글 스타일로 갈 것인지 결정해야 합니다.

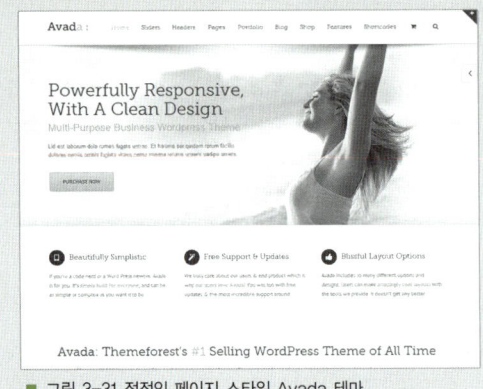

■ 그림 3-31 정적인 페이지 스타일 Avada 테마   ■ 그림 3-32 최근글 스타일 Sahifa 테마

메인 슬라이드 하단의 홍보문구 페이지 만들기

이제 메인 슬라이드 하단에 들어가는 카피 글을 만들기 위해서 페이지를 3개 만들어 보겠습니다.

메인 홍보글은 워드프레스에서 바로 작성하는 것보다 미리 문서로 작성한 후 사용하는 것이 좋습니다. 특히, 회사 홈페이지라면 메인에 들어가는 홍보글은 계속 고정되어 있기 때문에 회사를 대표할 수 있는 핵심적이고 요약된 글이 들어가야 합니다.

themekorea에서는 홈페이지 제작업체로 정했기 때문에 이와 관련된 홍보문구를 아래와 같이 미리 메모장에 작성을 해보았습니다. 이제 실제로 워드프레스에 적용해보도록 하겠습니다.

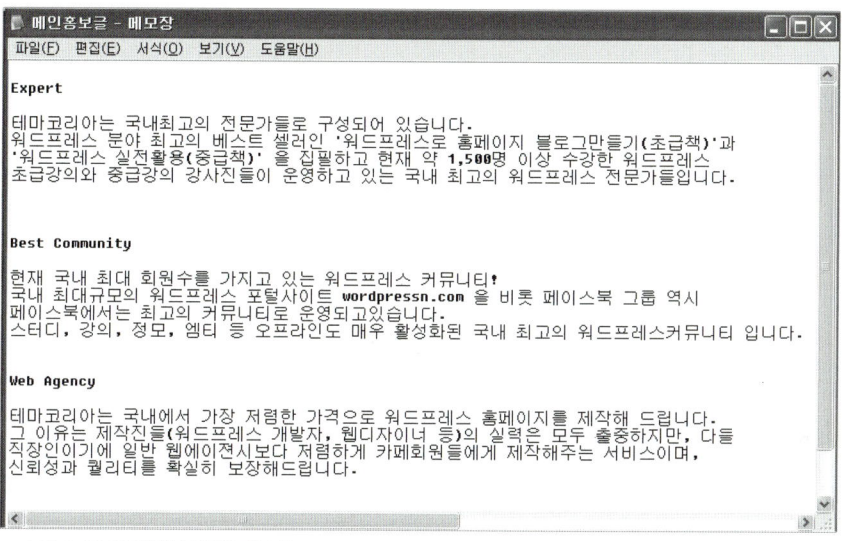

■ 그림 3-33 메모장에서 작성한 홍보 글

01 알림판에서 [페이지]-[새 페이지 추가] 메뉴를 클릭합니다. 페이지 제목을 작성하고 본문내용은 앞에서 메모장에 작성한 것들을 복사하여 붙여 넣습니다. 이렇게 페이지를 완성한 후 [공개하기] 버튼을 클릭하여 페이지를 만듭니다.

■ 그림 3-33 메인 홍보글 페이지 만들기

02 위와 같은 방법으로 미리 만든 메모장에 있는 글을 복사와 붙여 넣기로 3개의 페이지를 만듭니다.

■ 그림 3-34 메인 홍보글 3개의 페이지 완성 후 페이지 리스트

참고로 메인 카피글은 메인 슬라이드 아래 부분에만 들어가기 때문에 앞에서 본 메뉴에 추가시킬 필요는 없습니다.

썸네일 이미지 페이지 만들기

일반적인 비즈니스 테마는 위에서 언급한 정적인 페이지에서 메인 슬라이드 아래에 텍스트 홍보문구를 배치시키고 그 아래에는 주로 이미지들이 들어갑니다. 예제로 사용하고 있는 attitude 테마는 Recent Work라는 주제로 최근에 작업한 썸네일 이미지가 들어갑니다.

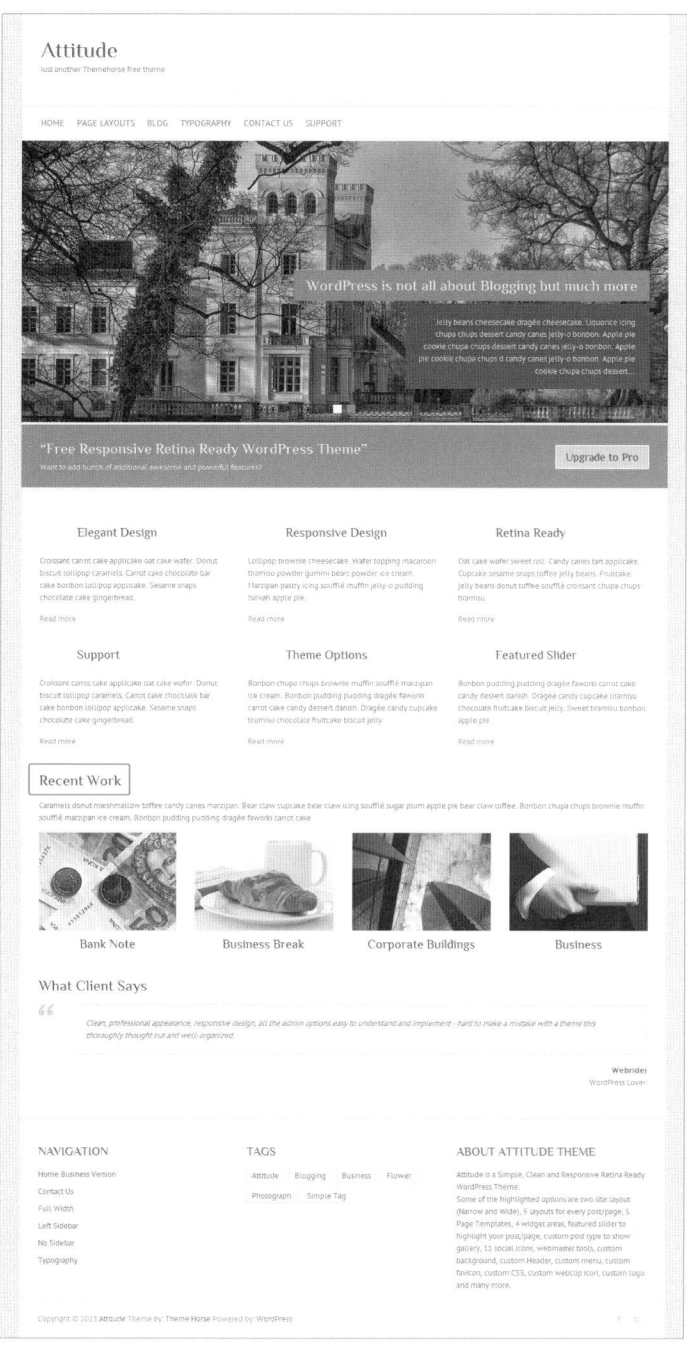

■ 그림 3-35 attitude demo 페이지

여기서는 최근 작업이라는 제목 대신 'Portfolio'라는 제목으로 페이지를 만들어서 사이트 제작 내용을 등록하려고 합니다. 독자 여러분이 회사 홈페이지를 구축하실 때에는 이미지가 들어가는 부분이니 주요 제품소개, 최근 활동, 사업분야 등을 이미지로 표현이 가능한 적절한 영역으로 사용하시면 됩니다.

내용을 글에서 작성하지 않고 페이지에서 작성하는 이유는 attitude 테마의 메인 화면에 노출되는 설정이 모두 페이지로 되어 있기 때문입니다.

01 [페이지]-[새 페이지 추가] 메뉴를 선택하여 콘텐츠를 만들어 보겠습니다. 먼저 메인 하단에 들어갈 이미지를 선별해서 미디어에 올리기를 해보겠습니다. 적절한 이미지를 만들어 놓고 [미디어]-[파일 올리기] 메뉴를 선택하여 이미지를 등록합니다.

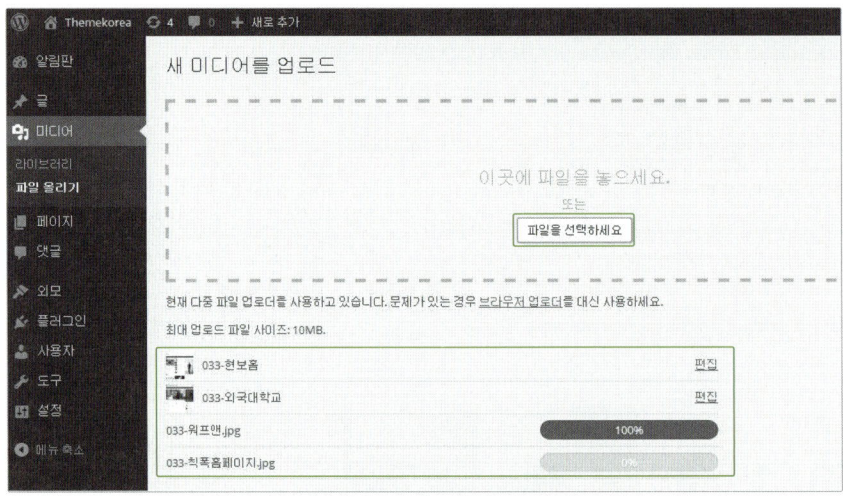

■ 그림 3-36 메인 하단에 들어갈 이미지 파일 올리기

02 이미지를 등록했으면 페이지 내용을 작성합니다. 제목과 내용을 작성합니다.

■ 그림 3-37 페이지 내용 작성

03 이미지를 등록합니다. 이때 등록하는 이미지는 메인페이지의 썸네일 이미지에 사용할 것입니다. 그렇기 때문에 본문의 특성이미지 공간에 이미지를 삽입합니다. 필요에 따라서는 본문 내에 이미지가 여러 장 삽입해도 됩니다. 본문에 들어가는 이미지는 일반적으로 가로 600pixel 이하로 등록을 하는데 이미지가 너무 크면 부담이 될 수 있기 때문에 필요에 따라서 사이즈를 조절하기도 합니다. [미디어추가] 버튼을 클릭한 후 본문에 들어갈 이미지를 선택한 후 [페이지에 삽입하기]를 클릭합니다.

이미지를 줄이는 방법은 본문에 삽입된 이미지를 클릭하면 아래와 같은 화면이 나옵니다. 이때, 조절하고 싶은 크기를 선택한 후 [업데이트] 버튼을 클릭하면 됩니다.

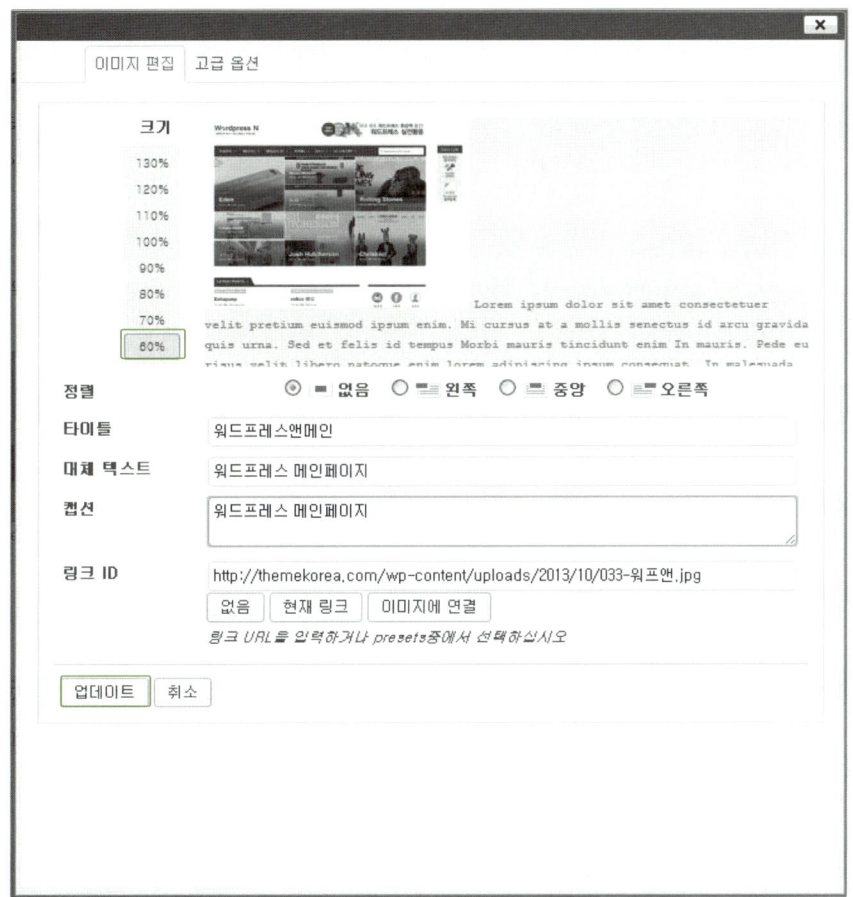

■ 그림 3-38 이미지 사이즈

04 본문에 이미지 삽입을 완료했으면 이제 페이지 속성에서 상위 페이지인 'Portfolio'를 선택합니다.

■ 그림 3-39 페이지에서 내용, 이미지 작성 후 속성 설정하기

05 이제 마지막으로 우측메뉴 페이지속성 아래에 있는 특성 이미지에서 [특성 이미지 설정] 버튼을 클릭해서 특성 이미지를 삽입합니다. 특성 이미지는 메인 화면에 노출되는 대표 이미지이기 때문에 해당 페이지 내용을 대표하는 이미지로 등록합니다.

■ 그림 3-40 페이지에 특성 이미지 설정

06 특성 이미지가 등록되면 미리 보기 화면이 보이고, 이제 마지막으로 [공개하기] 버튼을 클릭해서 페이지를 완성합니다.

■ 그림 3-41 특성이미지 등록 후 공개하기로 페이지완성

07 위와 같은 방법으로 페이지 콘텐츠를 4개 이상 작성합니다. 4개 이상 작성하는 이유는 attitude 테마가 메인 페이지에서 4개의 썸네일 이미지를 보여주기 때문입니다. 그리고 페이지 작성 중에 링크가 필요할 때는 아래와 같이 링크할 주소를 마우스로 드래그 한 다음 링크주소를 복사하고, 편집기에 있는 링크 아이콘을 클릭해서 링크값을 삽입해야 새 창에서 링크가 가능합니다.

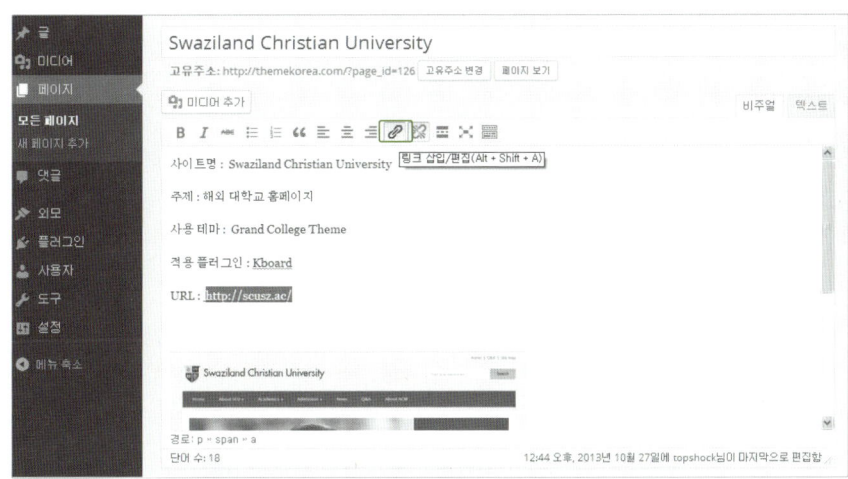

■ 그림 3-41 URL 링크를 위해 링크 아이콘 선택하기

08 새 창이 뜨면 URL값을 붙여넣기에서 넣고, 새 창으로 띄우기를 하려면 '새 창/탭 링크 열기'에 체크를 해주고 [링크추가] 버튼을 클릭해야 반영이 됩니다.

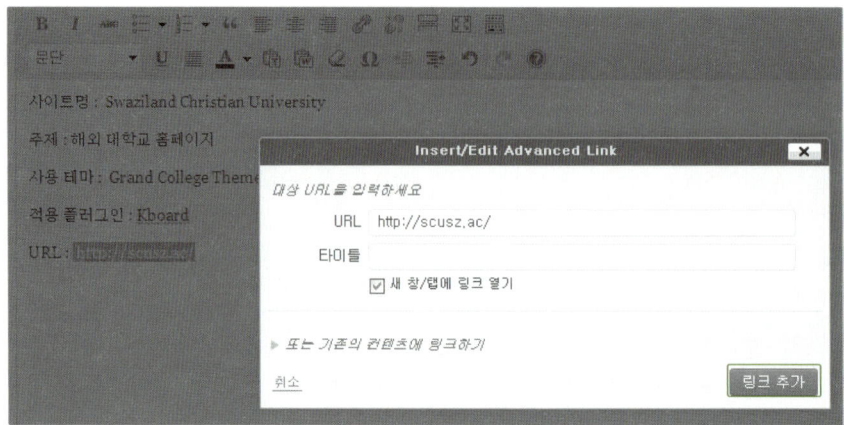

■ 그림 3-42 링크 아이콘 선택 후 URL값 입력하기

09 위와 같은 방법으로 4개 이상의 페이지를 만듭니다. 만약 4개 이상의 페이지를 만들게 되면 메인 페이지에서는 최근에 생성된 페이지를 보여주게 됩니다. 이렇게 하여 메인 페이지에 3개의 홍보 글 페이지, 4개의 썸네일 페이지를 만들어 보았습니다. 이번에는 플러그인을 이용한 페이지에 대해 알아보도록 하겠습니다.

■ 그림 3-43 페이지 생성된 후 페이지 리스트 화면

Contact Form7 플러그인으로 소통 채널 페이지 만들기

홈페이지를 통해서 회사에 문의나 연락을 하려면 외부 손님들과 회사와의 소통을 할 수 있는 연결채널이 필요합니다. 워드프레스는 일반적으로 Contact Form 7 플러그인을 사용해서 외부와 소통을 할 수 있습니다.

Contact Form 7 플러그인 설치하기

Contact Form 7플러그인을 이용하려면 먼저 설치부터 해야 합니다. Contact Form 7플러그인 설치 과정에 대해서 알아보겠습니다.

01 [플러그인]-[플러그인 추가하기] 메뉴를 선택한 후 검색창에 'Contact Form 7'를 입력한 후 검색합니다.

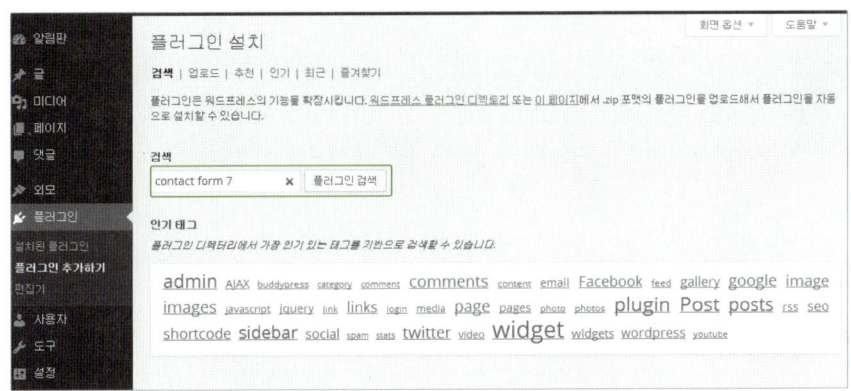

■ 그림 3-44 Contact Form 7 플러그인 검색

02 Contact Form 7 플러그인이 검색 결과 목록에 나타나면 [지금 설치하기]를 클릭합니다.

■ 그림 3-45 Contact Form 7 플러그인 설치 화면

03 다음과 같이 "이 플러그인을 설치하시겠습니까?" 팝업이 나타나면 [확인] 버튼을 클릭합니다.

■ 그림3-46 Contact Form 7 플러그인 설치하기 팝업

04 다음과 같은 화면이 보이면 [플러그인을 활성화]를 클릭해서 설치를 마무리합니다.

■ 그림 3-47 Contact Form 7 플러그인을 활성화 화면

Contact Form 페이지 만들기

01 Contact Form 7 플러그인 설치가 완료되면 알림판 왼쪽 메뉴에 'Contact'가 생긴 것을 확인할 수 있습니다. [Contact]-[Contact Forms] 메뉴를 클릭한 후 'Contact form1' 아래에 있는 'Edit'를 클릭합니다.

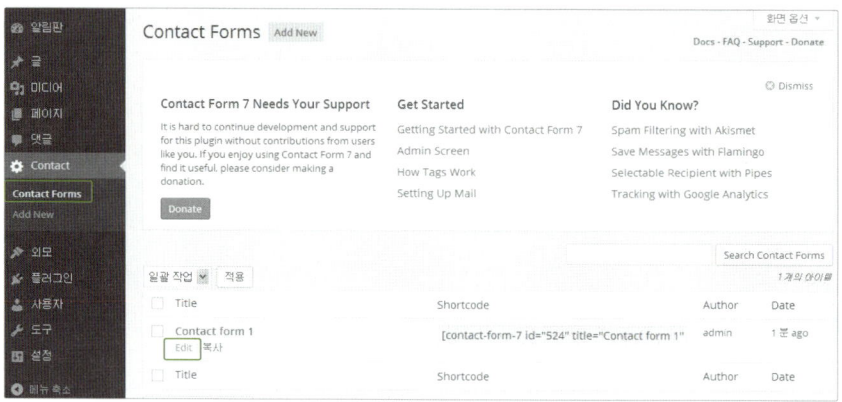

■ 그림 3-48 Contact Form 7 설치 완료 후 화면

02 아래 화면처럼 기존에 있는 내용의 텍스트를 수정해서 폼을 완성합니다. 여러분은 홈페이지의 성격에 따라 텍스트 내용을 수정하면 됩니다. 또한 필요에 따라 우측의 [태그생성]을 활용해서 다른 항목의 추가나 수정이 가능합니다. 글 수정이 끝났으면 [저장] 버튼을 클릭합니다.

■ 그림 3-49 contact form 7 내용 수정하기

03 만약, 기본 내용 외 추가로 다른 폼을 생성할 경우 아래 화면 우측에 있는 [태그생성]의 드롭버튼(▼)을 클릭해서 다른 항목을 추가할 수 있습니다.

■ 그림 3-50 Contact form 7에서 태그생성 화면

04 만약 기본항목에서 다음 화면과 같이 '벤치마킹사이트' 텍스트 입력란을 추가해야 된다면 제목이 들어가는 부분에 '<p>벤치마킹 사이트 </br>' 식으로 표시하고, 필수 입력란인 경우에는 선택 박스를 체크한 후 우측 하단의 숏코드 값, 여기서는 [txt* tex-938]에 마우스를 드래그해서 숏코드 값을 복사합니다.

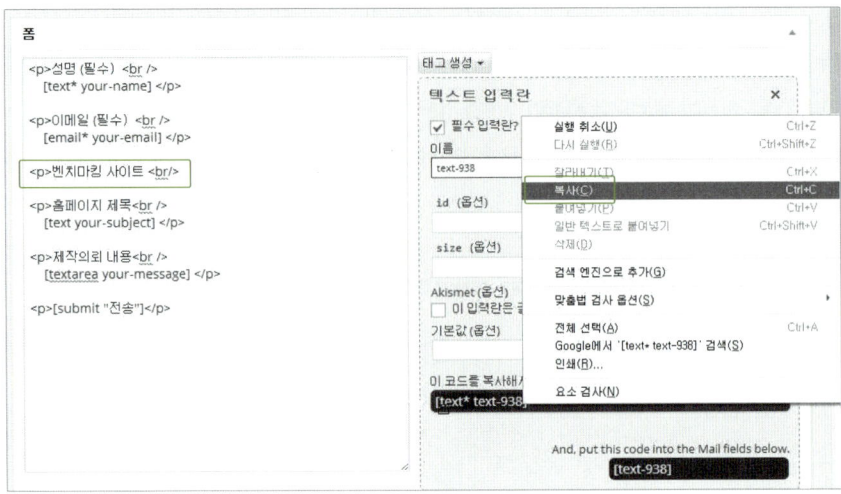

■ 그림 3-51 태그 생성해서 폼 추가하기

05 복사한 숏코드를 아래 화면 왼쪽 중간쯤에 있는 '〈p〉벤치마킹 사이트 〈/br〉' 아래에 붙여넣기를 합니다. 그리고 화면상단 우측 끝에 있는 [저장] 버튼을 클릭해서 저장하고 화면상단에 있는 전체 숏코드 값을 복사를 합니다.

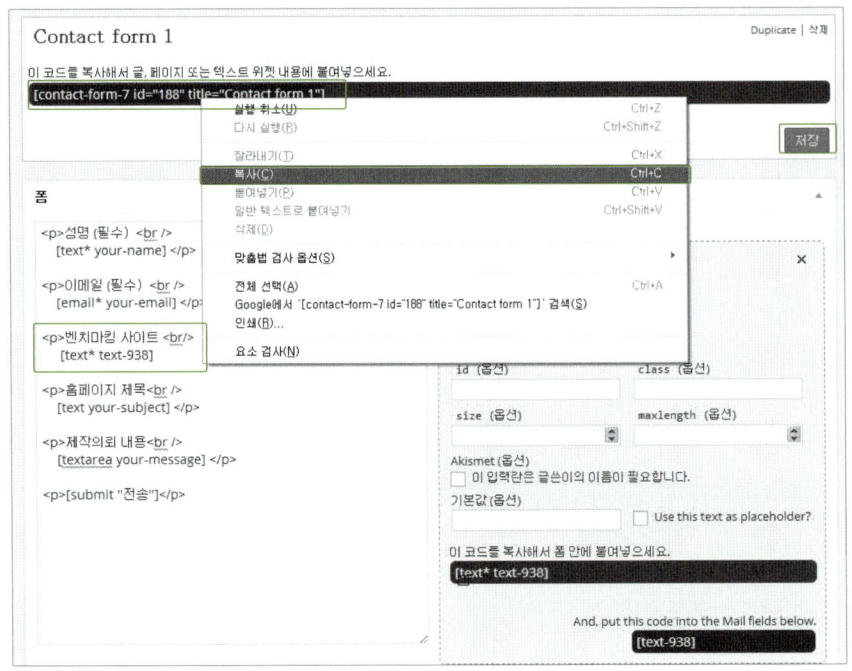

■ 그림 3-52 코드 값 복사해서 태그 완성하기

06 이제 완성한 숏코드를 복사한 다음 앞에서 만든 해당 제작문의 페이지로 이동해서 붙여 넣기합니다. 만약 여러분이 Contact Us 같은 형태의 페이지가 홈페이지 메뉴구조가 없다면 '문의하기' 등의 제목으로 페이지를 여기서 연습 삼아 만들어 보시기 바랍니다.

여기서는 제목을 '제작문의'라고 하고 바로 전에 복사한 숏코드를 글쓰기 편집기의 [비쥬얼] 영역에서 그대로 붙여넣기를 합니다. 그리고 아래 화면 우측하단의 템플릿 영역에서 'Contact Page Template'를 선택해서 마무리를 하고 [공개하기] 또는 [업데이트]를 해서 완성합니다.

■ 그림 3-53 Contact form 7 숏코드 페이지 본문에 붙여 넣기

07 완성한 후 페이지보기를 클릭하면 아래와 같이 Contact form이 완성된 것을 확인할 수 있습니다.

■ 그림 3-54 Contact form7 플러그인 실제 적용 화면

홈페이지 메인 슬라이드에 글 작성하기

attitude 테마에서 홈페이지 글 작성 영역은 메인 슬라이드에 적용되는 부분이므로 독자 여러분들은 메인 슬라이드에 들어가는 이미지를 잘 선정하는 것이 매우 중요합니다.

메인 슬라이드 이미지 사이즈 확인

이제부터는 홈페이지 글 작성을 해보도록 하겠습니다. 우선 attitude 테마의 메인 슬라이드는 글을 작성해야만 노출되기 때문에 메인 페이지에 노출하기 위한 3개의 글을 작성한 후 메인 슬라이드 3개를 생성시켜 보겠습니다.

단, 특성 이미지에 들어가는 메인 슬라이드 이미지 사이즈를 확인할 필요가 있습니다.

attitude 데모 페이지의 메인 이미지에 마우스를 갖다 대고 우측 버튼을 누르면 크롬 브라우저에서는 요소검사, 익스플로러에서는 사진정보 등을 통해 이미지 사이즈를 확인할 수 있습니다.

■ 그림 3-55 메인 이미지 사이즈 확인

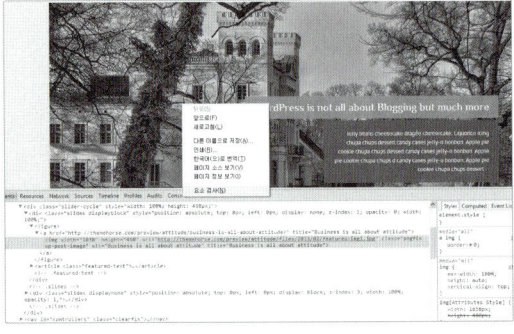

■ 그림 3-55 메인 이미지 사이즈 확인

글 작성하기

01 [글]-[새 글 쓰기] 메뉴를 선택한 후 제목과 내용을 작성하고 해당 카테고리를 모두 선택합니다. 다음에는 필요할 경우 태그를 넣고 layout를 선택합니다. 보통 글은 서브페이지에 들어가기 때문에 여기서는 'Right sidebar'를 선택합니다. 마지막으로 특성이미지를 삽입을 합니다. 여기서 주의할 점은 반드시 특성 이미지는 알씨나 포토샵 등의 프로그램을 이용해서 메인 이미지 사이즈를 '1038 x 460'로 맞춰야 합니다.

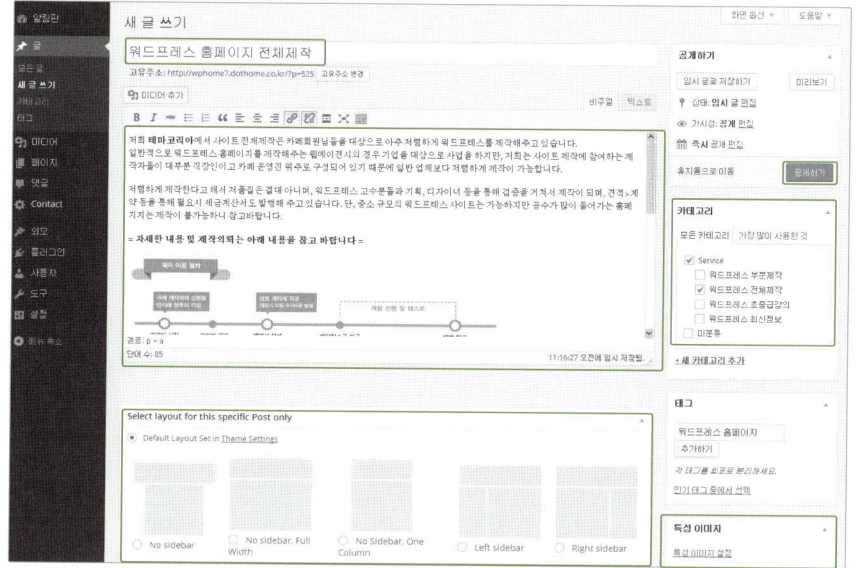

■ 그림 3-56 글 작성 화면

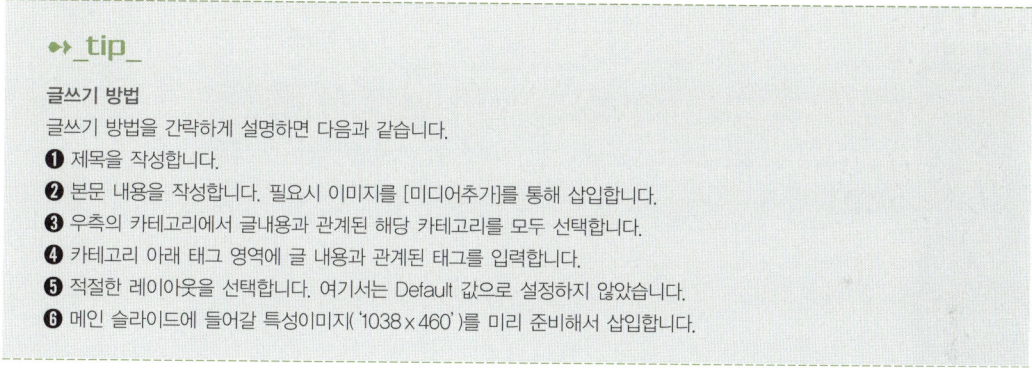

✦_tip_

글쓰기 방법

글쓰기 방법을 간략하게 설명하면 다음과 같습니다.

❶ 제목을 작성합니다.
❷ 본문 내용을 작성합니다. 필요시 이미지를 [미디어추가]를 통해 삽입합니다.
❸ 우측의 카테고리에서 글내용과 관계된 해당 카테고리를 모두 선택합니다.
❹ 카테고리 아래 태그 영역에 글 내용과 관계된 태그를 입력합니다.
❺ 적절한 레이아웃을 선택합니다. 여기서는 Default 값으로 설정하지 않았습니다.
❻ 메인 슬라이드에 들어갈 특성이미지('1038 x 460')를 미리 준비해서 삽입합니다.

02 글쓰기 방법의 순서대로 글 작성이 완성된 후 [공개하기]를 클릭합니다. 같은 방법으로 3개의 글을 모두 작성한 후 [글]-[모든 글] 메뉴를 클릭하면 다음 화면과 같이 현재까지 작업한 글 리스트를 확인할 수 있습니다. 글 목록에서 3개의 글 가장 뒤쪽에 보면 ID값이 있습니다. Attitude 테마에서는 이 ID값이 중요합니다. ID값을 가지고 잠시 후에 테마옵션에서 메인 슬라이드 노출될 글 ID값을 입력해야 되기 때문입니다.

참고로 ID 숫자값은 매번 달라질 수 있습니다.

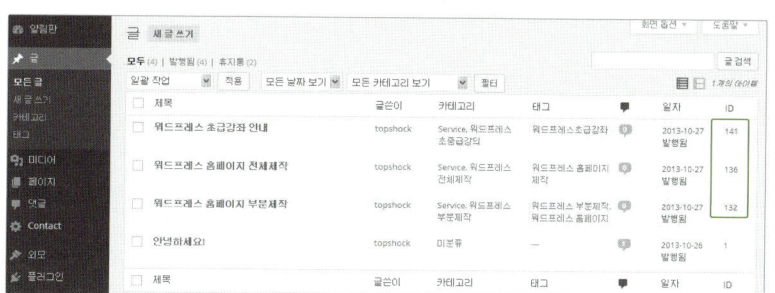

그림 3-57 3개의 글 작성 완료 후 글 목록 리스트 화면

Chapter 03 >>> Lesson 04

테마옵션 설정하기

테마옵션은 테마마다 다릅니다. attitude 테마는 무료 테마임에도 불구하고 옵션이 많은 비즈니스 테마입니다. 테마옵션 설정에서 누락하는 영역이 없도록 해야 합니다. 알림판에서 [외모]-[테마옵션] 메뉴를 선택하면 다음과 같은 화면이 나타납니다.

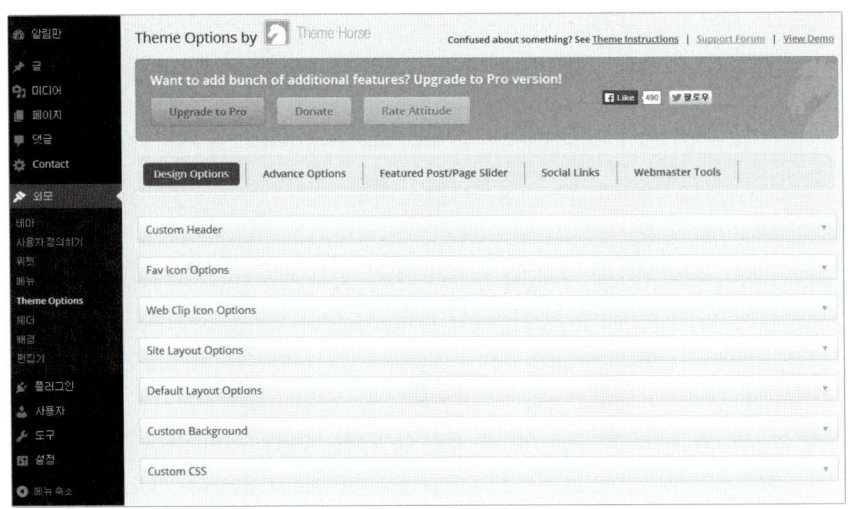

■ 그림 3- 58 attitude 테마의 테마옵션 실행 시 화면

로고 설정하기

일반적으로 워드프레스 로고는 png 파일 형식으로 만듭니다. 로고는 포토샵과 같은 그래픽 편집 프로그램을 이용해서 만들 수 있습니다.

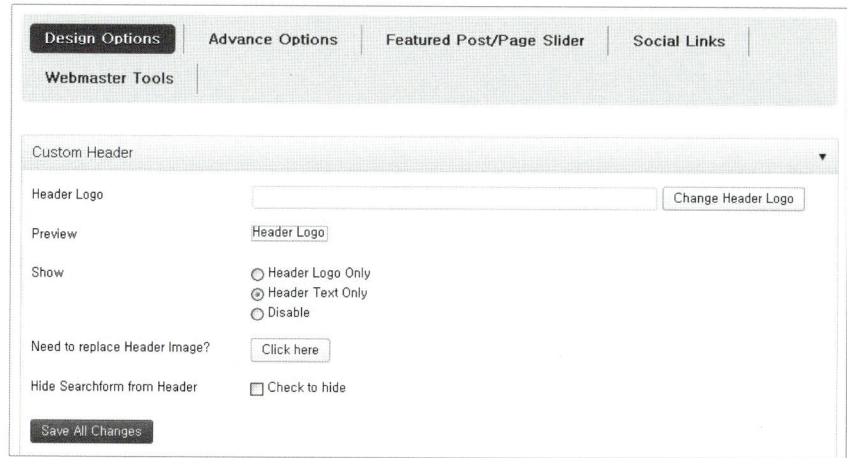

■ 그림 3-59 Design Options 초기화면

> **_tip_**
>
> **PNG 로고 만드는 방법**
> png 파일은 배경이 투명한 이미지 파일로서 만드는 방법은 워드프레스앤 사이트의 png_log 웹페이지 (http://www.wordpressn.com/png_logo/)의 내용을 참조합니다.

01 attitude 테마의 기본값이 위와 같이 'Header Text Only'로 되어 있는데, 로고 이미지로 변경해 보겠습니다. show 옵션의 'Head Logo Only' 라디오 버튼을 선택한 후 Header Logo에 있는 [Change Header Logo] 버튼을 클릭합니다.

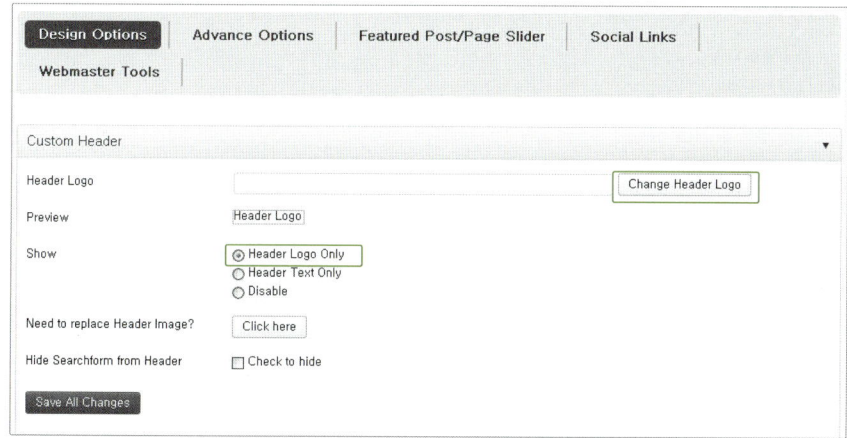

■ 림 3-60 테마옵션에서 Show값을 'Head Logo Only'로 변경했을 때 화면

Chapter 03_ 무료 테마로 회사 홈페이지 만들기 167

02 [파일을 선택하세요] 버튼을 클릭하여 미리 만든 사이트 로고(png 파일)을 선택하고 [열기] 버튼을 클릭하여 삽입합니다.

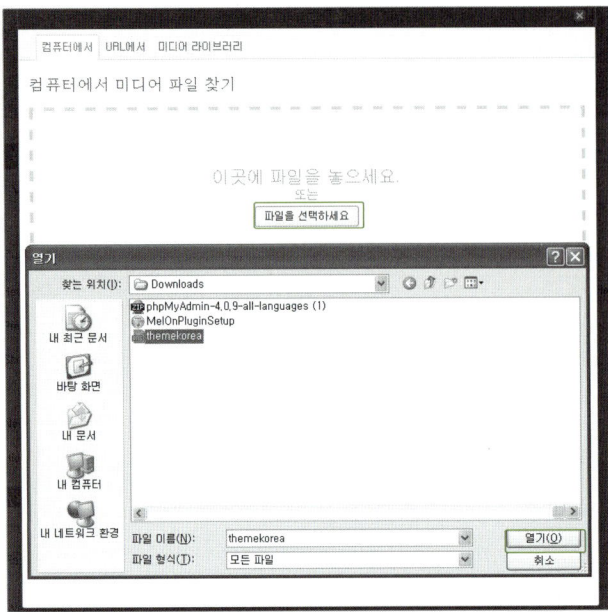

■ 그림 3-61 로고파일 선택해서 삽입하기

03 로고파일이 삽입되면 테마옵션의 화면이 아래와 같이 미리보기 형태로 보여집니다. 가장 아래의 [본문삽입] 버튼을 클릭해서 마무리하면 됩니다.

■ 그림 3-62 로고 삽입 후 로고 이미지에 대한 정보화면

04 가장 아래에 있는 [Save All Changes] 버튼을 클릭해서 저장합니다.

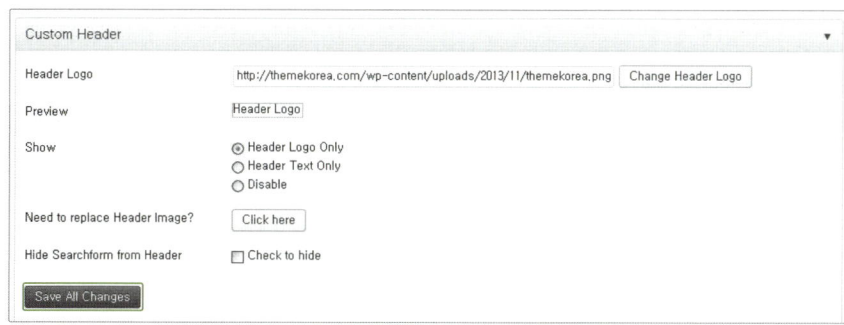
■ 그림 3-63 로그 삽입 완료 후 화면

05 메인화면을 보면 다음과 같이 실제로 로고가 잘 적용된 것을 확인할 수 있습니다. 로고 사이즈가 생각보다 크면 다시 알씨나 포토샵 등을 이용해서 적절한 사이즈로 줄여주면 됩니다. 파비콘은 사이트를 대표하는 작은 이미지(16*16 pixel) 삽입 방법은 로고 삽입과 동일합니다.

■ 그림 3- 64로고 삽입후 메인화면 보기

레이아웃 설정하기

Site Layout Options는 Narrow Layout이 기본값으로 설정되어 있습니다. 만약 Wide Layout으로 변경하려면 메인 슬라이드 이미지를 매우 큰 사이즈로 변경해야만 메인 이미지가 정상적으로 보일 수 있습니다.

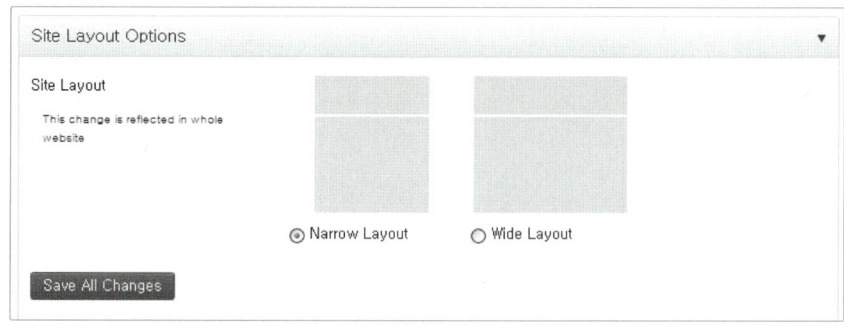
■ 그림 3-65 Site Layout 설정

Default Layout Options에서는 Default Layout값이 'NO Sidebar'로 되어 있습니다. 하지만, 일반적으로 서브 페이지에서는 우측 사이드바를 활용하는 경우가 많으므로 여기서는 'Right Sidebar'를 선택하도록 하겠습니다.

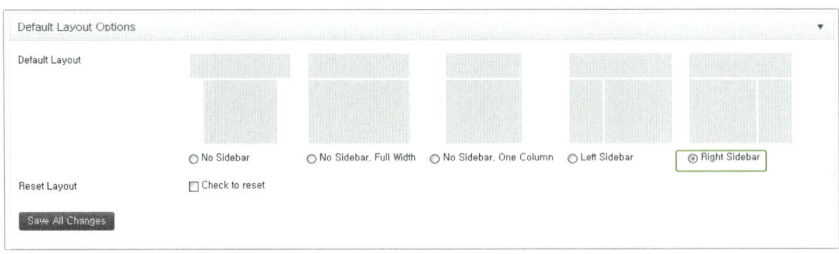

■ 그림 3-66 Default Layout Options

홈페이지 메인 슬로건 설정하기

홈페이지 메인 화면에 슬로건 글을 삽입하는 방법은 다음과 같습니다.

[외모]-[Theme Options] 메뉴를 선택한 후 [Advance Options]-[Home Slogan Options] 메뉴를 선택하면 다음과 같은 화면이 나타납니다. 슬로건 위치가 'Below Slider'로 체크되어 있는데, 만약 메인 슬라이드 위에 슬로건을 삽입하려면 'Alow Slider'를 체크하면 됩니다. 그리고 삽입할 슬로건을 'Home page Slogan' 박스에 내용을 작성하고, 작성이 완료되면 [Save All Changes] 버튼을 클릭해서 변경 값을 저장합니다. 단, 주의할 점은 슬로건 내용이 너무 길면 외관상 좋지 않으며, 한글보다 영어가 깔끔하게 보여집니다.

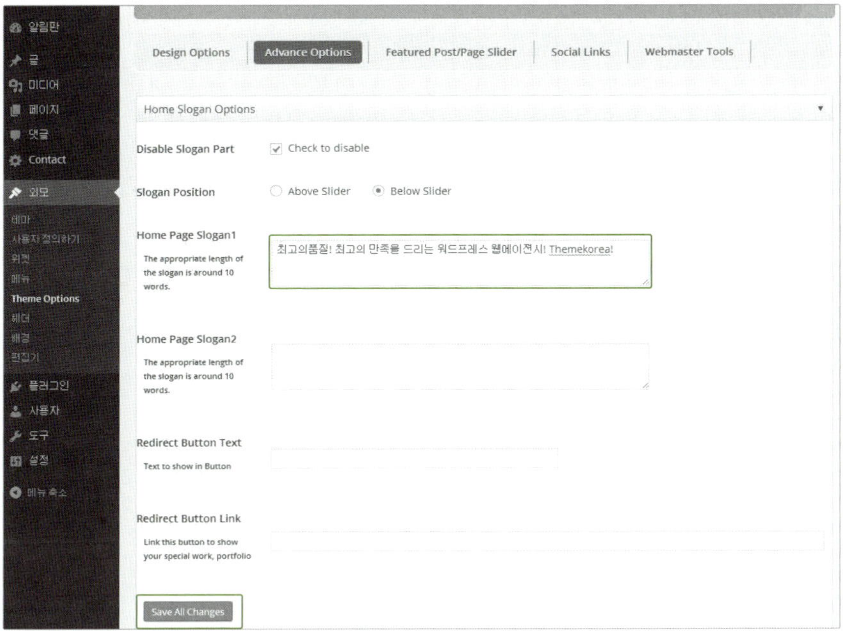

■ 그림 3-67 테마옵션에서 Home Slogan Options 설정하기

홈페이지 메인 슬라이드 옵션 설정하기

홈페이지 메인 슬라이드 옵션에서는 슬라이드 노출되는 개수를 조절할 수 있으며, 슬라이드 효과 그리고 속도를 조절할 수 있습니다. 여기서는 슬라이드 노출 개수를 3개로 지정하고 스피드와 효과는 기본값을 사용하도록 합니다. 만약, 여러분들이 슬라이드를 여러 개 보여주고 싶다면 'Number of Slider' 값을 수정 해 주어야 합니다.

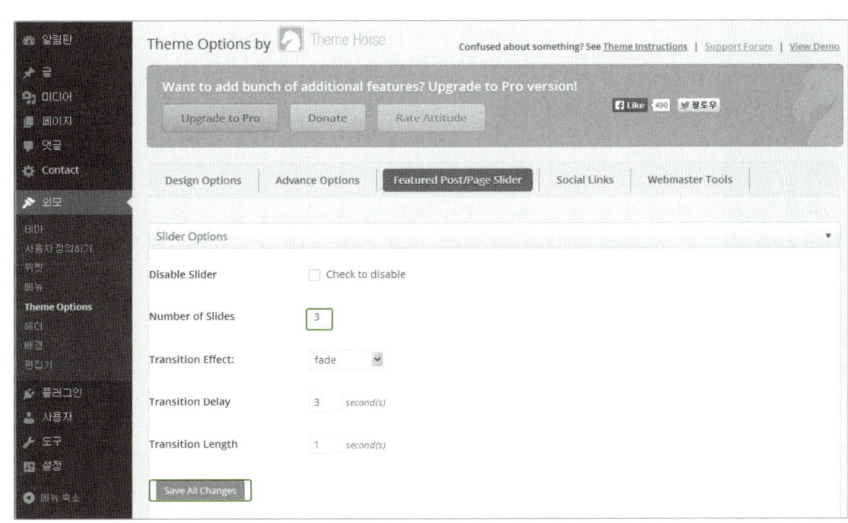

■ 그림 3-68 홈페이지 메인 슬라이드 옵션 설정 화면

홈페이지 메인 슬라이드 글/페이지 id값 설정

워드프레스는 테마마다 테마옵션 설정이 다릅니다. Attitude 테마는 메인 슬라이드에 나오는 글의 ID 값을 테마옵션에서 입력해야만 메인 슬라이드로 반영됩니다. 따라서 여기서는 글 또는 페이지의 ID숫자를 입력해 주어야 합니다.

먼저, 앞에서 글 작성 후 글 목록에 생긴 ID 숫자 값을 테마옵션에 그대로 적어 주겠습니다.

■ 그림 3-69 글 목록

여기서는 ID숫자 값이 132, 136, 141 이므로 'Featured Post/Page Slider Options' 에 동일한 값을 넣어주고 [Save All Changes] 버튼을 클릭해서 변경 값을 저장합니다.

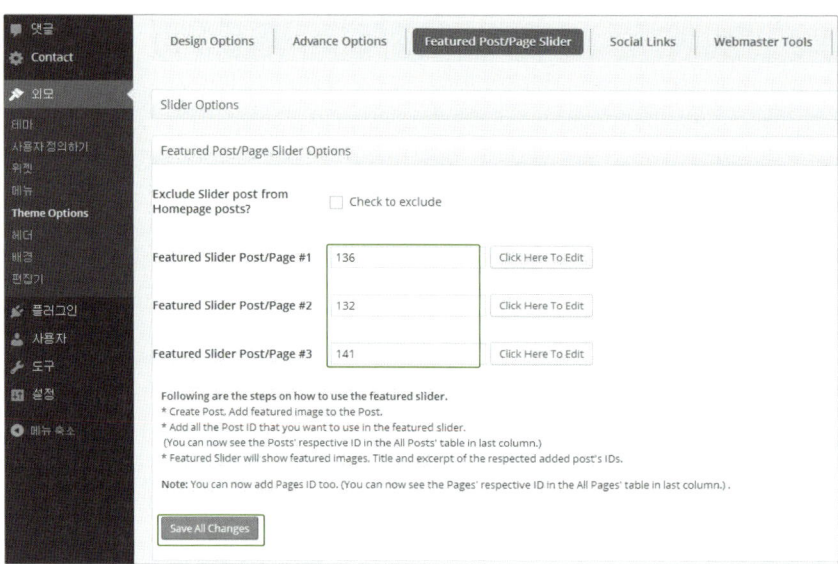

■ 그림 3-70 Featured Post/Page Slider Options 설정하기

소셜링크 설정하기

소셜링크(SocialLinks) 설정은 자신이 가지고 있는 소셜링크 서비스의 주소 값을 입력하고 [Save All Changes] 버튼을 클릭해서 변경 값을 저장하면 됩니다.

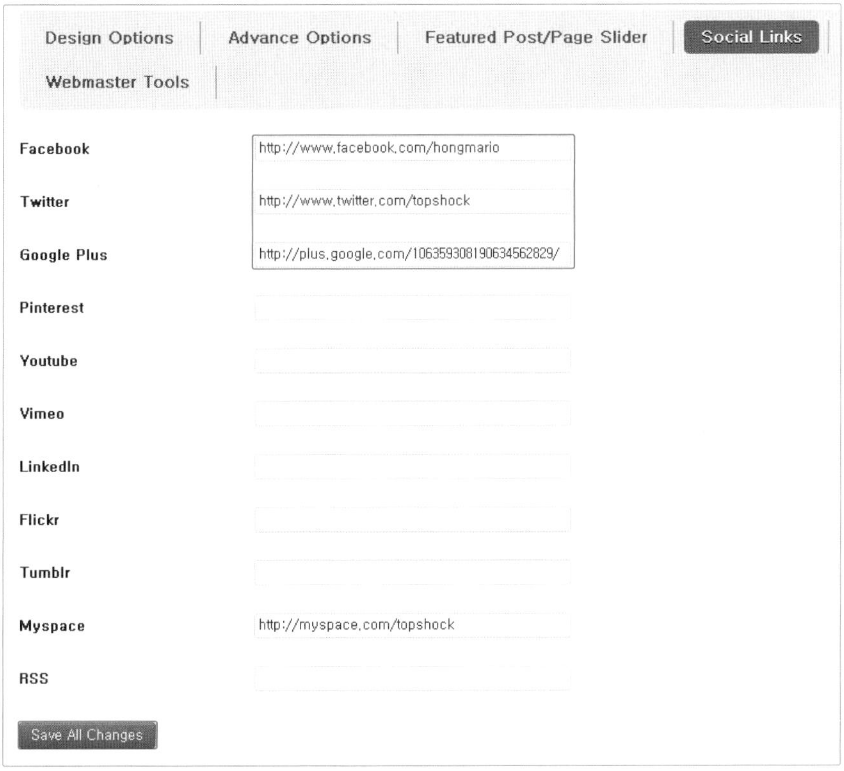

■ 그림 3-71 소셜링크 설정하기

이상으로 테마 옵션 설정은 완료 하였습니다. 이 밖에도 attitude 테마 옵션 설정에는 여러 기능들이 있으니 한번씩 적용해 보시기 바랍니다. 다음은 위 과정에서 설정한 사이드바 레이아웃 적용 시 사이드 공간에 배치할 것들에 대한 위젯에 대해 알아보도록 하겠습니다.

위젯 설정하기

비즈니스 테마인 attitude 테마에서 위젯 설정은 일반적인 워드프레스와 다르기 때문에 비즈니스 위젯 설정을 정확하게 해야만 사이트가 정상적으로 보입니다. 이제 회사 홈페이지 제작의 마지막 과정으로 위젯 설정이 남아있습니다. 알림판에서 [사이트보기]를 누르면 현재까지 작업한 상태를 확인할 수 있습니다.

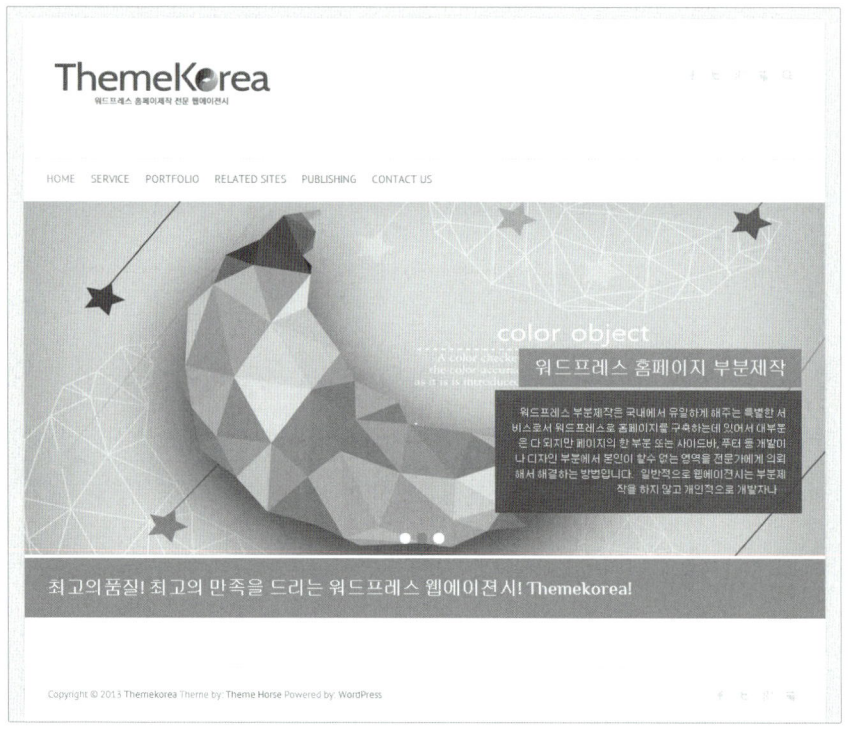

■ 그림 3-72 위젯을 설정하기 전 사이트 메인화면

01 [외모]-[위젯] 메뉴를 선택합니다. 워드프레스의 테마로 홈페이지를 만드는 경우 위젯영역에서는 항상 해당 테마에서 만든 위젯을 최대한 활용하는 것이 좋습니다. 여기서는 Attitude 테마의 제조사인 'Theme Horse'가 있는 위젯을 최대한 활용해 보겠습니다. 이전의 테마옵션 레이아웃에서 'Right sidebar'로 설정했기 때문에 다음 화면에서는 기본적으로 세팅되어 있는 'Left sidebar' 위젯을 변경해야 합니다.

■ 그림 3-73 attitude 테마의 위젯 초기 화면

Right sidebar 설정하기

먼저 필요한 위젯들을 'Right sidebar'에 이동하기 위해 'Left sidebar'에 있는 위젯들을 밖으로 빼고, 필요한 위젯들을 드래그 앤 드롭하여 'Right sidebar'로 이동시킵니다. 여기서는 최근 글, 최근 댓글, 카테고리, 태그 구름 위젯을 순서대로 배치했습니다.

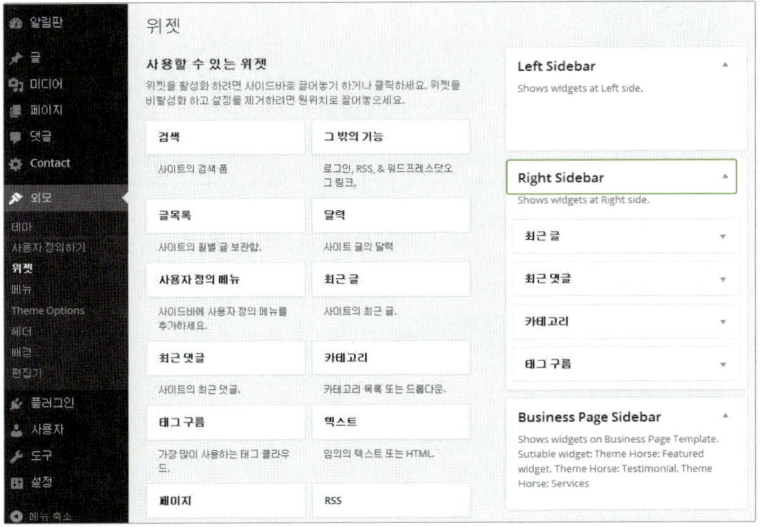

■ 그림 3-74 Right sidebar 위젯 설정 화면

비즈니스 페이지 사이드바 설정하기

이제 메인 페이지의 메인 슬라이드 아래에 들어가는 비즈니스 페이지를 설정하도록 하겠습니다. 먼저 'Business Page Sidebar' 배너 우측 끝에 있는 역삼각형 아이콘을 클릭하면 설명글이 나옵니다. 'Theme Horse' 관련 위젯을 사용하라고 나와있습니다.

■ 그림3-75 Business Page Sidebar

비즈니스 위젯을 옮기는 방법은 두가지 방법이 있습니다.

첫번째 방법은 'Theme Horse : Services' 위젯을 드래그 앤 드롭 방식을 이용해서 'Business Page Sidebar'로 이동시키는 방법이고, 두 번째 방법은 워드프레스 3.8버전부터 새롭게 적용된 방식으로 ''Theme Horse : Services'를 한번 클릭하면 아래 화면 처럼 사이드바 리스트가 보이고 여기서 선택이 가능하게 되어 있습니다.

01 [외모]-[위젯] 메뉴를 선택한 후 'Business Page Sidebar'를 선택하고 [위젯 추가] 버튼을 클릭합니다.

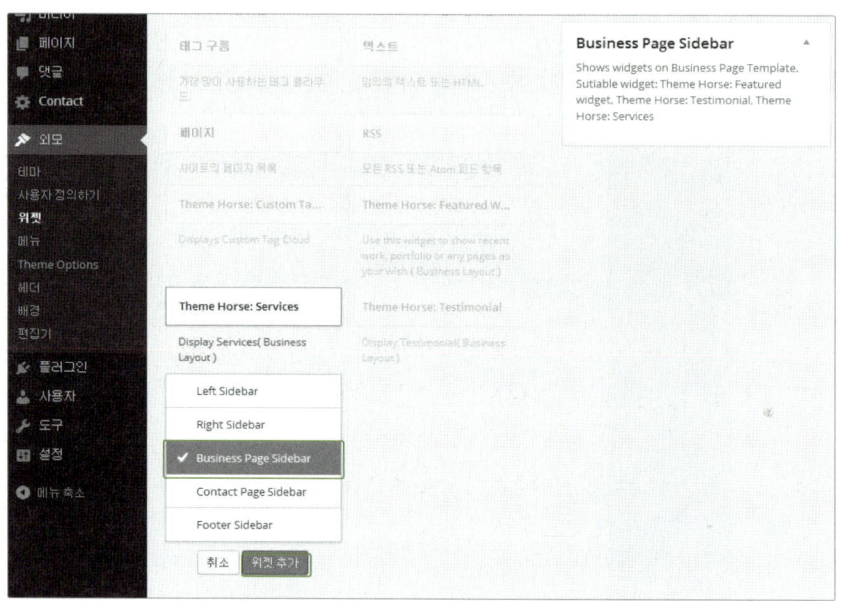

■ 그림 3-76 'Business Page Sidebar'에 Theme Horse 위젯 두 개를 옮기는 화면

02 'Theme Horse : Services'의 '▼'를 선택해서 메인 슬라이드 아래에 표시할 홍보 문구 페이지를 선택한 후 [저장하기] 버튼을 클릭합니다. 위젯에서는 초기 설정값을 변경한 경우에는 반드시 저장을 해야 반영이 됩니다.

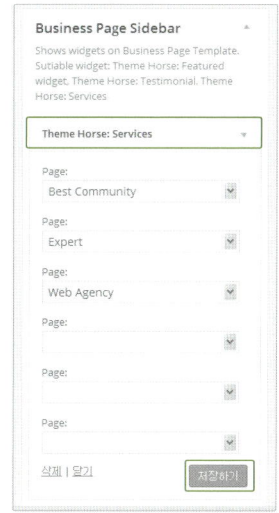

■ 그림 3-77 'Theme Horse : Services'에서 페이지 설정 후 화면

03 'Theme Horse : Featured Widget'을 앞의 'Theme Horse : Services' 위젯처럼 드래그 앤 드롭 또는 바 클릭 후 사이드 선택해서 'Theme Horse : Services' 아래 영역에 옮깁니다. 메인화면에 노출시킬 제목과 설명글을 간단히 작성하고 해당 페이지를 선택한 후 [저장하기] 버튼을 클릭해서 완성합니다.

여기서는 사이트 제작 업체로 만들었기 때문에 제목을 'Porfolio'로 하고 Description(설명글)을 관련된 내용으로 입력했습니다. 앞에서도 설명했지만, 여기서는 회사의 성격에 따라 다르게 표시될 수 있습니다. 가령 회사 제품소개를 한다면 '제품소개'나 'Product'가 될 것입니다.

■ 그림 3-78 'Theme Horse : Featured Widget' 설정하기

> **_tip_**
>
> 참고로 위젯 중 'Theme Horse : Testimonial'은 추천서이고, ''Theme Horse : Custom Tag Cloud'는 태그 구름입니다. 하지만 메인화면에 노출시켰을 때 한글일 경우 깔끔하지 않아서 생략하도록 하겠습니다.
>
> ■ 그림 3-79 attitude 데모 페이지에서 추천서 영역

푸터 설정하기

푸터 설정은 워드프레스 홈페이지 만들기에서 가장 마지막 부분입니다. 일반적으로 워드프레스는 3단 또는 4단 구성을 많이 사용하고 있습니다. 국내 홈페이지 제작 시 3~4단으로 구성하지 않고 단순하게 copyright와 주소, 회사 전화번호, 개인보호정책 등을 입력하여 사용합니다.

비즈니스 테마들은 정적인 홈페이지이기 때문에 푸터의 처음에는 [최근글], 두 번째는 [Theme Horse : Custom Tag Cloud]를 넣었습니다. 그리고 마지막에는 텍스트를 넣어서 텍스트 값에 아래와 같이 태그를 적용해서 [저장하기] 버튼을 클릭해서 푸터 위젯을 완성하였습니다. 독자 여러분들은 여러분들이 원하는 위젯을 각각 다르게 배치할 수 있습니다. 참고로 태그에서
은 한칸 띄워쓰기 그리고 <a hrer>/</a>는 링크 url 값 태그입니다.

이제 attitude의 모든 설정이 완료되었습니다.

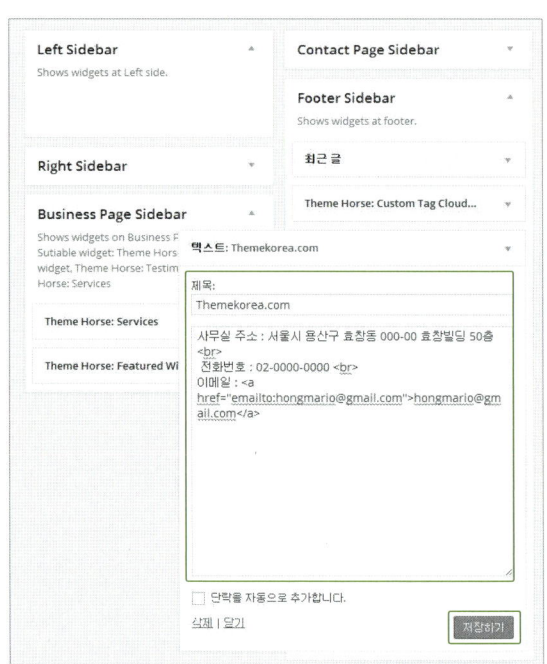

■ 그림 3-80 푸터 위젯 설정하기

사이트 확인하기

워드프레스에서 모든 설정이 다 끝났더라도 실제 사이트에서 누락된 부분이 있거나 이상하게 보이면 안되기 때문에 반드시 사이트 확인이 필요합니다. 확인 후 부족한 부분은 알림판에서 바로 수정을 해야 합니다.

사이트 메인 및 서브 화면 확인하기

알림판에서 [사이트보기]를 선택하거나 사이트 url값을 주소창에 입력해서 사이트를 확인해 보겠습니다. 다음 화면은 모니터 사이즈와 웹 브라우저에 따라 조금씩 다르게 보일 수 있습니다.

다음 화면을 보면 로고 부분과 메뉴 부분 그리고 메인 슬라이드는 3개의 메인 슬라이드가 보여지고 슬라이드 아래에 슬로건이 보이며, 그 아래 비즈니스 위젯에서 정한 홍보문구 페이지 영역, 그리고 마지막으로 썸네일 이미지가 들어가는 페이지가 보여집니다. 푸터 영역에서는 푸터 위젯에서 설정한 내용을 그대로 보여줍니다.

■ 그림 3-81 완성된 사이트 메인 화면 보기

다음은 서브 화면입니다. 서브 화면은 테마옵션의 레이아웃에서 'Right Sidebar'로 정했기 때문에 다음 화면처럼 보입니다. 본문영역이 보이고 우측 사이드바에서는 위젯에서 설정한 상태로 보여줍니다.

■ 그림 3-83 완성된 사이트 서브 화면 보기

이제 추가적으로 각 메뉴 별로 내용을 작성하고 필요할 경우 적절하게 플러그인을 삽입하는 것은 여러분들의 몫입니다.

나눔고딕 한글폰트 사이트에 적용하기

사이트를 완성을 했는데 뭔가 5% 정도 부족한 것 같습니다. 바로 한글폰트입니다.
한글폰트 중 나눔 고딕 폰트는 네이버에서 만든 폰트로서 일반적인 홈페이지에서 무료로 이용이 가능한 폰트입니다.

워드프레스에서 한글을 적용하는 방법은 일반적으로 알림판에서 [외모]-[편집기] 메뉴를 선택한 후 소스를 수정하거나 FTP에 접속해서 적용 등 다양 방법들이 있지만, 가장 손쉬운 방법은 플러그인을 이용하는 방법입니다.

국내 최대의 워드프레스 커뮤니티인 '워드프레스홈페이지' 네이버 카페의 '오터넷' 님이 개발한 한글폰트 적용 플러그인을 이용하는 방법입니다. 이 한글폰트 플러그인을 이용하려면 카페에 가입해야 합니다.

01 워드프레스홈페이지 카페(http://cafe.naver.com/wphome)에 회원 가입합니다.

■ 그림 3-84 워드프레스홈페이지 카페 메인 화면

02 카페 메인화면에서 '워드프레스 인기 TIP 모음' 게시판의 '아주 쉽게 한방에 한글폰트 적용하는 방법' 클릭 또는 http://cafe.naver.com/wphome/8389 접속한 후 게시판으로 이동합니다.

■ 그림 3-85 워드프레스홈페이지 카페 인기 TIP 모음 섹션

03 해당 게시물의 첨부파일을 다운로드 받습니다. 게시판 우측상단에 있는 첨부파일을 클릭하면 해당 파일이 보여집니다. 이때 'kr_fontloader.zip' 파일의 [내pc저장] 버튼을 클릭해서 저장합니다.

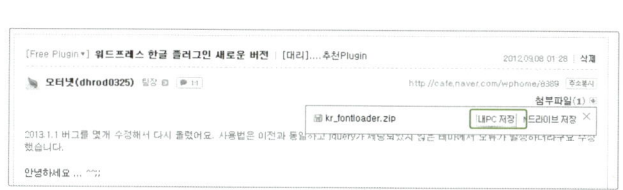
■ 그림 3-86 오터넷님이 개발한 한글 플러그인 다운받기1

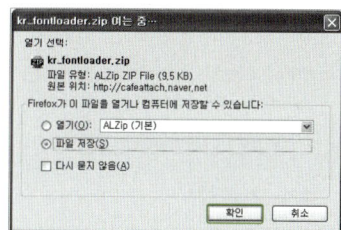
■ 그림 3-87 오터넷님이 개발한 한글 플러그인 다운받기2

04 알림판에서 [플러그인]-[플러그인 추가] 메뉴를 선택한 후 [업로드]를 선택하고 바로 전에 다운로드 받은 파일경로를 찾아서 파일을 추가를 하고 [지금 설치하기] 버튼을 클릭하여 플러그인을 설치합니다.

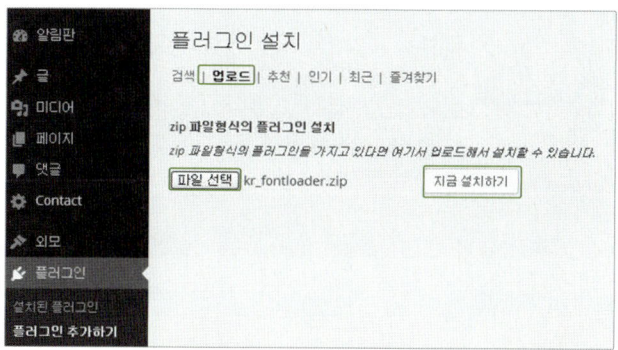
■ 그림 3-88 kr_fontloader 플러그인 설치하기

05 [활성화]를 클릭하여 플러그인 설치를 완성합니다. [알림판] 바로 아래에 [한글폰트설정]이라는 메뉴가 생기고, 이 메뉴를 클릭하면 다음과 같이 보입니다.

■ 그림3-89 kr_fontloader 플러그인 설치 완료

06 이제 실제로 사이트에서 어떻게 보이는지 확인해 보겠습니다. 오터넷님이 개발한 한글폰트의 경우 다음 화면에서 보듯이 메인 화면에서는 슬로건을 제외하고는 대부분 적용됩니다.

■ 그림 3-90 한글폰트 적용 후 메인 화면에서 나눔고딕으로 변경된 화면

07 서브 화면에서는 사이드바 제목과 본문의 댓글 남기기를 제외하고는 모든 부분에 제대로 적용되는 것을 알 수 있습니다.

Krfontloader 플러그인을 타 테마에 적용할 경우 일부 제한적으로 적용되는 경우가 있으니 반드시 확인해 보기 바랍니다. 참고로 사이드바 제목과 홈페이지 메인 슬로건은 나눔고딕 폰트가 적용이 되지 않습니다. 두 영역 역시 나눔고딕을 적용하기 위해서는 소스수정이나 CSS 등으로 한글폰트를 수정해야 가능합니다.

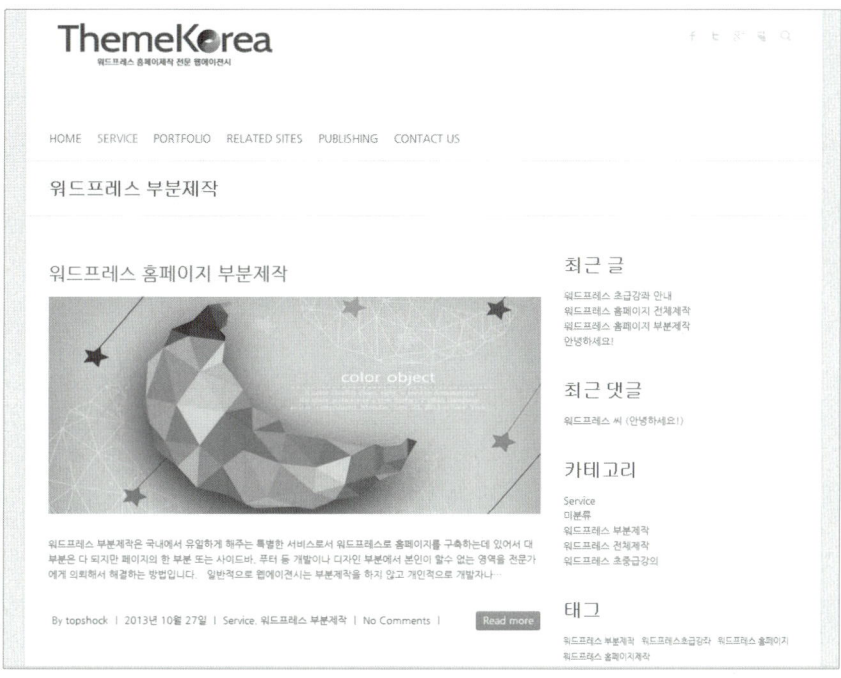

■ 그림3-91 한글폰트 적용 후 서브 화면

이 장은 워드프레스 유료 테마 중에서 가장 인기가 많은 Avada 테마를 이용하여 중소기업에 적합한 회사 홈페이지를 만들어 보겠습니다. 유료 테마의 장점은 무료 테마와는 다르게 다양한 기능을 갖춘 플러그인과 위젯들을 기본적으로 제공합니다. 테마에서 보여 주는 데모 페이지와 유사하게 만들 수 있는 더미(dummy) 파일을 제공하거나 다양한 팁을 제공하는 등 많은 기능을 제공하기 때문에 워드프레스로 홈페이지를 만들려는 대부분의 중소기업들은 무료 테마보다는 비즈니스형 유료 테마를 선호합니다.

워드프레스
실전 사이트 제작북

중소기업 회사 홈페이지 만들기

Chapter 04

- **Lesson 01** 유료 테마 선정하기
- **Lesson 02** Avada 테마 다운로드 및 설치하기
- **Lesson 03** Dummy 파일 가져오기 & 관련 플러그인 설치하기
- **Lesson 04** 회사 홈페이지 메뉴 구조도와 기본 설정하기
- **Lesson 05** 페이지 만들기
- **Lesson 06** 홈페이지 컨텐츠 만들기
- **Lesson 07** 포트폴리오 컨텐츠 만들기
- **Lesson 08** 메뉴 만들기
- **Lesson 09** 테마옵션 설정하기

Chapter 04　　　Lesson 01

유료 테마 선정하기

우리가 인터넷 쇼핑을 할 때 수많은 판매자들의 상품들이 모여있는 G마켓, 11번가 같은 오픈마켓을 이용하듯이 수많은 워드프레스 유료 테마들을 판매하는 대표 사이트가 있는데, 테마포레스트(www.themeforest.net)가 바로 그 곳입니다. 수많은 개발자들이 직접 개발한 테마와 플러그인 등을 등록하면 테마포레스트는 중계 수수료를 받는 방식으로 운영되는 전세계 최대 규모의 워드프레스 유료 테마 사이트입니다.

01 테마포레스트 사이트(www.themeforest.net)에 접속한 후 [wordpress]-[popular Items] 메뉴를 클릭하면 지난주에 가장 많이 판매된 테마를 순위별로 보여줍니다.

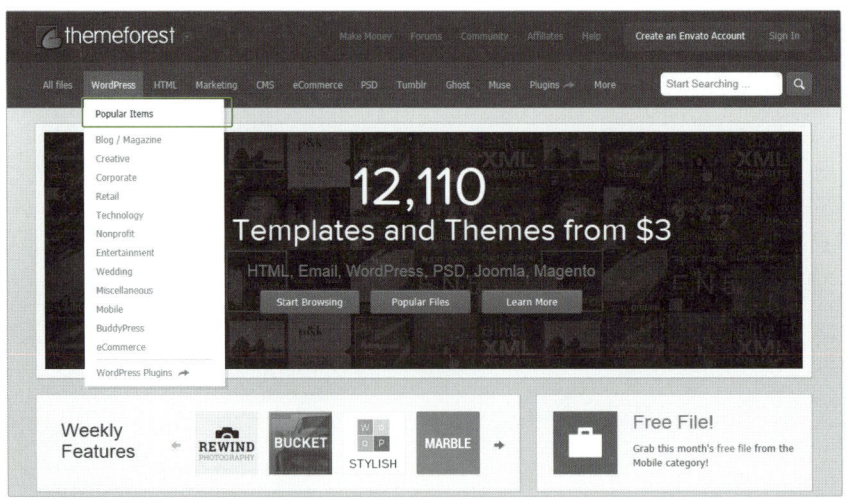

■ 그림 4-1 themeforest 메인화면 (Popular items 박스처리)

02 Avada 테마가 1위로 랭크되어 있고 그 아래 판매순으로 나열된 것을 볼 수 있습니다. 이 장에서 실습으로 사용할 Avada 테마는 약 1년 이상 themeforest에서 1위 자리를 유지한 최고의 인기 테마입니다.

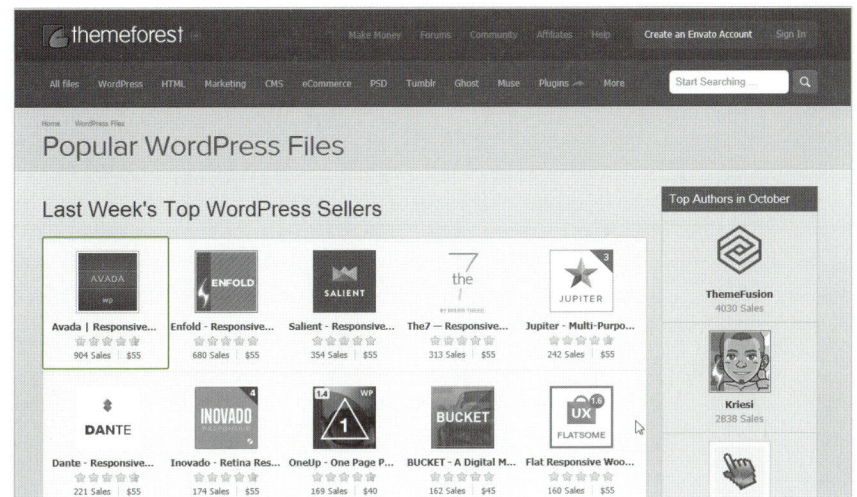

■ 그림 4-2 themeforest 지난주 탑 테마

Avada 테마 살펴보기

Avada 테마가 인기가 많은 이유는 일반 회사 홈페이지뿐만 아니라 포트폴리오 홈페이지, 개인 블로그 등 다양한 형태로 레이아웃 구성이 가능하고, 다양한 기능을 가지고 있는 유료 플러그인들을 여러 개 보유하고 있기 때문입니다. 다시 말해 가격대비 성능이 매우 우수한 테마라는 큰 장점이 있기 때문에 꾸준한 인기를 유지할 수 있는 것입니다. 하지만, 기능이 워낙 많이 제공되다 보니 어떤 기능을 어떻게 구현해야 할지 적용하기가 어렵습니다. 즉, 테마를 사용하기가 어렵다는 단점이 있습니다.

Avada 테마의 상세정보를 미리 볼 수 있는 Avada 테마 메인화면(http://goo.gl/c9PXP9)입니다. Live Preview, Screenshots, FAQs, Comments, Support Guide, Support Forum, 테마 소개, 테마의 특징, 최근 업데이트 일자, 테마 요구사항, 업데이트 로그, 가격, 구매건수, 코멘트건수, 평가지수, 공유항목, 저자 정보, 호환 브라우저 등을 확인할 수 있습니다.

Avada 테마는 모바일 및 PC의 화면 크기에 따라 반응하는 반응형 테마로 제이쿼리(JQURY)를 이용한 슬라이드 플러그인 및 무수히 많은 숏코드들을 제공하는 테마입니다.

> **•• _tip_**
>
> **JQURY란?**
> JQuery는 자바스크립트 라이브러리이며, 자바스크립트를 좀 더 쉽고 직관적으로 사용할 수 있도록 하기 위해 만들어 졌습니다. JQuery는 "가볍다"는 장점과 쉬운 프로그래밍을 제공한다는 점에서 웹 개발에서 많이 사용되고 있습니다. 아무리 좋은 라이브러리라도 로딩시간이 오래 걸리게 되면 좋은 라이브러리가 될 수 없습니다.
> 그리고 워드프레스가 기본적으로 웹표준화를 준수하기 때문에 메인 슬라이드 부분에서 플래시는 사용하지 않고 JQURY를 지원하고 있습니다.

> **•• _tip_**
>
> **숏코드(ShortCode)란?**
> 긴 문장을 간단한 명칭으로 대체하는데 사용되는 코드로 [content_boxes] [title]과 같은 짧은 코드들을 페이지 및 글 중간에 삽입하여 사용하게 됩니다. 이러한 숏코드들은 테마에서 숏코드에 대한 기능 함수들을 정의해 놓고 짧은 코드만을 이용하여 그 함수를 불러올 수 있도록 하는 역할을 합니다.

Avada 테마의 수많은 기능들은 홈페이지를 편리하고 쉽게 만드는데 유용할 수 있지만 너무 많은 기능들이 제공되어 어렵게 느낄 수도 있습니다. 이러한 단점을 해결하기 위해 Dummy 파일을 제공하여 사용자들이 데모 페이지와 동일한 형태로 홈페이지를 만들 수 있도록 지원하고 있습니다.

Avada 테마의 데모 사이트로 이동하여 살펴보도록 하겠습니다.

01 Avada 테마 사이트에서 [Live Preview]를 클릭하여 데모 사이트로 이동합니다.

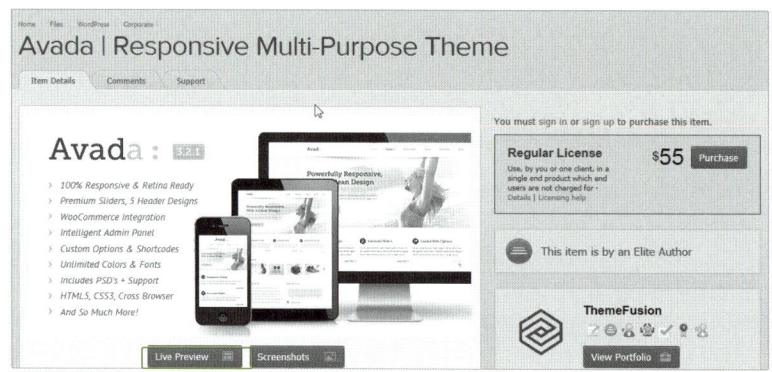

■ 그림 4-3 Avada 테마 사이트

Avada 테마의 데모 사이트는 Avada 테마에서 제공되는 모든 기능들이 표시되어 있는 곳입니다. 테마를 구매하기 전에 데모 사이트를 자세히 확인한 후 테마를 구매해야 테마 구매에 있어서 실수를 줄일 수 있습니다. 데모 사이트에 접속하여 보여지는 첫 페이지에서는 회사 홈페이지 형식의 페이지로 JQuery를 이용한 메인이미지 슬라이드영역과 포트폴리오 영역이 모두 표현이 되어 있는 페이지입니다.

그리고 오른쪽 사이드에는 Style Selector라는 부분이 있습니다. 이 부분은 홈페이지의 스타일을 바꿔 가며 확인할 수 있는 옵션 부분입니다. Layout 부분에서는 홈페이지를 Wide 형으로 할 것인지 Box형으로 할 것인지 선택이 가능하며 전체 배경색에 대해서도 Light와 Dark 중 선택하여 전체적인 배경에 대해서도 수정을 할 수도 있습니다. 이 밖에도 테마 구매 시 제공되는 Dummy 파일의 페이지들도 확인할 수 있습니다.

■ Avada 4-4 테마 데모 사이트

데모 사이트의 메뉴를 클릭하면 많은 하위 메뉴들이 보입니다. 이 부분들은 테마를 구매 했을 때 제공되는 Dummy 파일의 페이지들 입니다. 이 부분들을 꼼꼼하게 확인하면 직접 홈페이지를 만들 때 사용할 메인 페이지 또는 서브 페이지들의 여러 형태들을 미리 확인하고 지정할 수 있어 홈페이지 완성에 있어 좀더 빠르고 쉽게 만들 수 있습니다.

■ 그림 4-5 데모 사이트 메뉴 화면

Avada theme 구입하기

Avada 테마를 사용하여서 홈페이지를 만들기 위해서는 유료 테마를 구입해야 합니다. 2013년 12월 현재 $55인 Avada 테마를 실습으로 사용하기엔 너무 비싼 비용이라고 생각할 수 있을 겁니다. 하지만, 일반적으로 홈페이지 구축하는데 업체에 맡기면 최소 수백만원 이상인 것을 감안하면 저렴하게 여러분들이 직접 홈페이지를 구축할 수 있고, Avada 테마가 타 테마에 비해 다양한 기능을 가지고 있어서 홈페이지 운영 중 느낌이 다른 홈페이지를 만들 수 있는 장점이 있습니다.

워드프레스의 유료 테마의 라이선스는 우리가 흔히 사용하고 있는 한글정품, MS Office 정품을 사용하는 것과 같은 것으로 아는 지인들을 통해서 설치를 해도 이용 하는데는 무리가 없지만, 실제로 여러분들의 홈페이지를 구축한다면 반드시 정품을 구입해서 라이선스 키를 가지고 있어야 합니다.

Themeforest 가입하기

Themeforest의 테마를 구입하기 위해서는 우선 Themeforest 사이트에 회원가입이 되어 있어야 합니다.

01 테마를 처음 구입하는 경우에는 Themeforest 사이트(http://themeforest.net)에 접속한 후 회원가입하기 위해 메인화면 상단 오른쪽 부분의 [Create an Envato Account]를 클릭합니다. 다음과 같은 계정을 만들 수 있는 페이지로 이동합니다.

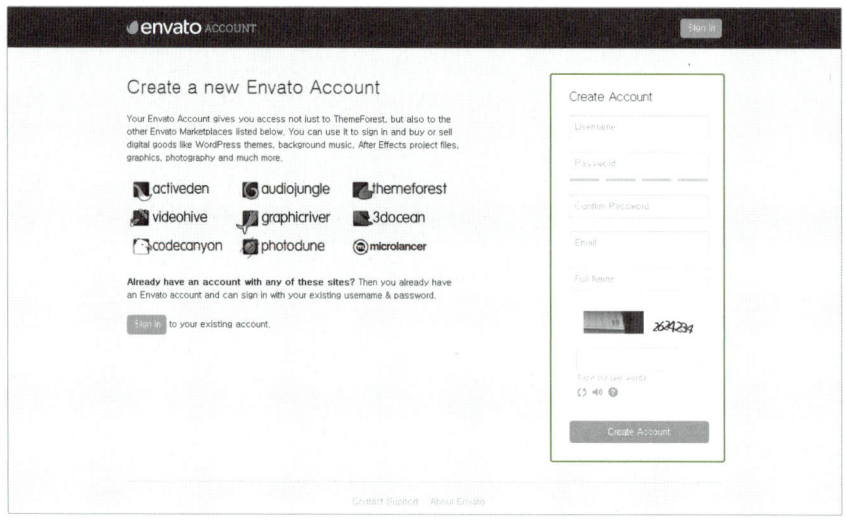

■ 그림 4-6 Themeforest 사이트 회원가입 화면

02 회원가입 폼에서는 아래의 해당항목 내용을 입력한 후 [Create Account] 버튼을 클릭합니다.
- Username : 사용자 아이디(사용자명이 아니고 웹사이트 회원가입 시 입력하는 회원 아이디입니다.)
- Password : 비밀번호 안전도(Weak, Acceptable, Good, Great! 단계별로 확인할 수 있습니다.)
- Confirm Password : 비밀번호 재확인
- Your email : 사용할 이메일(입력한 이메일로 회원가입 인증을 합니다.)
- Full name : 사용자 이름(공백 ' '으로 구분하여 사용자 이름을 입력합니다.)

03 위의 메일정보 입력란에 입력한 메일주소로 인증메일을 보냈다는 메시지가 나타납니다.

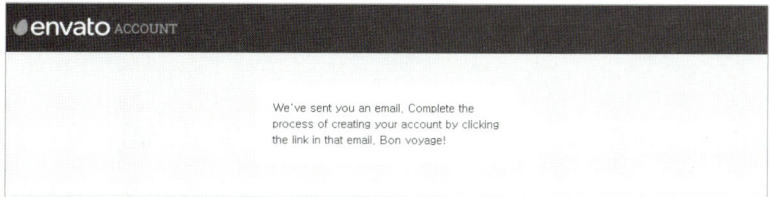

■ 그림 4-7 회원가입 승인 절차 확인 메일 발송

04 받은 메일함에 Envato Account로부터 확인 메일이 도착된 것을 확인할 수 있습니다. 메일 내용을 보면 계정이 정확한지 여부를 확인 후에 파란색 링크 부분을 클릭하라는 내용입니다. 파란색 링크 부분을 클릭하면 Themeforest 사이트로 이동하게 됩니다.

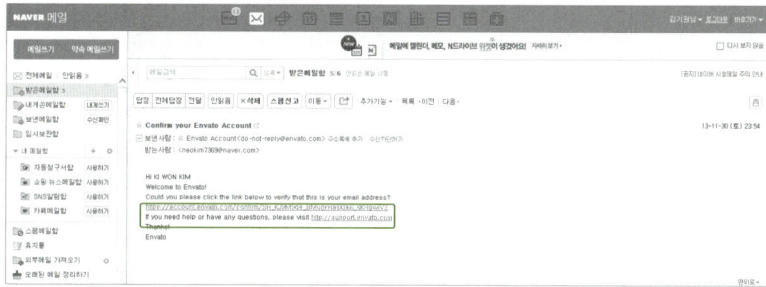

■ 그림 4-8 인증메일 확인

05 Themeforest 사이트 이용을 위한 약관에 동의를 하고 하단의 추가 정보에 대해 수신을 할지 여부를 선택 후 [All good, let's go!] 버튼을 클릭하여 회원가입 절차를 마무리합니다.

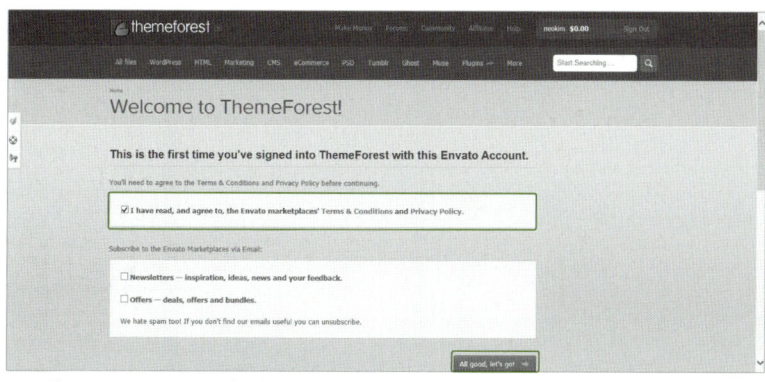

■ 그림 4-9 Themeforest 사이트 추가 정보 입력

구매하기

Themeforest 사이트에 회원가입이 완료되었으면 이제는 테마를 구매해 보겠습니다.

01 Themeforest 사이트(http://themeforest.net)에 로그인 후 Avada 테마 기능 및 금액 화면을 확인한 후 [Purchase] 구매하기 버튼을 클릭하면 테마를 구매하기 위한 두 가지 결제방식이 보입니다.

'Buy with Prepaid Credit'는 기존의 예치된 금액이 있을 경우 구매하는 방식이고, 'Buy Now'는 예치된 금액이 없는 경우의 결제 방식입니다. 단 외국 사이트기 때문에 PayPal, VISA, AMEX, MASTER 카드로만 결제가 가능합니다. Prepaid Credit가 없기 때문에 [Buy Now]를 클릭하여 바로 구매하여 보도록 하겠습니다.

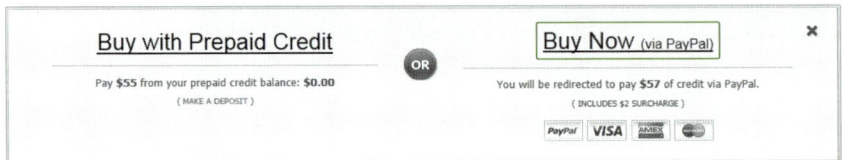

■ 그림 4-10 테마 구매 결제방식

02 국가(Country)는 South Korea를 선택합니다. 카드 번호, 카드 유효기간, CSC, 성명, 주소, 연락처, 이메일 등 테마 구매에 필요한 정보를 입력 후 [Pay] 버튼을 클릭합니다. 카드에 대한 정보를 기입하여 세금 부분과 테마 구매 비용을 결제하면 테마를 다운로드 받을 수 있습니다. AVADA 테마 구매가 완료되었습니다.

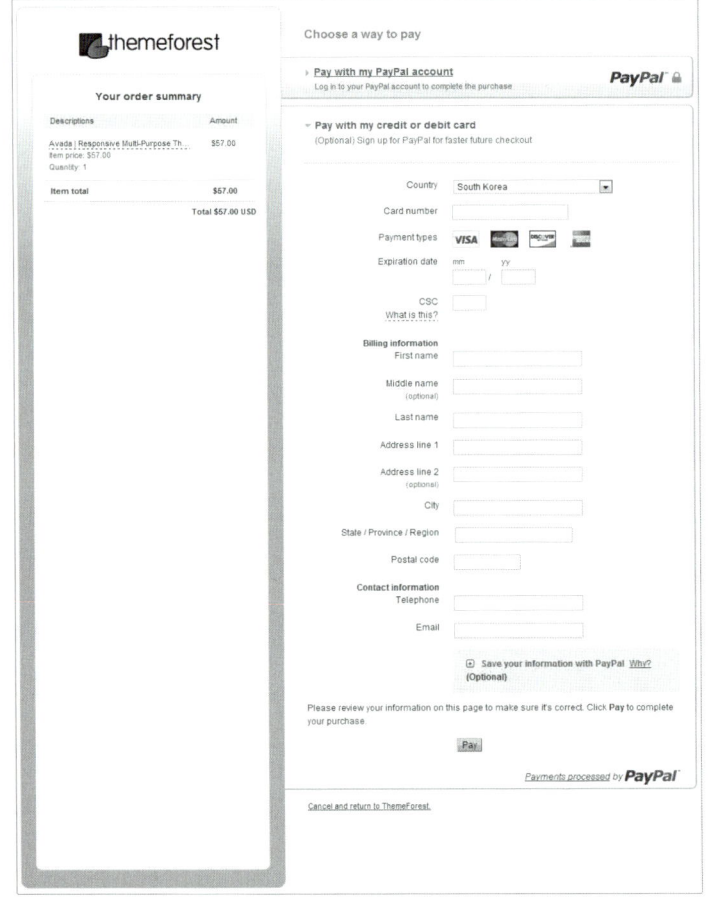

■ 그림 4-11 PayPal 테마 결제 화면

Avada 테마 다운로드 및 설치하기

Avada 테마를 다운로드 받은 후 회사 홈페이지를 만들어 보겠습니다.

테마 다운받기

01 Themeforest 사이트(http://themeforest.net)에 로그인 후 자신의 아이디에 마우스를 위치시키면 하위 메뉴들이 보이고 여기서 [Downloads] 메뉴를 클릭합니다.

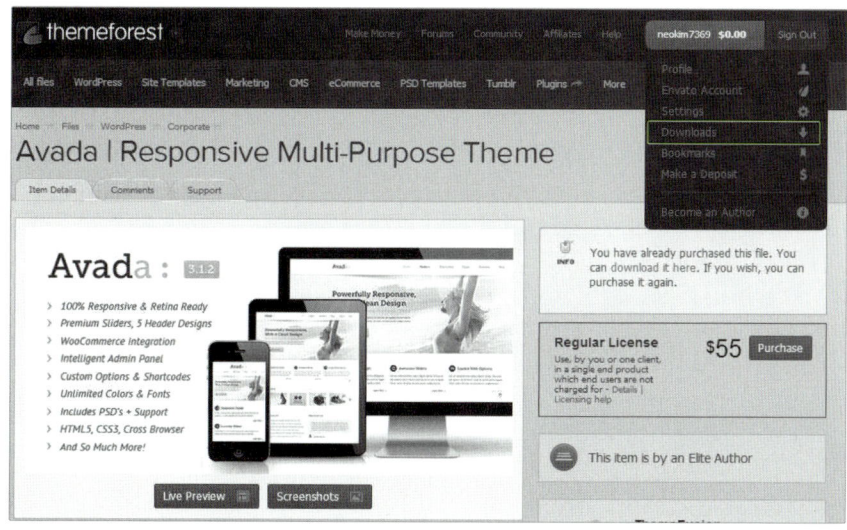

■ 그림 4-12 www.themeforest.net 로그인 후 테마 다운로드

02 지금까지 Themeforest 사이트에서 테마를 구매한 내역을 볼 수 있습니다. 'Avada | Responsive Multi-Purpose Theme'의 [Download] 버튼을 클릭한 후 [All Files & Documentation]를 선택하면 테마를 다운로드 받을 수 있습니다.

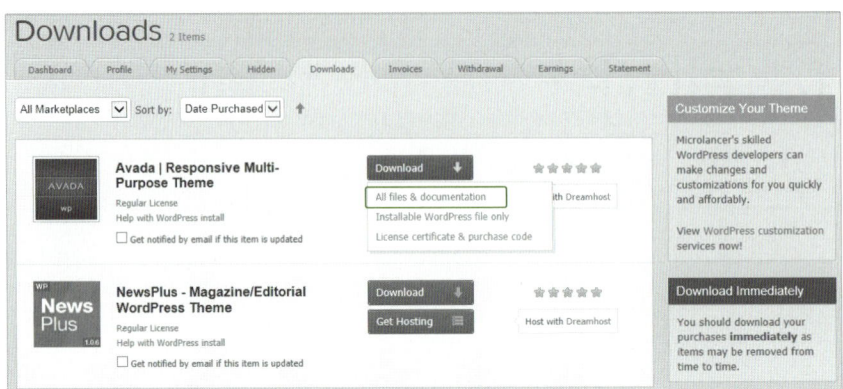

■ 그림 4-13 Download 가능한 테마 리스트

03 다운로드한 압축파일(themeforest-2833226-Avada-responsive-multipurpose-theme.zip)의 압축을 풀면 두 개의 폴더가 나옵니다.

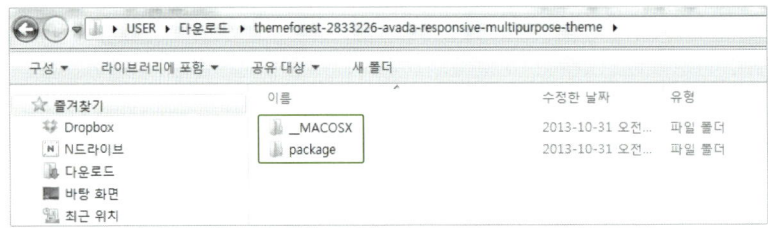

■ 그림 4-14 Avada 테마 압축 푼 후 화면

04 테마에 사용할 파일들은 package 폴더 안에 들어가 있습니다. Package 폴더 안에는 테마의 압축파일과 라이선스파일, 그리고 온라인에서 도움을 받을 수 있도록 도와주는 0-READ ME FIRST.rtf 등이 있습니다. Avada theme 폴더 안에는 Avada 테마와 child theme 압축 파일들이 포함되어 있습니다.

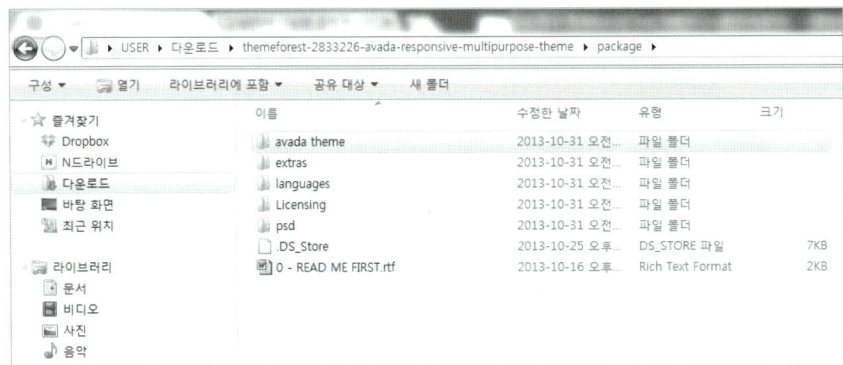

■ 그림 4-15 package 폴더 안의 내용

테마 설치하기

이제 실제 사이트를 구축하기 위해서 실제 사이트에 테마를 설치합니다. 이 장에서 회사 홈페이지로 사용될 회사는 실제로 전산 네트워크 구축 및 시스템 유지보수 업무를 하는 'TS 시스템즈'라는 회사로 도메인은 www.tssystems.co.kr 이며, 웹호스팅은 카페24를 통해서 등록했습니다.

만약 도메인과 웹호스팅을 하지 않고 Avada 테마만 있는 상태라면 "Chapter 01의 4-2. 워드프레스 설치 과정 살펴보기"에서 소개된 카페24 웹호스팅 무료 이용 또는 닷홈 무료계정 사용법을 참조합니다. 워드프레스 설치 부분은 "Chapter 01의 4-2. 워드프레스 설치 과정 살펴보기"에서 설명을 했으므로 생략하고 바로 적용을 하겠습니다.

테마는 '파일 업로드 방식'과 'FTP를 이용하는 방식' 두 가지 방식으로 업로드할 수 있습니다.

파일 업로드 방식으로 테마 설치하기

01 워드프레스 관리자 페이지('자신의 도메인/wp-admin'), 여기서는 www.tssystems.co.kr/wp-admin으로 접속하겠습니다. 로그인 창이 나타나면 사용자명과 비밀번호를 입력하여 로그인합니다.

■ 그림 4-16 워드프레스 사이트 로그인 창

02 워드프레스 알림판에서 [외모]-[테마] 메뉴를 클릭한 후 [새로 추가] 버튼을 클릭합니다.

■ 그림 4-17 새 테마 추가 화면

03 테마 설치 화면에서 업로드 메뉴를 선택하고 [파일선택] 버튼을 클릭하여 다운로드 받은 Avada.zip 테마 압축파일을 선택합니다.

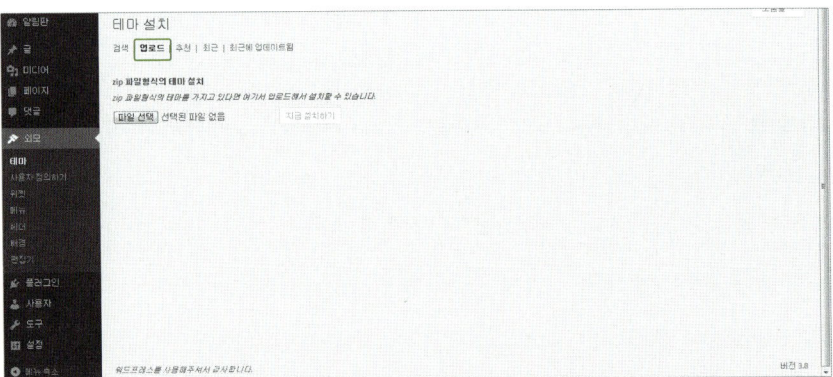

■ 그림 4-18 테마 설치 업로드 화면

일반적으로 Avada 테마 설치파일인 'Avada.zip' 압축파일은 themeforest-숫자-Avada-responsive-multipurpose-theme\package\Avada theme 폴더 안에 있습니다.

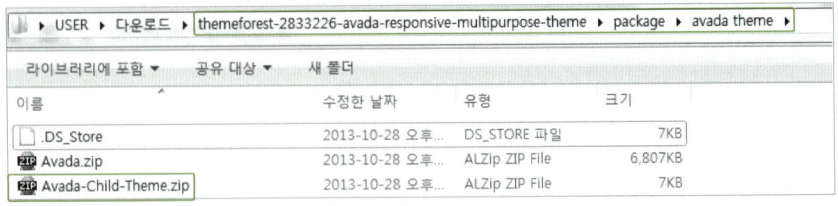

■ 그림 4-19 Avada 테마

04 Avada 테마 업로드가 완료 되었다면 [활성화]를 클릭하여 테마를 활성화합니다. Avada 테마를 활성화한 후에 동일한 방법으로 Avada-Child-Theme까지 업로드하여 활성화합니다.

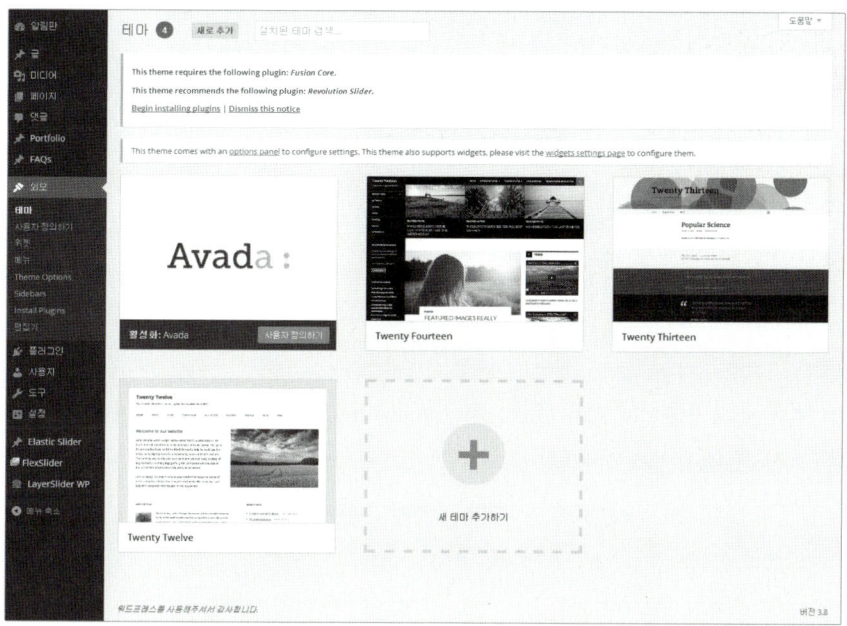

■ 그림 4-20 Avada 테마 활성화 상태

05 Child-Theme 테마를 활성화하기 위해서는 부모 테마가 있어야만 가능합니다. Avada 테마가 활성화 된 상태에서 테마 설치 업로드 부분으로 다시 이동하여 Avada-Child-Theme를 업로드하여 활성화합니다. 그러면 아래 화면과 같이 테마 설치가 완료됩니다.

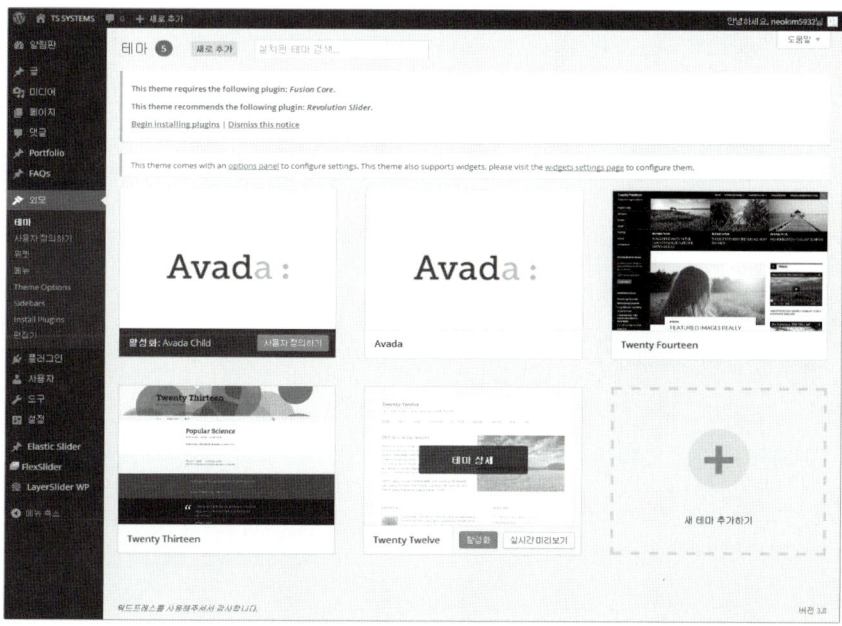

■ 그림 4-21 Avada Child Theme 활성화 상태

> **tip**
>
> Child-Theme를 사용하는 이유는 메인 테마를 활성화하여 여러 부분을 회사에 맞게 수정하여 홈페이지 제작을 하였는데 어느 순간 테마가 업데이트되면 모든 부분들이 업데이트된 초기화 상태로 돌아가기 때문에 이러한 부분들을 방지하기 위하여 Child Theme를 사용합니다.

FTP를 이용하여서 테마 설치하기

유료 테마를 설치할때는 가끔식 테마 적용이 웹화면에서 실패하는 경우들이 있는데, 이럴 경우에는 FTP를 이용하여 파일을 업로드하면 오류 발생을 해결할 수 있습니다.

01 파일질라 FTP 프로그램을 이용하여 테마 파일을 전송합니다. 파일질라를 실행한 후 도메인에 접속을 하기 위해 필요한 계정 정보들을 입력합니다.

■ 그림 4-22 파일질라 FTP 프로그램 실행

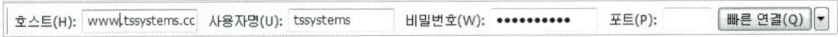

■ 그림 4-23 파일질라 접속 계정정보 입력

- 호스트 : 도메인 주소를 입력합니다.
- 사용자명 : 웹호스팅 시 사용하는 아이디를 입력합니다.
- 비밀번호 : FTP 패스워드를 입력합니다.

02 사용자명과 비밀번호는 웹호스팅 신청 시 지정한 정보를 입력하였습니다. 만약에 잊어버렸다면 자신이 가입한 웹호스팅 사이트(저자는 카페24 이용, www.cafe24.com)에 로그인을 하여 확인을 할 수 있습니다.

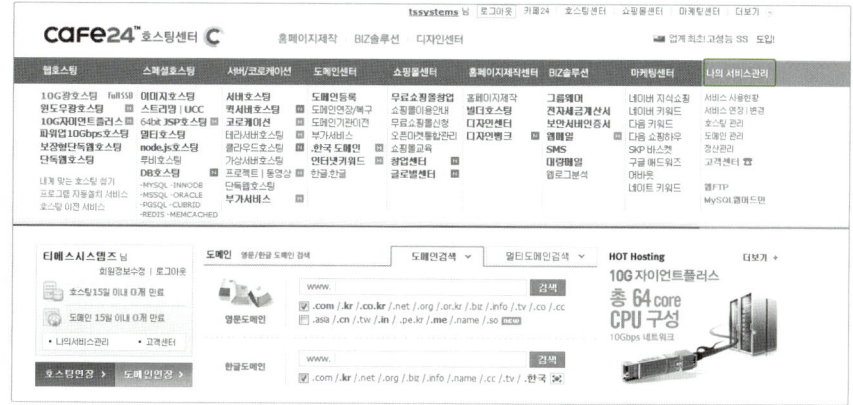

■ 그림 4-24 웹호스팅 caf24 사이트 로그인

03 로그인 후에 나의 서비스 관리로 이동하면 나의 계정에 대한 많은 부분들을 수정 확인할 수 있습니다. FTP 계정에 대한 패스워드 변경 및 찾기를 위해서는 [서비스 접속관리]-[서비스 접속정보] 메뉴를 선택합니다. [FTP 비밀번호 찾기/변경]을 선택하여 비밀번호를 찾거나 변경합니다.

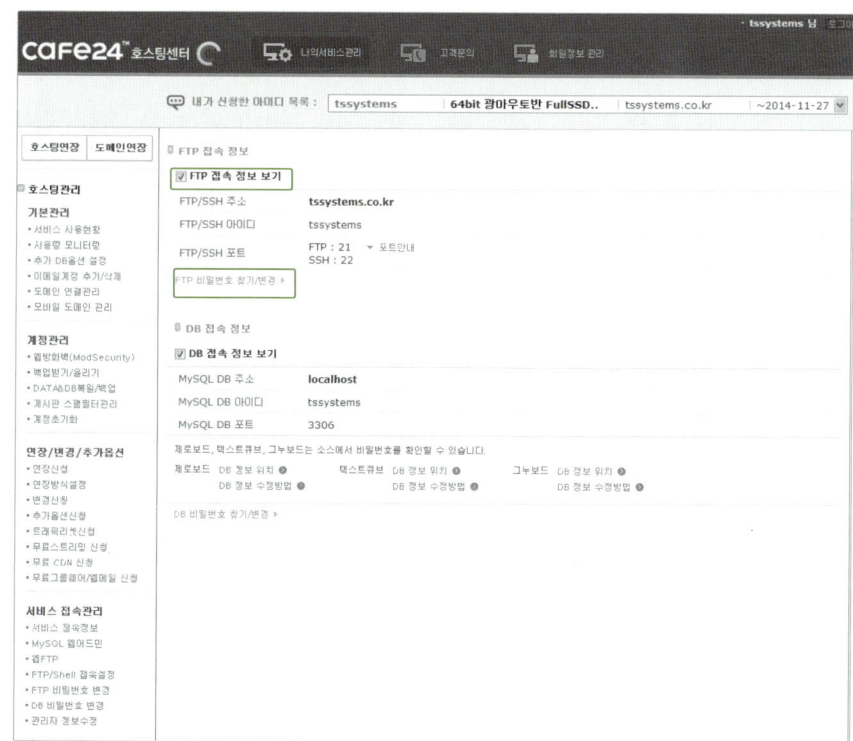

■ 그림 4-25 FTP 계정 ID 확인 및 PW 찾기 및 변경

Chapter 04_ 중소기업 회사 홈페이지 만들기 201

04 'themeforest-숫자-Avada-responsive-multipurpose-theme\package\Avada theme' 경로의 Avada.zip 파일과 Avada-Child-Theme.zip 파일의 압축을 풉니다.

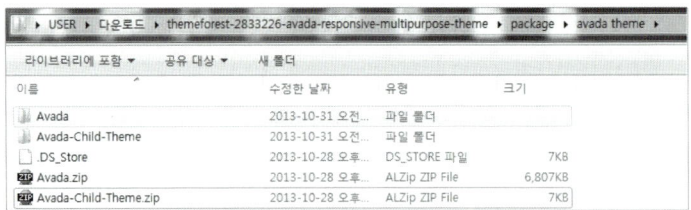
■ 그림 4-26 로컬 PC 의 Avada 테마 경로

05 파일질라에서 압축을 푼 Avada 폴더와 Avada-Child-Theme 폴더를 'www\wp-content\themes' 폴더로 전송합니다.

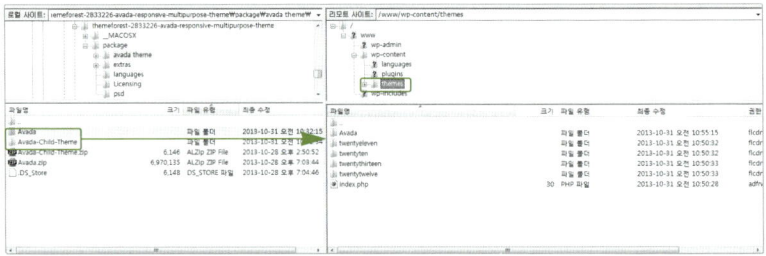
■ 그림 4-27 Avada 테마 FTP로 전송

06 알림판에서 [외모]-[테마] 메뉴를 선택한 후 Avada Child Theme를 활성화하면 웹에서 올린 것과 동일하게 사용할 수 있습니다.

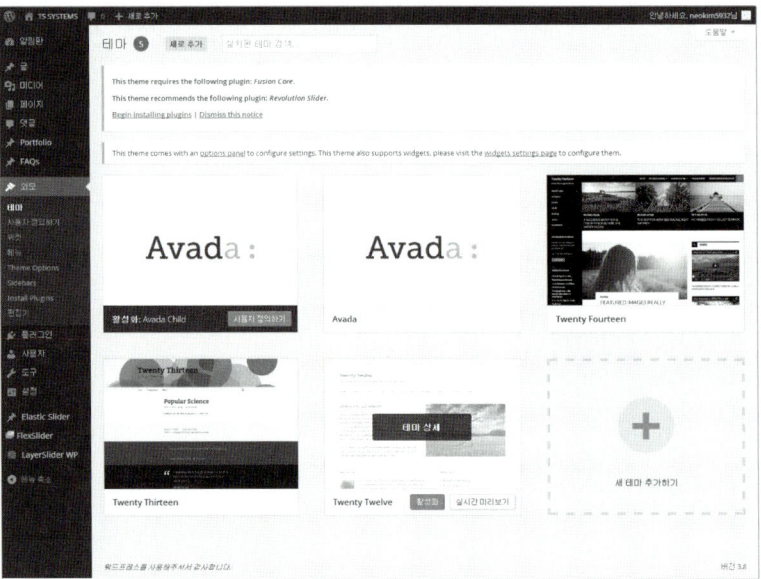
■ 그림 4-28 Avada Child Theme 활성화 상태

Dummy 파일 가져오기 & 관련 플러그인 설치하기

지금까지는 워드프레스 홈페이지를 만드는데 있어서 가장 기본적인 테마 설치를 진행하였습니다. 이번에는 Avada 테마의 데모 사이트와 똑같이 구현하는 것을 가능하게 만들어 주는 Dummy를 가져오도록 하겠습니다.

> **_tip_**
> **Dummy file이란?**
> 유료 테마에서 데모 사이트와 똑같이 구현되는 것을 가능하게 도와 주는 파일로 Dummy 파일의 확장자는 xml 형식으로 존재하며 xml 파일 안에는 글, 페이지, 이미지(일부 이미지), 카테고리 등이 포함되어 있습니다.

Avada xml 파일 가져오기

Avada에서 제공하는 Dummy 파일을 가져오기 위해서는 WordPress Importer 플러그인을 설치하여야 합니다.

01 [도구]-[가져오기] 메뉴를 선택한 후 가져오기 페이지에서 WordPress를 클릭합니다.

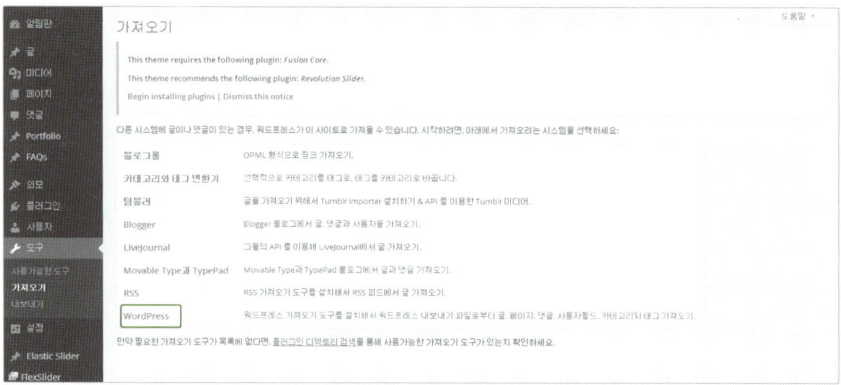
■ 그림 4-29 Dummy 파일 가져오기

02 파일을 가져오기 위하여 WordPress Importer라는 플러그인이 설치될 수 있도록 유도하는 화면이 나타납니다. [지금 설치하기] 버튼을 클릭하여 설치를 진행합니다.

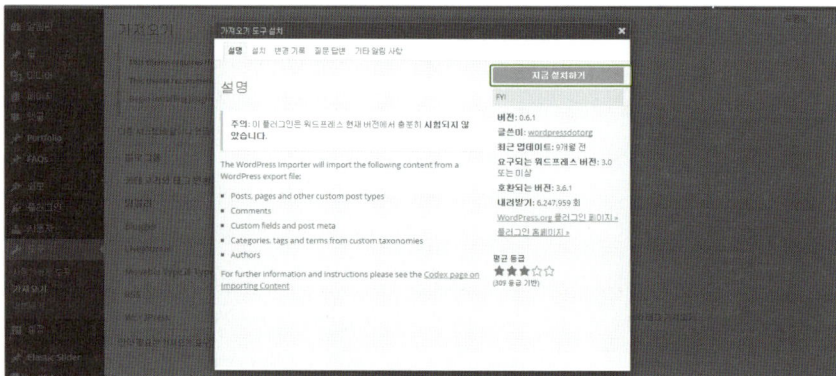
■ 그림 4-30 Wordpress Importer 플러그인 설치 유도

03 [플러그인 활성화 & 가져오기 도구 실행]을 클릭하면 파일을 가져올 수 있는 화면이 나타납니다.

■ 그림 4-31 Importer 플러그인 활성화 & 가져오기 도구

04 [파일선택] 버튼을 클릭하여 Avada 테마에서 제공하는 xml 형식의 파일을 가지고 옵니다. xml 파일은 Avada.zip 테마 파일을 압축을 풀면 아래의 경로에서 확인할 수 있습니다. Avada 테마파일 경로: Avada\Avada\framework\plugins\importer\data Avada.xml.gz 파일형태로 존재합니다.

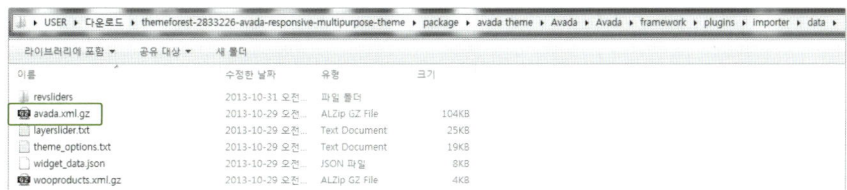

■ 그림 4-31 xml 파일 경로

05 Avada.xml.gz의 압축을 풀면 Avada.wordpress.날짜.xml 파일이 나오는데 [파일 선택] 버튼을 클릭한 후 열기 창이 나타나면 파일을 선택하고 [파일 업로드 후 파일 가져오기] 버튼을 클릭합니다.

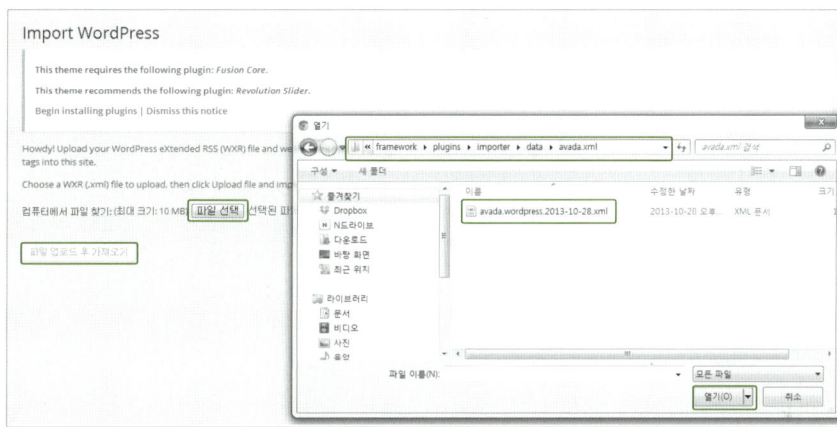

■ 그림 4-32 xml 파일 가져오기

06 'or assign posts to an existing user' 부분은 워드프레스 사이트 접속 계정(ID)을 선택하고, Download and import file attachments 체크 박스를 체크한 후 [Submit] 버튼을 클릭합니다.

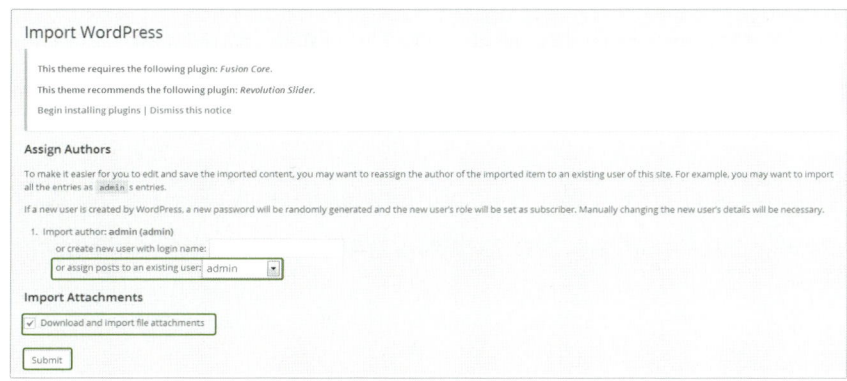

■ 그림 4-33 Import Wordpress xml 파일 가져오기

07 파일에 대해 모두 가져오기가 완료되면 다음과 같은 화면이 나타나며 'All done. Have fun!' 이라는 문구가 보이면 dummy file 설치가 정상적으로 완료된 것입니다.

■ 그림 4-34 xml 파일 가져오기 완료

08 알림판으로 이동하면 사이트 현황에 글과 페이지가 늘어난 것들을 확인할 수 있습니다. 즉 알림판 화면을 보면 데모 사이트에서 사용되는 글, 페이지, 카테고리 등이 추가되어 해당 컨텐츠의 수가 증가한 것을 확인 할 수 있습니다. 이렇게 해서 테마에서 제공하는 Dummy 파일들을 성공적으로 가지고 왔습니다.

■ 그림 4-35 xml 파일 가져오기 완료

테마 제공 플러그인 설치하기

Dummy 파일까지 가지고 왔다면 이제는 메인 화면에서 사용할 슬라이드 및 숏코드 플러그인을 설치해 보겠습니다.

01 알림판 상단에 Revolution Slider & Fusion Core 플러그인을 활성화 하라는 부분을 확인할 수 있습니다. Avada 최신 버전: 3.2.0(2013년 10월 29일 업데이트)의 경우 두 개의 Plugin을 설치 유도하며, 이전

버전은 Revolution 슬라이드만 설치 유도합니다. 이는 버전에 따라 차이가 있을 수 있습니다. [Begin installing Plugins]을 클릭합니다.

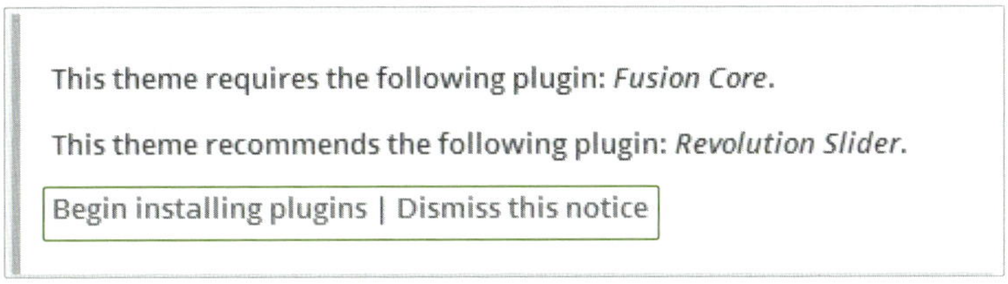

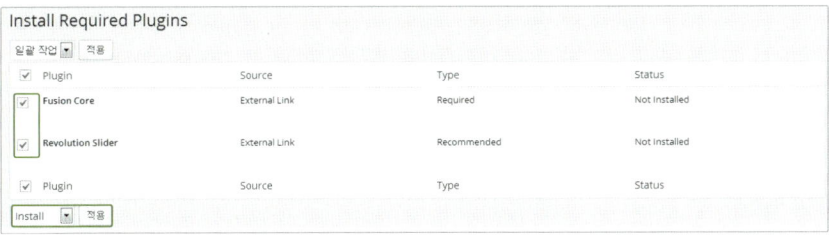

■ 그림 4-36 Revolution Slider & Fusion Core 설치 유도

02 설치가 필요한 플러그인(Plugins)이 보이고 설치할 항목들을 선택한 후 [Install]을 선택한 후 [적용] 버튼을 클릭하여 설치를 진행합니다. 여기서는 두 항목을 모두 선택했습니다

■ 그림 4-37 Revolution Slider & Fusion Core 설치

03 설치가 성공적으로 완료되었다면 다음 그림과 같이 확인을 할 수 있습니다. 플러그인을 모두 선택 후 Activate를 선택한 후 [적용] 버튼을 클릭하여 플러그인을 활성화시킵니다. 모든 플러그인을 활성화했다면 활성화 및 설치가 잘 되었는지 확인해보도록 하겠습니다

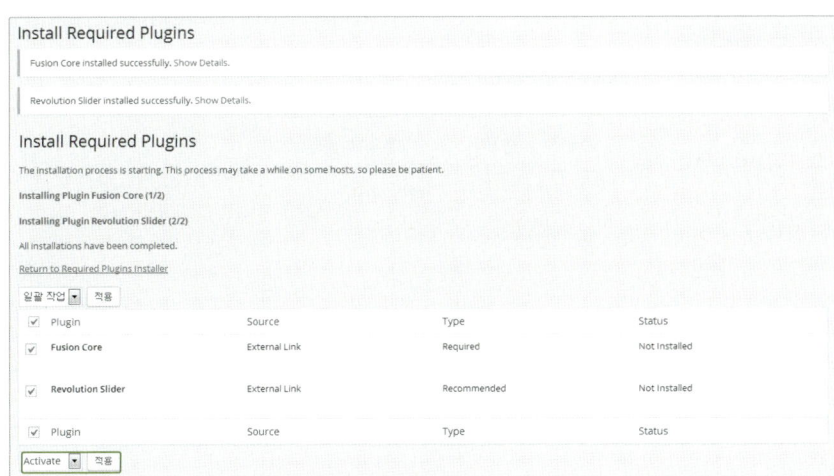

■ 그림 4-38 Revolution Slider & Fusion Core 활성화

04 알림판에서 [플러그인]-[설치된 플러그인] 메뉴를 선택합니다. 설치된 플러그인 리스트를 보면 워드프레스 설치 시 기본적으로 설치되어 있는 Akismet과 헬로우달리 외 추가로 설치된 3개의 플러그인을 확인할 수 있습니다. 추가적인 플러그인으로 페이지 및 글 작성시 다양한 기능을 발휘하는 Ultimate TinyMCE를 설치합니다. 설치 방법에 대해서는 앞 장에서 설명을 했으니 여기서는 생략합니다. 이렇게 하여 테마 설치와 Dummy 파일 설치와 관련 플러그인을 설치 함으로서 Avada 테마로 홈페이지를 만드는데 필요한 부분들은 모두 준비가 되었습니다.

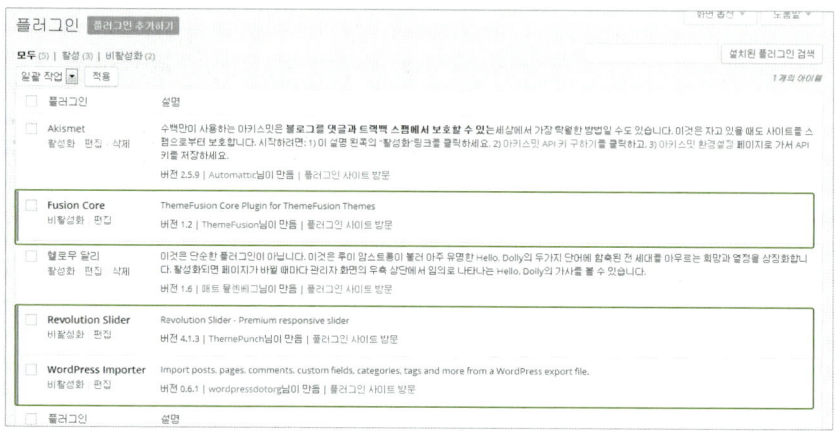

■ 그림 4-39 설치된 플러그인 정보

→ _tip_

TinyMCE의 경우 글 또는 페이지 작성시 쉽게 작성을 할 수 있도록 도와 주는 플러그인입니다. 알림판에서 Ultimate Tiny MCE로 이동하여 [TinyMCE] 버튼 부분을 업데이트합니다.

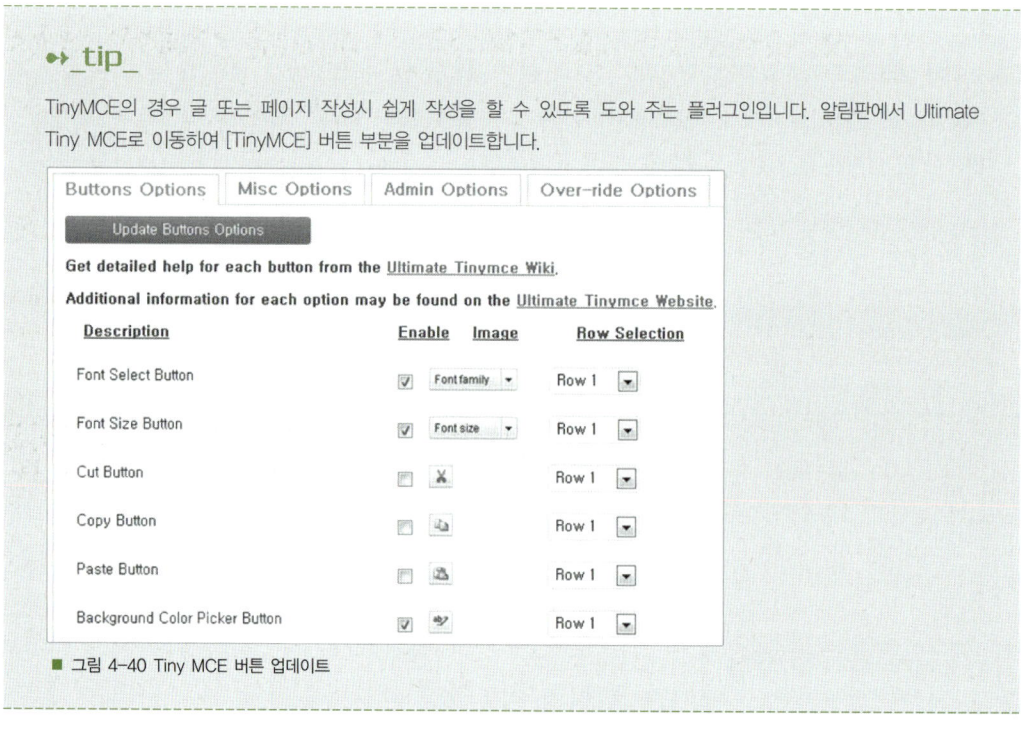

■ 그림 4-40 Tiny MCE 버튼 업데이트

회사 홈페이지
메뉴 구조도와 기본설정하기

이번에는 홈페이지 제작에 있어 가장 기초적이고 가장 중요한 부분인 메뉴 구조도와 페이지 구성 부분을 설정합니다.

특히, 회사 홈페이지의 메뉴 구조도는 고객을 대상으로 하고, 매출과 직결되는 홈페이지의 안내 메뉴이므로 유사 사이트 벤치마킹 및 분석, 설문조사 등을 통해서 신중하게 결정해야 합니다.

서두에서 설명한 대로 이번 실습에 사용되는 홈페이지는 네트워크, 보안관련 아웃소싱 중소기업으로 메뉴 구조를 다음과 같이 구성했습니다.

\multicolumn{6}{c}{TS Systems 회사 홈페이지 IA (메뉴 구조도)}

Depth	\multicolumn{5}{c}{Top Menu}				
1 Depth	Home	Contact Us	Login		
형식	링크	페이지	링크		

Depth	\multicolumn{5}{c}{Main Menu}				
1 Depth	About Us	Business	Solutions	New & Event	Community
2 Depth	티에스시스템즈 소개	네트워크 비지니스	네트워크 솔루션	보도자료	블로그
	경영철학	시스템 비지니스	시스템 솔루션	행사자료	다운로드
	회사연혁	개발 비지니스	보안 솔루션	공지사항	
	오시는길				
형식	페이지	페이지	페이지	페이지	페이지

■ 그림 4-41 회사 홈페이지 메뉴 구조도

상기 메뉴에 대한 부분들에 대해 간략하게 설명하면 TOP 메뉴의 경우 Home 부분과 Login 부분은 링크로 간단하게 만들 것이고, Contact Us의 경우는 페이지로 구성할 것입니다. 여기에서 Home의 용도는 첫 페이지로 바로가기 위한 용도이고 Login의 경우에는 사용자의 용도가 아닌 관리자 페이지(알림판) 접근을 위한 용도입니다.

Main 메뉴의 경우 1 Depth 와 2Depth의 메뉴들은 페이지로 구성을 할 것이고 그 중에서 Solutions 부분의 2Depth 부분은 포트폴리오를 이용하여 만들 것입니다. 각각의 모든 페이지들은 글(컨텐츠) 들을 불러올 수 있도록 하거나 페이지 내에 내용(숏코드)들을 넣어서 구성을 할 것입니다. 메뉴 구성 및 Depth 관련 설명은 Chapter 03을 참고하기 바랍니다.

테마 기본 색상 바꾸기

사이트의 메뉴 구조도를 통해 어떤 메뉴를 만들지 구상이 끝났다면, 사이트의 전체적인 색상을 바꿔 보도록 하겠습니다. Avada 테마의 경우 Green이 기본 색상으로 적용이 되어 있습니다. 기본 색상을 Blue로 변경해 보도록 하겠습니다.

01 알림판에서 [외모]-[Theme Options]-[Styling Options] 메뉴를 선택합니다. 기본 색상값으로 Predefined Color Scheme 부분이 Green으로 되어 있는 것을 확인할 수 있습니다.

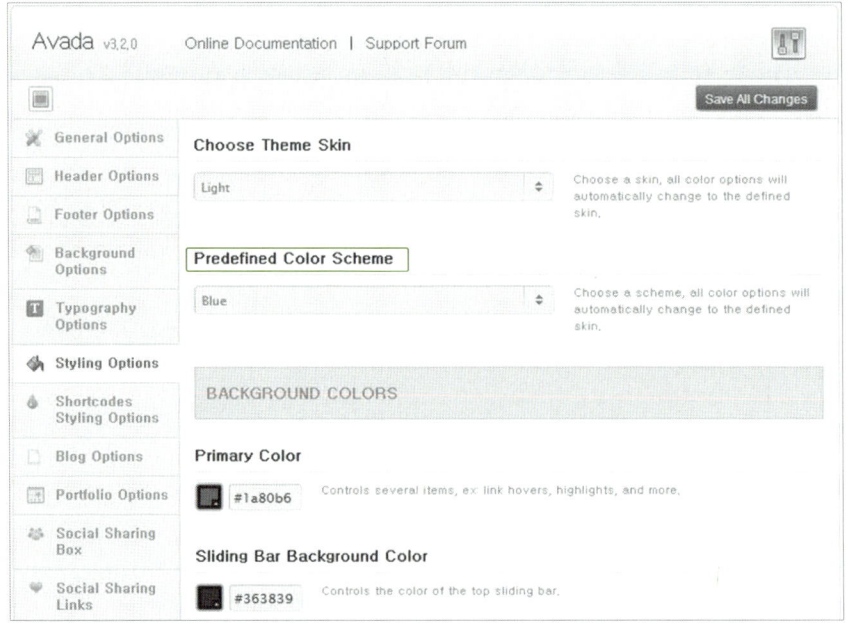

■ 그림 4-42 Predefined Color Scheme을 Blue로 변경

02 Predefined Color Scheme을 변경한 이후의 샘플 모습입니다.

■ Predefined Color Scheme 변경 전

■ 그림 4-43 Predefined Color Scheme 변경 후

Predefined Color Scheme을 Blue로 변경한 후 화면을 아래로 내려서 Fonts Color 부분의 Body Text Color 부분을 검정색(#000000)으로 변경합니다.

■ 그림 4-44 Fonts Color 부분의 Body Text Color 부분

03 모든 내용 변경 후 [Save all Changes] 버튼을 클릭하여 저장을 합니다. 저장한 이후부터는 만들 페이지에서 효과를 나타내는 색들과 폰트의 색이 변경되어 적용된 부분을 확인할 수 있습니다.

> **↔_tip_**
>
> Theme Options 페이지의 제일 하단에는 Options Reset 라는 부분이 빨강색으로 표시가 되어 있습니다.
>
>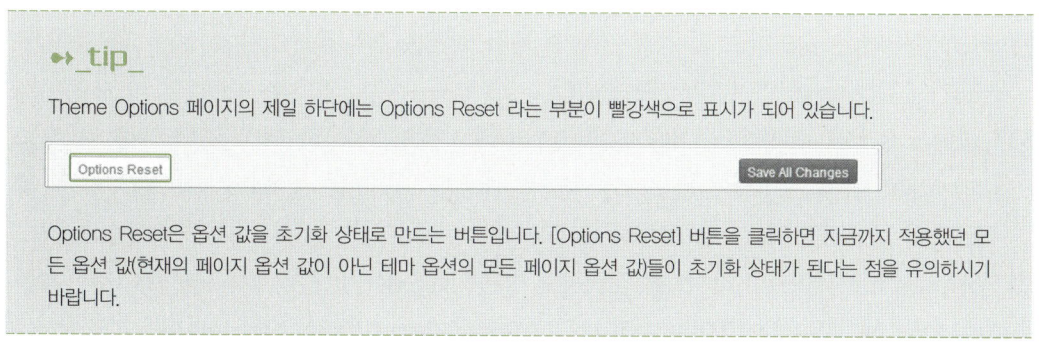
>
> Options Reset은 옵션 값을 초기화 상태로 만드는 버튼입니다. [Options Reset] 버튼을 클릭하면 지금까지 적용했던 모든 옵션 값(현재의 페이지 옵션 값이 아닌 테마 옵션의 모든 페이지 옵션 값)들이 초기화 상태가 된다는 점을 유의하시기 바랍니다.

메인 페이지 이해하기

이제 본격적으로 메인 페이지를 만들어 보겠습니다. 그 전에 홈페이지의 레이아웃 구조에 대해 먼저 알아보겠습니다.

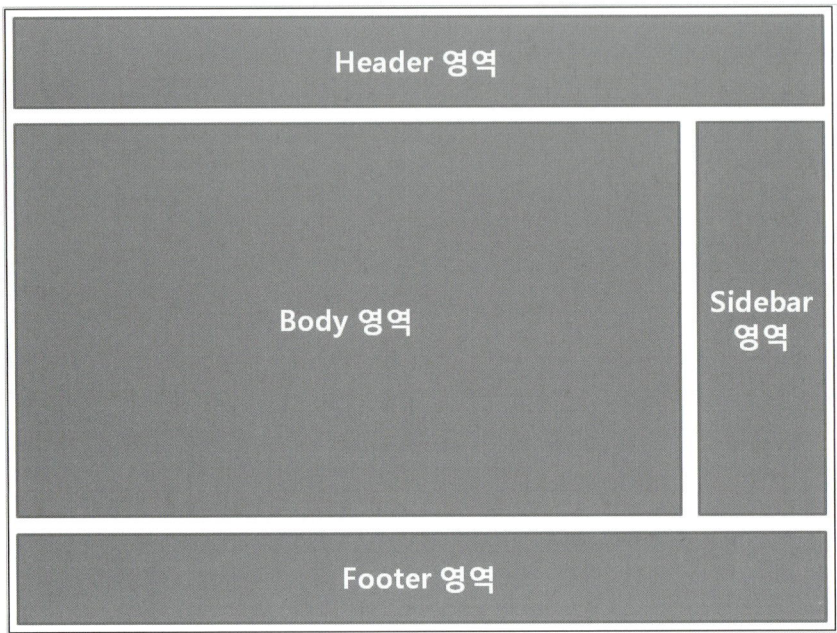

■ 그림 4-45 일반 홈페이지 레이아웃

홈페이지는 Header, Body, Sidebar, Footer 크게 4개의 영역으로 나눌 수 있습니다.

❶ Header 영역에는 일반적으로 Logo, Top Menu, Main Menu 등이 배치됩니다.
❷ Body 영역에는 슬라이드 및 각종 컨텐츠 등이 배치됩니다. 홈페이지의 주된 내용들이 표시되기에 Contents 영역이라고도 합니다.
❸ Sidebar 영역은 홈페이지의 성격에 따라 오른쪽, 왼쪽, 양쪽 중 어디든지 배치할 수 있습니다. 이때 사용되는 내용들은 Body 영역의 내용을 보조하는 내용으로 Social 아이콘 및 컨텐츠의 보조적인 내용으로 구성이 됩니다.
❹ Footer 영역은 페이지의 마지막을 장식하는 부분으로 Sidebar 영역에서 표시하지 못한 부분들을 나타내는 것이 일반적이며 가장 마지막 부분은 Copyright로 마무리합니다.

지금까지는 일반적인 페이지의 레이아웃에 대해 확인을 하였고 메인 페이지는 다음 화면과 같이 구성하려고 합니다.

■ 그림 4-46 메인 페이지 완성 레이아웃

Avada의 메인 페이지는 정적인 페이지로 지정되어 있는 비즈니스 테마로서 전체적인 메인 페이지 구성은 다음과 같습니다.

01 Header 영역은 Logo와 Top Menu, Main Menu로 구성할 것입니다. 하지만 이 부분은 테마 옵션을 이용하여 만들 것이므로 현재는 기본 상태를 유지하고 지나가겠습니다.

■ 그림 4-47 Header 영역

02 Body 영역의 일부분으로 이미지 슬라이드 부분입니다. Avada 테마에서는 4개의 슬라이드 플러그인을 제공합니다. 그 중에서 Revolution Slider를 이용하여 만들어 보겠습니다.

■ 그림 4-48 이미지 슬라이드 영역

03 Body 영역의 연속 부분으로 숏코드를 이용하여 아이콘 삽입과 내용을 넣어 보도록 하겠습니다.

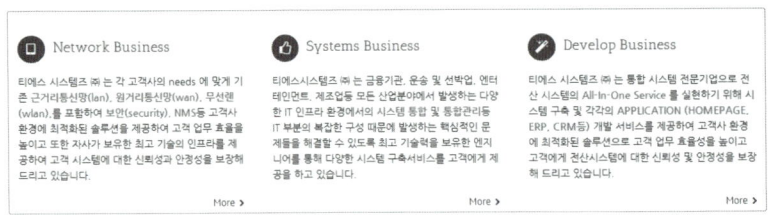
■ 그림 4-49 Content Box 숏코드 영역

04 Body 영역의 연속 부분으로 1/2 Column 영역 숏코드를 이용하여 하나의 공간에 두 개의 컨텐츠(동영상 + 글)를 배치해 보겠습니다.

■ 그림 4-50 1/2 Columns 숏코드 영역

05 Body 영역의 마지막 부분으로 슬라이드 숏코드를 이용하여 파트너사 이미지를 넣어서 만들어 보겠습니다.

■ 그림 4-51 Recent Posts 숏코드 영역

tip

Avada 테마 메인슬라이드 이미지 고르기

홈페이지 만들기에 있어 이미지는 홈페이지의 가장 큰 부분을 차지한다고 해도 과언이 아닙니다. 그런데 이런 이미지를 사용하기 위해서는 직접 촬영을 하거나 이미지 구매사이트에서 이미지 사용료를 지불하고 구매해야 합니다. 하지만 카페24(cafe24.com) 웹호스팅 회원이라면 이러한 문제를 해결할 수 있습니다. 카페24 홈페이지 제작센터에서 디자인뱅크 메뉴를 선택하거나 디자인뱅크(http://dbank.cafe24.com)로 이동합니다.

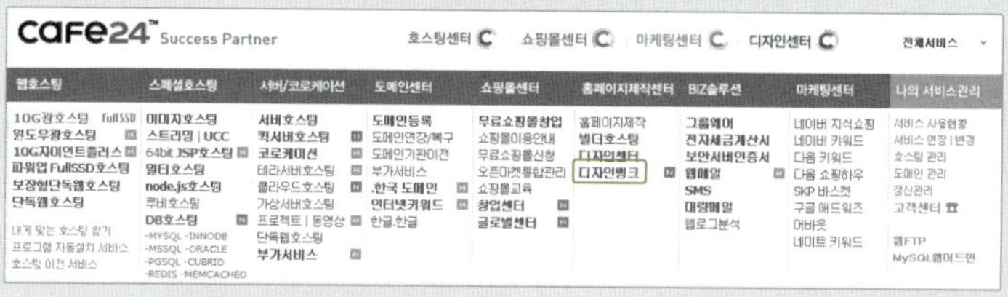

■ 그림 4-52 cafe24.com 디자인뱅크 메뉴

디자인뱅크 사이트에서 다양한 일러스트, 사진이미지, 편집이미지 등을 볼 수 있습니다.

일러스트, 사진이미지, 편집 이미지 아래의 이미지를 보면 일반회원일 때의 이미지 금액과 호스팅회원일 때의 이미지 금액이 적혀 있습니다.
호스팅 회원의 이미지들을 호스팅 회원이라면 무료로 사용할 수 있습니다. 단 홈페이지용으로만 이용이 가능하며, 인쇄용으로는 사용이 불가합니다.

■ 그림 4-53 디자인뱅크

Revolution Slider 설치 및 설정하기

테마에서 제공하는 Revolution Slider는 메인 슬라이드 영역에 문구 및 이미지 등이 중간 중간에 삽입되면서 동적인 효과를 연출해 홈페이지가 더욱 생동감있게 표현될 수 있도록 해 주고 있습니다.

최근 워드프레스 유료 테마 중 인기 테마의 메인 슬라이드는 대부분 Jquery 형태를 선호하고 있습니다. Jquery 테마를 사용하려면 가장 중요한 것이 회사를 대표할 수 있는 대표 이미지와 대표 이미지에 맞는 홍보 문구가 매우 중요합니다. 데모 페이지의 화려함의 유혹에 빠져서 테마를 구입했지만, 적절한 이미지가 없으면 무용지물이기 때문입니다. 그리고 이미지는 반드시 저작권에 문제가 없는 이미지를 사용하여야 합니다.

이제부터 실제로 적용하기 위해 알림판에서 실습을 해보도록 하겠습니다.

실습을 하기 전에 960×434 사이즈의 이미지 4장과 대표 이미지에 해당되는 문구들을 준비해야 합니다.

01 메인 슬라이드 설정을 위해 알림판에서 [Revolution Slider] 메뉴를 선택한 후 메인 이미지 슬라이드 영역에 넣을 슬라이드를 만들기 위해 [Create New Slider] 버튼을 클릭합니다.

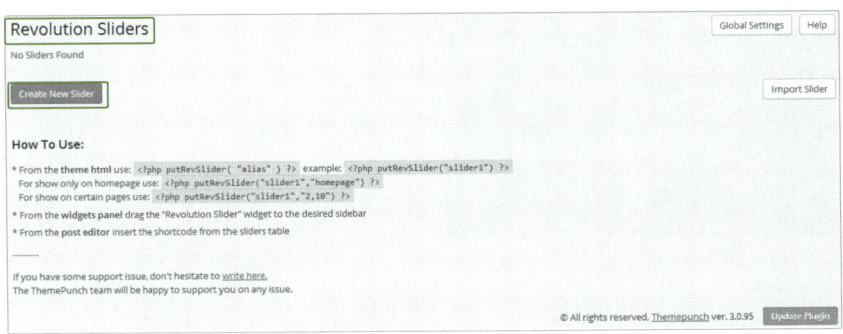

■ 그림 4-54 Revolution Slider 초기 화면

02 슬라이드에 대한 슬라이드 이름, 이미지 사이즈, 이미지를 나타내기 위한 방법 등을 설정하는 Edit Slider 창이 나타납니다.

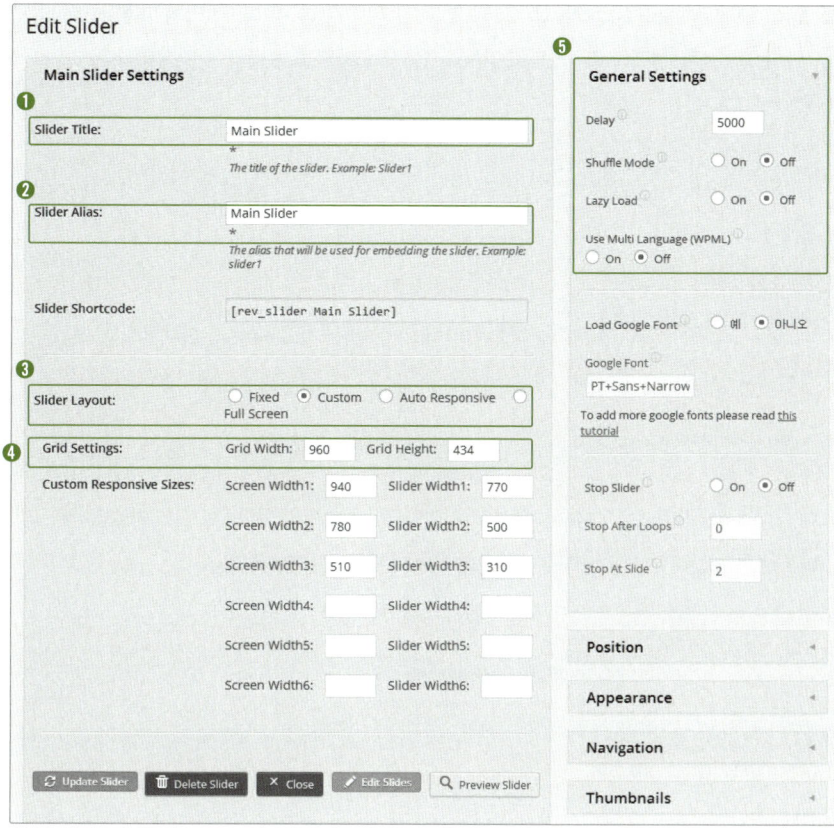

■ 그림 4-55 Revolution Slider 설정 화면

❶ 첫 설정 부분으로 Slider Title 부분에 Main Slider라고 타이틀을 입력합니다.

❷ Slider Alias 부분도 Main Slider라고 동일하게 입력합니다.

❸ Slider Layout은 Custom을 선택합니다. Custom을 선택하면 홈페이지를 이용하는 장치(PC, 노트북, 스마트폰 등)의 디스플레이 해상도와 크기에 따라 이미지의 크기가 변경되어 나타납니다.

❹ Grid Settings 값은 메인 이미지 사이즈 값으로 960×434로 수정합니다. 이 부분을 설정 후 Custom Responsive Size는 기본값을 유지합니다. 이미지의 사이즈 값은 원하는 크기를 직접 지정하여도 됩니다. 여기서 지정한 960×434의 크기는 데모 사이트에서 제공하는 이미지 사이즈 값입니다.

❺ General Settings의 Delay은 이미지 슬라이드의 전체 시간을 조정하는 부분입니다. 값은 5000으로 수정합니다. Delay 값은 Layer의 수에 따라 적절하게 정합니다. 일반적으로 3500 ~ 5000으로 지정합니다.

03 그림자 효과를 주기 위해 Appearance를 클릭합니다. 메인 이미지 슬라이드 하단의 그림자 효과를 주기 위해 Shadow Type에서 1을 선택하고 하단의 [Create Slider] 버튼을 클릭하여 저장합니다.

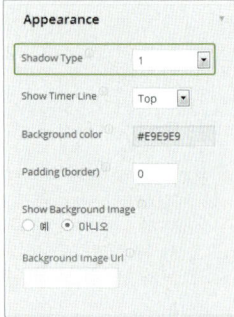

■ 그림 4-56 Revolution Slider Appearance 옵션

04 메인 슬라이드에 이미지 슬라이드를 생성하여 배경 이미지 및 텍스트를 넣어 보도록 하겠습니다. 파랑색 [Edit Slides] 버튼을 클릭합니다. 슬라이드를 넣을 수 있는 부분으로 이동합니다.

■ 그림 4-57 Revolution Slider 글로벌 설정 완료

05 [New Slide] 버튼을 클릭하면 배경에 넣을 이미지를 선택하는 새로운 창이 열립니다.

■ 그림 4-58 Edit Main Slider

06 아직 이미지가 없으므로 [파일을 선택하세요] 버튼을 클릭하여 PC에 있는 940×434 사이즈 크기의 이미지를 업로드합니다. 여기서는 대표 이미지를 선정하였고, 대표 이미지를 포토샵 또는 알씨 프로그램을 이용하여서 사이즈를 미리 조절해서 파일을 저장해 두었습니다. 여러분들도 미리 이미지를 정하여 사이즈를

조절한 후 적용하기 바랍니다. [Insert] 버튼을 클릭하여 Revolution Slider에 이미지를 삽입합니다. 여기서는 네트워크 회사이므로 네트워크 관련 이미지를 삽입합니다.

■ 그림 4-59 Revolution Slider의 Slide 이미지 삽입

07 배경의 이미지를 설정한 후 [Edit Slide] 버튼을 클릭하여 배경이미지 위에 올릴 이미지 또는 텍스트를 입력하는 곳으로 이동합니다.

■ 그림 4-60 바탕이미지 확인 및 슬라이드 수정

08 텍스트를 삽입하기 위해 [Add Layer] 버튼을 클릭하고, Text/Html 부분으로 이동하여 이미지 위에 나타낼 텍스트를 기입합니다. 여기서는 첫 번째 텍스트로 'Network+'를 입력합니다. 이미지 위의 텍스트 왼쪽 상단에 동그라미 부분을 움직여 텍스트의 위치를 정합니다. Style에서 원하는 텍스트 스타일을 선택합니다. 여기서는 large text를 선택하였습니다. 이렇게 기본적인 설정이 끝난 후에는 [Layer Animation] 버튼을 클릭합니다.

그림 4-61 이미지 및 텍스트 삽입 설정 화면

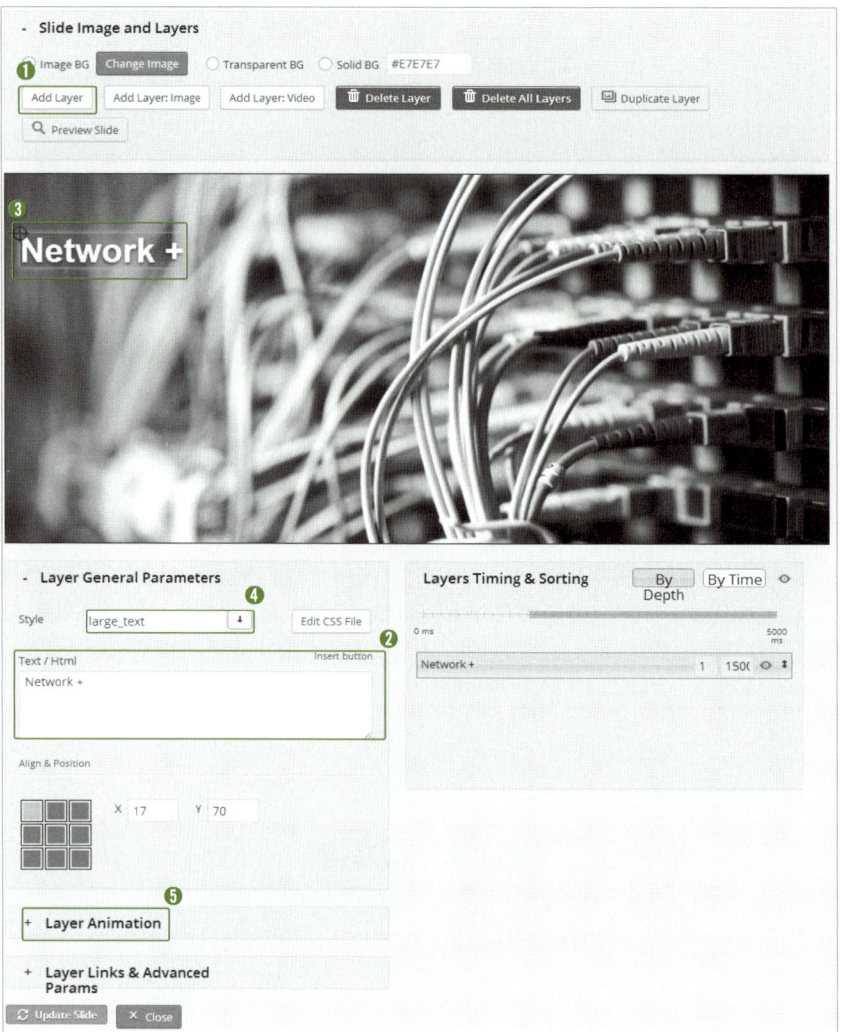

■ 그림 4-61 이미지 및 텍스트 삽입 설정 화면

09 Layer Animation 옵션 창에서 시간과 애니메이션을 설정하여 시각적인 효과가 잘 나타날 수 있도록합니다. [Animation] 드롭 버튼(▼)을 클릭하면 많은 애니메이션 효과들이 있습니다. 그 중에서 Random Rotate를 선택합니다. 텍스트가 나타나는 시간은 200ms로 조정합니다.

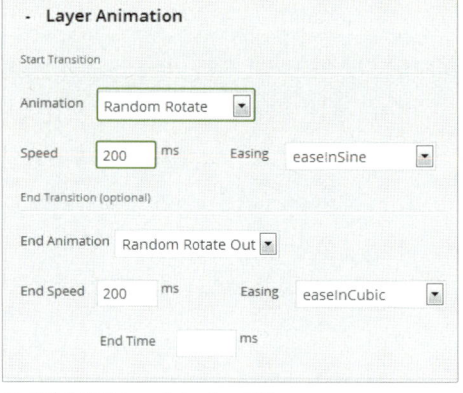

■ 그림 4-62 Layer Animation 설정

10 이제 마지막으로 첫 번째 Layer가 나타나는 타이밍을 설정합니다. Layer의 시작 타이밍은 1500으로부터 시작하여 500씩 증가시키도록 하겠습니다. 하나의 텍스트 Layer가 완성되었습니다. 지금과 같은 방법으로 텍스트들을 순차적으로 만듭니다.

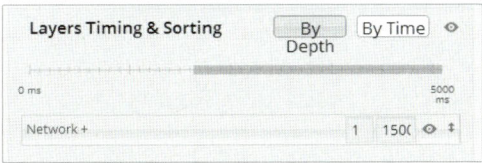

■ 그림 4-63 Layer Timing 설정

11 두 번째 텍스트 Layer를 만들어 보겠습니다.
❶ [Add Layer] 버튼을 클릭하여 두 번째 Layer를 추가하였습니다.
❷ 텍스트(Network =)를 기입합니다.
❸ 텍스트의 위치를 나타낼 곳으로 가져다 놓았습니다.
❹ 텍스트의 스타일을 지정합니다.

12 텍스트 옵션을 선택하면 색상만 다르고 동일한 크기의 스타일은 없습니다. 이럴 때는 [Edit CSS File] 버튼을 클릭하여 새로운 형태의 글을 만들어 지정합니다.

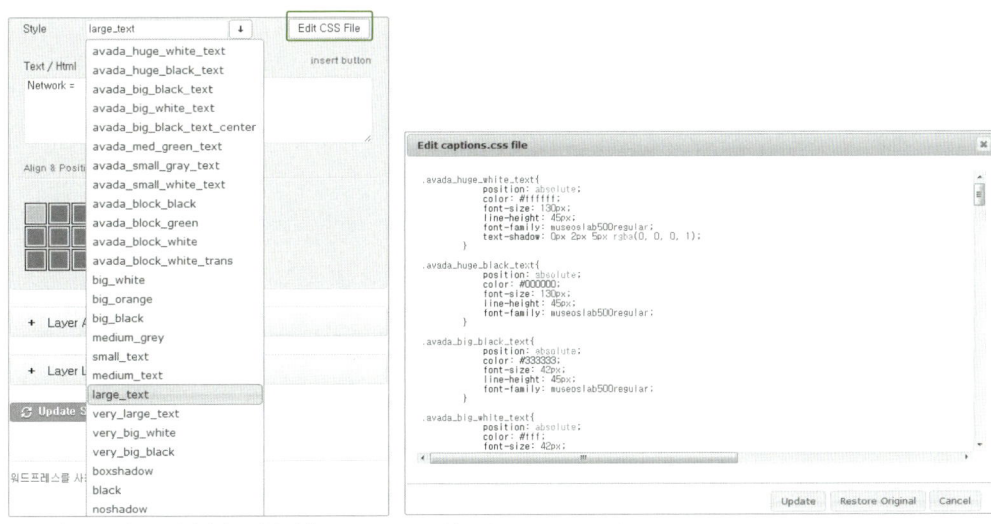

■ 그림 4-64 텍스트 레이어의 스타일 선택   ■ 그림 4-65 captions.css file

13 large_text와 동일한 형태를 유지하며 색상만 변경하기 때문에 large_text 내용을 복사합니다.

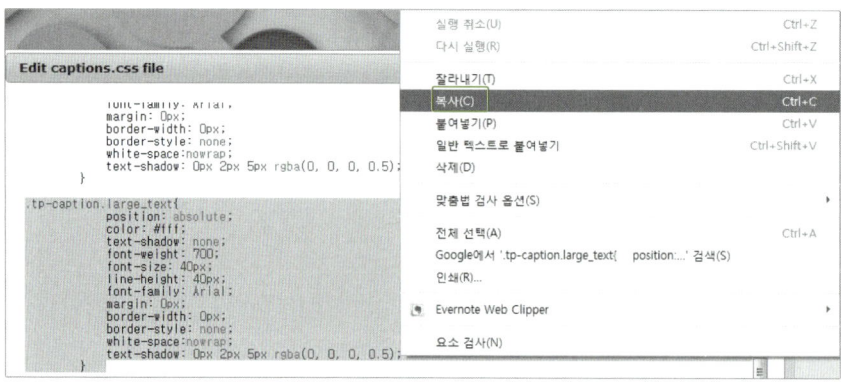

■ 그림 4-66 Edit CSS File 중 large_text

14 복사한 값을 아래 그림과 같이 붙여 넣습니다.

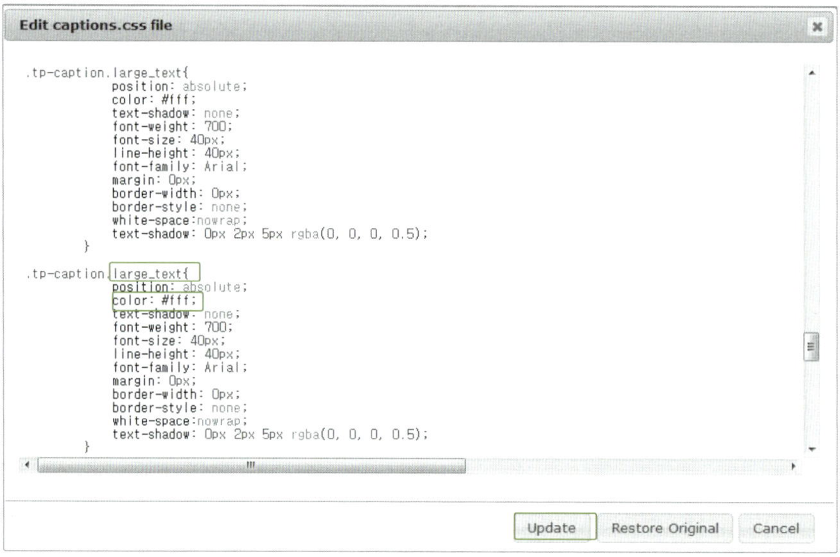

■ 그림 4-67 Edit CSS File의 large_text 값 붙여넣기

15 large_text 타이틀 부분과 color 색상 값을 수정합니다. large_text 부분을 large_text_black으로 color: #fff 부분을 color: #000000으로 수정한 후 [Update] 버튼을 클릭하여 수정 내용을 적용합니다. 만약 글자의 스타일이 없을 경우에는 CSS 파일을 수정하여 직접 만들 수도 있습니다.

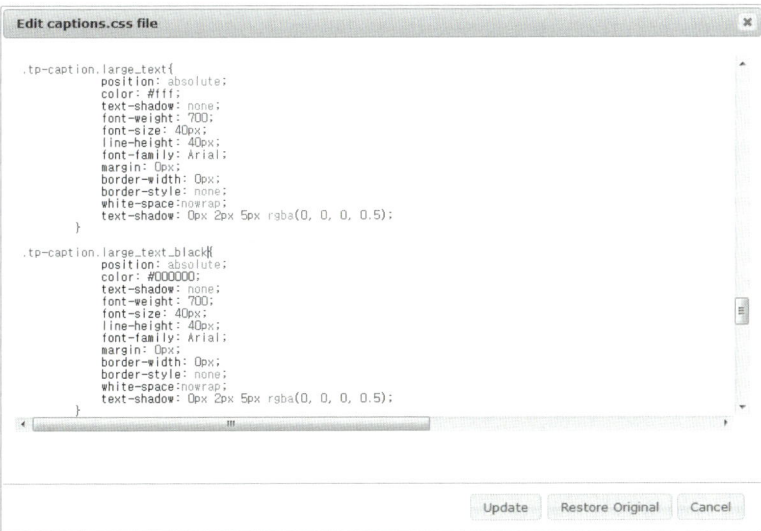

■ 그림 4-68 Edit CSS File의 large_text_black 폰트 추가

16 Layer Animation 설정, Layers Timing & Sorting 값을 2000으로 지정하여 두 번째 Layer에 대한 설정을 마무리합니다.

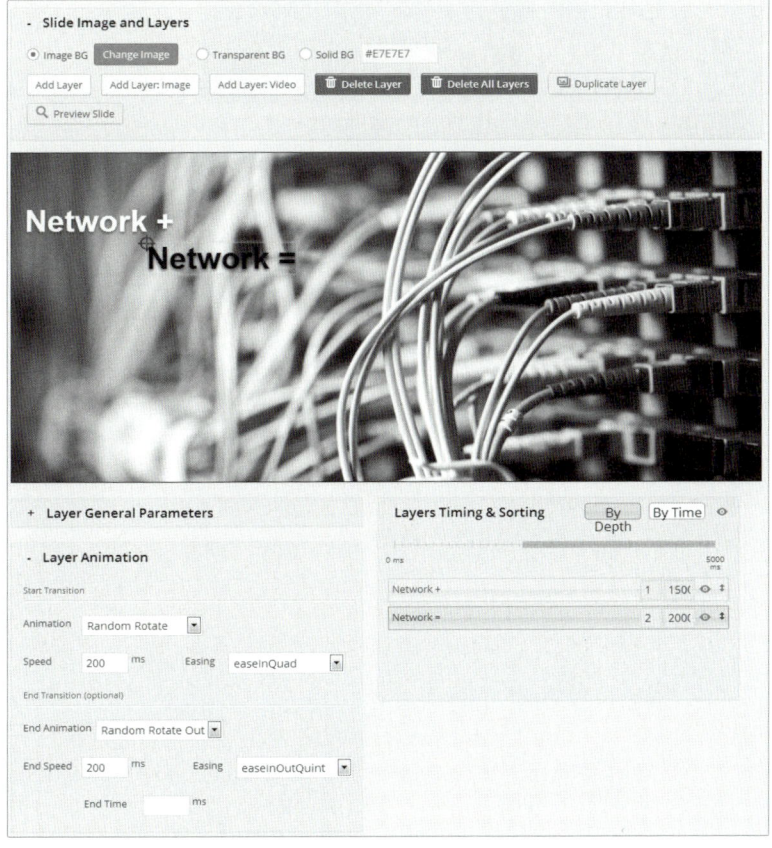

■ 그림 4-69 두 번째 Layer 설정 완료

17 첫 번째 슬라이드의 경우 7개의 Layer를 사용하였습니다. 앞으로 남은 5개도 동일한 방법으로 만들어 보시기 바랍니다.

Layers Timing & Sorting 부분은 텍스트가 나타나는 순서를 조절할 수 있고 시간도 조절할 수 있습니다. 이미 앞에서 설정을 했지만 모든 Layers 생성 후 마지막에 설정을 할 수도 있습니다. 마우스를 텍스트 박스 위로 가져가면 상하로 이동을 할 수도 있고, 1500, 2000, 2500 부분들은 숫자를 늘리고 줄여서 타이밍을 지정할 수 있습니다.

이러한 방식을 이용하여 메인 슬라이드에 사용할 Revolution Slider를 만들어 보았습니다.

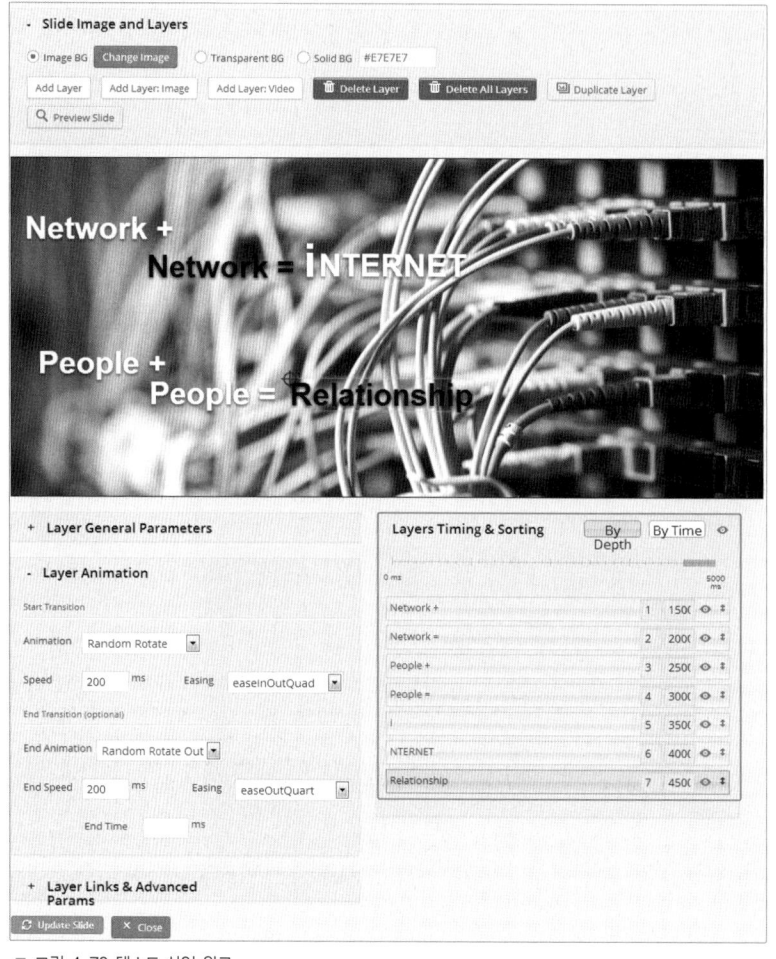

■ 그림 4-70 텍스트 삽입 완료

↦_tip_

바탕 이미지 위에 보조 이미지를 올리고자 한다면 [Add Layer:Image]를 클릭한 후 이미지를 삽입하고 표현하고자 하는 곳으로 이미지를 배치시키면 됩니다.

숏코드를 이용하여 Content Boxes 만들기

이번에는 Avada 테마에서 제공하는 숏코드를 이용하여 메인 슬라이드 밑의 아이콘과 텍스트 부분을 만들어 보겠습니다.

01 새 페이지를 추가하여 메인 페이지를 작성하기 위해서 알림판에서 [페이지]-[새 페이지 추가] 메뉴를 클릭한 후 [새 페이지 추가] 버튼을 클릭합니다. 새 페이지 추가 화면이 나타나면 제목에는 Home v1, 비주얼 상태에서 [Insert Fusion Shortcodes] 버튼을 클릭합니다.

■ 그림 4-71 Insert Fusion Shortcode 선택 버튼

02 새로운 창이 열리며 Choose Shortcode 부분의 버튼에서 Content Boxes를 선택합니다.

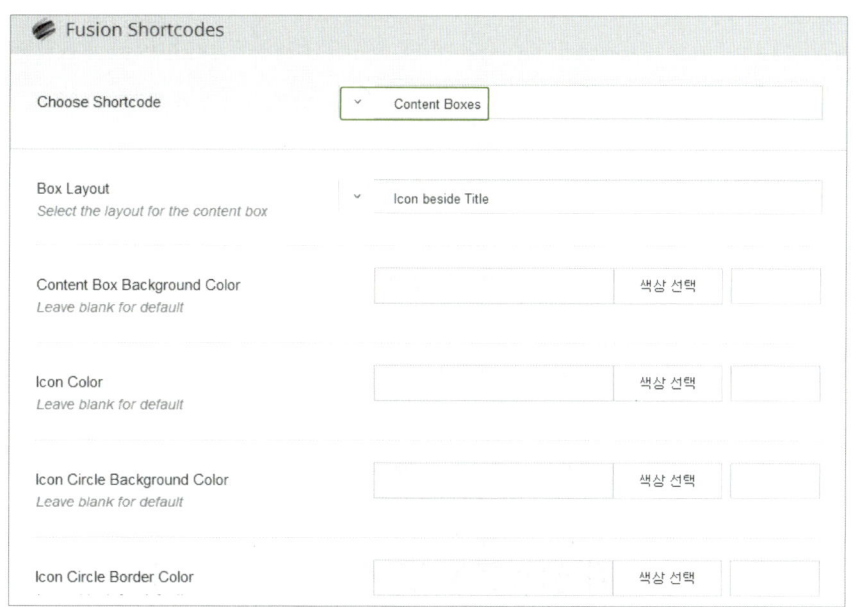

■ 그림 4-72 Content Boxes의 글로벌 설정

03 Content Boxes의 레이아웃과 아이콘색, 써클색, 배경색 등을 지정하는 창이 나타납니다. 여기서는 기본으로 제공하는 값을 유지하도록 합니다. 변경을 원할 경우에는 변경하여도 무관합니다. 다음은 Content Box에 대한 설정 부분입니다. Title에는 Content Box에 나타낼 제목을 입력합니다. 여기서는 Network

Business라고 입력하였습니다. 입력 후 제목과 같이 사용될 아이콘 모양을 선택합니다. 특별하게 원하는 아이콘이 있다면 icon image의 [Upload] 버튼을 클릭하여 아이콘을 업로드하여 사용을 할 수도 있습니다.

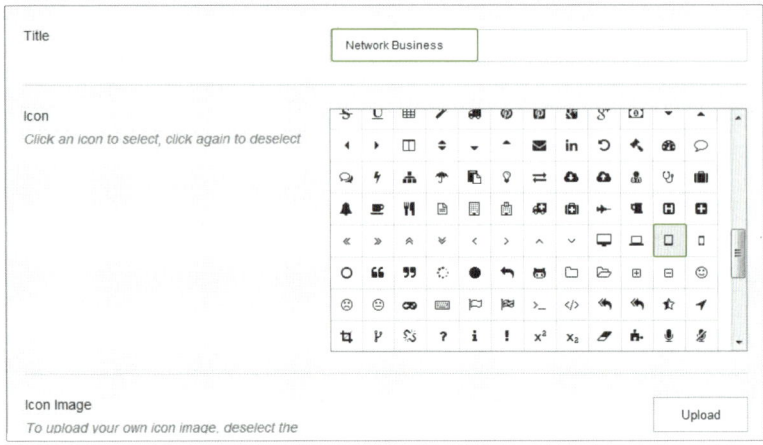

■ 그림 4-73 그림 컨텐츠 박스 타이틀 및 아이콘 선택

04 Fusion Shortcodes 창의 아래 부분에서는 아이콘의 사이즈 등도 설정할 수 있습니다. 여기서도 위와 동일하게 기본 값을 유지하겠습니다. 하단의 그림은 Content Box의 내용과 내용 이후에 붙을 자세한 내용을 볼 수 있도록 하는 링크에 대한 설정입니다.

Read More Link URL 입력 박스에는 컨텐츠 박스의 내용에 대한 추가 설명이 있는 페이지 및 글의 주소를 입력합니다. 현재 상태는 페이지를 만들기 전이지만 다음 과정에서 만든 이후에 링크에 대한 주소를 복사하여 붙여 넣으면 됩니다. Read More Link Text의 경우는 화면상에 나타낼 문구입니다. 이 부분은 More라고 입력합니다. Read More Link Target은 More 링크를 클릭하였을 때 새 창에서 또는 현재의 창에서 페이지로 이동하는 동작에 대한 부분입니다. 그대로 self 값을 유지합니다. 이렇게 해서 설정 부분 및 Content Box 안에 들어갈 내용을 채워 넣었습니다.

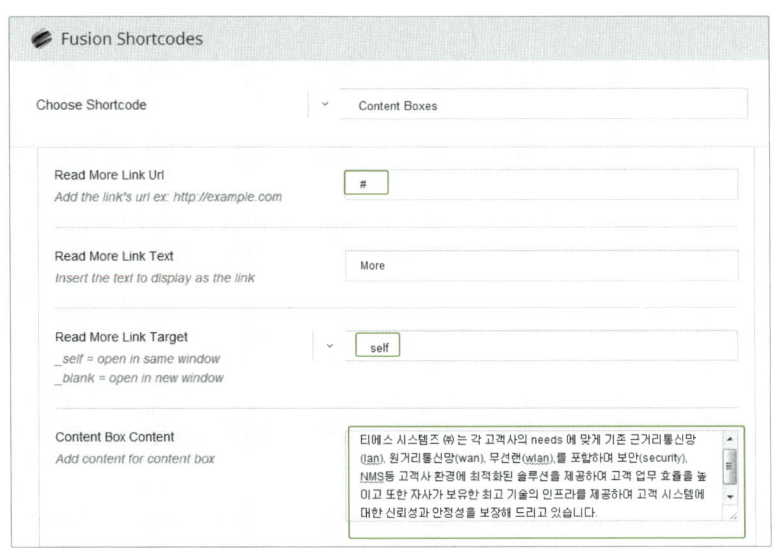

■ 그림 4-74 Content Box 내용 및 More 버튼 설정

> **↔_tip_**
> Read More Link URL의 값이 없을 경우는 Read More Link Text의 문구가 보이지 않습니다. 하지만 우선 표현을 하기 위해 Read More Link URL에 #을 넣어 Read More Link Text의 값이 보이도록 하겠습니다.

05 이제는 아이콘에 대한 효과 부분과 새로운 컨텐츠 박스를 생성하는 부분입니다. Animation Type은 아이콘에 대한 효과 부분으로 여러 가지 애니메이션 타입 중 한 가지를 선택하여 효과를 줄 수 있습니다. 여기서는 None으로 설정합니다. Animation Type은 한번씩 적용해본 후 나의 홈페이지에 맞게 설정하는 것이 좋습니다. 이렇게 해서 한 개의 Content Box 설정을 마쳤다면 [Add New Content Box] 클릭하여 위와 동일한 방법으로 여러 개의 컨텐츠 박스를 만들면 됩니다. 여기서는 세 개의 컨텐츠 박스를 생성하여 설정을 완료하였습니다.

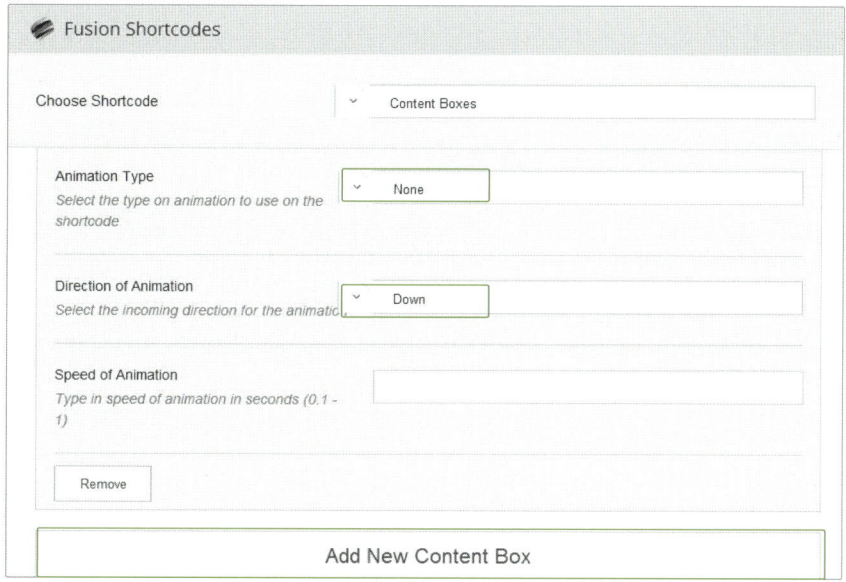

■ 그림 4-75 아이콘 이미지 효과 및 새로운 Content Box 추가 버튼

06 컨텐츠 박스 안의 글에 대해 효과를 넣어 보겠습니다. 글 꾸미기는 비주얼 상태에서 작성하면 손쉽게 사용할 수 있으므로 비주얼 상태에서 진행합니다. 텍스트에 대해 강조할 부분은 텍스트 선택 후 [B] 버튼 클릭하여 굵게 표시하고, 색상을 넣기 위해서는 텍스트 선택 후 [A] 버튼을 클릭하여 색상을 선택합니다. 이렇게 글에 대한 효과 부분을 마지막으로 Content Boxes의 설정이 완료되었습니다.

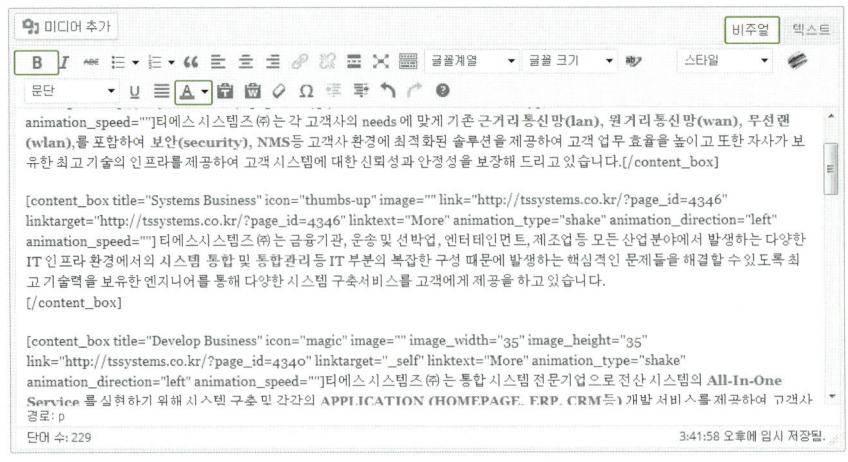

■ 그림 4-76 Content Box 비주얼 상태

메인 페이지의 1/2 Columns 만들기

이번에는 하나의 공간을 두 개로 나누어서 컨텐츠들을 삽입해 보도록 하겠습니다. 왼쪽 공간에는 동영상을 넣고, 오른쪽 공간에는 글들이 보일 수 있도록 만들어 보겠습니다.

우선 위의 내용과 이번에 만들 내용을 구분 짓기 위하여 Separator라는 숏코드를 이용하여 구분 짓도록 하겠습니다.

01 Choose Shortcode 부분에서 Separator을 선택하면 Style과 Margin Top을 설정할 수 있는 부분이 나옵니다. Style과 Margin Top은 공간을 나눌 때 어떠한 스타일로 얼마의 공간을 띄울 것인지 물어 보는 것입니다. 가령 한 줄 또는 두 줄 이런 식으로 구분을 짓고, 숫자는 위 공간에서 어느 정도 공간을 확보 후 컨텐츠 내용들을 삽입할 것인지에 대한 수치입니다.

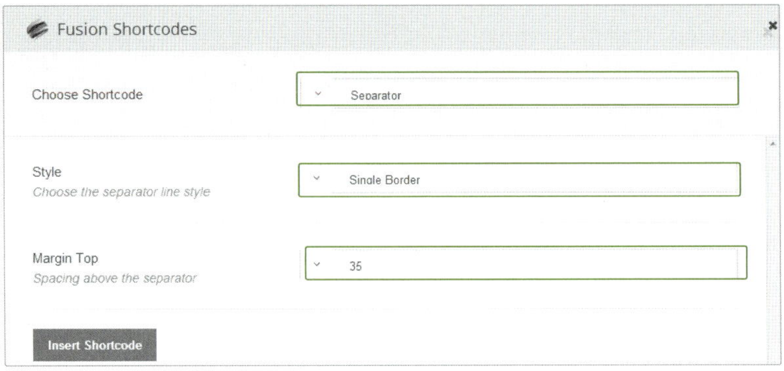

■ 그림 4-77 Separator 설정

02 이렇게 구분을 나누기 위한 여백 확보와 경계선에 대한 부분을 확인한 후 공간을 두개로 분할하여 왼쪽 공간에 동영상 컨텐츠를 삽입합니다.

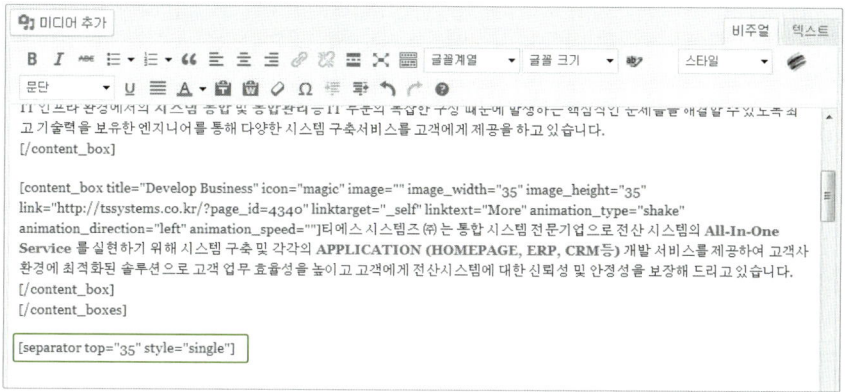

■ 그림 4-78 separator top 과 style 적용 화면

03 [Insert Fusion Shortcode] 버튼을 클릭하여 Columns를 선택하면 Column Type과 Last Column 설정 부분이 나타납니다. Column Type은 하나의 공간을 몇 개의 공간으로 나눌 것인지를 선택하는 곳으로, 여기에서는 두 개의 공간으로 나눌 것이기 때문에 One Half를 선택합니다. Last Column은 One Half 컬럼이 마지막인지 여부를 묻는 것입니다. 여기서는 첫 번째 컬럼을 만드는 것이므로 No를 선택합니다.

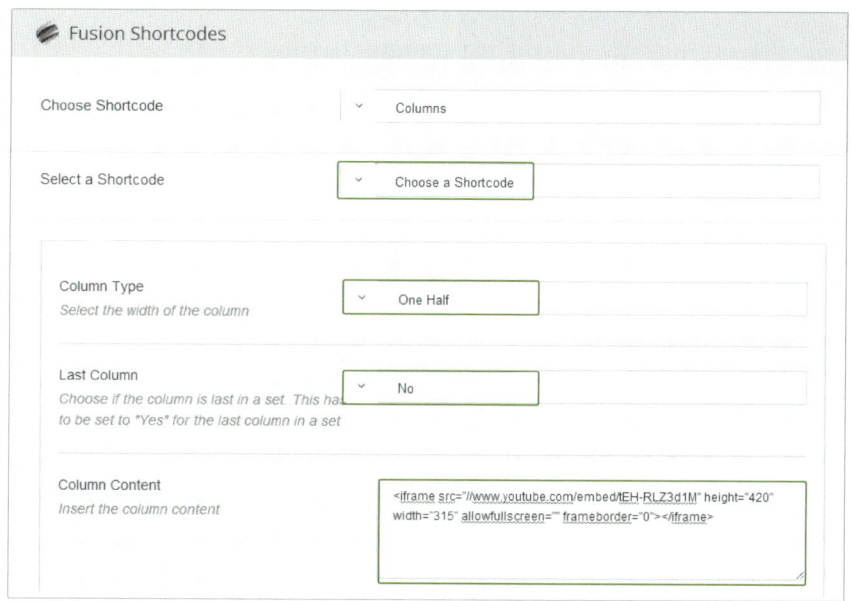

■ 그림 4-79 Column 설정 부분

04 다음 그림과 같이 유트브의 동영상 링크를 삽입해 보도록 하겠습니다.

■ 그림 4- 80 1/2 Columns 공간에 유트브 동영상 삽입

05 동영상 삽입을 위해 유튜브(www.youtube.com)에 접속해서 삽입할 동영상의 소스코드를 불러옵니다. 아래와 같이 해당 동영상 화면 아래의 [공유]를 클릭하면 [소스코드]가 나타나며, 이 소스코드를 이용합니다.

■ 그림 4-81 Youtube 동영상 가져오기

06 복사한 소스코드 안에는 동영상의 크기를 조절할 수가 있습니다. 앞으로 만들 글 영역에 대한 부분과 동일하게 맞추기 위해 사이즈를 조절합니다.

동영상 사이즈 : height="357" width="480"

복사한 소스코드를 바로 전의 Column Content 내용란에 붙여 넣은 후 [Insert Shortcode] 버튼을 클릭합니다.

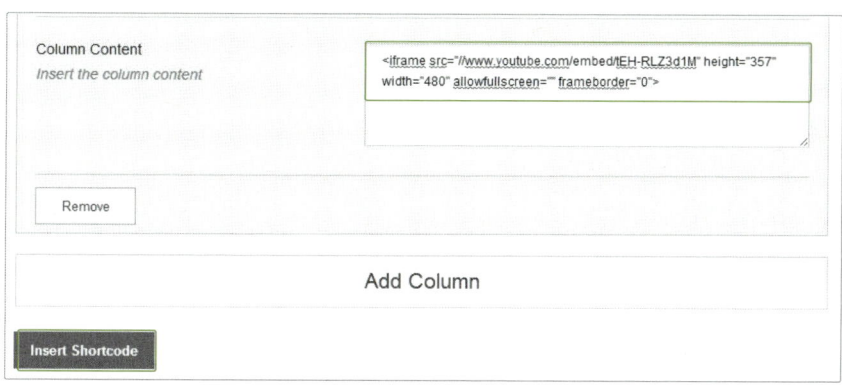

■ 그림 4-82 Column 소스코드 및 숏코드 삽입 설정

07 지금까지 진행이 되었다면 다음 그림과 같은 형태로 만들어집니다. 동일한 방법으로 Columns 숏코드를 선택하고, Column Type은 One Half를 선택합니다.

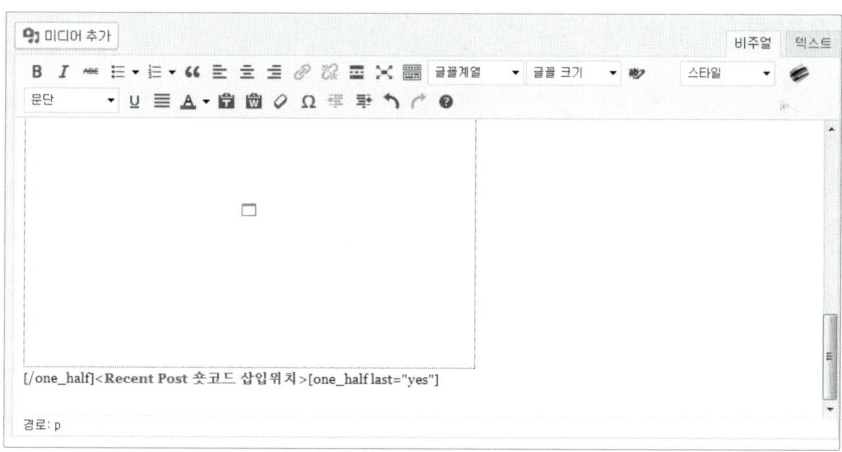

■ 그림 4-83 동영상 삽입 후 텍스트 탭 상태 확인

08 Last Column을 Yes로 선택하고, [Insert Shortcode] 버튼을 클릭합니다.

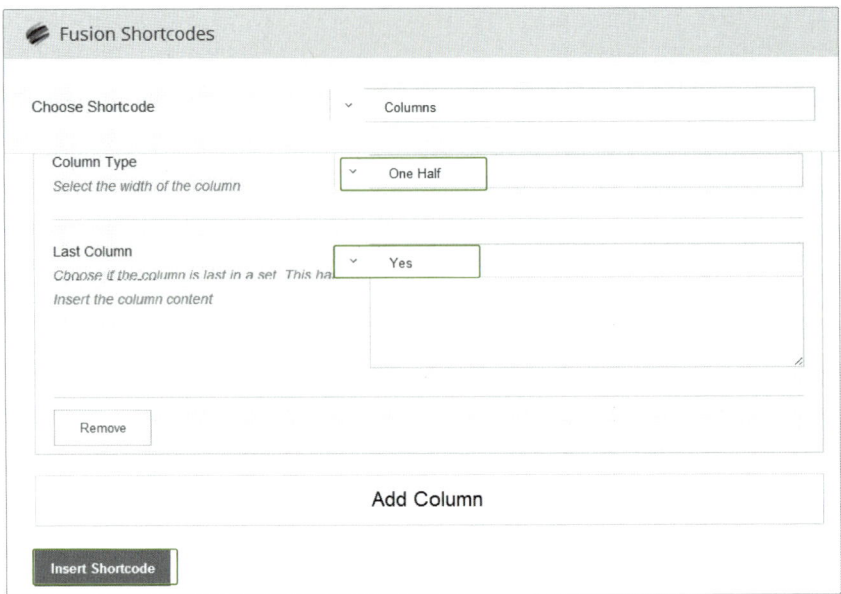

■ 그림 4-84 One Half로 설정하여 Last Column 생성

09 One Half의 두 번째 공간을 할당하였습니다. 이렇게 할당된 두 번째 공간의 [one_half last="yes"] [/one_half] 사이의 화살표 위치에 커서를 두고 [Insert Fusion Shortcode] 버튼을 클릭하여 Recent Posts 숏코드를 선택합니다.

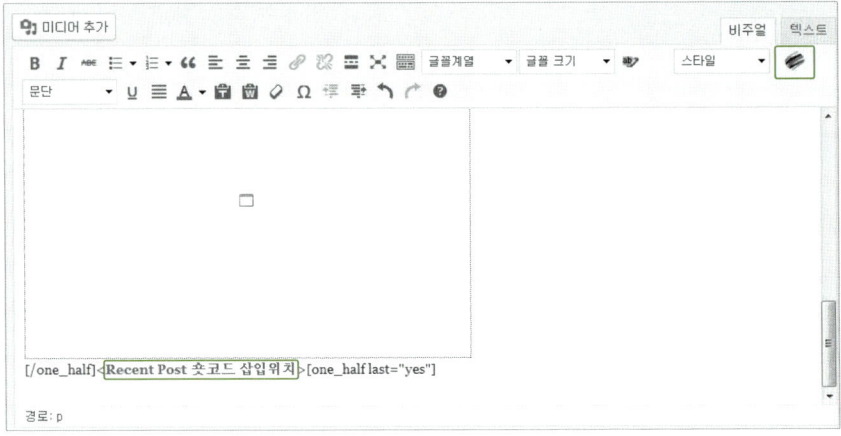

■ 그림 4-86 One Half로 설정하여 Last Column 생성이 완료 상태

10 Recent Posts 숏코드를 선택하면 Layout 부분에 글의 일부 내용이 보일 수 있도록 Thumbnails on Side를 선택하고 글들이 1개씩 3개까지 보일 수 있도록 Columns와 Number of Posts의 값을 수정합니다. 카테고리 부분은 어떤 카테고리의 글을 보여 줄지 여부를 묻는 것인데 카테고리의 설정 전 상태이기 때문에 모든 글들이 보일 수 있도록 빈상태를 유지합니다.

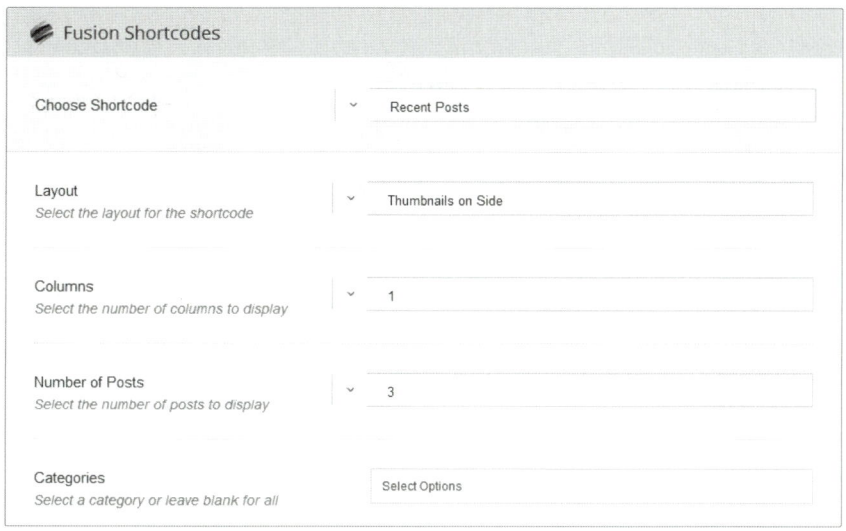

■ 그림 4-87 Recent Posts 숏코드 설정

11 하단의 Number of Excerpt Words 부분을 수정합니다. 이 부분은 글의 내용 중 글들이 얼마나 보이게 할지에 대한 값입니다. 수정한 값 이외의 부분들은 기본 설정을 유지합니다.

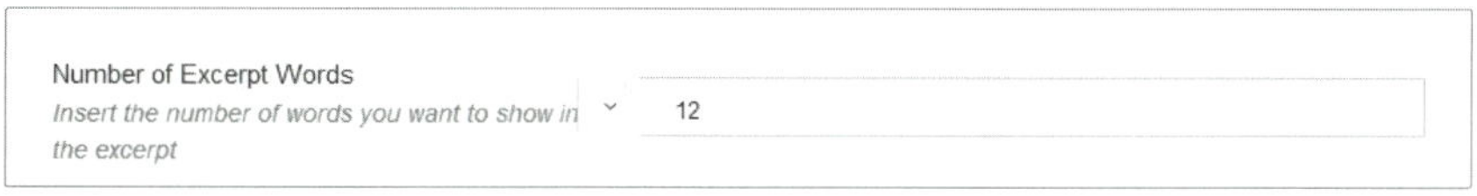

■ 그림 4-88 Recent posts 숏코드 설정 계속

12 지금까지의 작업을 텍스트 형태로 살펴보겠습니다. 지금까지 하나의 공간을 둘로 나누어서 활용할 수 있도록 하는 Columns 숏코드에 대한 설정을 알아보았습니다.

```
[one_half last="no"]
<iframe src="//www.youtube.com/embed/tEH-RLZ3d1M" height="315" width="420" allowfullscreen="" frameborder="0">
</iframe>
[/one_half]

[one_half last="yes"]
[recent_posts layout="thumbnails-on-side" columns="1" number_posts="3" cat_slug="" exclude_cats="" thumbnail="yes" title="yes" meta="yes" excerpt="yes" excerpt_words="12" strip_html="yes" animation_type="0" animation_direction="down" animation_speed=""][/recent_posts]
[/one_half]
```

■ 그림 4-89 One Half Columns 설정 완료

메인 페이지의 Client Slider 만들기 및 페이지 옵션 설정하기

Slider 숏코드를 넣기 전에 이전 방식과 같이 앞으로 진행할 부분과 지금까지 진행한 부분들의 구분을 위하여 Title이라는 숏코드를 넣어 분리시켜 보도록 하겠습니다.

01 Title 숏코드에서 타이틀에 대한 제목과 사이즈를 지정합니다. Title 숏코드를 이용하여 구분을 했다면 이번에는 작은 사진들을 넣어 보겠습니다. Client Slider에서 사용할 156×113 픽셀 사이즈의 사진을 미리 준비를 합니다. 이 부분에서는 사진을 클릭했을 때 해당 사이트로 이동할 수 있는 기능이 있습니다. [Insert Fusion Shortcode] 버튼을 클릭합니다.

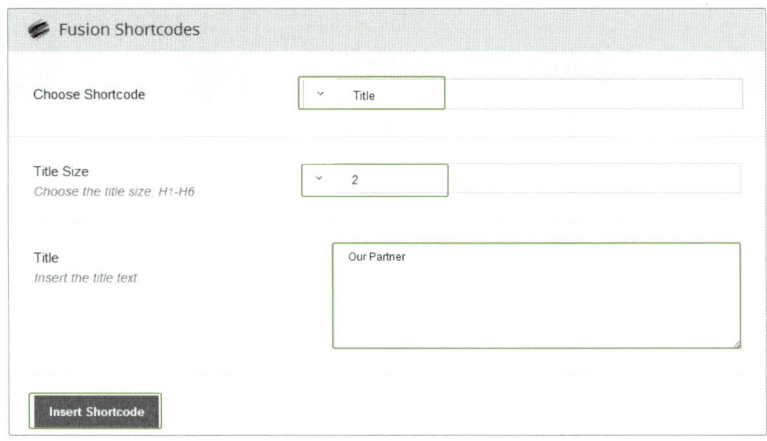

■ 그림 4-90 숏코드 Title 설정하기

02 Client Slider 숏코드를 선택합니다. Client Website Link는 사진을 클릭 했을 때 이동될 사이트 주소를 기입

하고, Link Target 은 클릭 시에 새 창 또는 현재의 창에서 연결 할지 여부를 묻는 것입니다. blank 를 선택하여 새 창에서 열릴 수 있도록 하였습니다. Client image란의 [Upload] 버튼을 클릭하여 이미지를 업로드시킵니다.

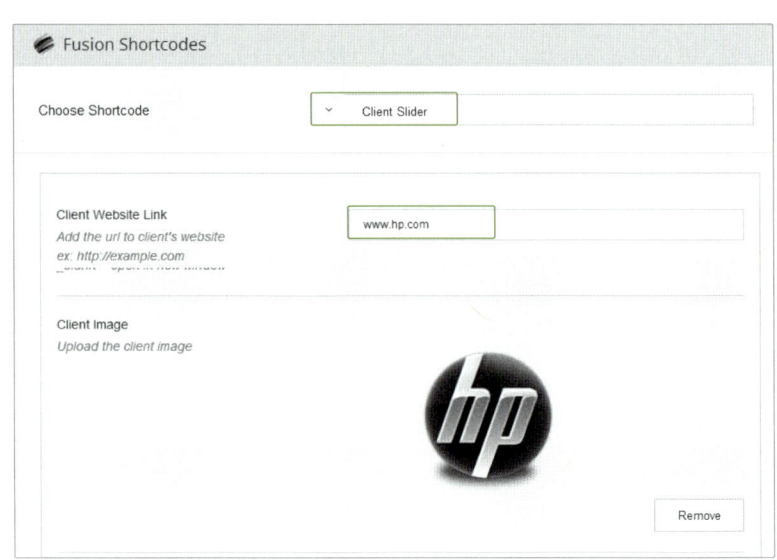

■ 그림4-91 Client Slider 설정

03 이미지 사이즈는 156×113 픽셀 입니다. 이런 식으로 밑의 [Add New Client Image] 버튼을 클릭하여 여러 개의 슬라이드를 생성 후 [Insert Shortcode] 버튼을 클릭하여 설정을 마무리합니다. Title 숏코드와 Client image 숏코드에 대해 생성 후 정리된 텍스트 상태입니다. 이렇게 하여 메인 화면에 사용할 숏코드들은 모두 완성하였습니다.

```
[title size="2"]Our Partner[/title]
[clients]
[client link="http://cisco.com" image="http://tssystems.co.kr/wp-content/uploads/2013/10/cisco_300.jpg"
linktarget="_blank"]
[client link="http://piolink.com" image="http://tssystems.co.kr/wp-content/uploads/2013/10/piolink_300.jpg"
linktarget="_blank"]
[client link="http://fortinet.com" image="http://tssystems.co.kr/wp-content/uploads/2013/10/Fortinet_300.jpg"
linktarget="_blank"]
[client link="http://juniper.net" image="http://tssystems.co.kr/wp-content/uploads/2013/10/juniper_300.jpg"
linktarget="_blank"]
[client link="http://enterasys.com" image="http://tssystems.co.kr/wp-content/uploads/2013/10/enterasys_300.jpg"
linktarget="_blank"]
[client link="http://ibm.com" image="http://tssystems.co.kr/wp-content/uploads/2013/10/IBM_300.jpg"
linktarget="_blank"]
[client link="http://hp.com" image="http://tssystems.co.kr/wp-content/uploads/2013/10/HP_300.jpg"
linktarget="_blank"][/clients]
```

■ 그림 4-92 Client Slider 숏코드 설정 완료

04 페이지에 대한 속성과 옵션을 설정합니다. 메인 화면은 템플릿을 Full로 사용하여야 되기 때문에 Full Width를 선택하고, 페이지 옵션은 메인 페이지에서 사용할 슬라이드 선택과 페이지 타이틀 바에 대한 설정을 합니다.

■ 그림 4-93 메인 화면 페이지 속성

05 Slider Type은 어떠한 슬라이드를 사용할지에 대해 선택합니다. 메인 슬라이드로 Revolution Slider를 선택하여 슬라이드를 만들었기 때문에 Revolution Slider를 선택합니다. Select Revolution Slider는 위에서 만들었던 Main Slider를 선택하여 메인 슬라이드에 대한 설정을 완성합니다.

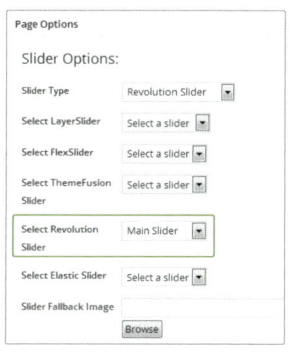

■ 그림 4-94 메인 슬라이드 선택

06 페이지 타이틀 바에 대해 설정을 계속하겠습니다. 페이지 타이틀 바는 페이지가 보여질 때 타이틀에 대한 공간과 제목을 보여 줄지에 대한 부분입니다. 메인 페이지에서는 타이틀 제목과 틀이 필요 없기에 Hide로 설정하여 메인 페이지를 완성합니다.

■ 그림 4-95 페이지 타이틀 바

07 지금까지 만든 페이지가 나의 홈페이지에 메인 페이지가 되도록 지정해 보겠습니다. 알림판에서 [설정]-[읽기] 메뉴를 선택합니다. 읽기 설정 화면에서 전면 페이지 표시 항목이 홈페이지의 첫 화면을 설정할 수 있는 곳입니다.

최근 글이라고 되어 있는 라디오 버튼을 정적인 페이지로 지정합니다. 전면 페이지 드롭 버튼을 클릭하여 지금까지 만든 Home v1 페이지를 선택합니다. [변경 사항 저장] 버튼을 클릭하여 설정을 저장하면 사이트의 메인 페이지를 지정하는 설정이 완료됩니다.

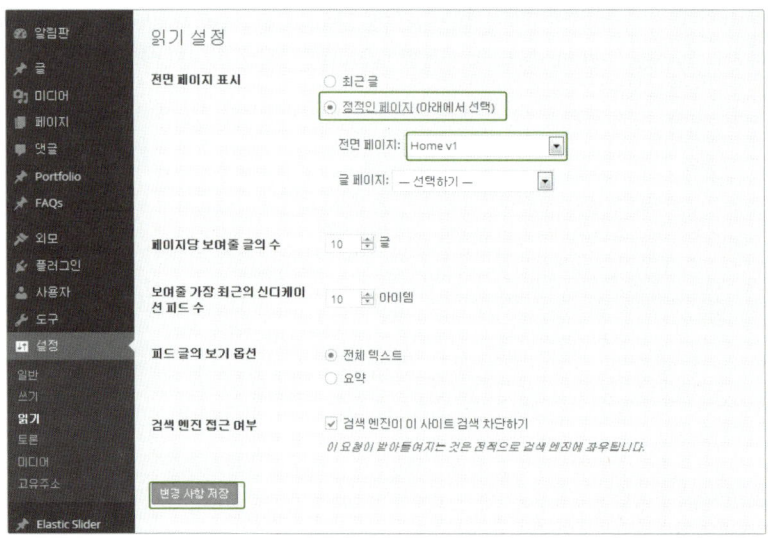

■ 그림 4-96 메인 페이지 지정 설정

08 [사이트 보기]를 클릭하여 지금까지 만든 메인 페이지를 확인해 봅니다.

■ 그림 4-97 홈페이지 사이트 보기로 이동

09 메인 페이지를 확인하였다면 "뭔가 이상하고 어색하다"라는 느낌이 들 겁니다. 아마도 숏코드와 숏코드 사이의 여백 부분과 폰트에 대한 부분이 아닐까 생각이 됩니다. 다음 장에서는 자료까지 만들었던 메인 페이지를 조금 더 자연스럽고 편안하게 보여지기 위해 여백에 대한 부분은 줄이고 폰트는 바꾸는 작업을 진행해 보도록 하겠습니다.

■ 그림 4-98 메인 페이지 폰트 및 여백 조정 전

나눔고딕 폰트 바꾸기

글씨체는 나눔고딕으로 바꾸어 보도록 하겠습니다. 나눔고딕을 사용하는 이유는 웹 상에서 한글을 표현할 때 가장 자연스럽고 깔끔하게 하기 위해서입니다. 우선 웹 폰트를 가지고 오도록 하겠습니다.

01 구글 브라우저의 검색창에서 'webfont korean'을 검색합니다. 'Google Fonts : Early Access' 제목의 웹문서를 클릭하여 페이지를 살펴보면 여러 가지의 글씨체들을 확인할 수 있습니다.

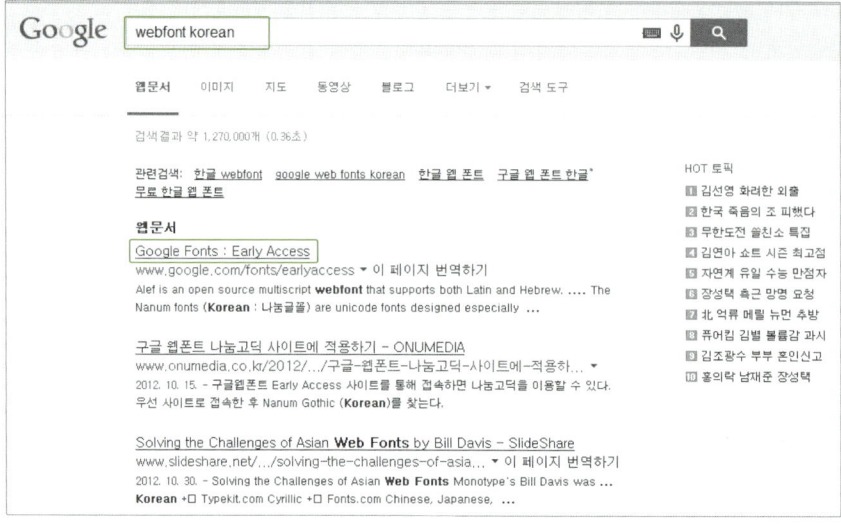

■ 그림 4-99 webfont korena 검색 결과

02 나눔고딕 폰트를 찾아 해당 코드를 확인해 보겠습니다. 나눔고딕도 많은 글씨체들로 구분되는데, 그 가운데에서 Nanum Gothic (Korean)을 적용합니다. 폰트의 Link 주소를 복사합니다. 복사한 주소값을 Avada Child style.css 안에 넣을 것입니다.

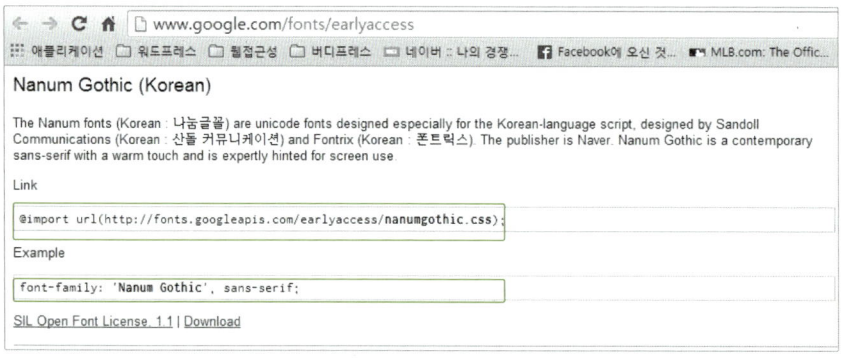

■ 그림 4-100 Nanum Gothic (Korean) 폰트 확인

03 알림판에서 [외모]-[편집기] 메뉴를 선택하면 스타일시트(style.css)가 나타납니다. 복사한 링크 값을 그림과 같이 style.css 내용 안에 붙여 넣습니다. 여기서 원본 Avada Theme가 아닌 Child Theme에 소스 수정을 하는 것은 Avda 테마가 업데이트 되었을 때 지금까지의 모든 작업들이 업데이트 되는 순간에 수정될 수 있기에 Avada Child 테마에 적용하는 것입니다. 앞으로 모든 소스수정에 대해서는 Child Theme에 적용을 할 것이니 이 점을 꼭 기억하기 바랍니다.

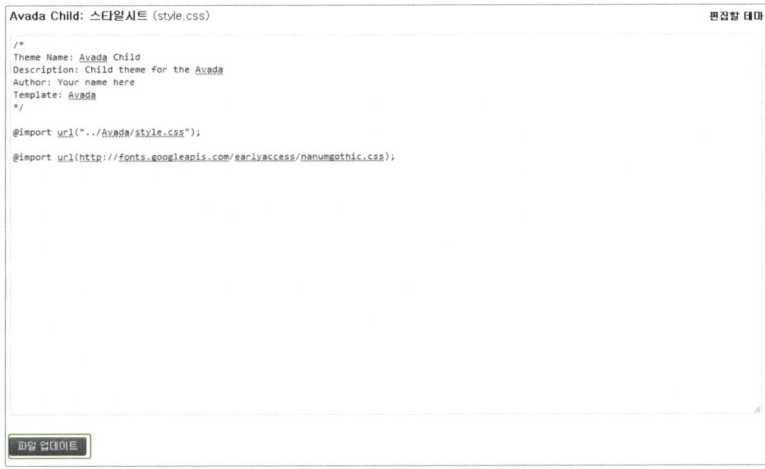

■ 그림 4-101 Avada Style.css에 나눔고딕 주소값 입력

04 [파일 업데이트] 버튼을 클릭하여 수정한 내용을 저장합니다. 지금까지의 작업은 나눔고딕 폰트를 웹에서 불러오는 과정입니다.

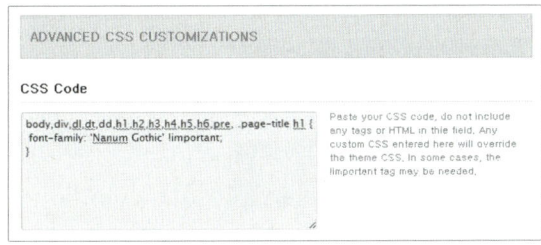

■ 그림 4-102 Avada Child Style.css 파일 저장

05 불러온 폰트를 테마에 적용해 보도록 하겠습니다. 알림판에서 [외모]-[Theme Options] 메뉴를 선택한 후 Custom CSS으로 이동한 후 나눔고딕을 적용할 영역을 CSS Code 안에 지정합니다. [Save All Changes] 버튼을 클릭하여 수정사항을 저장합니다.

■ 그림 4-103 Theme Options의 Custom CSS 나눔고딕 설정 값 지정

```
body,div,dl,dt,dd,h1,h2,h3,h4,h5,h6,pre, .page-title h1 {
    font-family: 'Nanum Gothic' !important;
}
```

06 사이트를 접속하면 폰트가 변경된 것을 확인할 수 있습니다. 폰트를 변경하면 홈페이지가 조금은 더 세련되어 보이는 효과가 있습니다. 이렇듯 홈페이지에 있어서 폰트는 매우 중요한 영향을 미칩니다.

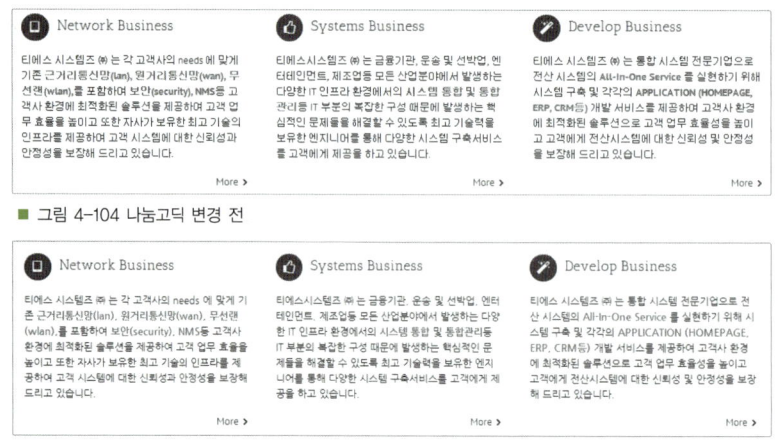

■ 그림 4-104 나눔고딕 변경 전

■ 그림 4-105 나눔고딕 변경 후

컨텐츠와 컨텐츠 사이의 공간 줄이기

다음 그림을 보면 컨텐츠와 컨텐츠 사이의 여백 부분에 있어 너무 떨어져 있기 때문에 홈페이지가 어색하게 보일 수 있습니다. 이 부분도 CSS 수정을 통해 변경할 수 있습니다. 초보자들은 CSS 수정을 한다고 하면 "어렵다" 라고 생각을 많이 하는데, 하지만 생각하는 것만큼 어렵지는 않습니다.

■ 그림 4-106 여백 조정 전 메인 페이지

01 위 그림에서 첫 번째 Content Box의 More 글부터 아래의 Separator 숏코드 부분까지 여백이 너무 길어보여 이 공간을 줄여 보겠습니다. 구글 크롬을 이용하여 홈페이지 사이트 창을 열고 F12 키를 눌러 개발자코드가 나타나도록 합니다. 개발자 코드 가장 하단의 돋보기를 클릭한 후 마우스를 상하 좌우로 움직여 공간을 줄이고자 하는 부분으로 이동합니다.

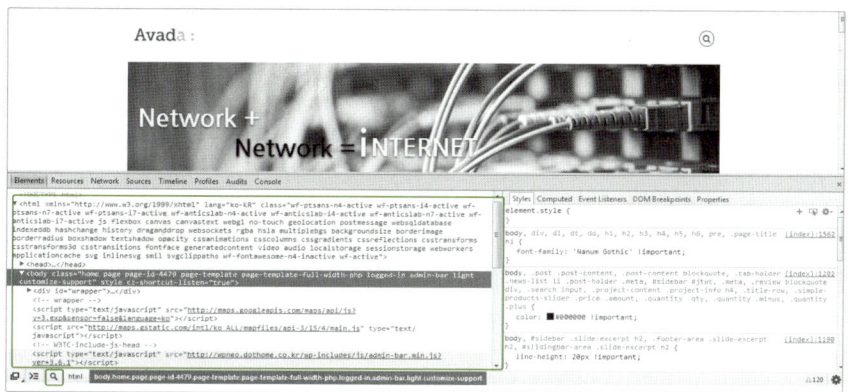

■ 그림 4-107 개발자 도구 생성

02 Contents Boxes 숏코드의 두번째 [More >] 옆 부분으로 마우스를 이동하면 다음 그림과 같이 영역을 찾을 수 있습니다. 영역을 찾은 상태에서 마우스를 클릭합니다.

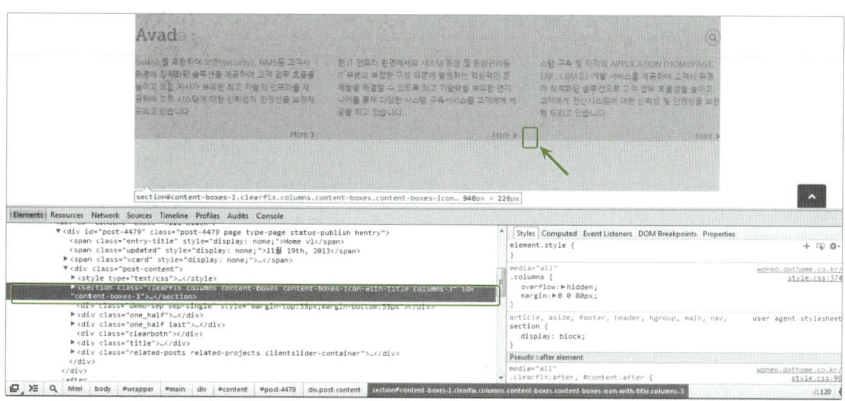

■ 그림 4-108 크롬 개발자 도구를 통한 영역 찾기

03 다음 화면과 같이 크롬 개발자 도구 왼쪽 코드에서 "▶ 〈section class="clearfix columns content-boxes content-boxes-icon-with-title columns-3" id="content-boxes-1"〉...〈/section〉" 영역을 파란색 선택 영역으로 보여주고 있습니다. 다음 그림과 같이 개발자 도구을 이용하여 찾고자 하는 영역에 해당하는 코드 영역까지 찾아 이동합니다.

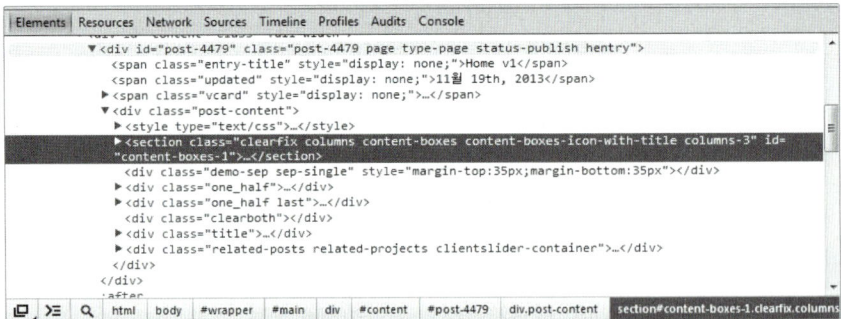

■ 그림 4-109 크롬 개발자 도구 왼쪽 코드 영역

04 개발자 도구 영역의 오른쪽 부분은 다음 그림에서 찾은 영역을 자세하게 보여주는 부분으로 그림과 같이 되어 있습니다. margin이라는 부분을 볼 수 있습니다. 여기서의 margin은 여백이라는 뜻을 가지고 있습니다. 이 부분의 값을 80에서 0으로 수정합니다.

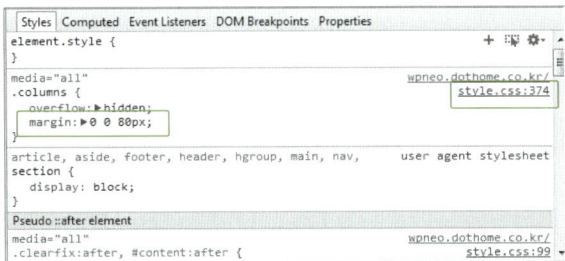

■ 그림 4-110 크롬 개발자 도구 오른쪽 코드 영역

05 값을 조정하면 다음 화면과 같이 간격이 줄어든 것을 확인할 수 있습니다. 〈그림 4-110〉에서 style.css:374(번호는 사이트마다 다를 수 있습니다.)를 클릭하여 style.css에는 어떻게 표현이 되어 있는지 확인을 해보겠습니다.

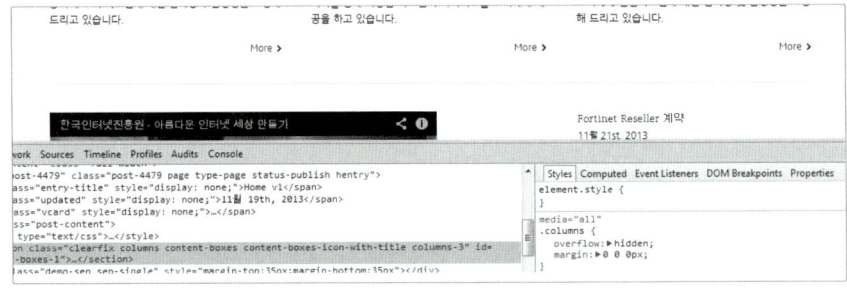

■ 그림 4-111 margin 값 조정 후 화면

06 다음 그림에서 파랑색으로 선택된 부분을 복사하고, 알림판에서 [외모]-[편집기] 메뉴를 선택한 후 style.css 파일로 이동합니다.

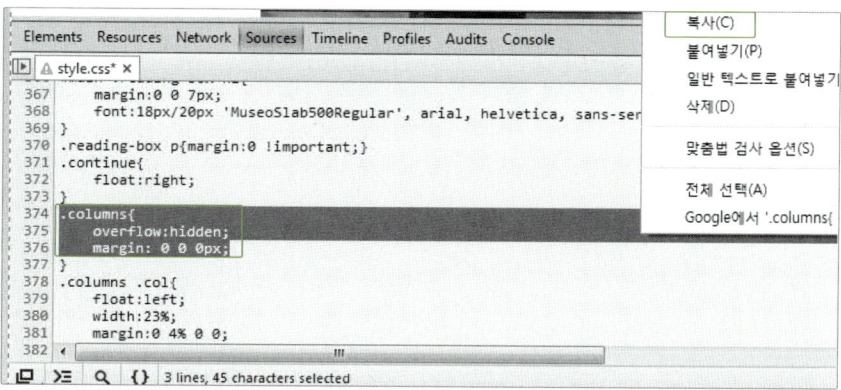

■ 그림 4-112 style.css에 표현된 부분

07 복사 한 값을 붙여 넣어 파일을 편집 후 왼쪽 하단의 [업데이트] 버튼을 클릭하여 저장합니다. 이제 두 번째 여백도 줄여보겠습니다. 여백에 대한 부분을 찾는 방법은 1번과 동일합니다. 돋보기를 이용하여 검색합니다.

```
.columns{
    overflow:hidden;
    margin:0 0 0px;
}
```

```
/*
Theme Name: Avada Child
Description: Child theme for the Avada
Author: Your name here
Template: Avada
*/

@import url("../Avada/style.css");

@import url(http://fonts.googleapis.com/earlyaccess/nanumgothic.css);

.columns{
    overflow:hidden;
    margin: 0 0 0px;
}
```

■ 그림 4-113 style.css 파일 값 수정

08 동영상 옆 부분의 마지막 이미지 아래 부분에 마우스를 위치시키면 다음 그림과 같이 영역을 찾을 수 있습니다.

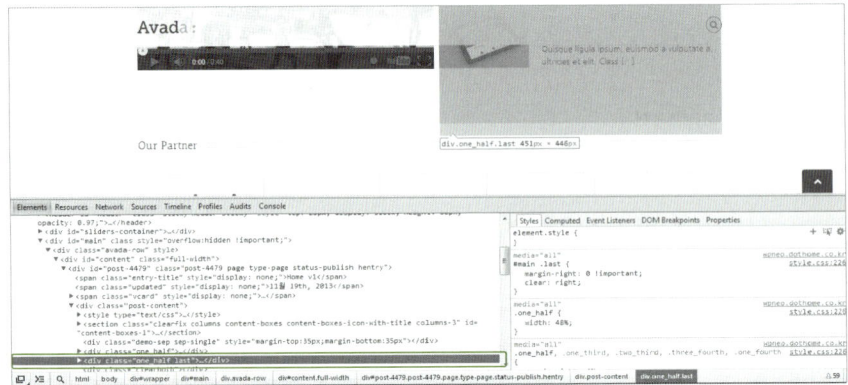

■ 그림 4-114 돋보기를 이용한 여백 공간 위치 찾기

09 여백 조정을 위한 곳을 찾았으면 개발자 도구 영역에서 어느 부분에 해당이 되는지 확인을 합니다. 다음 그림과 같이 〈div class="one_half last"〉…〈/div〉 영역입니다.

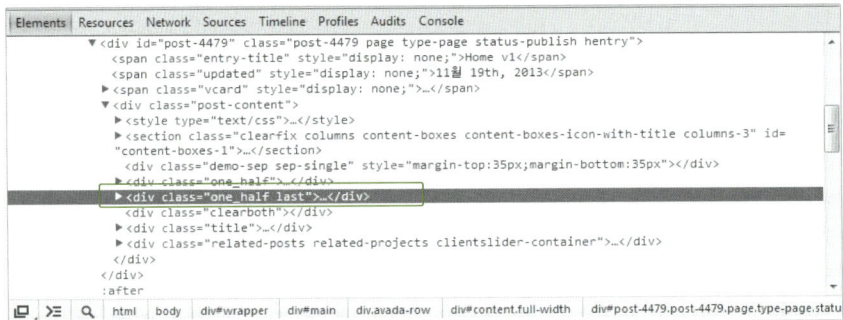

■ 그림 4-115 크롬 개발자 도구 왼쪽 코드 영역2

10 해당 영역의 개발자 도구 오른쪽 부분에서 스크롤을 내리면 margin-bottom: 20px; 코드가 보이는데, 이 부분의 값을 -20px 정도로 수정하면 올라가는 것을 확인할 수 있습니다. 변경할 위치를 찾았기 때문에 style.css에 어떻게 표현되어 있는지 확인합니다. style.css:2263을 클릭하면 style.css 내의 2263번째 줄로 이동하며, 어떻게 표현되었는지 형태를 확인할 수 있습니다.

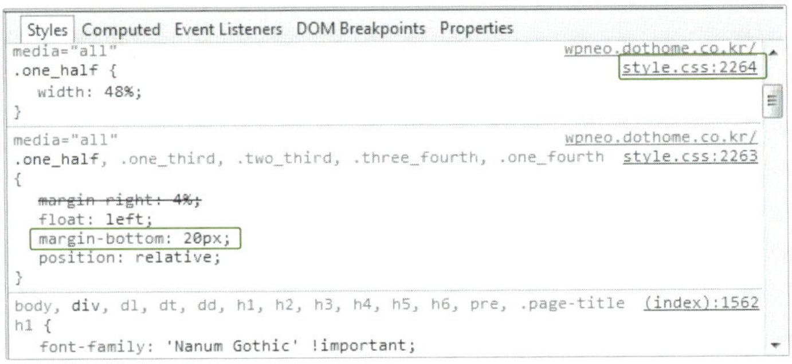

■ 그림 4-116 크롬 개발자 도구 오른쪽 코드 영역

11 다음 소스를 복사합니다. 알림판에서 [외모]–[편집기] 메뉴를 선택하여 style.css 파일로 이동합니다.

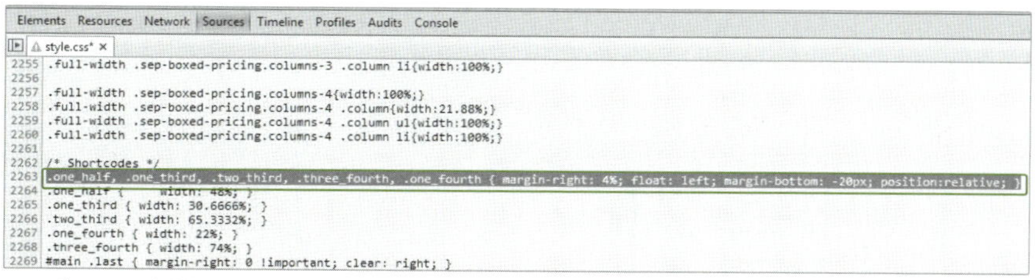

■ 그림 4-117 변경할 부분에 대한 확인 완료

```
.one_half, .one_third, .two_third, .three_fourth, .one_fourth { margin-right: 4%;
float: left; margin-bottom: -20px; position:relative; }
```

12 복사한 값을 css 파일에 붙여넣은 후 파일 업데이트하고 저장합니다.

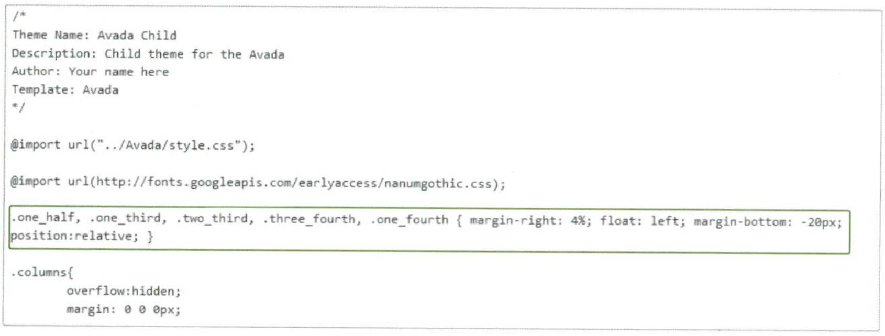

■ 그림4-118 child theme margin-bottom 부분 수정

앞으로 만들 페이지들은 이렇게 숏코드를 이용하여 만들 것입니다. 지금까지는 아무것도 없는 상태에서 만들었지만 앞으로의 페이지들은 Dummy 파일에서 받은 페이지 샘플들을 가지고 수정하면서 만들어 가도록 하겠습니다.

페이지 만들기

이번 섹션에서 홈페이지를 구성하는 회사 소개페이지, 경영철학 페이지, 오시는 길 페이지 등 다양한 페이지를 만들어보겠습니다.

About Us, 회사 소개페이지 구성하기

이번 섹션에서는 다음 그림과 같은 회사 소개 페이지를 만들어 보겠습니다. 회사의 소개 부분은 최상단 부분을 반으로 나누어 슬라이드와 인사말을 넣을 것이고, 그 하단에는 프로세스 바 그리고 카운트 서클, 고객사 등을 넣어서 만들 것입니다. 이 부분은 Dummy 파일의 페이지 중에서 About Us Page 1 페이지를 수정하여 진행하겠습니다.

■ 그림 4-119 About Us 전체 페이지

01 알림판에서 [페이지]-[모든 페이지] 메뉴를 선택한 후 About Us Page 1을 선택합니다. 다음 그림은 Dummy 파일에서 기본적으로 제공하는 About Us Page 1에 사용되어 있는 숏코드 들입니다. 여기서 필요 없는 부분들은 제거하고 필요한 부분들은 추가하여 만들어 보겠습니다.

About Us Page1의 값을 수정하면 잘못 수정을 했을 때 되돌리기가 어려울 수 있으니 새 페이지에서 작업을 진행하겠습니다. About Us Page1 텍스트 상태에서의 모든 값을 복사한 후 [새 페이지를 추가] 버튼을 클릭하여 하여 복사한 내용을 텍스트 탭에서 붙여 넣습니다. 제목은 'TS About Us'라고 입력합니다.

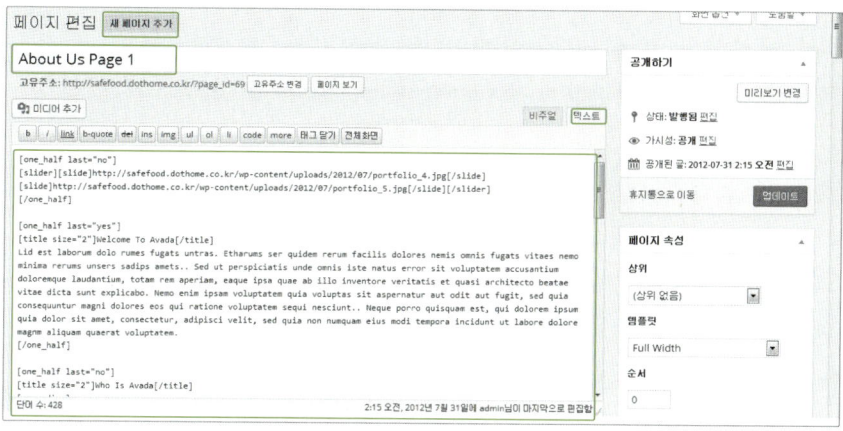

■ 그림 4-120 About Us Page 1 텍스트 상태

02 About Us 인사말 왼편에 사용할 이미지를 넣어 보도록 하겠습니다. 580×388 이미지를 파일질라 FTP 프로그램을 이용하여 파일을 전송한 후 파일명과 경로를 수정합니다.

이미지가 준비 되었다면 FTP로 전송을 해보도록 하겠습니다.

이미지 파일명: ❶ image_a1_560_366.png ❷ image_a2_560_373.png ❸ image_a3_560_379.png

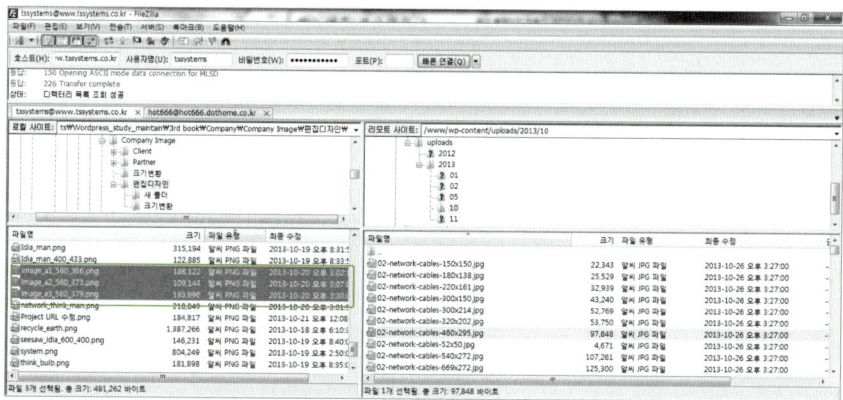

■ 그림 4-121 FTP 파일질라 프로그램을 이용한 이미지 파일전송

이미지를 FTP 프로그램을 이용하여 전송을 하는 것은 새로운 페이지에서 숏코드를 하나하나 넣어 만드는 것이 아니라 기존의 텍스트 값을 변경하여 수정하는 것이기 때문에 이미지 전송 후 파일명의 값만 변경하면 손쉽게 이미지를 변경할 수 있습니다.

이미지 파일 확장자의 경우 JPG 또는 PNG 모두 사용할 수 있습니다. 왼쪽 로컬 PC 영역에서 전송할 이미지를 선택한 후 오른쪽 서버 영역으로 파일을 드래그 앤 드롭하면 파일이 전송됩니다.

03 나의 홈페이지 공간으로 이미지 전송이 완료되었다면 다시 페이지의 텍스트 탭으로 돌아와서 이미지의 경로와 이미지 명을 변경합니다.

```
[one_half last="no"]
[slider]
[slide]http://www.tssystems.co.kr/wp-content/uploads/2013/10/image_a1_560_366.png[/slide]
[slide]http://www.tssystems.co.kr/wp-content/uploads/2013/10/image_a2_560_373.png[/slide]
[slide]http://www.tssystems.co.kr/wp-content/uploads/2013/10/image_a3_560_379.png[/slide]
[/slider]
[/one_half]
```

■ 그림 4-122 슬라이드 이미지 파일 전송 경로 및 파일명

04 파일 이름과 파일 경로는 FTP프로그램을 이용하여 도메인으로 파일을 전송한 파일 이름과 파일 경로를 적어 주고 업데이트 또는 공개하기를 하여서 미리 보기를 하면 이미지가 변경된 것을 확인할 수 있습니다.

```
[one_half last="yes"]
[title size="2"]Welcome To Avada[/title]
Lid est laborum dolo rumes fugats untras. Etharums ser quidem rerum facilis dolores nemis omnis fugats vitaes nemo
minima rerums unsers sadips amets.. Sed ut perspiciatis unde omnis iste natus error sit voluptatem accusantium
doloremque laudantium, totam rem aperiam, eaque ipsa quae ab illo inventore veritatis et quasi architecto beatae vitae
dicta sunt explicabo. Nemo enim ipsam voluptatem quia voluptas sit aspernatur aut odit aut fugit, sed quia
consequuntur magni dolores eos qui ratione voluptatem sequi nesciunt.. Neque porro quisquam est, qui dolorem ipsum
quia dolor sit amet, consectetur, adipisci velit, sed quia non numquam eius modi tempora incidunt ut labore dolore
magnam aliquam quaerat voluptatem.
[/one_half]
```

■ 그림 4-123 About Us 기본값 인사말

05 이미지 슬라이드 옆의 인사말을 바꾸어 보도록 하겠습니다. 이미지 슬라이드 하단에 'Welcome To Avada'라는 인사말이 있습니다. 이 부분은 타이틀에 대한 부분이고, 그 다음부터는 인사말에 대한 부분입니다. 타이틀 부분은 'Welcome To Avada' → 'Welcome To Trust Sharing Systems'로 수정하였고 타이틀 아래의 인사말 내용도 회사의 특징에 맞게 수정합니다.

```
[one_half last="yes"]
[title size="2"]Welcome To Trust Sharing Systems[/title]
티에스시스템즈는 차별화된 기술력과 창의력을 기반으로 2012년 창업되어 지금까지 끊임없는 도전과 혁신으로, 꾸준히 성장하고 있는 네트워크
통신 전문 기업입니다.

티에스시스템즈 그 동안 쌓아 온 네트워크 통합 및 시스템 통합 노하우와 전문기술력을 바탕으로 IT 컨설팅, 개발, 운영, 유지보수에 이르기까
지 고객의 IT인프라 시스템을 최적으로 구현하기 위해 필요한 최상의 제품과 서비스를 제공합니다.

그리고 하드웨어에서 소프트웨어기술에 까지 한곳에서 여러곳으로 나누어 질수 있는 스마트한 삶, 스마트한 비지니스가 필수 있도록 만들어 가고
있습니다.
[/one_half]
```

■ 그림 4-124 About Us 텍스트 수정

06 인사말 하단의 [+] 버튼을 클릭했을 때 열리는 부분과 그 옆의 프로세스 바를 만들어 보겠습니다.

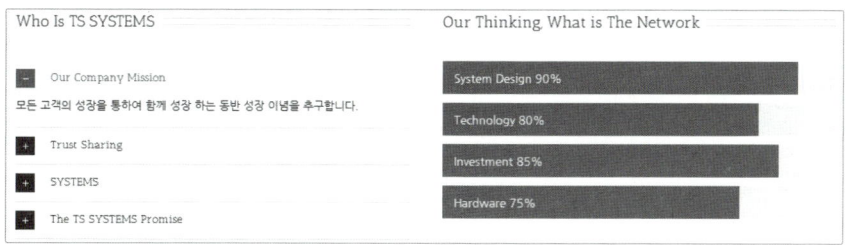

■ 그림 4-125 About us 부분의 [+] 버튼 부분과 프로세스 바

07 여기서 사용된 숏코드의 경우는 toggle이라는 숏코드와 progress bar라는 프로세스 바 숏코드를 사용하였습니다. toggle 숏코드는 on(+)/off(-) 두 상태 중 하나를 선택하여 텍스트 부분을 숨기거나 보여주는 숏코드로 4개의 toggle 중 하나는 텍스트를 보여 주고 나머지는 감추는 형태로 사용을 할 것입니다.

```
[one_half last="no"]
[title size="2"]Who Is Avada[/title]
[accordian]
[toggle title="Our Company Mission"]Fugiat dapibus, tellus ac cursus commodo, mauris sit condim eser ntumsi nibh, uum a justo vitaes amet risus amets un. Posi sectetut amet fermntum orem ipsum quia dolor sit amet, consectetur, adipisci velit, sed quia nons.[/toggle]
[toggle title="The Avada Philosophy"]Fugiat dapibus, tellus ac cursus commodo, mauris sit condim eser ntumsi nibh, uum a justo vitaes amet risus amets un. Posi sectetut amet fermntum orem ipsum quia dolor sit amet, consectetur, adipisci velit, sed quia nons.[/toggle]
[toggle title="The Avada Promise"]Fugiat dapibus, tellus ac cursus commodo, mauris sit condim eser ntumsi nibh, uum a justo vitaes amet risus amets un. Posi sectetut amet fermntum orem ipsum quia dolor sit amet, consectetur, adipisci velit, sed quia nons.[/toggle]
[toggle title="We Can Deliver On Projects"]Fugiat dapibus, tellus ac cursus commodo, mauris sit condim eser ntumsi nibh, uum a justo vitaes amet risus amets un. Posi sectetut amet fermntum orem ipsum quia dolor sit amet, consectetur, adipisci velit, sed quia nons.[/toggle]
[/accordian]
[/one_half]
```

■ 그림 4-126 toggle 기본 설정 상태

08 다음으로 위 화면에서 보이는 상단의 Who Is Avada 타이틀 부분을 수정합니다. 타이틀에 대한 부분을 수정하였으면 이제는 toggle title 부분을 상황에 맞게 수정합니다. 내용을 감출지 또는 열어 둘지를 설정하기 위해서 "open=yes"라고 수정한 후 toggle 내용에 대한 부분을 수정 또는 기입합니다.

```
[toggle title="Our Company Mission" open="yes"]
```

이렇게 필요한 toggle 수만큼 복사(생성) 또는 삭제해서 수정합니다.

```
[one_half last="no"]
[title size="2"]Who Is TS SYSTEMS[/title]
[accordian]
[toggle title="Our Company Mission" open="yes"]모든 고객의 성장을 통하여 함께 성장 하는 동반 성장 이념을 추구합니다.[/toggle]
[toggle title="Trust Sharing"]신뢰라는 부분을 최우선적하는 신뢰를 바탕으로 한 공유 이념을 추구합니다.[/toggle]
[toggle title="SYSTEMS"]생산성 향상을 위한 모든 업무의 체계화, 제도화를 지향합니다.[/toggle]
[toggle title="The TS SYSTEMS Promise"]특화된 노하우를 바탕으로 고객의 경쟁력 향상과 성장을 최우선 목표로 고객 감동을 실현하겠습니다.[/toggle]
[/accordian]
[/one_half]
```

■ 그림 4-127 toggle 부분 수정 완료

09 4개의 toggle 중 가장 처음의 toggle만 "open=yes"로 하였고, 나머지 세 개에 대해서는 open 여부를 지정하지 않았습니다. 이제 toggle 버튼에 대한 부분들은 수정을 완료하였습니다.

```
[one_half last="yes"]
[title size="2"]Our Crazy Skills[/title]
[progress percentage="90"]Web Design[/progress][progress percentage="95"]HTML/CSS[/progress][progress percentage="85"]Graphic Design[/progress]
[progress percentage="75"]WordPress[/progress]
[/one_half]
```

■ 그림 4-128 Progress bar 기본 설정 값 부분

10 이제 프로세스 바를 만들어 보겠습니다. 위 화면에서 상단의 'Our Crazy Skills' 타이틀 부분을 회사의 상황에 맞게 수정합니다. 여기서는 → 'Our Thinking, What is The Network' 라고 수정하였습니다. 수정 후 percentage=90 또는 percentage 값을 변경합니다. 여기서의 90 수치는 프로세스 바의 수치에 따라 표시되는 텍스트의 값 및 색으로 표시되는 바의 상태가 변경됩니다. 그리고 프로세스 바 안에 들어갈 Web Design, HTML/CSS, Graphic Design, WordPress 내용을 변경합니다. 이렇게 하여 4개의 프로세스 바를 생성하고 해당하는 내용들을 수정합니다.

```
[one_half last="yes"]
[title size="2"]Our Thinking, What is The Network[/title]
[progress percentage="90" filledcolor="" unfilledcolor=""]System Design[/progress]
[progress percentage="80" filledcolor="" unfilledcolor=""]Technology[/progress]
[progress percentage="85" filledcolor="" unfilledcolor=""]Investment[/progress]
[progress percentage="75" filledcolor="" unfilledcolor=""]Hardware[/progress]
[/one_half]
```

■ 그림 4-129 프로세스 바 수정 완료

11 프로세스 바 설정에 대해 수정한 내용입니다. filledcolor와 unfilledcolor 부분은 테마 옵션에서 제공하는 색상을 유지하기 위해 별도의 색을 넣지 않았습니다. toggle + 버튼 부분과 프로세스 바에 대한 부분이 완료되었습니다.

아래의 내용은 지금까지 수정한 내용들을 정확하게 진행이 되었는지 확인을 위해 넣은 텍스트 내용입니다

```
[slider]
[slide]http://www.tssystems.co.kr/wp-content/uploads/2013/10/image_a1_560_366.png[/slide]
[slide]http://www.tssystems.co.kr/wp-content/uploads/2013/10/image_a2_560_373.png[/slide]
[slide]http://www.tssystems.co.kr/wp-content/uploads/2013/10/image_a3_560_379.png[/slide]
[/slider]
[/one_half]


[one_half last="yes"]
[title size="2"]Welcome To Trust Sharing Systems[/title]
```

티에스시스템즈㈜는 신뢰와 공유를 기업 이념으로 삼아 창업한 ? IT ?Outsourcing 전문 기업입니다. 기업 이념에서 보여지듯 고객과의 신뢰를 최우선 가치로 삼아 고객의 업무 효율성 및 지속성을 최대로 보장합니다. 또한 지리적으로 여러 곳에 분포된 리소스를 마치 로컬에 있는 리소스처럼 공유 및 활용할 수 있도록 IT 인프라, 시스템 및 소프트웨어의 설계, 구축, 유지보수에 이르기까지 고객의 모든 IT 관련 업무에 필요한 최상의 제품과 서비스를 제공합니다.
티에스시스템즈㈜ 임직원일동은 특화된 노하우로 고객 여러분의 기업 경쟁력 향상을 위하여 최적의 서비스와 솔루션을 제공하기 위해 더욱 정진할 것임을 약속 드립니다

여러분의 많은 관심과 성원 부탁드립니다.
감사합니다.
[/one_half]

[one_half last="no"]
[title size="2"]Who Is?TS SYSTEMS[/title]
[accordian]
[toggle title="Our Company Mission" open="yes"]모든 고객의 성장을 통하여 함께 성장 하는 동반 성장 이념을 추구합니다.[/toggle]
[toggle title="Trust Sharing"]신뢰라는 부분을 최우선적하는 신뢰를 바탕으로 한 공유 이념을 추구합니다.[/toggle]
[toggle title="SYSTEMS"]생산성 향상을 위한 모든 업무의 체계화, 제도화를 지향합니다.[/toggle]
[toggle title="The TS SYSTEMS Promise"]특화된 노하우를 바탕으로 고객의 경쟁력 향상과 성장을 최우선 목표로 고객 감동을 실현하겠습니다.[/toggle]
[/accordian]
[/one_half]

[one_half last="yes"]
[title size="2"]Our Thinking, What is The Network[/title]
[progress percentage="90" filledcolor="" unfilledcolor=""]System Design[/progress]
[progress percentage="80" filledcolor="" unfilledcolor=""]Technology[/progress]
[progress percentage="85" filledcolor="" unfilledcolor=""]Investment[/progress]
[progress percentage="75" filledcolor="" unfilledcolor=""]Hardware[/progress]
[/one_half]

■ About us 현재까지의 텍스트 설정 부분

12 만약 미리보기를 하였을 때 잘 나오지 않는다면 해당하는 부분에 대해 정확하게 하였는지 확인을 해보기 바랍니다. 이제는 필요 없는 부분인 person이라는 숏코드는 삭제하고 서클 프로세스 바를 넣어 보겠습니다.

```
[one_third last="no"]
[person name="John Doe" picture="http://tssystems.co.kr/wp-content/uploads/2013/02/image_4.jpg" title="Developer"
facebook="http://facebook.com" twitter="http://twitter.com" linkedin="http://linkedin.com"
dribbble="http://dribbble.com"]Redantium, totam rem aperiam, eaque ipsa qu ab illo inventore veritatis et quasi
architectos beatae vitae dicta sunt explicabo. Nemo enims sadips ipsums un.[/person]
[/one_third]

[one_third last="no"]
[person name="John Doe" picture="http://tssystems.co.kr/wp-content/uploads/2013/02/image_4.jpg" title="Developer"
facebook="http://facebook.com" twitter="http://twitter.com" linkedin="http://linkedin.com"
dribbble="http://dribbble.com"]Redantium, totam rem aperiam, eaque ipsa qu ab illo inventore veritatis et quasi
architectos beatae vitae dicta sunt explicabo. Nemo enims sadips ipsums un.[/person]
[/one_third]

[one_third last="yes"]
[person name="John Doe" picture="http://tssystems.co.kr/wp-content/uploads/2013/02/image_4.jpg" title="Developer"
facebook="http://facebook.com" twitter="http://twitter.com" linkedin="http://linkedin.com"
dribbble="http://dribbble.com"]Redantium, totam rem aperiam, eaque ipsa qu ab illo inventore veritatis et quasi
architectos beatae vitae dicta sunt explicabo. Nemo enims sadips ipsums un.[/person]
[/one_third]
```

■ 그림 4-130 삭제할 person 숏코드 부분

13 서클 프로세스는 counters_circle 숏코드를 사용합니다. counters_circle을 넣기 전에 위의 내용과 구분을 위해 separator 숏코드와 Title 부분은 포함되어 있어야 합니다.

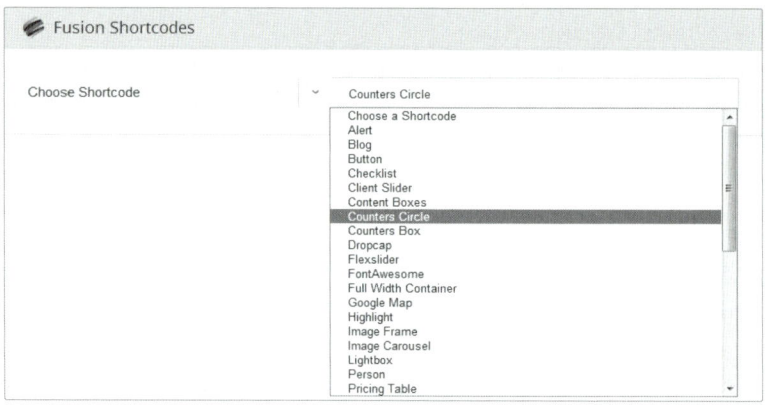

■ 그림 4-131 비주얼 상태에서 Counters Circle 숏코드 삽입

14 비주얼 탭으로 이동하여 [Fusion Shortcodes] 버튼을 클릭하여 Counters Circle 숏코드를 삽입 합니다.

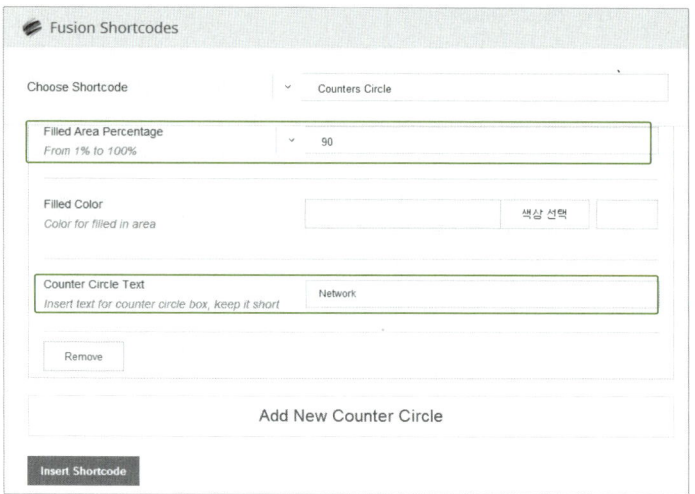

■ 그림 4-132 Counters Circle 설정 방법

15 다음으로 퍼센트와 테스트 부분을 맞게 기입합니다.

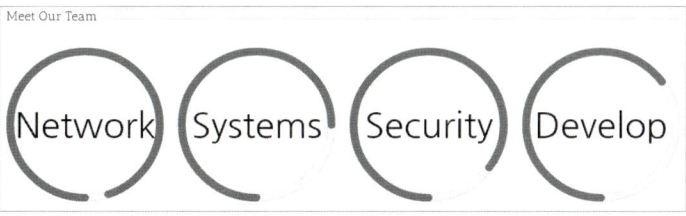

■ 그림 4-133 counters circle 생성화면

16 Add New Counter Circle을 추가하여 Counter Circle을 추가합니다. 이렇게 아래와 같이 4개의 Counter Circle을 생성하였습니다. separator top의 값은 내용과 내용을 구분하기 위한 여백 값으로 여백을 많이 두고 싶다면 그 값을 올려 조절합니다. 여기서는 '30'으로 정했습니다. 그리고 색에 대한 부분은 위의 progress percentage 부분과 같이 테마에 적용된 기본 색으로 적용됩니다. 이제 Counters Circle 부분을 완료하였습니다.

```
[separator top="30"]
[title size="2"]Meet Our Team[/title]
[counters_circle]
[counter_circle filledcolor="" unfilledcolor="" value="95"]Network[/counter_circle]
[counter_circle filledcolor="" unfilledcolor="" value="75"]Systems[/counter_circle]
[counter_circle filledcolor="" unfilledcolor="" value="85"]Security[/counter_circle]
[counter_circle filledcolor="" unfilledcolor="" value="65"]Develop[/counter_circle]
[/counters_circle]
```

■ 그림 4-134 Counter Circle 생성 완료 텍스트 탭

17 이제 About us 페이지의 마지막 부분인 Client Slider 부분을 만들어 보겠습니다. 이 부분은 윗부분 인사말 부분에서 FTP 파일질라 프로그램을 이용하여 이미지를 해당 도메인 경로로 전송한 방법과 동일하게 설정합니다. 파일전송에 대한 부분은 여러 번 설명된 부분이기 때문에 생략합니다. Client Slider에 사용되는 이미지는 156×113 픽셀 크기의 사진을 이용합니다. 5개의 클라이언트 이미지와 해당 Client 주소, 이미지 클릭 시 새 창에서 열릴 수 있도록 linktarget="_blank" 설정을 삽입한 후 마무리 하였습니다.

```
[separator top="60"]
[title size="2"]Our Happy Clients[/title]
[clients]
[client link="http://meerecompany.com" image="http://tssystems.co.kr/wp-content/uploads/2013/10/image_meere.jpg" linktarget="_blank"]
[client link="http://hanmisemi.com" image="http://tssystems.co.kr/wp-content/uploads/2013/10/image_hammisemi.jpg" linktarget="_blank"]
[client link="http://k2korea.co.kr" image="http://tssystems.co.kr/wp-content/uploads/2013/10/image_K2.jpg" linktarget="_blank"]
[client link="http://sas.com" image="http://tssystems.co.kr/wp-content/uploads/2013/10/image_sas.jpg" linktarget="_blank"]
[client link="http://bmwshinho.co.kr" image="http://tssystems.co.kr/wp-content/uploads/2013/10/image_shinho.jpg" linktarget="_blank"]
[/clients]
```

■ 그림 4-135 Client Slider 삽입 완료

[client link="고객사 웹 사이트 주소" image="이미지 파일경로" linktarget="웹 사이트 이동 시 새 창으로 이동"]

18 텍스트에 대한 부분은 모두 완성하였고 페이지에 대한 속성 값을 Full Width로 변경해 주면 회사 소개 페이지와 About us 페이지가 완성됩니다.

■ 그림 4-136 About Us 페이지 속성 값

경영철학 페이지 구성하기

이번 장에서 만들 페이지는 회사 소개에 이어 경영철학이라는 페이지를 만들어 보겠습니다. 아래 그림은 경영철학 페이지의 구성입니다. 경영철학 페이지는 About us page 2를 이용하여 진행합니다.

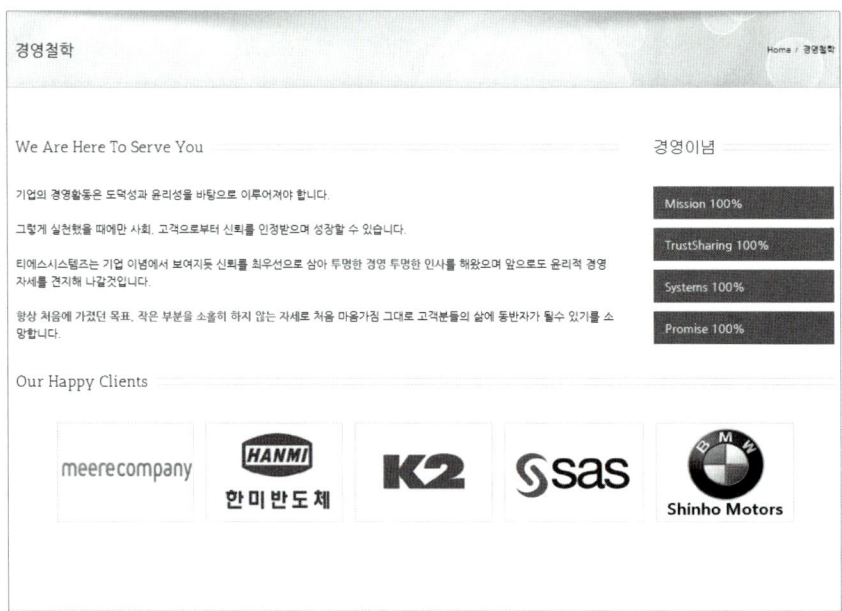

■ 그림 4-137 경영 철학 전체 페이지

01 경영철학 페이지의 경우 이전에 만든 회사 소개 페이지와 매우 비슷하게 구성되어 있습니다. 우선 Dummy 페이지 중 하나인 About us page 2의 텍스트 탭 내용을 복사하여 새 페이지에 붙여 넣습니다. 경영철학 페이지에서는 하나의 공간을 4등분으로 나누어 3/4을 하나의 공간으로 사용하고 나머지 1/4 공간을 프로세스 바로 사용합니다.

```
[three_fourth last="no"]

[title size="2"]We Are Here To Serve You[/title]
Lid est laborum dolo rumes fugats untras. Etharums ser quidem rerum facilis dolores nemis omnis fugats vitaes nemo minima rerums unsers sadips amets. Sed ut perspiciatis unde omnis iste natus error sit voluptatem accusantium doloremque laudantium, totam rem aperiam, eaque ipsa quae ab illo inventore veritatis et quasi architecto beatae vitae dicta sunt explicabo. Nemo enim ipsam voluptatem quia voluptas sit aspernatur aut odit aut fugit, sed quia consequuntur magni dolores eos qui.

Ratione voluptatem sequi nesciunt. Neque porro quisquam est, qui dolorem ipsum quia dolor sit amet, consectetur, adipisci velit, sed quia non numquam eius modi tempora incidunt ut labore et dolore magnam aliquam quaerat voluptatem. Asunt in anim uis aute irure dolor in reprehenderit in voluptate velit esse cillum dolore eu fugiat nulla.
[/three_fourth]

[one_fourth last="yes"]
[title size="2"]Our Crazy Skills[/title]
<div id="progress-bars">[progress percentage="90"]Web Design[/progress][progress percentage="95"]HTML/CSS[/progress]
[progress percentage="85"]Graphic Design[/progress][progress percentage="75"]WordPress[/progress]</div>
[/one_fourth]
```

■ 그림 4-138 About Us page2 기본값

02 다음 그림에서 네모 박스는 타이틀에 대한 부분입니다 We Are Here To Serve You 부분을 수정하고 그 밑의 본문 내용을 회사 내용에 맞게 수정합니다. 인사말 부분에서 <strong></strong>부분은 글자에 대해 굵게 적용하고, <span style="color: #1a80b6;"> </span>는 글씨 색에 대한 부분입니다. 비주얼 상태에서 적용하면 쉽게 적용할 수 있습니다.

```
[three_fourth last="no"]
[title size="2"]We Are Here To Serve You[/title]
기업의 경영활동은 도덕성과 윤리성을 바탕으로 이루어져야 합니다.

 

그렇게 실천했을 때에만 사회, 고객으로부터 신뢰를 인정받으며 성장할 수 있습니다.

 

티에스시스템즈는 기업 이념에서 보여지듯 신뢰를 최우선으로 삼아 <strong><span style="color: #1a80b6;">투명한 경영 투명한 인사</span></strong>를 해왔으며 앞으로도 윤리적 경영 자세를 견지해 나갈것입니다.

 

<strong><span style="color: #1a80b6;">항상 처음에 가졌던 목표, 작은 부분을 소홀히 하지 않는 자세</span></strong>로 처음 마음가짐 그대로 고객분들의 삶에 동반자가 될수 있기를 소망합니다.
[/three_fourth]
```

■ 그림 4-139 경영철학 인사말 수정 완료

03 프로세스 바의 경우에는 회사 소개 페이지에서 만든 방법과 동일합니다. 다만 이전 장에서는 1/2 공간을 사용했다면 이번 장에서는 1/4 공간을 사용한다는 차이만 있을 뿐입니다.

```
[one_fourth last="yes"]
[title size="2"]경영이념[/title]
<div id="progress-bars">
[progress percentage="100"]Mission[/progress]
[progress percentage="100"]TrustSharing[/progress]
[progress percentage="100"]Systems[/progress]
[progress percentage="100"]Promise[/progress]
</div>
[/one_fourth]
```

■ 그림 4-140 progress bar 설정 완료

04 [progress percentage="100"] 숫자의 경우는 퍼센트 값을 나타내며, Mission 부분은 프로세스 바 안에 들어갈 내용입니다. 불필요한 소스는 삭제를 하고 Clients 숏코드 이미지를 바로 적용해 보도록 하겠습니다.

```
[separator top="10"]

[title size="2"]Our Valuable Team Members[/title]
[one_fourth last="no"]
[person name="John Doe" picture="http://wpneo.dothome.co.kr/wp-content/uploads/2012/07/portfolio_4.jpg"
title="Developer" facebook="http://facebook.com" twitter="http://twitter.com" linkedin="http://linkedin.com"
dribbble="http://dribbble.com"]Redantium, totam rem aperiam, eaque ipsa qu ab illo un inventore veritatis et quasi
architectos beatae vitae dicta sunt est explicabo. [/person]
[/one_fourth]
[one_fourth last="no"]
[person name="John Doe" picture="http://wpneo.dothome.co.kr/wp-content/uploads/2012/07/portfolio_5.jpg"
title="Developer" facebook="http://facebook.com" twitter="http://twitter.com" linkedin="http://linkedin.com"
dribbble="http://dribbble.com"]Redantium, totam rem aperiam, eaque ipsa qu ab illo un inventore veritatis et quasi
architectos beatae vitae dicta sunt est explicabo.[/person]
[/one_fourth]
[one_fourth last="no"]
[person name="John Doe" picture="http://wpneo.dothome.co.kr/wp-content/uploads/2013/10/portfolio_6.jpg"
title="Developer" facebook="http://facebook.com" twitter="http://twitter.com" linkedin="http://linkedin.com"
dribbble="http://dribbble.com"]Redantium, totam rem aperiam, eaque ipsa qu ab illo un inventore veritatis et quasi
architectos beatae vitae dicta sunt est explicabo.[/person]
```

■ 그림 4-141 삭제할 Person 숏코드 부분

05 위의 그림에서 네모박스로 표기된 부분은 아래 그림에서의 네모박스에 해당되는 부분입니다. 이 부분들은 경영철학 페이지에서 삭제할 부분이기 때문에 프로세스 바 이후의 [separator top="10"] 부분부터 4번째 person 숏코드 부분까지 삭제합니다.

■ 그림 4-142 경영철학의 삭제된 내용

06 Person 숏코드 부분을 삭제하면 위의 그림 부분이 삭제 된 것을 확인할 수 있습니다. 이제 경영철학 페이지의 마지막 부분으로 Clients 숏코드 부분만 남았습니다. 이 부분도 이전의 회사 소개 페이지에서 설명을 했기 때문에 적용된 페이지의 텍스트 값을 보여 주고 다음 페이지 만들기로 넘어가도록 하겠습니다.

```
[separator top="30"]

[title size="2"]Our Happy Clients[/title]
[clients]
[client link="http://meerecompany.com" image="http://tssystems.co.kr/wp-content/uploads/2013/10/image_meere.jpg"
linktarget="_blank"]
[client link="http://hanmisemi.com" image="http://tssystems.co.kr/wp-content/uploads/2013/10/image_hammisemi.jpg"
linktarget="_blank"]
[client link="http://k2korea.co.kr" image="http://tssystems.co.kr/wp-content/uploads/2013/10/image_K2.jpg"
linktarget="_blank"]
[client link="http://sas.com" image="http://tssystems.co.kr/wp-content/uploads/2013/10/image_sas.jpg"
linktarget="_blank"]
[client link="http://bmwshinho.co.kr" image="http://tssystems.co.kr/wp-content/uploads/2013/10/image_shinho.jpg"
linktarget="_blank"][/clients]
```

■ 그림 4-143 경영철학 클라이언트 부분

07 clients 텍스트 값 부분들은 마무리되었고 마지막으로 화면에 보여질 페이지 속성 값을 Full Width 값으로 변경하고 업데이트하면 경영철학 페이지가 완성됩니다.

■ 그림 4-144 경영철학 페이지 속성 값

오시는 길 페이지 구성하기

중요한 회사의 위치를 알리는 오시는 길 페이지를 만들어 보겠습니다. 오시는 길 페이지는 Dummy 파일의 Our Office 파일을 수정하여 사용합니다. 이 페이지에서는 이미지 슬라이드 영역, 구글 지도 영역, 회사 위치, 소개 글 영역 마지막으로 이미지 영역으로 구성이 되어 있습니다.

■ 그림 4-145 오시는 길 완료 페이지

01 슬라이드에 넣을 940×300 픽셀 사이즈의 이미지를 준비합니다. 현재 적용되어 있는 경로 또는 새로운 경로로 940×300 픽셀 사이즈의 이미지 파일을 FTP 프로그램을 이용하여 전송하여 이미지를 바꾸도록 합니다. 이미지 전송에 대해서는 앞 장에서도 여러번 언급했기 때문에 생략하겠습니다.

```
<!-- this is the slider -->

[slider][slide]http://www.tssystems.co.kr/wp-content/uploads/2012/07/portfolio_4.jpg[/slide]
[slide]http://www.tssystems.co.kr/wp-content/uploads/2012/07/portfolio_5.jpg[/slide][/slider]
```

■ 그림 4-146 Our Office 기본 이미지 경로 및 파일명

02 파일 전송을 완료 후 파일에 대한 경로와 파일명을 수정하면 상단에 슬라이드 이미지 삽입이 완료됩니다.

```
<!-- this is the slider -->

[slider]
[slide]http://www.tssystems.co.kr/wp-content/uploads/2013/02/office1.jpg[/slide]
[slide]http://www.tssystems.co.kr/wp-content/uploads/2013/02/office2.jpg[/slide]
[slide]http://www.tssystems.co.kr/wp-content/uploads/2013/02/office3.jpg[/slide]
[/slider]
```

■ 그림 4-147 오시는 길 슬라이드 이미지 전송 후 파일 경로 및 파일 명 수정

03 하단의 지도와 위치에 대한 설명 부분들을 삽입합니다. 지도와 위치에 대한 설명 부분은 Dummy 파일에서 제공하는 위치를 바꿔서 구성합니다. 3/4을 공간에 지도를 넣을 것이기 때문에 타이틀 부분을 수정합니다. 현재의 타이틀 We Love To Work & We Love Where We Work 부분을 지우고 Our Location 또는 다른 이름으로 수정합니다. 그리고 타이틀 하단의 네모박스 부분은 내용 부분이기 때문에 삭제합니다. 삭제 한 부분에 구글 지도 HTML 값을 넣습니다.

```
[two_third last="no"]
[title size="2"]We Love To Work & We Love Where We Work[/title]
Lid est laborum dolo rumes fugats untras. Etharums ser quidem rerum facilis dolores nemis omnis fugats vitaes nemo
minima rerums unsers sadips amets. Sed ut perspiciatis unde omnis iste natus error sit voluptatem accusantium
doloremque laudantium, totam rem aperiam, eaque ipsa quae ab illo inventore veritatis et quasi architecto beatae vitae
dicta sunt explicabo. Nemo enim ipsam voluptatem quia voluptas sit aspernatur aut odit aut fugit, sed quia
consequuntur magni dolores eos qui.

Ratione voluptatem sequi nesciunt. Neque porro quisquam est, qui dolorem ipsum quia dolor sit amet, consectetur,
adipisci velit, sed quia non numquam eius modi tempora incidunt ut labore et dolore magnam aliquam quaerat voluptatem.
Asunt in anim uis aute irure dolor in reprehenderit in voluptate velit esse cillum dolore eu fugiat nulla.

<strong><em> Avada is the perfect choice for your business. It's loaded with features, options & page layouts. Plus we
have the best customer support around, but dont take our word for it, ask any of our 15,000+ users!</em></strong>
[/two_third]
```

■ 그림 4-148 Our Office 설명 부분 기본값

04 구글 지도 HTML 값을 확인하는 방법을 알아보도록 하겠습니다. 구글 지도 사이트(https://maps.google.co.kr/)에 접속합니다. 만약 미국지도가 나타나면 [수정하기]를 클릭해서 korea로 입력하면 변경됩니다.

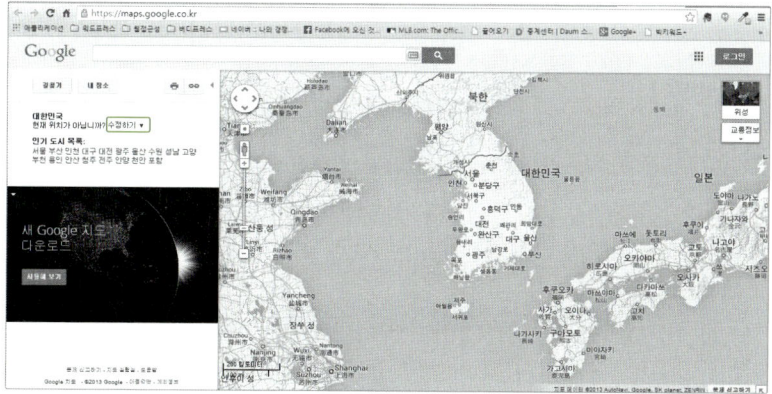

■ 그림 4-149 구글 지도 한국어 사이트

05 검색창에 주소나 상호를 입력합니다.

■ 그림 4-150 구글 지도 주소 검색완료

06 검색한 주소의 [∞] 버튼을 클릭하면 이메일 또는 메신저에 붙여 넣을 수 있는 링크와 웹사이트 지도 삽입을 위한 html 태그가 나옵니다. 맞춤형 설정을 위해 [삽입할 지도 맞춤설정 및 미리보기]를 클릭하면 지도의 크기를 사용자 설정에 맞게 설정할 수 있습니다.

■ 그림 4-151 구글 지도 설정하기 2

07 지도의 크기를 지정하기 위해 사용자 설정 버튼을 클릭하고 640×240을 입력합니다. 지도를 어느 정도 잘 보이게 확대/축소를 조절합니다. 아래 부분의 html 소스 값을 복사합니다.

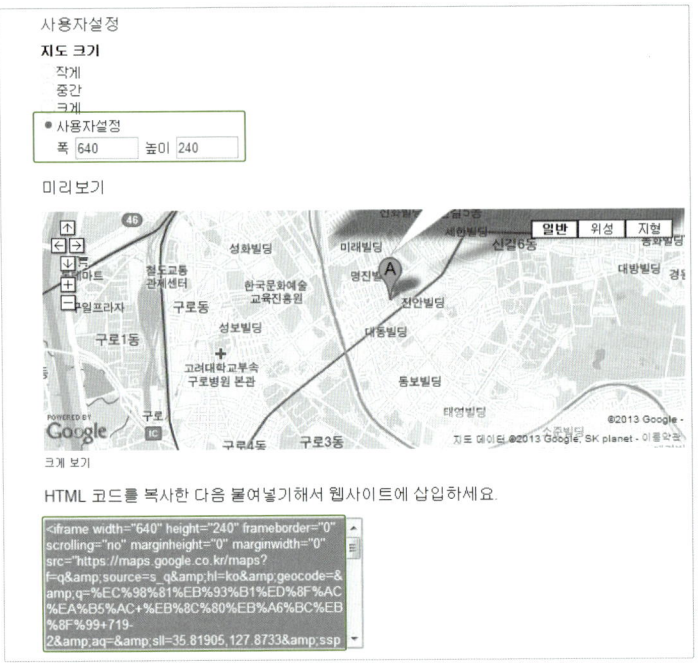

■ 그림 4-152 구글 지도 설정하기 3

08 복사한 소스를 윗부분에서 지도를 삽입하고자 하는 부분에 붙여 넣습니다.

```
[two_third last="no"]
[title size="2"]Our Location[/title]

[/two_third]
<!-- this is the intro text -->
```

■ 그림 4-153 구글 html 지도 삽입 구간

09 타이틀 아래 부분에 복사한 구글 html 코드값을 넣습니다.

```
[two_third last="no"]
[title size="2"]Our Location[/title]
<iframe src="https://maps.google.co.kr/maps?
f=q&amp;source=s_q&amp;hl=ko&amp;geocode=&amp;q=%EC%98%81%EB%93%B1%ED%8F%AC%EA%B5%AC+%EB%8C%80%EB%A6%BC%EB%8F%99+719-
2&amp;aq=&amp;sll=35.81905,127.8733&amp;sspn=10.415006,21.643066&amp;ie=UTF8&amp;hq=&amp;hnear=%EC%84%9C%EC%9A%B8%ED%8A%B9%EB%B3%84%EC%8B%9C+%EC%98%81%EB%93%B1%ED%8F%AC%EA%B5%AC+%EB%8C%80%EB%B0%A9%EB%8F%99+719-
2&amp;t=m&amp;ll=37.495495,126.899214&amp;spn=0.032687,0.054932&amp;z=14&amp;iwloc=A&amp;output=embed" height="290" width="640" frameborder="0" marginwidth="0" marginheight="0" scrolling="no"></iframe>
<small><a style="color: #0000ff; text-align: left;" href="https://maps.google.co.kr/maps?
f=q&amp;source=embed&amp;hl=ko&amp;geocode=&amp;q=%EC%98%81%EB%93%B1%ED%8F%AC%EA%B5%AC+%EB%8C%80%EB%A6%BC%EB%8F%99+719-
2&amp;aq=&amp;sll=35.81905,127.8733&amp;sspn=10.415006,21.643066&amp;ie=UTF8&amp;hq=&amp;hnear=%EC%84%9C%EC%9A%B8%ED%8A%B9%EB%B3%84%EC%8B%9C+%EC%98%81%EB%93%B1%ED%8F%AC%EA%B5%AC+%EB%8C%80%EB%B0%A9%EB%8F%99+719-
2&amp;t=m&amp;ll=37.495495,126.899214&amp;spn=0.032687,0.054932&amp;z=14&amp;iwloc=A">크게 보기</a></small>
[/two_third]
```

■ 그림 4-154 구글 지도 삽입

10 지도 삽입이 완료 되었다면 이제 지도 오른쪽 부분에 회사 위치 설명에 대한 부분을 넣어 보도록 하겠습니다. 오시는 길의 글쓰기 모드에서 우측 상단의 [텍스트] 탭을 보면 아래의 그림과 같이 되어 있습니다. 네모박스 부분은 지도를 삽입하기 위한 부분이었으니 삭제를 하고 회사에 대한 문구 등을 넣어 여백의 공간을 채워줍니다. 그리고 그 밑에 회사에 대한 주소 및 전화 번호 팩스 등 기본 정보 등을 입력합니다. 글을 꾸밀 때에는 글쓰기 편집기 화면에서 텍스트 탭 상태 보다는 비주얼 탭 상에서 작성하면 좀 더 쉽게 할 수 있습니다.

```
[one_third last="yes"]
[title size="2"]Our Location[/title]
<iframe src="https://maps.google.com/maps?
f=q&source=s_q&hl=en&geocode=&q=775+New+York+Ave,+Brooklyn,+Kings,+New+York+11203&aq=&sll=27.698638,-83.804601&sspn=21
.770131,47.878418&ie=UTF8&hq=&hnear=775+E+New+York+Ave,+Brooklyn,+New+York+11203&t=m&z=14&ll=40.662441,-73.936935&outp
ut=embed" height="150" width="288" frameborder="0" marginwidth="0" marginheight="0" scrolling="no"></iframe>
<small></small>
<h4>Located In Beautiful New York City</h4>
12345 Main Street, New York, NY 02781
Phone: 1.800.555.6789
Web: <a href="http://themeforest.net/user/ThemeFusion">www.yoursite.com</a>
[/one_third]
```

■ 그림4-155 1/4 공간의 기본 설정 값

```
[/two_third]
[one_third last="yes"]
[title size="2"]We Love To Work & We Love Where We Work[/title]
사람과 사람, 현재와 미래, 이 모두가 하나 될 수 있는 네트워크

With Trust Sharing Systems.
서울시 영등포구 대림동 719-2 대성빌딩 405호
대림역 7호선 10번 출구 도보 약 5 ~ 10분
Phone: 82.2.6297.0045
Fax: 82.2.6013.5102
Contact: info@tssystems.co.kr
We Make Trust Sharing System! Check It Out!
[/one_third]
```

■ 그림 4-156 비주얼 탭에서의 회사 위치 및 문구 삽입

11 이제 페이지 하단에 사무실 이미지를 넣어 마무리합니다. 여기서는 1/4 Columns 숏코드로 구성되었습니다. 여기서 사용된 이미지는 800×533 사이즈의 이미지를 사용하였습니다. 이 부분에서는 이미지의 크기에 대해 보정이 자동으로 되기 때문에 약간 큰 이미지를 넣어도 무관하지만 너무 큰 이미지는 호스팅 서버에 불필요한 공간을 차지하기에 적당한 사이즈를 이용하시기 바랍니다.

```
[separator top="15"]
[title size="2"]Images Of Our Workplace[/title]
[one_fourth last="no"]
<a href="http://www.tssystems.co.kr/wp-content/uploads/2013/02/office4.jpg" rel="prettyPhoto"><img alt="image 1"
src="http://www.tssystems.co.kr/wp-content/uploads/2013/02/office4.jpg" /></a>
[/one_fourth]
[one_fourth last="no"]
<a href="http://www.tssystems.co.kr/wp-content/uploads/2013/02/office5.jpg" rel="prettyPhoto"><img alt="image 1"
src="http://www.tssystems.co.kr/wp-content/uploads/2013/02/office5.jpg" /></a>
[/one_fourth]
[one_fourth last="no"]
<a href="http://www.tssystems.co.kr/wp-content/uploads/2013/02/office6.jpg" rel="prettyPhoto"><img alt="image 1"
src="http://www.tssystems.co.kr/wp-content/uploads/2013/02/office6.jpg" /></a>
[/one_fourth]
[one_fourth last="yes"]
<a href="http://www.tssystems.co.kr/wp-content/uploads/2013/02/office7.jpg" rel="prettyPhoto"><img alt="image 1"
src="http://www.tssystems.co.kr/wp-content/uploads/2013/02/office7.jpg" /></a>
[/one_fourth]
 
```

■ 그림4-157 1/4 공간에 사무실 이미지 삽입하기

12 사무실 이미지는 FTP 프로그램을 이용하여 도메인 경로에 전송하고 위의 그림과 같이 경로 및 파일명을 수정하였습니다. 여기서는 파일 전송 후 〈a href="http://www.tssystems.co.kr/wp-content/uploads/2013/02/office7.jpg" rel="prettyPhoto"〉 (이 부분은 하이퍼 링크 부분으로 삭제해도 무관합니다.)과 〈img alt="image 1" src="http://www.tssystems.co.kr/wp-content/uploads/2013/02/office7.jpg" /〉〈/a〉 두 곳의 파일 경로 및 파일명을 수정해 주어야 합니다.

페이지 속성의 템플릿의 Full-Width를 변경한 후 업데이트하면 오시는 길 페이지가 완성됩니다.

비즈니스 사업소개 페이지 구성하기

이제는 사업에 대한 영역들에 대해 나타내는 페이지를 만들어 보겠습니다. 이번 페이지의 경우 Avada에서 제공하는 JQUERY 슬라이드 중 하나인 Layer Slider WP를 활용하여 만들어 보겠습니다.

Layer Slider WP 설정하기

비즈니스 사업영역의 소개 페이지에서도 제일 상단에 슬라이드가 나옵니다.

01 Layer Slider WP의 설정을 위해 알림판에서 [Layer Slider WP] 메뉴를 클릭합니다. Layer Slider 화면에서 Layer Slider News에 대한 소개 부분들을 확인할 수 있습니다. Avada Theme가 10월 말에 업데이트되면서 Layer Slider도 업데이트 되어 설정하는 방법도 변경이 되었습니다. 그림 상단의 [Add New]를 클릭하여 슬라이드를 생성합니다.

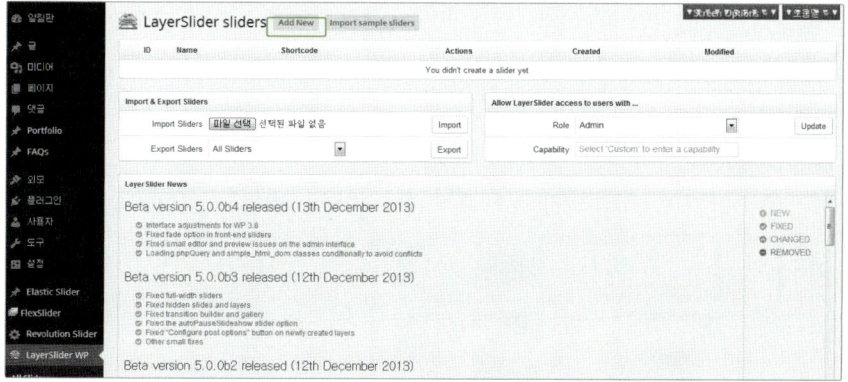

■ 그림 4-158 Layer Slider 슬라이드 생성 화면

02 상단에 슬라이드 제목을 기입하고 폭과 높이를 설정합니다. 그리고 반응형으로 동작할 지 여부에 대해 활성화되어 있는 것을 확인합니다. 그리고 반응형에 응답을 할 수 있도록 940이라는 값을 입력합니다. 설정 후 Global Settings 옆의 +Slides를 클릭하여 슬라이드를 만듭니다.

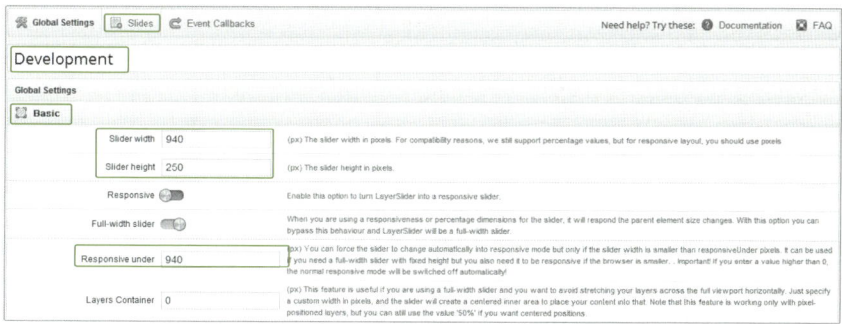

■ 그림 4-159 Layer Slider Global 설정

03 슬라이드 옵션을 설정 화면이 나타납니다. 상단의 슬라이드 옵션의 [image] 부분을 클릭합니다.

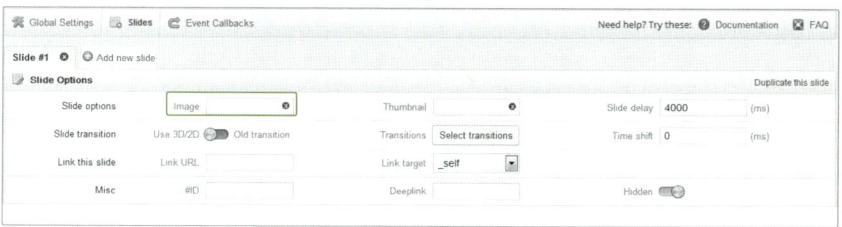

■ 그림 4-160 신규 Slide 추가

04 이미지를 선택할 수 있게 새 창이 열립니다. [파일 업로드] 탭을 클릭하여 배경화면에 사용할 이미지를 PC의 저장 공간에서 선택합니다. 이때 배경으로 사용되는 이미지 사이즈는 Global Setting에서 설정했던 940×250 사이즈입니다.

■ 그림 4-161 슬라이드 배경 이미지 선택

05 배경 이미지 파일을 선택 후에 업로드하고 [insert] 버튼을 클릭하여 배경 이미지로 지정합니다.

■ 그림 4-162 배경이미지 선택

06 배경 이미지를 지정한 후 보조 이미지 및 텍스트를 넣어서 효과를 만듭니다. Layer#1을 클릭하면 이미지를 추가할 수 있도록 파일 업로드 화면이 나오며, 바로 이전과 같은 방법으로 이미지 파일을 PC에서 업로드한 후 삽입합니다.

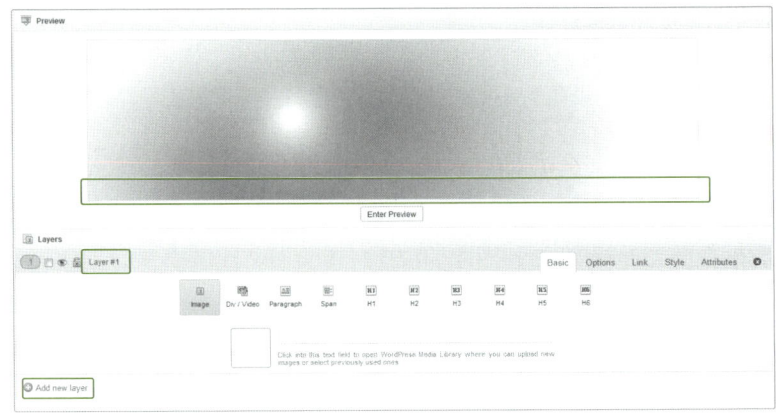

■ 그림 4-163 배경이미지 지정 확인 및 보조 이미지 추가

07 보조 이미지가 추가된 것을 확인하였으면 Options 탭에서 이미지에 대한 시간적인 효과와 애니메이션 효과를 설정할 수 있습니다. Transition in/out 부분의 Type은 애니메이션 효과가 시작될 때와 끝날 때의 효과를 나타내며, Duration은 이미지가 시작되는 시간과 끝나는 시간적인 효과를 나타냅니다. 마지막으로 시각적인 효과를 더해 주는 Easing 부분을 클릭하면 아래 그림과 같이 옵션에 대한 시각적인 모든 기능들을 볼 수 있습니다.

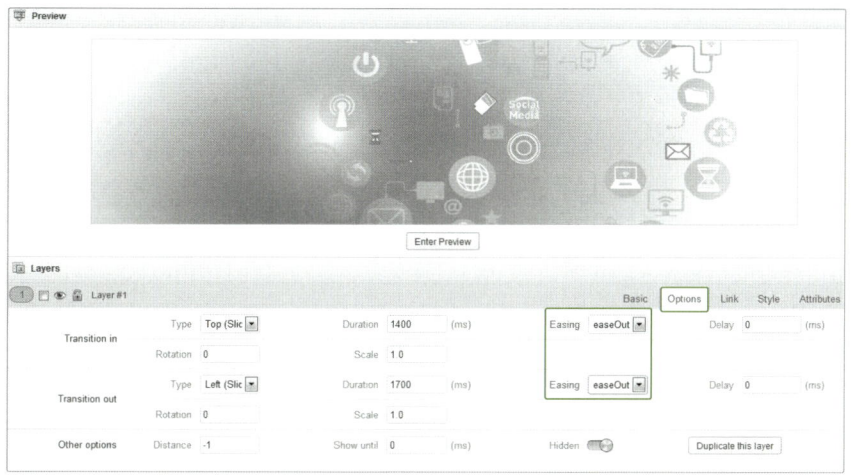

■ 그림 4-164 보조 이미지 삽입 완료 및 설정

08 Easing 부분은 시각적인 효과를 주는 가장 큰 부분입니다. 위의 내용은 Easing 사이트(http://easings.net)에서도 확인할 수 있습니다. 이 옵션 부분을 적절하게 선택하여 더욱 멋진 효과를 만들 수 있습니다.

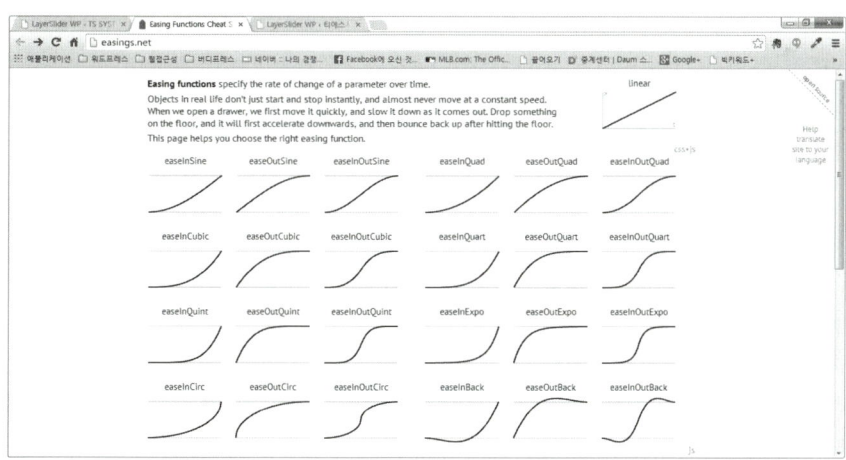

■ 그림 4-165 Easing 시각 효과 기능부분

09 위와 동일한 방법으로 두 번째 보조 이미지까지 추가합니다. 다음 그림과 같이 텍스트를 넣어 보도록 하겠습니다. 텍스트를 넣는 것도 이미지를 넣는 것과 동일 하지만 image 대신에 span을 선택합니다. 그리고 CONNECTING TOUCH 라는 텍스트를 넣고 글의 크기와 색상 효과를 다음과 같이 설정합니다.

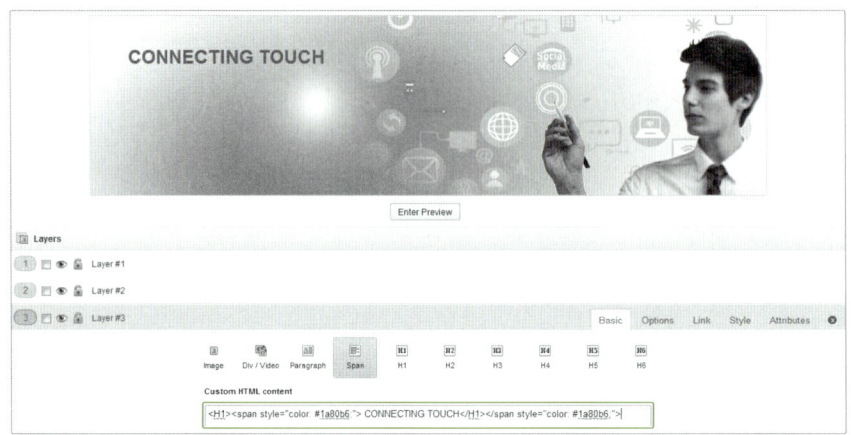

■ 그림 4-166 보조 텍스트 추가

```
<H1><span style="color: #1a80b6;"> CONNECTING TOUCH</H1></span style="color: #1a80b6;">
```

10 Options 탭으로 이동하여 옵션을 설정합니다. 텍스트의 옵션 부분도 이미지의 옵션 부분과 설정 방법은 동일합니다. 텍스트 옵션에서도 Transition in/out 애니메이션 효과와 Duration 시간 효과, Easing 시각적인 효과 기능을 사용하여 옵션 효과를 설정합니다. 첫 Layer의 시작 Duration은 1400으로 시작하여 1700으로 마치고, 두 번째 Layer는 1700으로 시작하여 2000으로, 각 Layer당 300의 차이씩 값을 증가시켜서 설정합니다. 한 장의 슬라이드를 완성하였습니다.

■ 그림 4-167 텍스트 옵션 설정 부분

11 두 번째 슬라이드를 추가하기 위해서 [Add new slide] 버튼을 클릭합니다. 지금까지 했던 동일한 방법으로 슬라이드를 만들 수 있습니다.

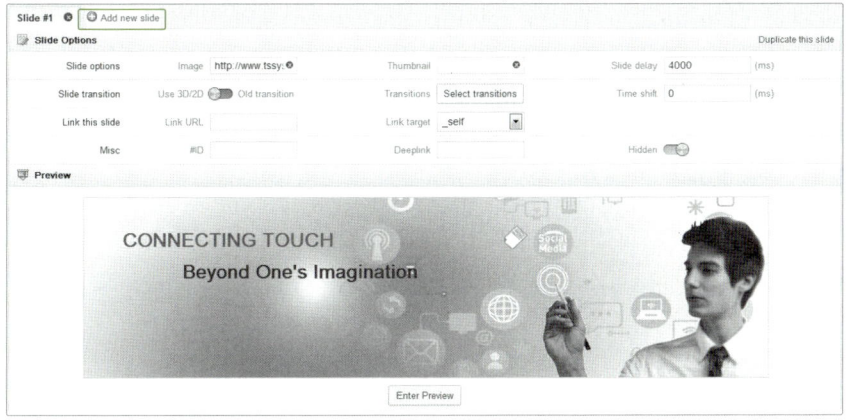

■ 그림 4-168 첫 번째 슬라이드 이미지 완성

12 두 장의 슬라이드를 추가하여 하나의 슬라이드를 완성하였습니다.

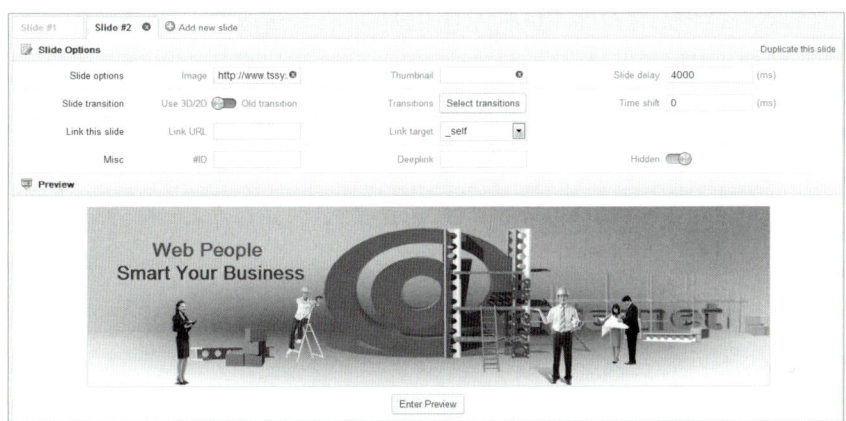

■ 그림 4-169 두 번째 슬라이드 이미지 완성

13 다음 그림은 각각의 사업영역에 들어갈 세 개의 슬라이드들을 생성한 결과입니다. 이제 Layer Slider에 설정을 완료하였습니다. 지금 설정한 것은 각 사업영역 페이지를 만들 때 지정하여 사용할 것입니다.

■ 그림 4-170 각 사업영역에 따른 슬라이드

개발 비즈니스 페이지 만들기

지금까지 비즈니스 페이지에 들어갈 슬라이드 설정을 마쳤다면 지금까지 만든 Layer Slider 적용과 개발 비즈니스에 대한 페이지를 만들어 보겠습니다. 개발 비즈니스 페이지는 다음 그림과 같은 형태로 만들 것입니다. 가장 상단에는 사업에 대한 특성을 나타내기 위해 슬라이드를 넣었고, 슬라이드 하단은 2/3 영역과 1/3 두 개의 영역으로 나누어서 구성하였습니다.

좌측에는 사업 영역의 전반적인 내용으로, 우측 부분에는 회사의 차별화 장점으로, 그리고 하단에는 상세 사업 영역 부분으로 이미지를 삽입하여 좀더 쉽게 사업 영역과 매치가 되도록 하였습니다. 마지막으로 제일 하단 부분에는 사업 영역에서 취급되는 제품 또는 상품 등으로 바로 이동할 수 있도록 버튼을 넣었습니다.

■ 그림 4-171 비즈니스 부분 전체 페이지

01 개발 비즈니스 페이지는 Service page 2의 페이지를 수정하여 사용합니다. Service page 2 텍스트 값을 복사한 후 [새 페이지 추가] 버튼을 클릭하여 텍스트 탭에 모두 붙여 넣습니다.

페이지 제목은 TS Development Business로 정하였습니다.

We Are Here To Serve You 부분은 사업에 대한 title 부분으로 사업에 맞게 수정합니다. 그리고 title 하단의 부분은 내용 부분으로 비주얼 탭 상태에서 작성하거나 다른 문서 작성 도구에서 작성한 것을 복사해서 붙여넣기하면 손쉽게 글을 완성할 수 있습니다.

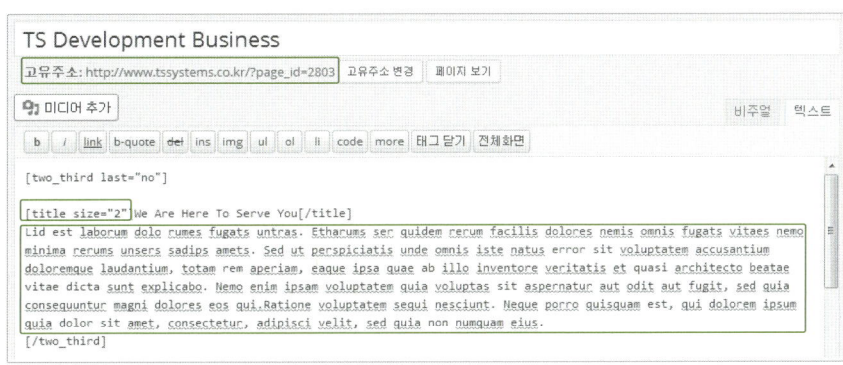

■ 그림 4-172 비즈니스 사업 영역 설명 부분

02 다음 그림과 같이 사업영역에 대한 내용을 회사에 맞게 작성을 하고 중요한 부분에 있어서는 강조를 위해 색을 넣거나 굵게 표현하여 작성을 완료하였습니다.

```
[two_third last="no"]
[title size="2"]We Are Here To Serve You[/title]
티에스 시스템즈㈜ 는 통합 시스템 전문기업으로 전산 시스템의 All-In-One Service 를 실현하기 위해 시스템 구축 및 각각의
APPLICATION (HOMEPAGE, ERP, CRM등) 개발 서비스를 제공하여 고객사 환경에 최적화된 솔루션으로 고객 업무 효율성을 높이고 고
객에게 전산시스템에 대한 신뢰성 및 안정성을 보장해 드리고 있습니다.
[/two_third]
```

■ 그림 4-173 비즈니스 영역 소개 글 내용 수정

03 오른쪽 영역 부분의 내용들을 수정해 보겠습니다. Toggle 숏코드는 About Us 페이지 작성 시 사용하였습니다. 이 부분도 이전에 작업했던 방법과 동일하게 타이틀 부분과 내용을 수정하고, 추가적으로 처음 글에 대한 상태를 (감추는 상태 +) 또는 (열려 있는 상태 -)로 지정할지에 대한 상태 값을 넣어 값을 수정합니다.

```
[one_third last="yes"]
[title size="2"]Why Are We The Best?[/title]
[accordian]
[toggle title="Our Company Mission"]Fugiat dapibus, tellus ac cursus commodo, mauris sit condim eser ntumsi nibh, uum
a justo vitaes amet risus amets un. Posi sectetut amet fermntum orem.[/toggle]
[toggle title="The Avada Philosophy"]Fugiat dapibus, tellus ac cursus commodo, mauris sit condim eser ntumsi nibh, uum
a justo vitaes amet risus amets un. Posi sectetut amet fermntum orem.[/toggle]
[toggle title="The Avada Promise"]Fugiat dapibus, tellus ac cursus commodo, mauris sit condim eser ntumsi nibh, uum a
justo vitaes amet risus amets un. Posi sectetut amet fermntum orem.[/toggle]
[/accordian]
[/one_third]
```

■ 그림 4-174 비즈니스 우측 영역 기본 설정

04 비즈니스 사업 소개 부분에 대한 우측 toggle 부분을 수정하면 사업영역 소개에 대한 부분의 모든 수정이 완료됩니다.

```
[one_third last="yes"]
[title size="2"]Why Are We The Best?[/title]
[accordian]
[toggle title="Our Company Mission"]친절한 모습과 최고의 기술력으로 고객만족도 보장.[/toggle]
[toggle title="The Philosophy"]고객사의 Needs에 맞는 최적화된 서비스를 제공.[/toggle]
[toggle title="The Promise" open="yes"]H/W, S/W에 있어 항상 앞선 최상의 솔루션을 제공.[/toggle]
[/accordian]
[/one_third]
```

■ 그림 4-175 toggle 부분 수정

05 하단의 이미지를 삽입하여 좀 더 상세한 사업영역 소개에 대한 부분을 만들어 보겠습니다. 다음 그림에서 src=http://tssystems.co.kr/wp-content/uploads/2013/02/image_4.jpg은 사업영역에 넣기 위한 이미지 경로 및 파일명입니다. 그리고 그 하단의 내용은 사업영역 타이틀을 넣는 부분이고 나머지 부분은 사업내용을 작성합니다. 이미지는 567×328 사이즈이고 FTP로 전송하시면 됩니다.

```
[one_third last="no"]
<img alt="" src="http://tssystems.co.kr/wp-content/uploads/2013/02/image_4.jpg" />
<h2>Ultra-Responsive Design</h2>
Avada is fully responsive and can adapt to any screen size, its incredibly fast and flexible. Try resizing your browser window to see the action.
[/one_third]

[one_third last="no"]
<img alt="" src="http://tssystems.co.kr/wp-content/uploads/2013/02/image_4.jpg" />
<h2>Awesome Powerful Sliders</h2>
Avada includes the awesome Layer Parallax Slider as well as the popular FlexSlider2. Both sliders have awesome plugins making it easy to use.
[/one_third]

[one_third last="yes"]
<img alt="" src="http://tssystems.co.kr/wp-content/uploads/2013/02/image_4.jpg" />
<h2>Loaded With Options</h2>
This theme is loaded, unlimited color options, 500+ google fonts, 4 post types, advanced theme options, 3 home page layouts, boxed &amp; wide, etc.
[/one_third]
```

■ 그림 4-176 이미지 삽입과 사업영역 설명 부분

```
[one_third last="no"]
<img alt="" src="http://도메인 주소/wp-content/uploads/2013/10/image_develop01.jpg" />
<h3 style="text-align: center;"><strong>타이틀 부분</strong></h3>
 
티에스시스템즈는 ASP, JSP, PHP, JAVA 마스터급 엔지니어, 디자인경력 10년이상의 디자이너, 퍼블리셔등을 보유 <span style="color: #1a80b6;"><strong>홈페이지 개발, DB설계 및 유지보수</strong></span> 사업 영역에서 두각을 나타내고 있습니다.
[/one_third]
```

■ 그림 상세 이미지 삽입 및 사업영역에 대한 부분

06 개발 페이지의 마지막 부분으로 사업영역에서 취급되는 제품의 페이지로 이동될 수 있도록 버튼을 생성해 보았습니다. 이 부분을 수정하여 회사에 맞게 만들어 보겠습니다.

```
[separator top="30"]
[tagline_box link="http://themeforest.net/user/ThemeFusion" button="Purchase Now" title="Avada is incredibly
responsive, with a refreshingly clean design" description="And it has some awesome features, premium sliders,
unlimited colors, advanced theme options and so much more!"][/tagline_box]
```

■ 그림 4-177 개발 페이지의 하단 설명 및 버튼

07 여기서는 tagline_box라는 숏코드를 사용합니다. link="버튼 클릭 시 이동할 주소" 기입하고 button="버튼 안에 들어갈 텍스트", title= "큰 글씨로 표현될 부분" description= "타이틀 밑에 작성될 작은 글씨 부분" 등의 내용들을 회사에 맞게 수정합니다. 다음과 같이 작성하여 텍스트에 대한 내용 수정을 완료합니다.

```
[separator top="30"]
[tagline_box link="http://www.tssystems.co.kr/?page_id=4354" button="Go
Solutions" title="모든것의 시작 ? 이 모든것이 인터넷으로 연결된 세상 Internet of
Everything" description="티에스시스템즈가 항상 함께하겠습니다."][/tagline_box]
```

■ 그림 개발 비지니스 하단 버튼 부분 텍스트

08 페이지 속성은 Full Width로 하고 상단의 슬라이드가 나올 수 있도록 Page Options에서 슬라이드를 선택합니다.

■ 그림 4-178 개발 비즈니스 슬라이드 설정

09 우측 사이드바 상단의 [공개하기] 클릭하면 비즈니스 부분에 대한 페이지가 어떻게 보이는지 확인할 수 있습니다.

■ 그림 4-179 개발 비즈니스 페이지 전체화면

10 컨텐츠와 이미지의 사이가 너무 붙어있는 것을 확인할 수 있습니다. 이 간격 조정을 위하여 웹 페이지 상단에 있는 [페이지편집]을 클릭하여 페이지편집 상태로 이동합니다.

■ 그림 4-180 개발 비즈니스 페이지 편집

11 다음 그림과 같이 Toggle 숏코드와 one_third 숏코드 사이의 separator top=40 값을 70으로 수정하여 간격을 조정합니다. 전체적인 형태로 보면 어느 부분은 좁고 넓고할 때 각자 그 상황에 맞게 수치를 조정합니다. 지금 처럼 페이지 편집으로 쉽게 보이지 않는 부분들은 CSS 수정을 통해서 수정합니다. 이렇게

하여 개발 비즈니스의 페이지를 완성하였습니다. 다른 사업영역의 네트워크 비즈니스 및 시스템 비즈니스 페이지도 개발 비즈니스와 동일한 형태로 만들면 됩니다.

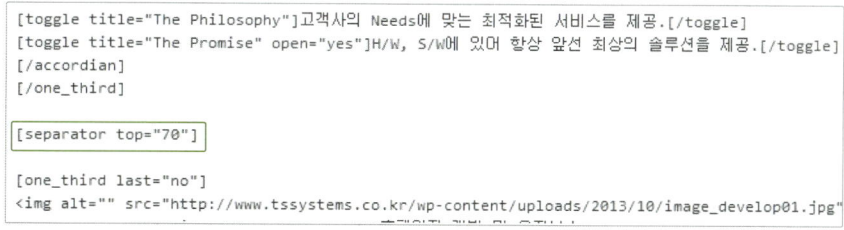

■ 그림 4-181 개발 비즈니스 페이지 간격 조정

Contact Us 페이지 구성하기

이제 단독으로 사용되는 페이지로는 마지막인 Contact Us 페이지를 만들어 보겠습니다. Contact Us 페이지도 Dummy 파일의 Contact Page 페이지의 텍스트 값을 그대로 가져와서 사용할 것입니다.

01 Contact Page의 텍스트 내용을 복사하고, 새 페이지를 추가하여 제목은 Contact Us라고 입력한 후 Contact Page에서 복사 한 텍스트를 새 페이지의 텍스트 탭에 붙여 넣습니다. 다음 그림 상태에서 새로운 Contact Us 페이지에 사용 할 내용으로 수정합니다.

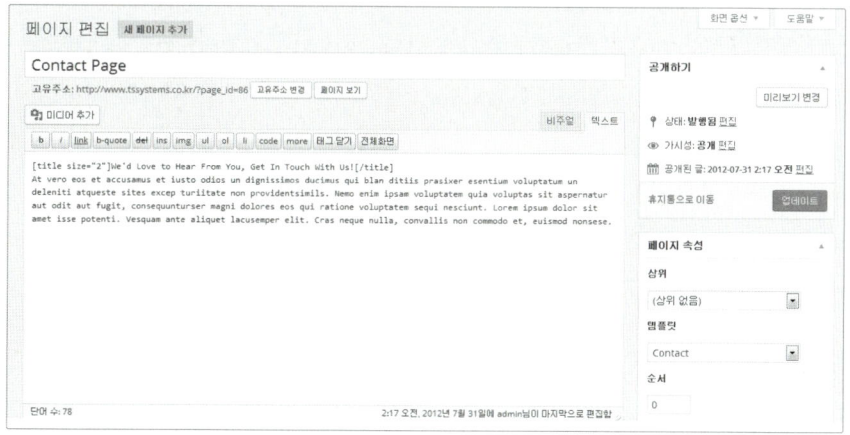

■ 그림 4-182 Contact Page 기본 내용

02 다음 그림과 같이 title 부분과 내용을 수정합니다. 글 내용은 텍스트 상태보다 비주얼 상태에서 수정하는 것이 쉽습니다.

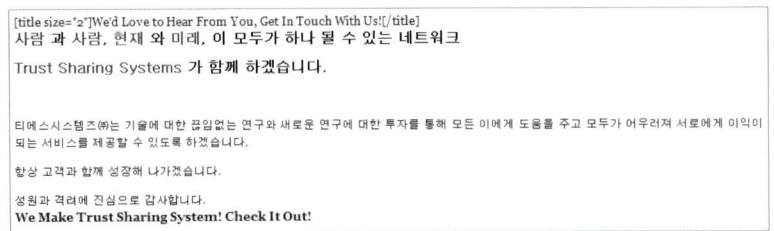

■ 그림 4-183 Contact Us 비주얼 상태의 글 내용

03 Contact Us 내용 수정을 완료하면 페이지에 대한 설정 부분을 변경하고 [공개하기]를 클릭하여 글을 저장합니다.

■ 그림 4-184 페이지 속성

04 페이지 속성 값의 템플릿을 Contact로 선택합니다. 템플릿을 Contact로 변경하면 다음 그림과 같은 형태의 페이지로 표현됩니다. 이제 페이지 속성 값에 대한 설정이 완성되었습니다.

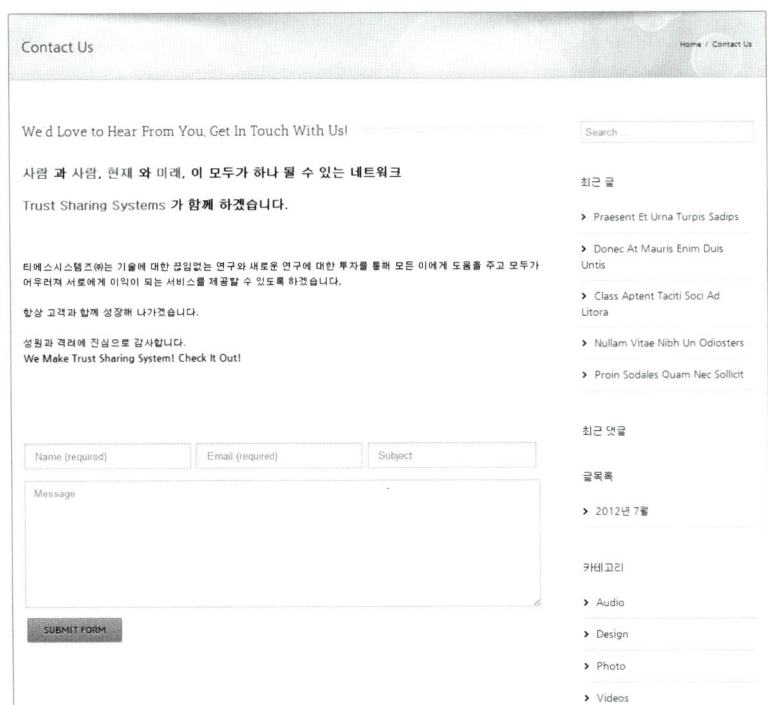

■ 그림 4-185 Contact 템플릿 적용 후

05 Page title bar options에서 페이지의 옵션을 설정합니다. Page Options 부분에서 아래로 내리면 다음 그림과 같이 Page title bar options 부분을 확인 할 수 있습니다. 타이틀에 대한 부분을 모두 감추는 이유는 타이틀을 감춰서 지도가 더욱 잘 보이도록 하기 위해서 입니다. 이제 페이지 옵션에 대한 설정이 완료 되었습니다.

■ 그림 4-186 페이지 타이틀 바 옵션 부분

06 Contact Us 페이지 상단에 지도 및 기타 영역을 설정합니다. 알림판에서 [외모]-[Theme Options]-[Contact Options] 메뉴를 선택한 후 페이지 옵션에서 템플릿을 Contact로 선택하고, Theme Options에서 Contact Options을 설정합니다. Google Map Address 부분에는 지도상에 나타낼 주소를 기입하고, Email Address에는 Contact Us를 이용하여 문의를 할 때 받을 메일 주소를 적습니다. 마지막으로 Map Zoom Level은 지도가 얼마나 가까운 상태에서 시작 할지를 나타내는 값입니다. Map Zoom Level을 높일수록 더욱 가까운 거리에서 시작을 합니다. 이제 Contact Us 페이지를 완성하였습니다.

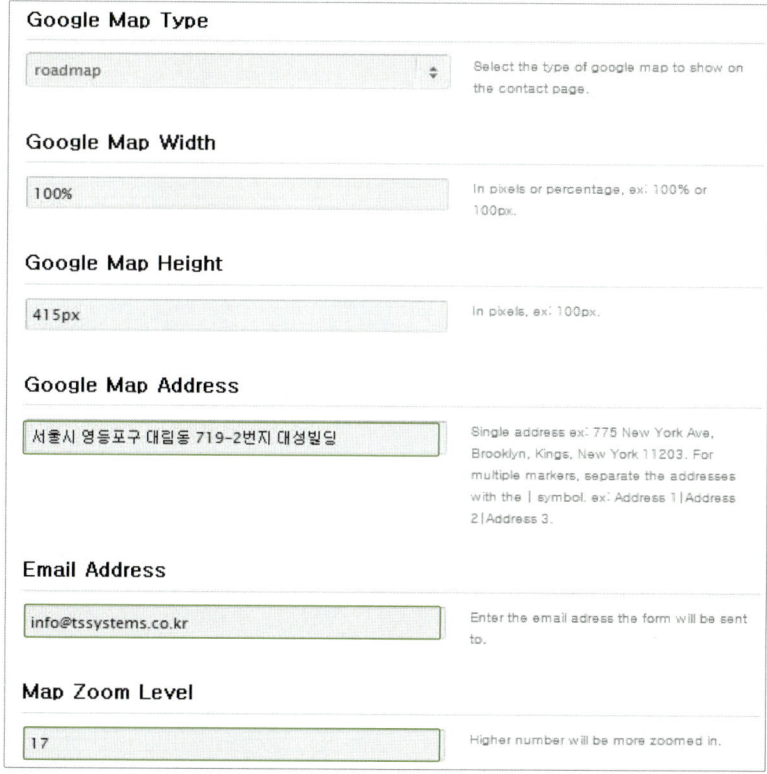

■ 그림 4-187 Contact Options 설정 부분

07 알림판에서 [페이지 보기]를 선택하여 사이트 결과를 확인합니다. 내용만으로 표현되는 페이지 만들기 작업이 완료되었습니다.

■ 그림 4-188 Contact Us 완료 부분

홈페이지 컨텐츠 만들기

지금 까지는 회사의 전반적인 내용을 담고 있는 페이지들을 만들었습니다. 이제 간단한 글들을 불러오는 페이지만 몇 개 더 만들면 홈페이지가 완성됩니다. 그러나 아직 홈페이지를 완성하기에는 필요한 것들이 많이 있습니다. 집 짖기에 표현하면 집안의 인테리어 일 것입니다.

페이지는 집을 짓는 과정에서 지붕이나 기둥처럼 하나의 큰 틀이라고 보시면 됩니다. 실질적으로 집안에 살기 위해서는 방과 주방 화장실 등을 나누고 가구 등 도구들이 필요하게 되는데 그런 것들이 카테고리와 글이라고 보시면 됩니다.

이제부터 글을 같은 부류끼리 분리할 수 있도록 카테고리들을 만들고 해당하는 글들을 작성합니다.

글 작성 및 카테고리 만들기

글에 대한 카테고리를 만드는 것은 간단합니다. 처음 홈페이지를 기획할 때 만들었던 메뉴 구조 중에서 글로 꾸며지는 부분들을 카테고리로 만듭니다.

01 [글]-[카테고리] 메뉴를 선택합니다. 카테고리로 이동하면 Dummy 파일에서 받은 카테고리들이 있습니다. 이 부분은 모두 지우고 카테고리들을 생성하여 진행합니다.

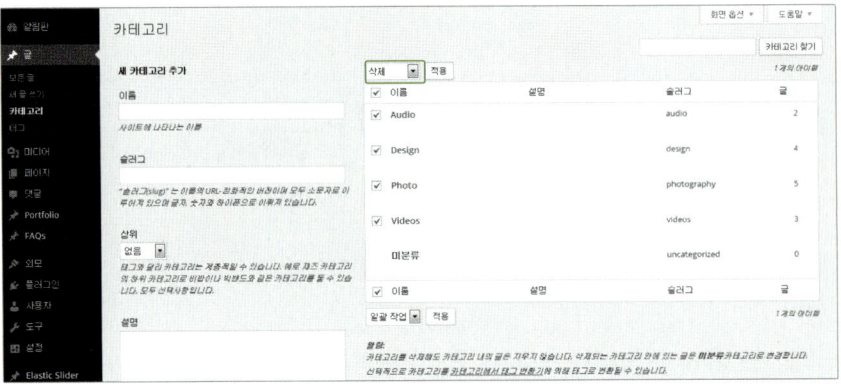

■ 그림 4-189 Dummy 파일에서 생성된 카테고리 삭제

02 카테고리들을 모두 삭제한 후 글을 항목에 맞게 분류할 카테고리들을 만듭니다. 카테고리를 생성하는 부분들은 여러 번 설명했기 때문에 여기서는 생략하겠습니다.

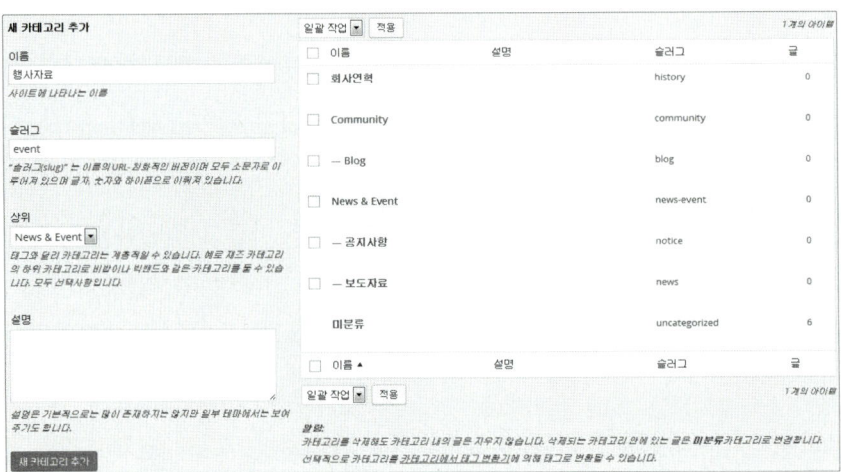

■ 그림 4-190 글 카테고리 생성

03 글들을 구분 짓기 위해 카테고리를 생성합니다. 카테고리 생성시 슬러그 기입은 카테고리의 글을 가져올 때와 웹 표준화 준수하여야 하는 경우에는 필수적으로 기입합니다. 슬러그의 경우에는 자동으로도 생성되는데, 자동으로 생성되는 것 보다는 관리와 카테고리의 구분을 이해하기 쉽도록 직접 기입합니다.

웹 표준화를 준수하여야 하는 홈페이지의 경우에는 슬러그 및 설명 부분들을 반드시 기입하여야 합니다. 여기서는 설명에 대한 부분은 생략하고 진행합니다.

보도자료 - news, 행사자료 - event, 공지사항 - notice, 회사연혁 - history로 기입을 하였고, 다른 카테고리의 경우는 자동으로 생성되게 하였습니다. 카테고리가 완성되었으면, 이제 글을 작성합니다.

■ 그림 4-191 글 카테고리 생성 완료

원격지에서 MS-Word 이용한 글 작성하기

글은 비주얼 탭에서 직접 작성할 수 있지만, 직접 작성하는 것이 어려운 경우에는 윈도우의 메모장에 미리 작성한 글을 붙여서 작성을 할 수도 있습니다. 이 방법 이외에도 원격지에서 글을 작성하여 게시할 수도 있는데 워드프레스 콘텐츠 활용팁으로 MS Word 2010에서 글을 작성하여 게시하는 방법에 대해 알아 보도록 하겠습니다.

01 MS Word 프로그램을 실행합니다.
02 [파일] 메뉴를 클릭하여 [새로 만들기]를 선택합니다.
03 새로 만들기를 클릭하면 아래의 사용 가능한 서식 파일 페이지로 이동합니다. [블로그 게시물] 서식 파일을 선택합니다.

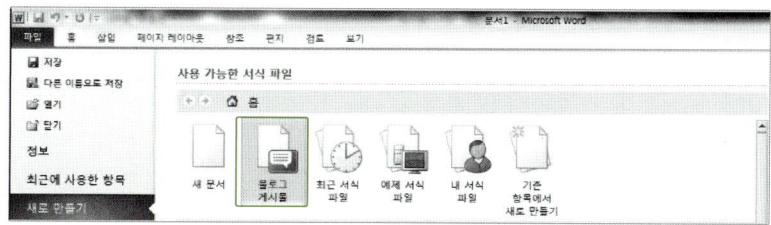

■ 그림 4-192 문서 새로 만들기

04 [블로그 계정 등록] 창이 나옵니다. 계정 등록을 하기 위해서는 [지금 등록] 버튼을 클릭하고 나중에 등록하기 위해서는 [나중에 등록] 버튼을 클릭합니다. 여기서는 [지금 등록] 버튼 클릭하여 등록합니다.

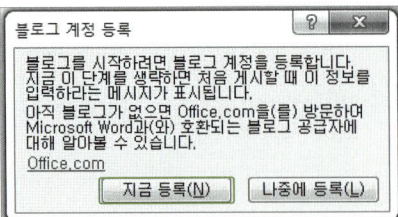

■ 그림 4-193 블로그 계정 등록

05 새 블로그 계정 창이 열립니다. 이때 블로그 공급자를 Wordpress로 선택하고 [다음] 버튼을 클릭합니다.

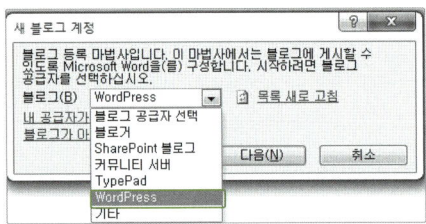

■ 그림 4-194 블로그 타입 선정

06 다음과 같이 [새 Wordpress 계정] 등록하는 창이 열립니다. 자신의 워드프레스에 관한 도메인 주소 및 등록계정 정보를 입력하여 등록합니다. 이때 '블로그 게시 URL(U)'에는 워드프레스 도메인 주소를 넣습니다. 아래 계정에 대한 정보들을 입력한 후 [확인] 버튼을 클릭합니다.

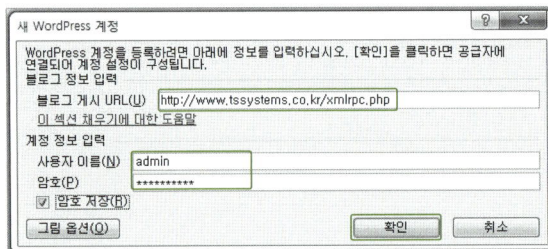

■ 그림 4-195 블로그에 대한 주소 등록 및 계정 등록

> **_tip_**
> www.도메인 주소/wp/wp-login.php로 만드는 분들은 블로그 게시URL(U)란에 www.도메인 주소/ wp/xmlrpc.php로 입력합니다.

07 블로그 로그인 정보가 저장 알림창이 나타나면 [예] 버튼을 클릭합니다.

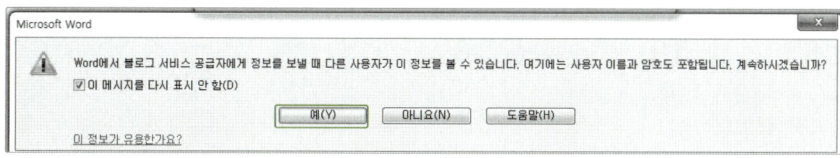

■ 그림 4-196 블로그 계정정보로 인한 저장 여부

08 이제 워드프레스 홈페이지에 게시하기 위한 계정 등록을 마쳤습니다. MS-Word 프로그램을 실행하면 가장 상단에 메뉴바가 생긴 것을 확인할 수 있습니다. 메뉴바 가운데에서 계정 관리를 클릭하면 계정에 대하여 수정, 삭제, 새로 생성 등을 할 수 있습니다.

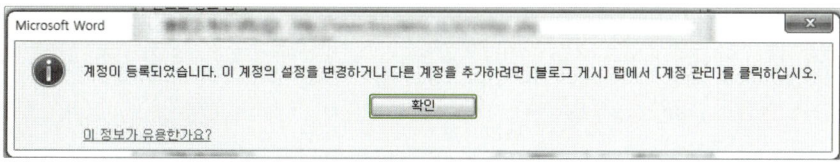

■ 그림 4-197 계정 등록 추가 완료

09 이제 MS-Word에서 글을 작성한 후 [게시] 버튼을 클릭하여 글을 게시합니다.

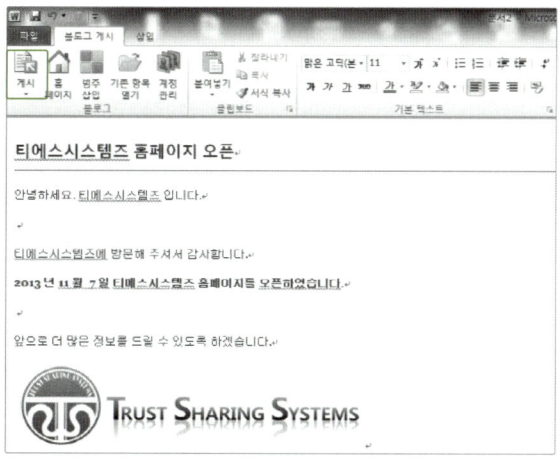

■ 그림 4-198 MS Word에서의 글 작성

10 게시가 완료되면 다음 그림과 같이 게시글이 등록되었다는 메시지가 나타납니다. 만약 게시가 되었다는 글이 나오지 않으면 계정 정보나 도메인 주소를 잘못 기입한 것입니다. 이럴 경우는 상단 메뉴바의 계정 관리로 이동하여 계정 및 주소에 대해 다시 확인합니다.

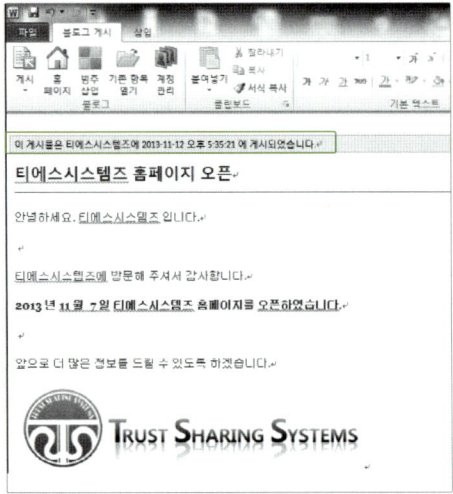

■ 그림 4-199 작성 글 게시 등록 완료

11 위와 같은 방식으로 필요한 글들을 쉽게 작성하여 올릴 수 있습니다. 이 때 수동으로 설정해야 되는 부분들이 있습니다. 홈페이지에 올린 글들은 자동으로 분류되지 않고 워드프레스의 기본 카테고리인 미분류 카테고리에 게시됩니다. [글]–[모든 글] 메뉴를 클릭하면 바로 전 MS Word를 통해 올렸던 모든 글들을 볼 수 있습니다.

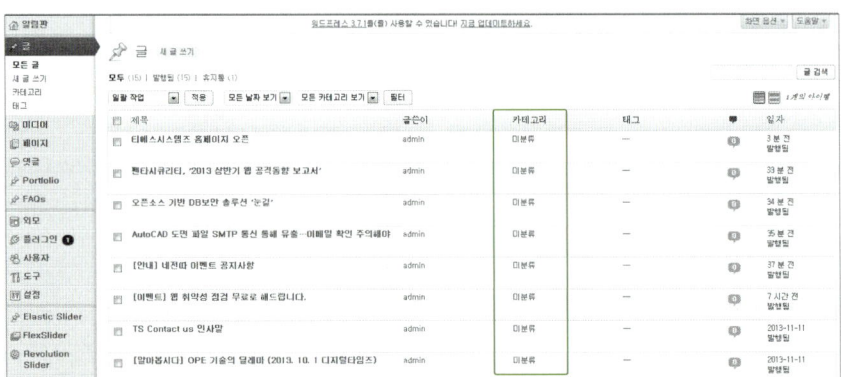

■ 그림 4-200 word로 게시한 글 목록

12 글에 대한 특성 이미지를 넣으려면 [편집]을 클릭합니다.

■ 그림 4-201 글 편집

13 다음 그림과 같이 특성 이미지와 카테고리 분류를 설정한 후 업데이트합니다.

■ 그림 4-202 특성 이미지 설정 및 카테고리 분류

14 편집 이후에는 반드시 [업데이트] 버튼을 클릭하여 글을 저장합니다. 만약 특성 이미지 설정이 필요 없고 카테고리 분류만 한다면 [빠른 편집]을 클릭하여 간편하고 빠르게 할 수 있습니다.

■ 그림 4-203 빠른 편집 카테고리 수정

15 글을 편집하여 카테고리에 맞게 분류하면 글쓰기에 대한 부분이 완료됩니다. 이렇게 MS Word 글쓰기를 이용하여 회사 내용에 필요한 글들을 웹 상이 아닌 로컬에서 쉽게 작성하여 올리는 방법을 알아보았습니다.

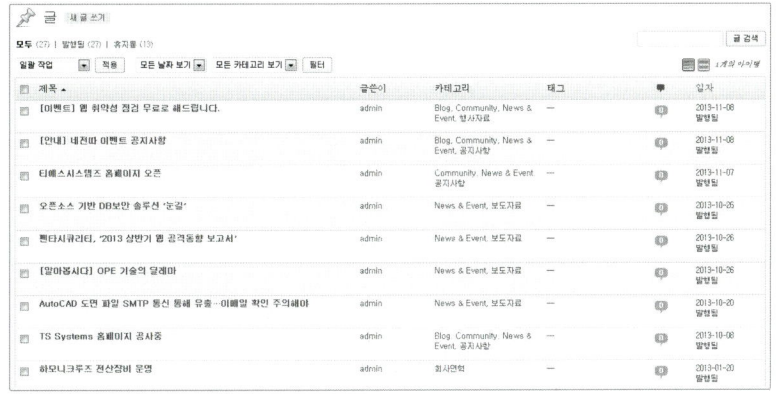

■ 그림 4-204 글 쓰기 및 카테고리 설정 완료

블로그 페이지 만들기

이번에는 글들이 홈페이지에 블로그 형태로 표현이 될 수 있는 페이지를 만들어 보겠습니다. 블로그 페이지는 두 가지 스타일의 페이지로 만들 것입니다. 첫 번째는 타임라인 형태로 블로그 게시물들이 보여지도록 하는 페이지이고, 두 번째는 일반적인 블로그 형태를 유지한 페이지로 만들 것입니다.

타임라인 블로그 및 회사연혁 페이지 만들기

타임라인(Timeline) 형태의 블로그 페이지는 등록된 시간 때별로 게시물들을 볼 수 있는 형태입니다. 시간의 흐름을 한눈에 볼 수 있는 장점을 가지고 있기 때문에 News & Event와 Community 1 Depth 메뉴 페이지로 사용을 할 것입니다. 다음 그림은 타임라인 형태의 블로그 페이지입니다.

■ 그림 4-205 타임라인을 이용하여 만든 페이지

01 타임라인 페이지도 Dummy 파일의 페이지 중에서 타임라인 페이지의 내용을 복사하여 사용합니다. 알림판에서 [페이지]-[모든 페이지] 메뉴로 이동한 후 [보기]를 클릭하여 타임라인 페이지의 형태를 확인합니다.

■ 그림 4-206 타임라인 페이지

02 타임라인 페이지에서는 노출시키고자 하는 카테고리의 설정만 수정하면 만들고자 했던 형태의 페이지를 쉽게 만들 수 있습니다. 우선 타임라인 페이지의 텍스트 내용을 복사하고 [새 페이지 추가] 버튼을 클릭하여 새 페이지를 생성합니다. 새로 생성된 페이지에 제목을 기입하고 타임라인 페이지에서 복사한 텍스트의 내용을 붙여 넣습니다.

■ 그림 4-207 News & Event 타임라인 페이지

```
[blog number_posts="6" cat_slug="" title="yes" thumbnail="yes" excerpt="yes"
excerpt_words="35" meta_all="yes" meta_author="yes or no" meta_categories="yes or
no" meta_comments="yes or no" meta_date="yes or no" meta_link="yes or no" paging=
"no" scrolling="infinite" strip_html="yes" layout="timeline"][/blog]
```

■ 타임라인 기본 텍스트

03 기본 텍스트에서 cat_slug=""만 수정합니다. 타임라인 페이지에 보여 주고자 하는 글의 카테고리를 기입합니다. 여기서는 New & Event 카테고리로 구분한 글들을 보여 줄 것입니다. 그렇기 때문에 cat_slug="news-event"라고 수정하여 타임라인 페이지를 완성합니다.

slug라는 단어는 핵심 의미(단어)라는 뜻을 가지고 있습니다. 즉 카테고리를 나타내는데 있어서 핵심 단어라는 것입니다. 글 또는 페이지 작성 시 슬러그를 잘 사용하면 SEO(Search Engine Optimization)에 최적화 될 수 있도록 할 수 있습니다.

```
[blog number_posts="6" cat_slug="news-event" title="yes" thumbnail="yes" excerpt=
"yes" excerpt_words="35" meta_all="yes" meta_author="yes or no" meta_categories=
"yes or no" meta_comments="yes or no" meta_date="yes or no" meta_link="yes or no"
paging="no" scrolling="infinite" strip_html="yes" layout="timeline"][/blog]
```

■ Timeline 글 카테고리 수정

04 Community 타임라인 페이지도 이와 동일한 방법으로 카테고리 슬러그 부분을 수정하여 만듭니다. 글의 제목과 내용을 기입하고 카테고리를 지정합니다. 특성 이미지 영역에서 900×403 사이즈의 특성 이미지를 삽입하여 회사 연혁에 사용할 글을 완성합니다. 하지만 회사 연혁에 사용되는 글의 경우 이미지에 마우스를 가져갔을 때 모든 내용이 보여 질 수 있도록 하는 기능은 필요가 없습니다.

> **↔_tip_**
>
> 타임라인을 이용하여 만들었던 페이지는 블로그 페이지만 있는 것은 아닙니다. 회사연혁 페이지도 타임라인 페이지를 이용하여 만들었습니다. 만드는 방법은 블로그 페이지와 동일합니다. 몇 가지만 수정하면 동일하게 만들 수 있습니다. 우선 회사 연혁에 필요한 글들을 있어야 합니다. 회사 연혁에 들어갈 글은 간단하게 작성하였습니다.

■ 그림 4-208 회사연혁 글 작성

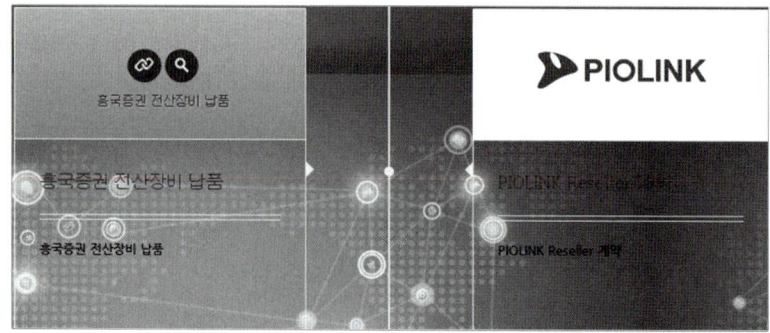

■ 그림 4-209 회사연혁 자세히 보기 글로 이동

> **↔_tip_**
>
> 특성 이미지의 크기를 잘 보이게 하기 위해 배경 이미지를 넣었습니다. 뒤에 나올 페이지 옵션에서 배경 이미지를 설정합니다.

05 위의 그림과 같은 기능을 없애기 위해 글의 옵션에서 옵션 값을 수정하겠습니다. 옵션 값을 수정하기 위해 Post Options 부분으로 이동합니다. Image Rollover Icons 부분을 No Icons로 설정한 후 [글 공개하기 및 업데이트] 버튼을 클릭하여 글을 저장합니다.

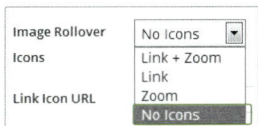

■ 그림 4-210 Image Rollover Icons 설정

06 위와 같은 방식으로 회사연혁에 사용할 여러 개의 글을 만듭니다.

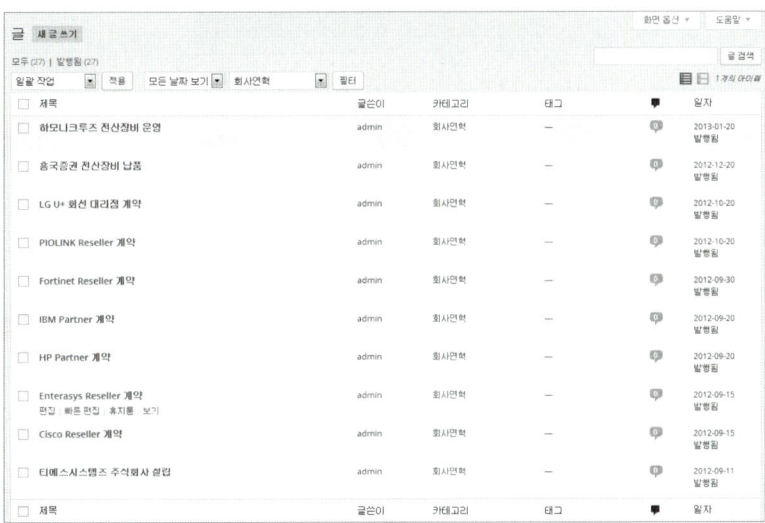

■ 그림 4-211 회사연혁 글 생성 완료

07 이제 회사연혁의 페이지를 만들어 보겠습니다. 회사연혁 페이지도 블로그 타임라인 페이지를 만들었던 방식과 동일한 방식으로 만듭니다.

```
[blog number_posts="6" cat_slug="" title="yes" thumbnail="yes" excerpt="yes"
excerpt_words="35" meta_all="yes" meta_author="yes or no" meta_categories="yes or
no" meta_comments="yes or no" meta_date="yes or no" meta_link="yes or no" paging=
"no" scrolling="infinite" strip_html="yes" layout="timeline"][/blog]
```
■ Timeline 기본 텍스트

위의 그림은 Dummy 파일의 Timeline 페이지 값입니다. 이 값을 수정하여 회사연혁 페이지를 만듭니다.

```
<strong>[blog number_posts="" cat_slug="history" title="no" thumbnail="yes"
excerpt="yes" excerpt_words="35" meta_all="no" meta_author="no" meta_categories=
"no" meta_comments="no" meta_date="no" meta_link="no" paging="yes" scrolling=
"infinite" strip_html="yes" layout="timeline"][/blog]</strong>
```
■ 그림 회사연혁 페이지 텍스트 값

08 회사연혁에 사용되는 글을 굵게 표현하기 위해 〈strong〉〈/strong〉 값을 넣습니다. 그리고 카테고리에 대한 지정을 cat_slug="history"로 하고 Title 부분이 보이지 않도록 하기 위해 title="no" 로 지정하였습니다. meta_all="no"로 설정하여 페이지에서 보여지는 글 영역 공간을 줄였습니다.

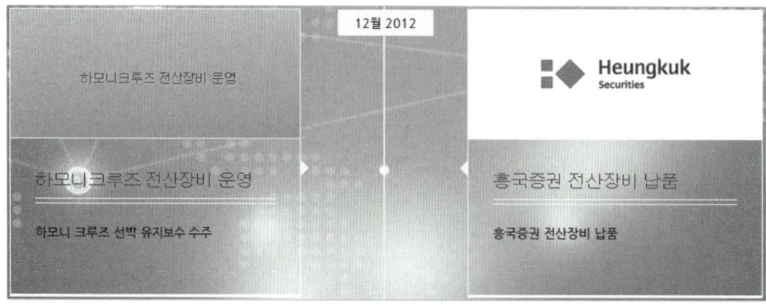
■ 그림 4-212 Blog 숏코드 값 수정 전

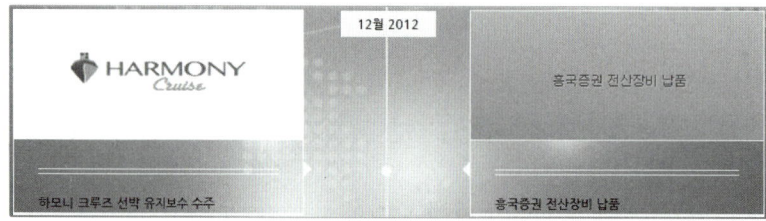
■ 그림 4-213 Blog 숏코드 값 수정 후

09 회사연혁 페이지 내용에 대한 설정을 완성하였습니다. 이제 배경에 이미지 부분을 설정합니다. 배경이미지 설정을 위해서는 옵션 값을 설정하는 부분으로 이동하여 Following options work in boxed and wide mode: 부분의 Background Image 부분을 다음과 같이 설정합니다. 회사 연혁 페이지 부분도 완성을 하였습니다.

■ 그림4-214 배경 이미지 설정

일반적인 블로그 페이지 만들기

타임라인에 대한 페이지를 만들었다면 이제는 2 Depth의 블로그 페이지를 만들어 보겠습니다. 블로그 페이지는 특성 이미지와 글의 일부가 보여지며 오른쪽 공간에 사이드 바가 위치해 있도록 할 것입니다. 아래의 그림은 포스트의 글에 사이드 바가 있는 블로그 형태의 페이지입니다.

■ 그림 4-215 블로그 형태의 페이지

01 블로그 형태의 페이지도 Dummy 파일의 페이지 중에서 Large Alternate 페이지의 내용을 복사하여 사용할 것입니다. 알림판에서 [페이지]-[모든 페이지] 메뉴를 클릭합니다. [보기]를 클릭하면 완성 페이지와 비슷하게 구현된 것을 확인할 수 있습니다. Large Alternate 페이지에서는 노출시키고자 하는 카테고리의 설정과 페이지 상단에 블로그에 대한 설명을 넣어 주면 만들고자 했던 형태의 페이지를 만들 수 있습니다.

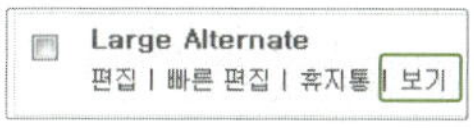

■ 그림 4-216 Large Alternate 페이지

02 Large Alternate 페이지의 텍스트 내용을 복사하고 [새 페이지 추가] 버튼을 클릭하여 페이지 제목을 기입한 후 복사한 내용을 붙여 넣습니다.

```
[blog number_posts="6" cat_slug="" title="yes" thumbnail="yes" excerpt="yes"
excerpt_words="35" meta_all="yes" meta_author="yes" meta_categories="yes"
meta_comments="yes" meta_date="yes" meta_link="yes" paging="no" scrolling=
"pagination" strip_html="yes" layout="large alternate"][/blog]
```

■ Large Alternate 텍스트 기본 값

03 상단의 블로그에 대한 설명 부분을 넣기 위해 Tagline Box 숏코드를 삽입합니다. 비주얼 탭에서 숏코드 아이콘을 클릭하면 숏코드를 선택할 수 있는 창이 열립니다. Choose Shortcode 부분에서 Tagline Box를 선택하면 색상, 링크 등 여러 설정 부분들이 보입니다. 이 부분들은 그냥 기본값을 유지합니다.

■ 그림 4-217 Tagline Box 숏코드 삽입

04 Tagline Box 숏코드의 설정 부분 아래쪽에 Title 부분과 Description 부분이 나타납니다. 회사의 특성에 맞게 내용을 채우고 [Insert Shortcode] 버튼을 클릭하여 숏코드를 삽입합니다.

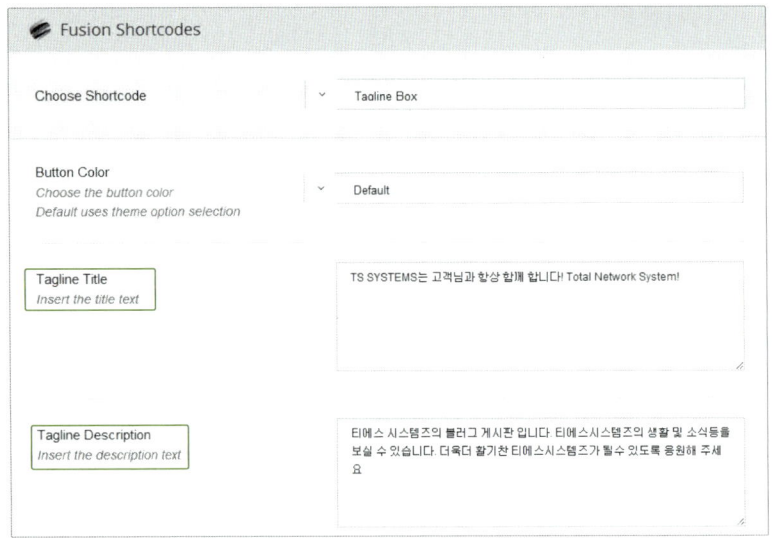

■ 그림 4-218 Tagline Box 텍스트 작성

05 상단의 블로그 설명을 위한 Tagline Box 숏코드를 넣었다면 블로그 숏코드 부분에서 어떠한 카테고리의 글들을 보여 줄 것인지를 위한 cat_slug="카테고리 슬러그이름"을 수정합니다. 여기서는 cat_slug="blog"로 지정합니다.

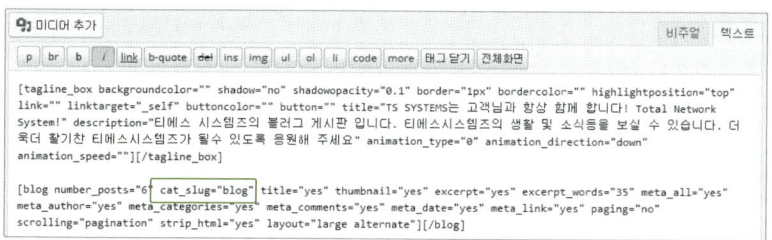

■ 그림 4-219 Tagline Box 숏코드 삽입 및 blog 텍스트 내용 수정

06 페이지 속성은 기본 템플릿을 유지하고 [공개하기] 버튼을 클릭하여 페이지를 공개합니다. 작성된 글들을 표현하기 위한 페이지들은 모두 작성하였습니다. 이제 블로그 부분의 마지막으로 다운로드 페이지와 다운로드 파일을 보관하기 위한 플러그인을 설치해보겠습니다.

■ 그림 4-220 블로그 페이지를 위한 속성값 설정

다운로드 블로그 페이지 만들기

이번 섹션에서는 회사의 공개자료들을 홈페이지에 업로드하여 홈페이지를 찾아오는 고객들이 직접 다운로드할 수 있는 페이지를 만들어 보겠습니다. 이 페이지는 블로그 페이지와 동일한 형태를 유지하며 글 대신에 다운로드 파일들이 보이도록 할 것입니다.

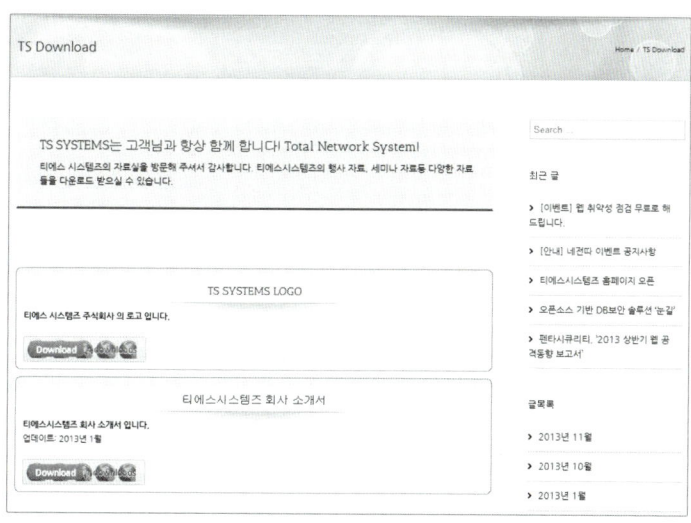

■ 그림 4-221 다운로드 페이지 완성 화면

01 다운로드 파일들을 관리하기 위해 Download Manager 플러그인을 설치합니다.

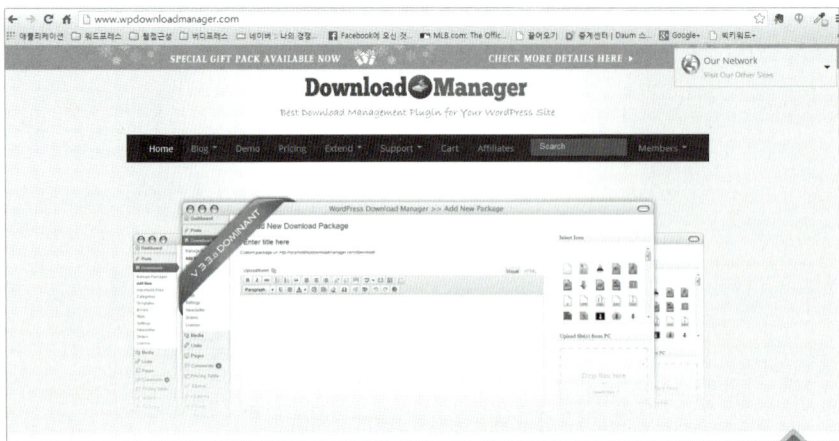

■ 그림 4-222 Download Manager 플러그인

02 홈페이지를 만들다보면 테마에서는 제공하지 않지만 필요한 기능들이 있습니다. 이런 경우에는 알림판에서 [플러그인]-[플러그인 추가하기] 메뉴를 선택한 후 검색란에 필요한 기능과 연관있는 단어를 검색하여 필요한 플러그인들을 찾을 수도 있고, 구글 검색을 통해서도 플러그인을 찾을 수 있습니다.

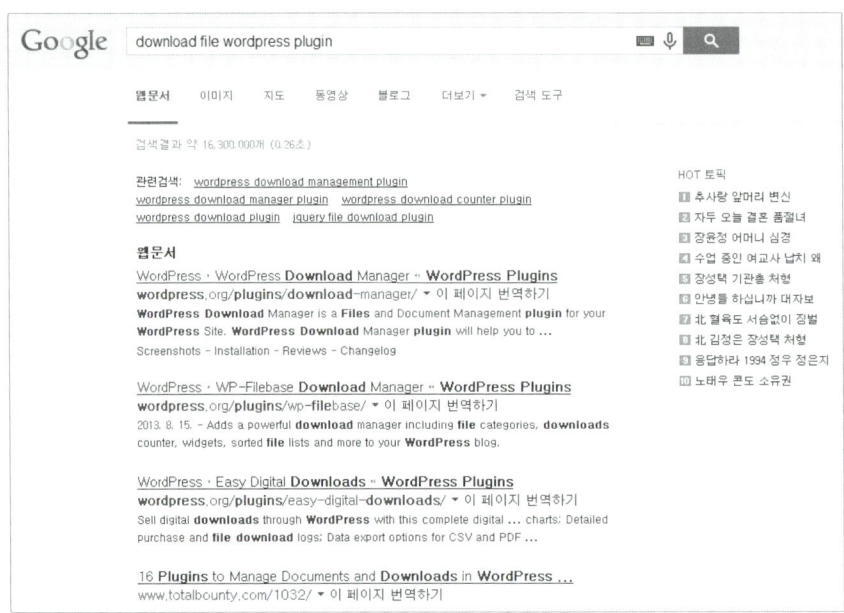

■ 그림 4-223 구글에서 플러그인 검색

03 여러 종류의 플러그인 중에서 Download Manager 플러그인을 이용하여 보도록 하겠습니다. Download Manager 플러그인은 쉽게 다운로드 파일들을 관리할 수 있고 숏코드도 제공하여 여러 형태로 활용할 수 있어 많은 사용자들이 사용하고 있는 무료 플러그인입니다.

Download Manager 플러그인 주소(http://www.wpdownloadmanager.com/)에 접속한 후 플러그인을 다운로드 받은 후 플러그인 설치를 위해 알림판에서 [플러그인]-[플러그인 추가] 메뉴를 선택합니다. 플러그인 설치 페이지에서 [업로드] 탭을 선택한 후 PC에 다운로드 받은 파일을 선택할 수 있게 [파일선택] 버튼을 클릭합니다. PC에서 다운로드 받은 download-manager.zip 파일을 선택한 후 [지금 설치하기] 버튼을 클릭하여 설치를 진행합니다.

■ 그림 4-224 download-manager 플러그인 설치하기

04 플러그인 설치가 완료 되었으면 [플러그인 활성화]를 클릭하여 플러그인을 활성화시킵니다. 활성화되면 왼쪽 메뉴에 플러그인을 관리할 수 있는 부분이 나타납니다.

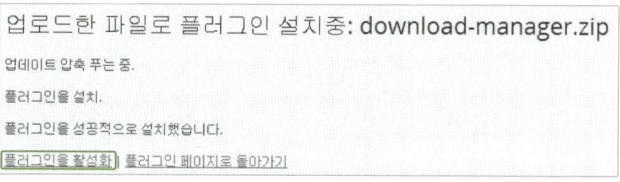

■ 그림 4-225 download-manager 플러그인 활성화

05 다운로드시킬 파일들을 등록하기 위해서 카테고리를 나누고 파일들을 등록합니다. 카테고리 등록을 위해 알림판에서 [File Manager]-[Categories] 메뉴를 선택합니다. Add Category 영역에 생성할 카테고리의 타이틀과 설명부분을 기입한 후 [Create Category] 버튼을 클릭하여 카테고리를 생성합니다.

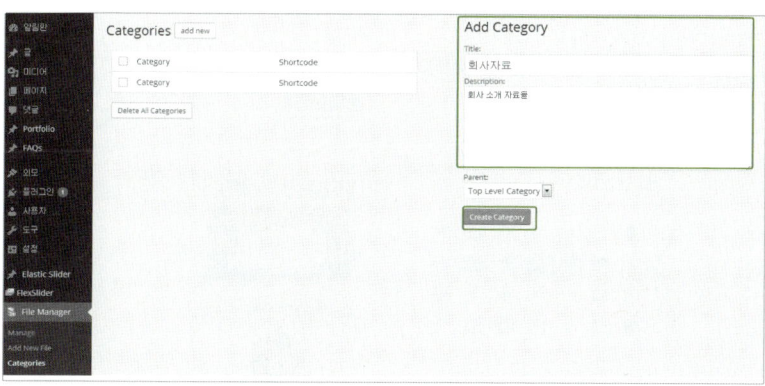

■ 그림 4-226 다운로드 매니저 Category 생성

06 회사의 자료들을 정리할 카테고리를 생성하였습니다. 이제는 이 카테고리에 넣을 파일들을 업로드합니다.

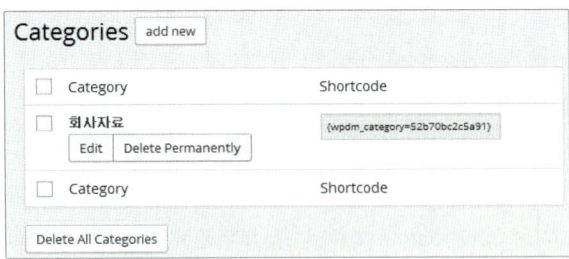

■ 그림 4-227 다운로드 매니저 카테고리 생성 완료

07 알림판에서 [File Manager]-[Add New File] 메뉴를 선택합니다. 타이틀 및 내용을 기입하고 Upload File form PC 영역에 다운로드시킬 파일을 PC에서 드래그 앤 드롭으로 옮긴 후 "파일을 선택하세요" 버튼을 클릭하여 파일을 선택합니다. 여기서는 회사소개서.pdf 파일을 업로드하였습니다.

■ 그림 4-228 다운로드 파일 생성

08 이제 파일에 대한 설정들을 진행합니다. Package Setting 부분은 파일에 대한 접근 및 카운트를 설정하는 부분입니다. 카운트는 몇 회 다운로드가 이루어 졌는지를 확인하기 위해 Show로 선택하고 Access는 모두가 다운받을 수 있도록 합니다. 이제 파일 카테고리를 선택하고 다운로드 시 외부에 보여질 아이콘도 선택합니다. 이렇게 설정을 마친 후 [Create Package] 버튼을 클릭하여 파일을 업로드합니다.

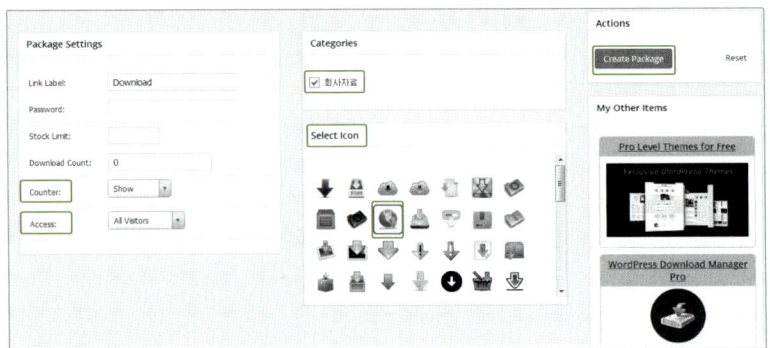

■ 그림 4-229 다운로드 매니저 파일 설정

09 위와 같은 방식으로 다운로드 파일들을 생성합니다. 다운로드할 파일들을 모두 생성한 후 이 파일의 숏코드들을 하나의 페이지에 넣으면 완성됩니다. 페이지 생성은 블로그 형태와 동일하게 생성하고 그 곳의 블로그 게시물을 불러오는 숏코드 대신 다운로드 매니저의 숏코드들을 입력합니다.

알림판에서 [페이지]-[새 페이지 추가] 메뉴를 선택하여 블로그 페이지와 동일한 방식으로 페이지의 설명을 할 수 있는 Tagline Box를 생성합니다.

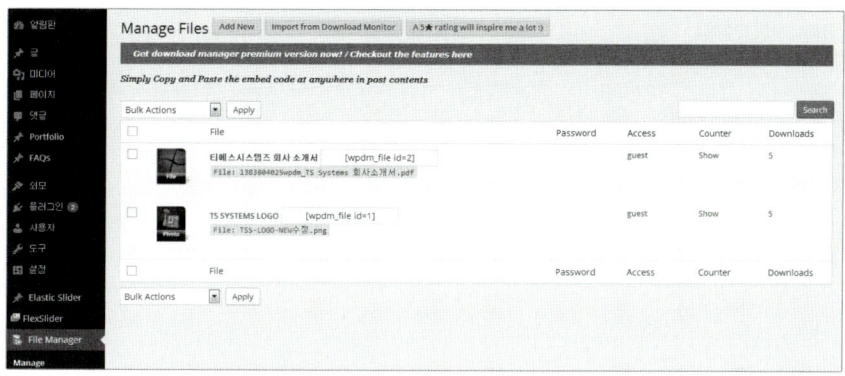

■ 그림 4-330 다운로드 매니저 파일 생성 완료

10 새 페이지 추가 후 내용을 위한 Tagline Box까지 설정을 완료하였다면 [추가] 버튼을 클릭하여 파일에 대한 숏코드를 생성합니다.

■ 그림 4-331 TS Download 페이지 생성

11 다음 그림과 같이 Embed File 부분의 타이틀과 설명을 보여 줄지 여부에 대해 설정한 후 어떤 탬플릿(Template)을 사용할지 선택합니다. 다운로드 파일을 선택하여 [Insert Into Post] 버튼을 클릭하여

Download Manager 숏코드 설정을 마칩니다. 이런 방식으로 다운로드 페이지에 배포할 파일의 숏코드를 모두 생성합니다.

■ 그림 4-332 다운로드 매니저 파일 생성

12 설정 부분이 완료 되었으면 [페이지 공개하기] 버튼을 클릭하여 페이지를 공개합니다. 이제 블로그 페이지 밑의 다운로드 페이지 설정이 완료되었습니다.

```
[tagline_box backgroundcolor="#f6f6f6" shadow="no" border="1px" bordercolor="#f6f6f6" highlightposition="bottom" link=""
linktarget="" button="" title="TS SYSTEMS는 고객님과 항상 함께 합니다! Total Network System!" description="티에스시스템즈의
자료실을 방문해 주셔서 감사합니다. 티에스시스템즈의 행사 자료, 세미나 자료등 다양한 자료들을 다운로드 받으실 수 있습니다. "]
[/tagline_box]

[wpdm_file id=1 title="true" desc="true" template="bluebox " ]

[wpdm_file id=2 title="true" desc="true" template="bluebox " ]
```

■ 그림 4-333 다운로드 페이지 설정 완료

Chapter 04 >>> Lesson **07** >>>

포트폴리오 컨텐츠 만들기

포트폴리오에서는 회사 홈페이지에서의 솔루션 제품 부분을 안내하는 페이지를 만들어 보겠습니다. 이전 과정과 동일한 방식으로 분야별 카테고리를 만든 후 글을 작성할 것입니다. 글은 테마에서 제공하는 숏코드들을 이용하여 작성한 후 홈페이지에 노출시켜 보겠습니다.

포트폴리오 카테고리 만들기

01 알림판에서 [Portfolio]-[Categories] 메뉴를 선택하면 Dummy 파일에서 받은 카테고리 설정들이 포함되어 있는 것을 확인할 수 있습니다. 현재 설정되어 있는 카테고리는 필요 없는 부분이므로 삭제하고 재생성합니다. 카테고리를 모두 선택한 후 삭제를 선택하고 [적용] 버튼을 클릭하면 삭제됩니다.

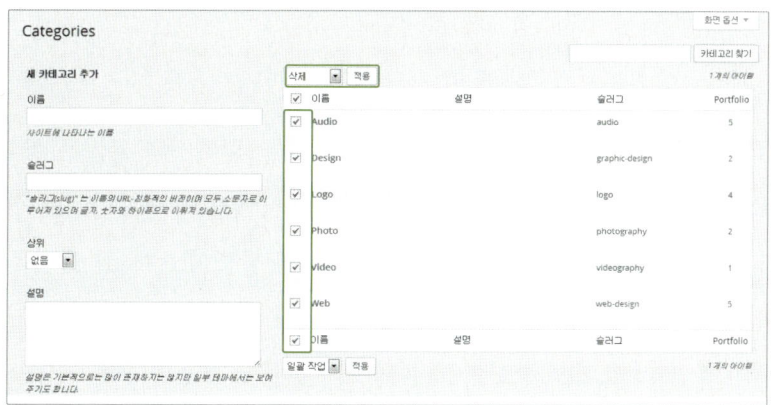

■ 그림 4-334 포트폴리오 Dummy 파일 카테고리

02 이름 입력 상자에 새롭게 만들 카테고리 이름을 기입하고 [새 카테고리 추가] 버튼을 클릭합니다.

■ 그림 4-335 카테고리 생성

03 포트폴리오 글을 분류할 카테고리들을 생성합니다. 여기서는 제품 및 솔루션 글들을 분류할 새 개의 카테고리를 생성하였습니다.

■ 그림 4-336 카테고리 생성 완료

포트폴리오 새 글 쓰기

포트폴리오에서의 글쓰기 방법은 글에서의 글쓰기와 동일합니다. 글에서의 글들은 형식에 구애받지 않은 자유로운 글이었다면 포트폴리오에서의 글은 회사에 있어 중요한 제품 또는 솔루션이라는 상품의 소개 부분입니다. 글을 보았을 때 제품 및 상품이 눈에 잘 들어올 수 있도록 Title 숏코드를 이용하여 구분 짓고, 제품의 상세 설명을 위한 부분에서는 Toggle 숏코드를 사용하여 글이 조금 더 효과적으로 보일 수 있도록 만들어 보겠습니다.

다음의 그림은 네트워크 솔루션 부분 중 하나로 숏코드를 이용하여 완성한 글입니다.

■ 그림 4-337 숏코드를 이용한 포트폴리오 글 작성 완료

위의 그림에서 최상단의 이미지는 특성 이미지로 설정하였고, 숏코드 타이틀 부분을 이용하여 작성을 하였습니다. 그리고 마지막으로 버튼이 표시되어 있는 부분은 Toggle 숏코드를 이용하여 작성을 하였습니다. Toggle 숏코드는 About Us 페이지를 만들 때 사용을 하였습니다. 네모박스를 만들 때에는 Toggle 숏코드를 넣은 후 이미지와 글 아이콘들을 함께

Chapter 04_ 중소기업 회사 홈페이지 만들기 299

사용하여 내용을 만들었습니다. 아래 내용은 숏코드와 이미지를 이용하여 만든 글의 텍스트 값입니다. 글을 작성하는데 있어서 참고하시기 바랍니다.

```
<img alt="" src="http://www.tssystems.co.kr/wp-content/uploads/2013/11/arrow.gif" width="5" height="9" border="0" /> <b>비즈니스 트랜스포메이션:</b> 최근 가장 주목을 끄는 변화 중 하나는 IT가 단순한 기술에서 비즈니스 테크놀로지로서 그 중요성을 더해 가고 있다는 것이다. 일례로 일상 속 CEO들 대부분이 상시 IT 기술을 비즈니스 혁신 또는 생산성 향상을 도울 수 있는 핵심 도구로 인식하며, IT가 어떻게 자신들의 비즈니스 성장을 도울 수 있을지 고심하는 상황에 직면해 있다. 이에 시스코는 아키텍처에 기반한 솔루션을 근간으로 기업들이 비즈니스 혁신을 도모할 수 있도록 역량을 집중하고 있다.

 

[separator top="20"]

[title size="2"]<strong>Router 라우터</strong>[/title]
라우터는 전용회선을 통해 LAN에 연결된 컴퓨터들이 동시에 인터넷을 사용할 수 있게 해주는 장비로 데이터를 목적지까지 전달이하는 기능을 수행하며 2개 이상의 서로다른 네트워크를 접속하고 이들간에 데이터를 주고 받게하는 중계 기능도 한다. 대부분의 라우터는 IP 라우팅 기능뿐 아니라 LAN용 프로토콜인 IPX, AppleT!alk 등의 브리징 기능도 함께한다.

[accordian]

[toggle title="Cisco 3900 Series Integrated Services Router" open="yes"]
<img src="http://tssystems.co.kr/wp-content/uploads/2013/10/102613_1229_Cisco System1.jpg" width="254" height="141" />
<ul>
        <li>TelePresence를 포함한 확장 가능한 리치 미디어 서비스, 최고 밀도의 서비스 가상화, 에너지 효율을 제공하며 TCO가 가장 낮습니다</li>
        <li>업무 지속성, WAN 유연성, 뛰어난 협업 기능 및 투자 보호가 필요한 고급 구축에 이상적입니다</li>
        <li>필드 업그레이드 가능한 마더보드, 최대 150Mbps의 회선 속도 WAN 성능 및 보안, 이동성, WAN 최적화, 통합 커뮤니케이션, 비디오, 맞춤형 애플리케이션과 같은 서비스</li>
        <li>3 RU 모듈형 폼 팩터</li>
</ul>
[/toggle]
[toggle title="Cisco 3800 Series Integrated Services Router" open="no"]

<img src="http://tssystems.co.kr/wp-content/uploads/2013/10/102613_1229_Cisco System2.jpg" width="255" height="206" />
<ul>
        <li>중견기업과 대기업 및 대기업 지사용으로 설계됨</li>
        <li>최대 T3/E3 속도로 활성화된 서비스를 사용하여 유선 속도의 성능 제공. 보안, 음성, 캐싱, 비디오, 네트워크 분석 및 L2를 위해 서비스 밀도 증대</li>
        <li>하드웨어 기반 VPN 가속화, Network Admission Control을 통한 안티바이러스 방어, IPS 및 SDM 지원이 포함된 보안 기능</li>
</ul>
[/toggle]
```

텍스트가 복잡해 보일 수도 있지만 앞에서 설명한 MS Word 및 비주얼 상태에서 글을 작성하면 어렵지 않습니다. 또한 글 작성 시 숏코드를 적절하게 이용하면 좀 더 효과적인 글을 작성하실 수 있습니다. 글을 완성한 후 Portfolio Options 부분을 설정합니다.

Portfolio Options 부분은 글쓰기의 글 옵션과 동일한 방법으로 설정할 수 있습니다. 페이지를 밑으로 이동하면 Options 부분을 확인할 수 있습니다.

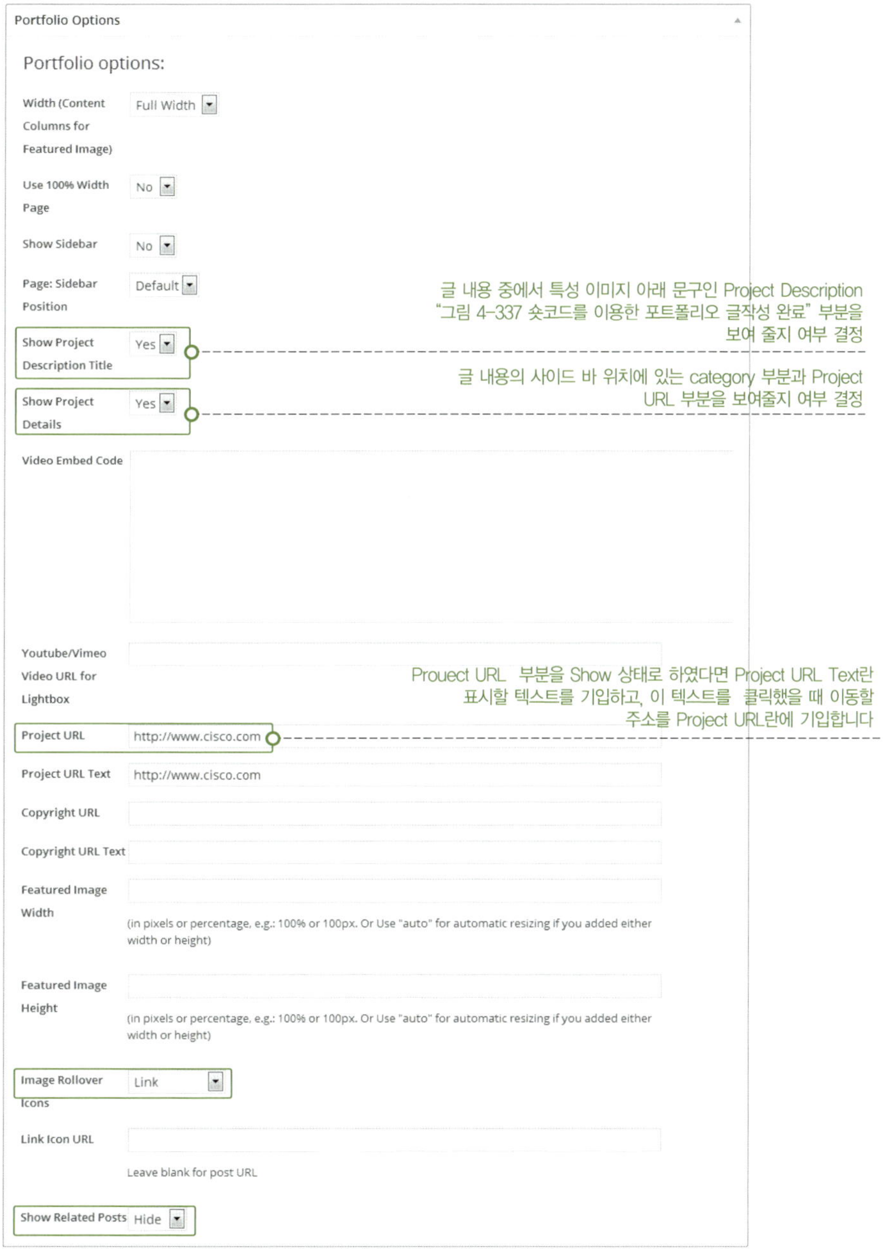

■ 그림 4-338 Portfolio Options의 Project 설정 부분

이제 포트폴리오 포스트에 대한 옵션부분을 설정하였고 페이지를 아래로 내려서 마우스를 이미지에 가져갔을 때 포스트 및 사진으로 링크가 될 수 있는 옵션 설정을 진행합니다.

■ 그림 4-339 Image Rollover Icons 적용 사진

Image Rollover Icons는 포트폴리오 이미지에 마우스를 가져 갔을 때 포트폴리오에 대한 이미지를 크게 확대하여 보여 주거나 포트폴리오 글로 바로 이동이 가능하도록 링크가 되는 부분입니다.

포트폴리오 옵션의 마지막 부분으로 이동하면 Image Rollover Icons라는 부분이 있습니다. 이 부분을 Link로 설정합니다.

■ 그림 4-340 Image Rollover Icons 설정 부분

만약 확대된 사진과 링크를 모두 원하는 경우에는 Link + Zoom을 선택합니다. 이제 아래 부분의 Show Related Posts 설정이 무엇인지 확인해 보겠습니다.

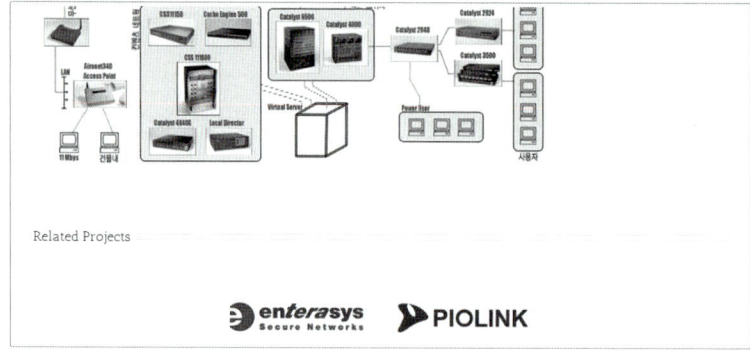
■ 그림 4-341 Show Related Posts 설정 시 화면

Show Related Posts에서는 동일 카테고리의 포트폴리오 글을 글 하단에 표시할 지 여부를 설정할 수 있습니다. 연관성이 있는 글들을 보여 주는 부분이지만 여기서는 사진에 대한 부분이 주 목적이 아니므로 Hide로 감추도록 하겠습니다. 이렇게 하여 옵션 설정 부분에 대해서도 모두 마쳤습니다.

하지만 글에 대한 내용과 글에 대한 설명이라고 표기 되는 Project Description 부분의 매칭이 되지 않기 때문에 특성 이미지 아래의 Project Description이라는 텍스트와 Project URL이라는 텍스트를 변경합니다. 이 부분은 포트폴리오 옵션에서 바꾸는 것이 아니라 php 파일 자체에서 변경해 주어야 합니다. 어떤 파일에서 어떻게 변경하는지 알아보겠습니다.

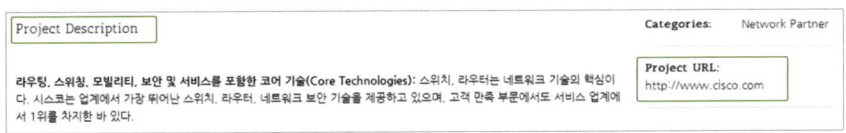

■ 그림 4-342 포트폴리오 글에 대한 설명 텍스트

01 알림판에서 [외모]-[편집기] 메뉴를 선택합니다. Avada Child 테마가 현재 적용된 테마라는 것을 확인할 수 있습니다.

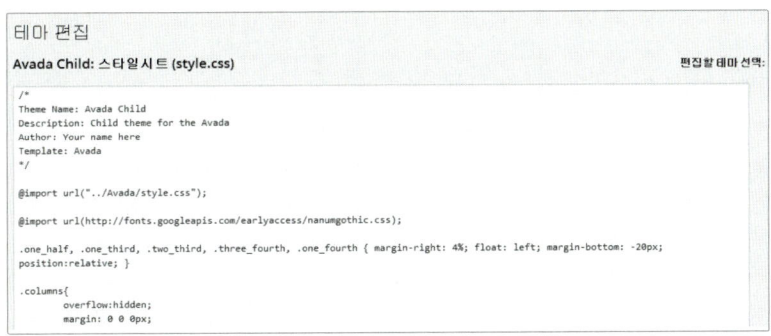

■ 그림 4-343 현재 적용되어 있는 테마

Avada 테마의 여러 파일 중 하나를 수정 할 것이므로 편집할 테마 선택 부분에서 Avada를 선택 후 [선택] 버튼을 클릭합니다.

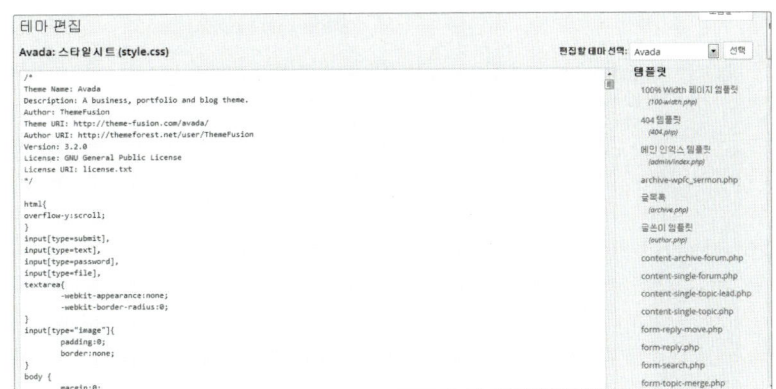

■ 그림 4-344 Avada 테마의 여러 php 파일

02 Avada 테마를 선택하면 여러 개의 파일들이 보입니다. 여기서 single-Avada_portfolio.php를 찾아서 선택해야 합니다. 하지만 Avada 테마에서 제공하는 파일들이 너무 많기 때문에 이 파일을 찾기가 쉽지가 않습니다. 이런 경우에는 찾기(Ctrl+F)를 이용하면 쉽게 찾을 수 있습니다. single-Avada_portfolio.php를 찾은 후 클릭합니다.

■ 그림 4-345 편집 페이지에서 single-Avada_portfolio.php 파일을 찾은 결과

03 테마 편집의 글이 변경이 됩니다. 여기서도 찾기(Ctrl+F)를 이용하여 Project Description 부분을 찾은 후 수정합니다. Project Description 부분을 찾으면 한 부분밖에 나오질 않습니다. Project를 "Solutions"로 수정한 후 화면을 아래로 이동하여 [파일 업데이트] 버튼을 클릭하여 수정한 내용을 저장합니다.

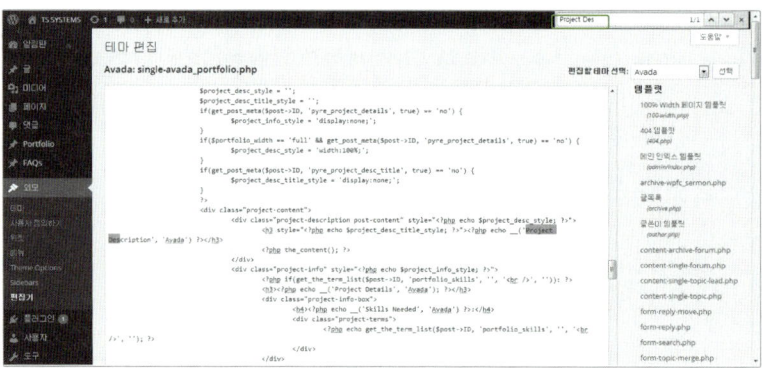

■ 그림 4-346 single-Avada_portfolio.php 파일 중 Project Description 찾기

04 동일한 방법으로 Project URL 부분도 수정합니다. single-Avada_portfolio.php 파일에서 찾기(Ctrl+F)를 눌러서 Project URL을 검색합니다. 검색된 Project URL 부분을 "바로 가기"로 수정합니다. 여기서도 수정 후 [파일 업데이트] 버튼을 눌러서 수정한 내용을 저장합니다.

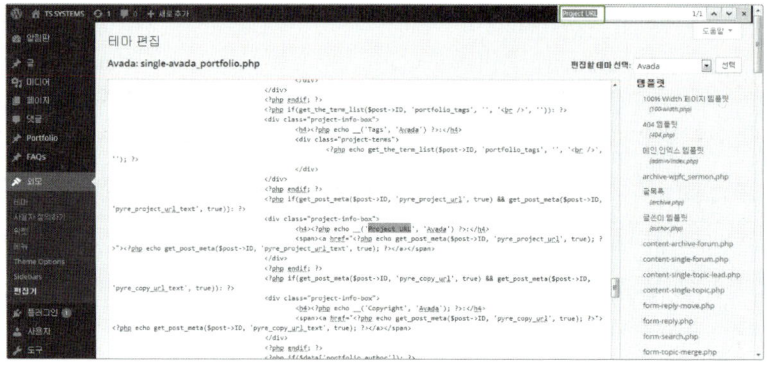

■ 그림 4-347 Project URL 검색 결과

05 수정한 내용들이 제대로 적용되었는지 포트폴리오의 글로 이동하여 확인합니다.

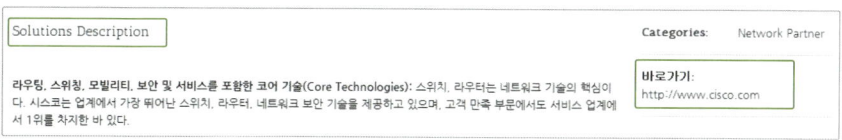

■ 그림 4-348 single-Avada_portfolio.php 수정 결과

06 포트폴리오를 이용한 글이 완성되었습니다. 이제 위와 동일한 방법으로 필요한 글을 작성하여 카테고리에 맞게 수정합니다.

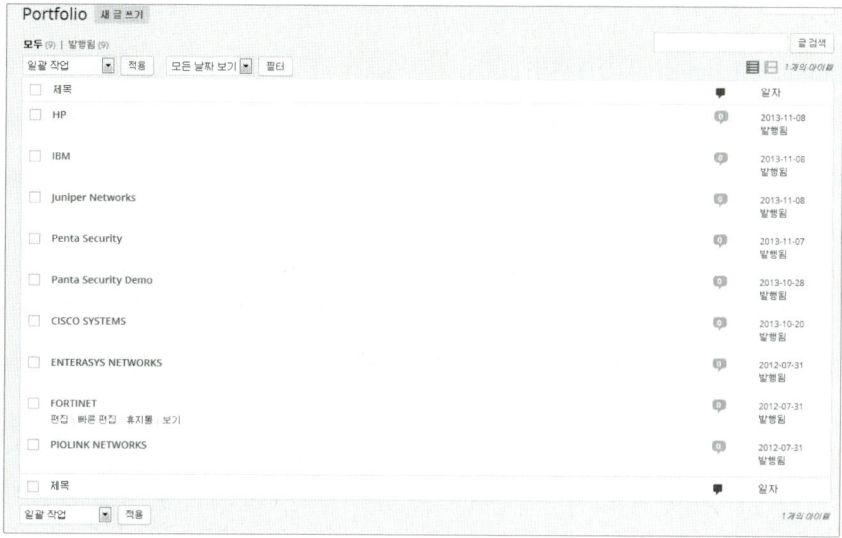

■ 그림 4-349 포트폴리오 글 작성

07 위의 방법을 이용하여 포트폴리오의 글들을 여러 개 만듭니다. 이제 만든 글들을 각 카테고리에 맞게 구분해 놓습니다. 다음 그림과 같이 각각의 글들을 각 카테고리에 맞게 구분을 하였다면, 이번에는 회사 홈페이지의 Solutions 페이지를 만들어 보겠습니다.

■ 그림 4-350 포트폴리오 글 카테고리 구분

포트폴리오 페이지 만들기

지금까지 포트폴리오의 글을 작성하였습니다. 이제는 이 글들이 홈페이지에 포트폴리오 형태로 표현될 수 있도록 페이지를 만들어 보겠습니다. 포트폴리오 페이지는 두 개의 스타일 페이지로 만들 것입니다. 첫 번째는 특정 카테고리에 속해 있는 글의 일부와 특성 이미지를 보여 주는 페이지 이고, 두 번째는 모든 카테고리 글의 특성 이미지만 보여주는 페이지입니다.

Home Portfolio Style 2를 이용한 페이지 만들기

다음 그림은 특정 카테고리의 글의 일부와 특성 이미지를 보여주는 첫 번째 스타일 페이지입니다. 이 페이지는 Dummy 파일에서 가져온 Home Portfolio Style 2를 수정하여 진행을 할 것입니다.

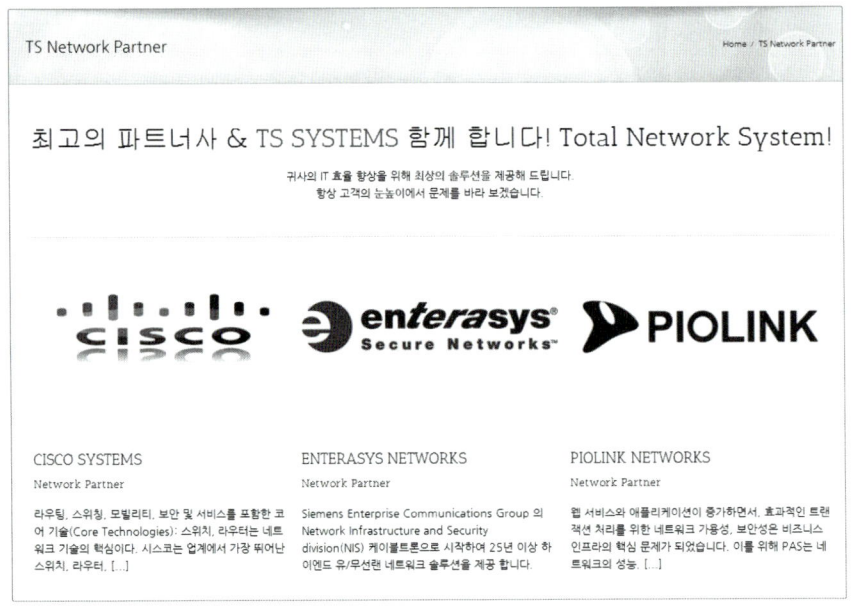

■ 그림 4-351 포트폴리오 완성 페이지

01 Home Portfolio Style 2 페이지를 확인하기 위해 알림판에서 [페이지]-[모든 페이지] 메뉴를 선택한 후 Home Portfolio Style 2을 선택한 후 [보기]를 클릭합니다.

■ 그림 4-352 Home Portfolio Style 2 보기

02 다음 그림과 같이 지금까지 만든 글의 일부 내용과 특성 이미지를 볼 수 있습니다. 이 페이지는 세 개의 부분으로 나누어져 있습니다. 텍스트 부분(❶), 특성 이미지(❷)가 포함된 글, 바로 가기 버튼 부분(❸)으로 구성이 되어 있는데, 이번에 만들 페이지는 텍스트 부분과 특성 이미지가 포함된 글 부분만 사용을 할 것입니다. 지금까지 페이지 만들 때처럼 텍스트 상태의 내용을 모두 복사하여 새 페이지 추가를 한 후 제목을 기입하고 텍스트 탭에 복사한 내용을 붙여 넣습니다.

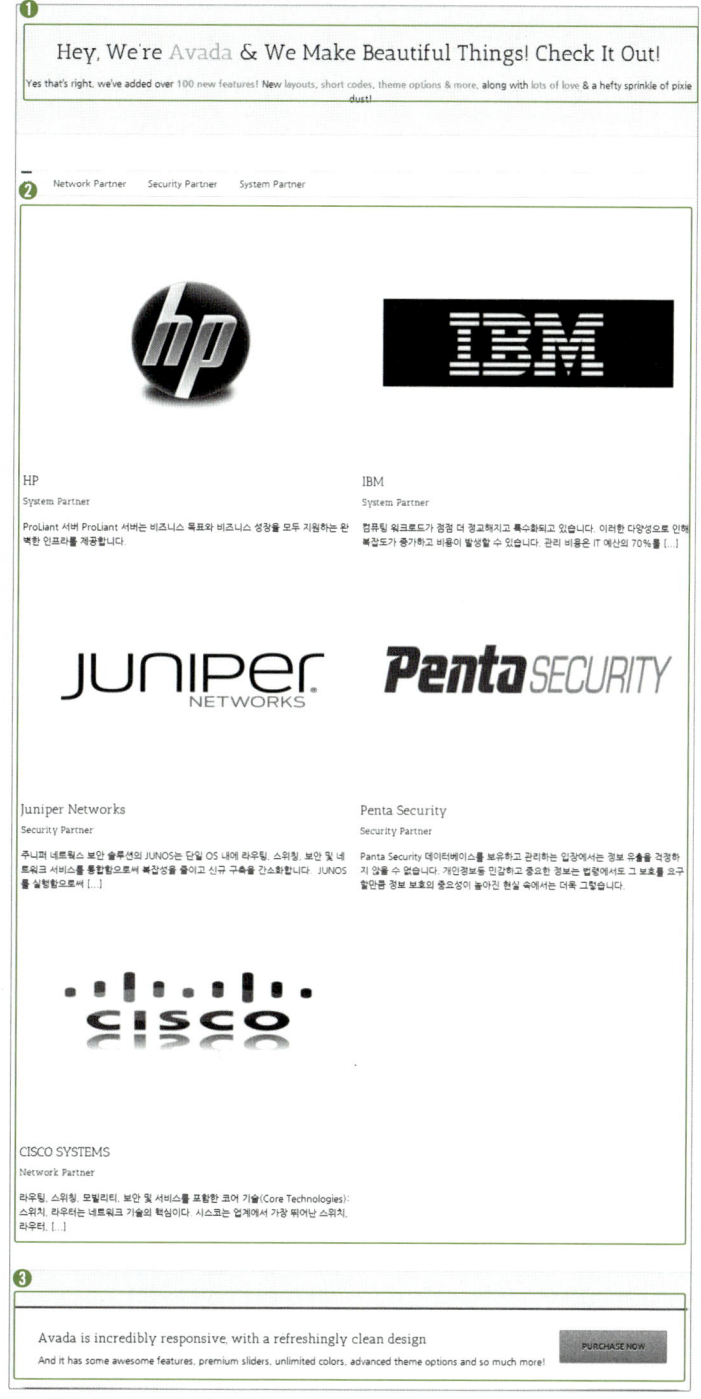

■ 그림 4-353 Home Portfolio Style 2 페이지

03 텍스트 내용에서 필요 없는 버튼 부분(❸)은 삭제를 하겠습니다. 다음 그림의 내용이 버튼 부분(❸)입니다. 다음 그림에서 '<!?this'로 시작되는 부분은 코드로 인식을 못하는 주석 부분입니다. 그리고 '[fullwidth' 부터가 숏코드 부분인데 위에 해당되는 부분은 모두 필요 없는 부분이기 때문에 삭제합니다.

```
<!-- this is the third full width section -->
[fullwidth backgroundcolor="#f6f6f6" backgroundimage="" backgroundrepeat="no-repeat" backgroundposition="top left"
backgroundattachment="fixed" bordersize="1px" bordercolor="#e5e4e4" paddingTop="50px" paddingBottom="20px"]
[tagline_box backgroundcolor="#fff" shadow="yes" border="1px" bordercolor="#f6f6f6" highlightposition="top"
link="http://themeforest.net/user/ThemeFusion" linktarget="" button="Purchase Now" title="Avada is incredibly
responsive, with a refreshingly clean design" description="And it has some awesome features, premium sliders,
unlimited colors, advanced theme options and so much more!"][/tagline_box]
[/fullwidth]
[separator top="-100" style="none"]
```

■ 그림 4-354 버튼 부분(❸) 삭제

04 가장 상단의 텍스트 부분을 수정합니다. 비주얼 상태에서 수정하면 좀 더 쉽게 수정을 할 수 있습니다. [separator top="-76" style="none"] 부분은 상단에 사용되는 텍스트를와 포트폴리오 글들을 구분 짓기 위한 용도로 사용합니다. 하지만 상단 텍스트 문구의 선을 감추기 위해 -76 값을 지정하였고, 배경색(backgroundcolor="색지정")과 테두리선(bordercolor="색지정")의 값을 수정합니다.

```
[separator top="-76" style="none"]
[fullwidth backgroundcolor="#ffffff" backgroundimage="" backgroundrepeat="no-
repeat" backgroundposition="top left" backgroundattachment="fixed" bordersize="
1px" bordercolor="#e5e4e4" paddingTop="20px" paddingBottom="20px"]
<h1 style="text-align: center; font-size: 30px !important;">최고의 파트너사
&amp;<span style="color: #1a80b6;"> TS SYSTEMS</span> 함께 합니다! Total Network
System!</h1>
<p style="text-align: center; margin-top: -10px;">귀사의 IT 효율 향상을 위해
<strong><span style="color: #1a80b6;">최상의 솔루션을 </span></strong>제공해 드립니다.
항상 고객의 <strong><span style="color: #1a80b6;">눈높이</span></strong>에서 문제를 바
라 보겠습니다.</p>
[separator top="20" style="none"]
[/fullwidth]
```

05 이번에는 포트폴리오 글을 불러 오는 부분을 수정합니다. 포트폴리오에서 만든 카테고리들을 보여줄지 물어보는 filters 부분을 filters="no"로 설정하여 보여 주지 않을 것이며, 몇 개의 Columns을 표시할 지 설정하는 부분에서 Columns="컬럼 수"와 몇 개의 포스트를 보여 줄 것인지에 대한 number_posts="포스트수" 그리고 어떠한 카테고리를 지정할 것인지를 위한 cat_slug="카테고리 슬러그이름"을 수정합니다.

```
[recent_works layout="grid-with-excerpts" filters="no" columns="3" cat_slug="network-
solutions" number_posts="3" excerpt_words="22"]
[/recent_works]
[separator top="0" style="none"]
```

06 이제 페이지 속성을 Full Width로 변경한 후 [공개하기] 버튼을 눌러서 페이지를 공개합니다.

■ 그림 4-355 포트폴리오 페이지 속성

07 포트폴리오 첫 번째 형태의 페이지를 완성하였습니다. 이와 같은 방법으로 메인메뉴인 Solutions 하단에 해당하는 각 사업영역의 솔루션 페이지들을 만듭니다.

■ 그림 4-356 사업영역의 솔루션 2 Depth 페이지 생성 완성

08 지금까지 만든 페이지들은 메인메뉴를 만들 때 사용합니다. 이제 두 번째 형태의 페이지를 만듭니다. 두 번째 형태의 페이지는 빈 페이지 상태에서 페이지 상단에 사용할 텍스트 부분과 페이지 속성의 값을 수정하여 만듭니다. 다음 그림은 두번째 형태의 포트폴리오 페이지입니다. 포토폴리오 페이지는 모든 포트폴리오의 글을 한눈에 볼 수 있다는 장점이 있습니다.

■ 그림 4-357 두번째 형태의 포트폴리오 페이지 완료 화면

Chapter 04_ 중소기업 회사 홈페이지 만들기   309

09 새로운 페이지 생성을 위해서 알림판에서 [페이지]-[새 페이지 추가] 메뉴를 클릭합니다.

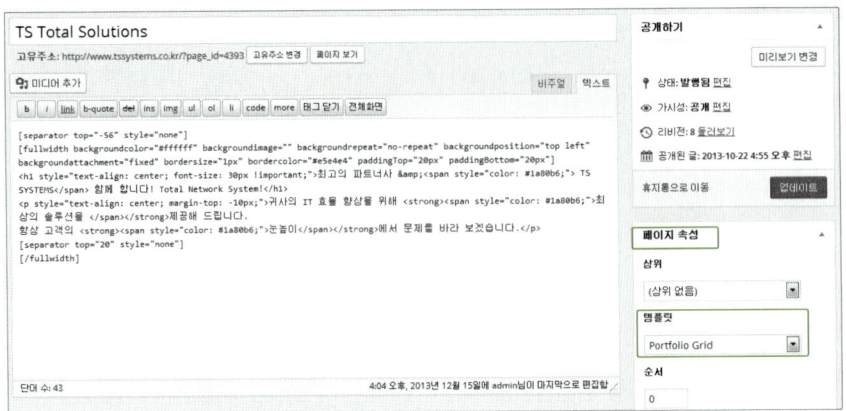

■ 그림 4-358 두 번째 형태 포트폴리오 페이지

10 두번째 형태의 페이지는 아주 간단합니다. 타이틀 부분과 상단에 들어갈 텍스트를 기입하고 페이지 속성을 Portfolio Grid로 변경한 후 [공개하기] 버튼을 클릭하여 공개하면 완성됩니다. 사용한 상단의 텍스트는 첫 번째 페이지 방식에서 사용한 내용을 그대로 사용하였습니다. 포트폴리오의 두 번째 형태의 페이지 만들기도 완성되었습니다. 이제 홈페이지를 만드는데 있어서 필요한 주요 요소들은 모두 만들었습니다.

Chapter 04 　 Lesson 08

메뉴 만들기

지금까지 홈페이지에 필요한 부분인 컨텐츠들을 만들었다면 이제부터는 컨텐츠들을 배치시켜서 이동이 편하도록 메뉴를 만들어 보겠습니다.

Main Menu 만들기

메뉴바를 만들어서 홈페이지의 이곳저곳을 잘 이동할 수 있도록 만들어 보겠습니다.

01 알림판에서 [외모]-[메뉴]를 클릭하면 Dummy 파일에서 받은 페이지로 이미 3개의 메뉴바가 만들어져 있는 것을 확인할 수 있습니다. "편집할 메뉴를 선택하세요."에서 Main을 선택하면 메뉴이름이 Main이라고 변경됩니다. 이 부분들은 필요가 없는 부분이니 삭제를 하고 다시 만들도록 하겠습니다.

■ 그림 4-359 Dummy 파일 메뉴 삭제

02 페이지를 아래의 [메뉴 삭제]를 클릭합니다.

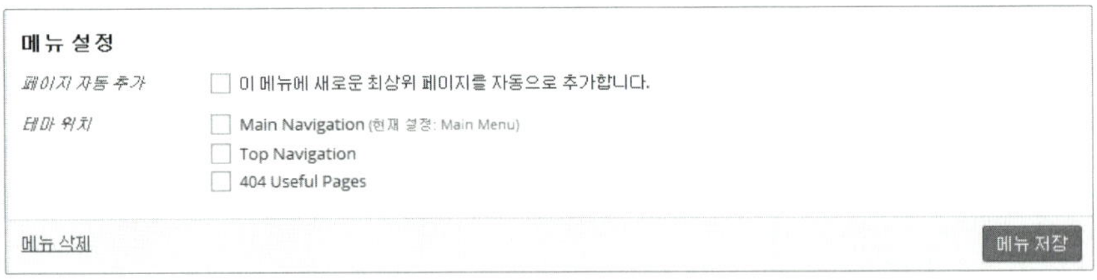

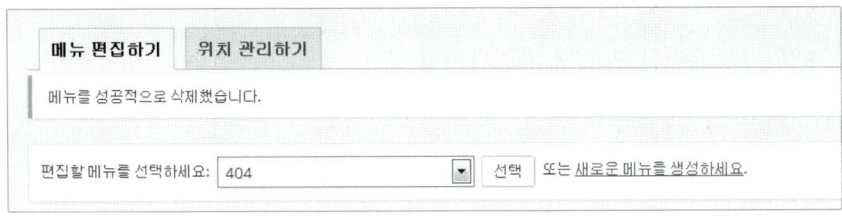

■ 그림 4-360 Main 메뉴바 삭제

03 메뉴바가 정상적으로 삭제되면 다음 그림과 같이 메뉴가 성공적으로 삭제되었다는 메시지가 나오며, 편집할 수 있는 선택란에서도 사라진 것을 확인할 수 있습니다. 동일한 방법으로 Select a menu to edit에서 Top, 404 메뉴를 선택 후 삭제합니다.

■ 그림 4-361 Main 메뉴바 삭제 완료

04 "새로운 메뉴를 생성하세요."를 클릭한 후 메뉴 이름에 Main Menu라고 기입하고 [메뉴 저장] 버튼을 클릭하여 새로운 메뉴를 생성합니다.

■ 그림 4-362 새로운 Main Menu 생성

05 왼쪽의 페이지 부분에서 Main Menu에 사용할 페이지들을 메뉴에 추가합니다.

■ 그림 4-363 Main Menu에 넣을 페이지 선택

06 Main Menu에 넣을 페이지들을 모두 보기 위해 [모두 보기] 탭을 클릭하고, Main Menu에 넣을 페이지들을 선택한 후 [추가] 버튼을 클릭하면 메뉴에 페이지들이 추가된 것을 확인할 수 있습니다. [메뉴 저장] 버튼을 클릭하여 저장합니다.

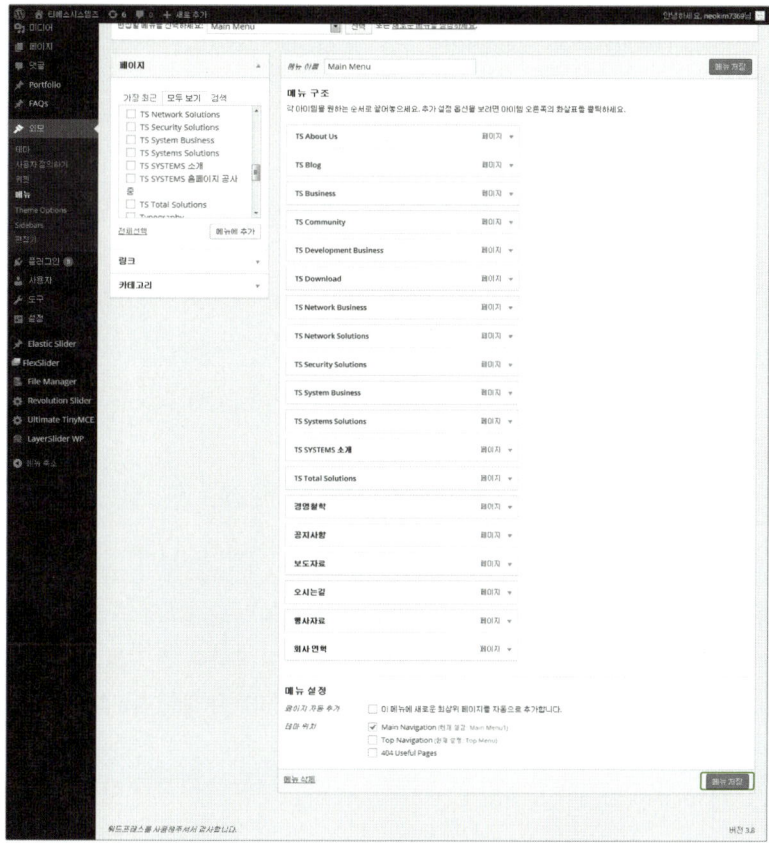

■ 그림 4-364 메뉴 페이지 추가

07 Main Menu에 잘못 넣은 페이지가 있다면 페이지 우측의 확장 버튼(▼)을 클릭한 후 삭제 또는 수정을 할 수 있습니다.

■ 그림 4-365 메뉴바 페이지 수정 및 삭제

08 [삭제]를 클릭하여 삭제되고, 네비게이션 라벨, 즉 메뉴바에 표시되는 부분을 수정하고 싶다면 직접 수정합니다. 여기서는 페이지의 타이틀은 유지하고 메뉴바에 표시되는 이름만 수정합니다.

TS About Us 페이지의 네비게이션 라벨 부분을 About Us로 수정합니다. 그리고 TS About Us 페이지를 하나 더 메뉴에 추가하여 네비게이션 라벨을 티에스시스템즈 소개로 수정합니다.

■ 그림 4-366 하나의 페이지로 두 개의 메뉴 페이지 만들기

09 위와 같은 방법을 이용하여 하나의 페이지로 두 개의 메뉴를 만들 수 있으며, 드래그 앤 드롭 방식으로 메뉴 1 Depth, 2 Depth를 구분하여 만듭니다. 네비게이션 라벨을 수정하고 드래그 앤 드롭하여 1 Depth, 2 Depth 메뉴를 완성하였습니다. 수정 이후에는 [메뉴 저장] 버튼을 클릭하여 수정된 메뉴를 저장합니다.

■ 그림 4-367 Main Menu Setting 및 완성

메뉴 설정(Menu Setting)에서는 현재의 메뉴를 어느 위치에 배치시킬 것인지에 대한 테마 위치(Theme locations) Main Navigation을 선택하고 [메뉴 저장] 버튼을 클릭합니다. 이제 Main Menu가 완성되었습니다.

■ 그림 4-368 Main Menu 위치 설정

Top Menu 만들기

Top Menu도 Main Menu와 만드는 방법은 동일합니다. 하지만 메뉴의 구성 요소에 있어 차이가 있습니다. Main Menu의 경우는 페이지 만으로 구성을 하였다면 Top Menu는 페이지와 링크를 이용하여 만들 것입니다.

01 Top Menu를 생성한 후 링크 영역의 부분을 확장 버튼(▼)을 클릭합니다.

■ 그림 4-369 Top Menu 생성 및 링크 추가

02 링크는 주소(URL)를 넣어서 바로 이동할 수 있습니다. Top Menu에 Home 링크를 만들어 보겠습니다. 링크 영역에서 URL에는 홈페이지의 주소를 기입합니다. 여기서는 http://www.tssystems.co.kr라고 입력, 링크 텍스트(Link Text)는 Home이라고 입력한 후 [메뉴에 추가] 버튼을 클릭합니다. 이와 같은 방법으로 Login 링크도 생성합니다.

■ 그림 4-370 링크 HOME 메뉴 생성   ■ 그림 4-371 링크 Login 메뉴 생성

03 링크에 대한 메뉴 추가를 완료한 후 페이지로 이동하여 Top Menu에 사용할 페이지를 메뉴에 추가합니다. Top Menu는 메인화면으로 돌아갈 수 있는 HOME 링크 부분, Contact Form을 이용한 Contact Us

페이지, 관리자 로그인을 위한 Login 링크로 구성하고 메뉴 설정 부분에 Top Navigations을 체크한 후 [메뉴 저장] 버튼을 눌러서 마무리 합니다.

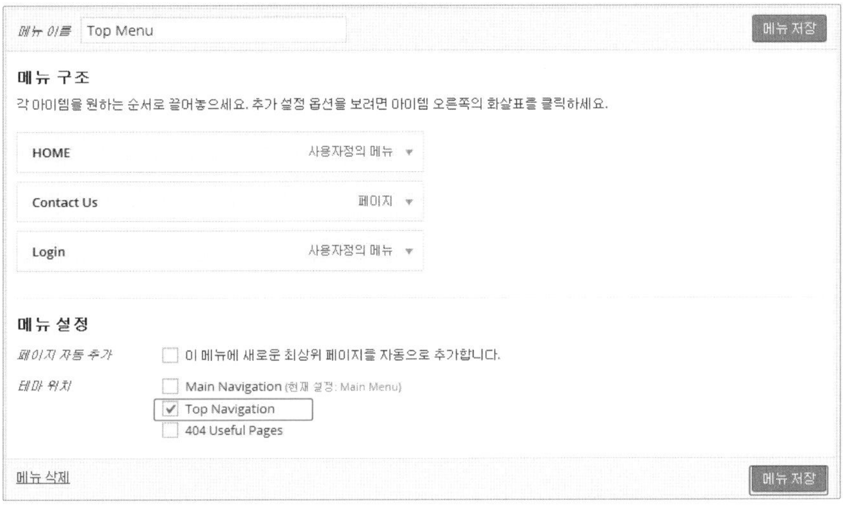

■ 그림 4-372 Top Menu 완성

  Chapter 04  Lesson 09

테마 옵션 설정하기

가장 처음에 만든 메인 페이지를 상단에 배치하고 테마 옵션에서 Header와 Footer 영역을 수정하여 홈페이지를 완성시키겠습니다.

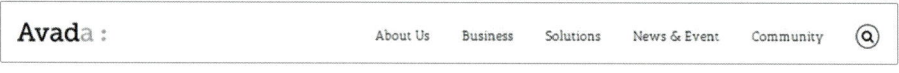
■ 그림 4-373 메뉴 완성

Header Options 설정하기

지금까지 페이지를 만들면서 지도 및 css 등 테마에서 제공하는 기능들을 설정한 것처럼 이번에도 테마에서 제공하는 Header와 footer 영역을 설정합니다.

01 알림판에서 [외모]-[Theme Options]-[Header Options] 메뉴를 선택합니다. Header Options 에서는 Header 영역의 레이아웃과 로고, 색상 등을 설정할 수 있습니다

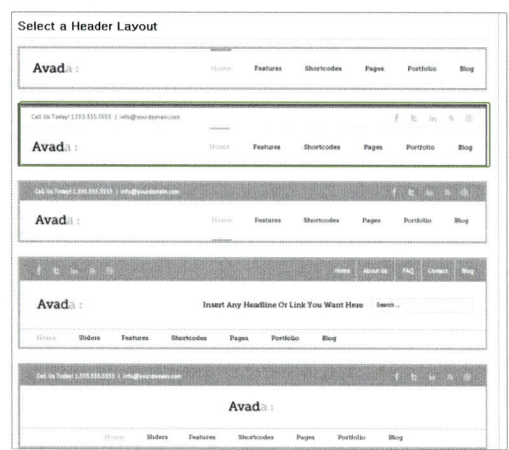
■ 그림4-374 Header 레이아웃 설정

02 Select a Header Layout에서는 Header 영역의 형태를 지정할 수 있습니다. 두 번째 레이아웃을 선택하고 화면 아래로 내려 Header의 양쪽에 배치할 항목들을 설정하겠습니다. Header 영역에서 왼쪽과 오른쪽 공간을 어떤 항목들로 채울지 묻는 곳입니다. 왼쪽 공간에는 Social Link를 선택하고, 오른쪽 공간에는 메뉴를 만들 때 만들었던 Top Menu가 보이도록 Navigation을 선택하여 Header 영역의 레이아웃을 설정합니다.

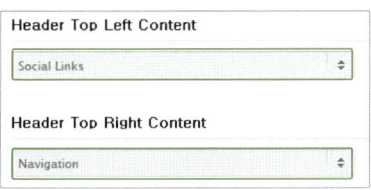

■ 그림 4-375 Header 양쪽 컨텐츠 설정

03 화면의 아래로 이동하여 로고를 설정합니다. 모든 회사는 각각의 로고들을 가지고 있습니다. 그 로고들을 홈페이지 상단에 넣어서 홈페이지를 대표하게 됩니다. Avada 테마에는 기본적으로 Avada 로고가 포함되어 있습니다. [Remove] 버튼을 클릭하여 Avada 로고를 삭제하고, [Upload]를 클릭하여 준비한 새로운 로고로 대체합니다. 이 섹션에서 사용한 로고는 300×73 사이즈이며 png 파일 형식입니다.

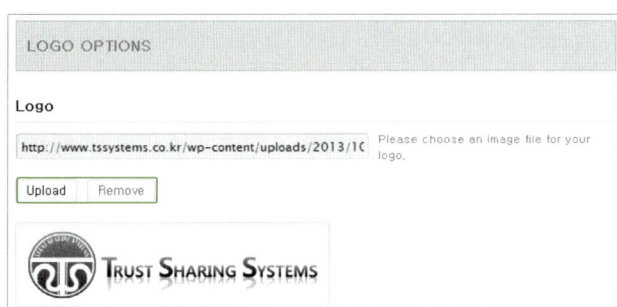

■ 그림 4-376 로고 설정

04 로고를 업로드하였다면 잘 표현이 되었는지 확인합니다. 만약 좌우 상하 중 어느 한쪽으로 치우쳐 있을 경우에는 로그의 좌우 상하값을 변경하여 맞춥니다.

■ 그림 4-377 로고 변경 후 확인 화면

05 필자의 경우 로고를 적용한 후 상하의 공백이 발생하여 다음 그림과 같이 상하 공백 값을 조정하였습니다.

■ 그림 4-378 로고 이미지 공백 값 설정 수정

06 Header의 왼쪽 공간에 Social Link들이 보이도록 설정을 하였지만 현재 상태에서는 보이지 않을 것입니다. 그 이유를 확인해 보겠습니다. 다른 옵션으로 이동하기 전에 Header Options에 대한 설정을 모두 마쳤다면 상단이나 하단의 [save all change]를 클릭하여서 지금까지의 설정을 저장하고 Social Sharing Links로 이동합니다.

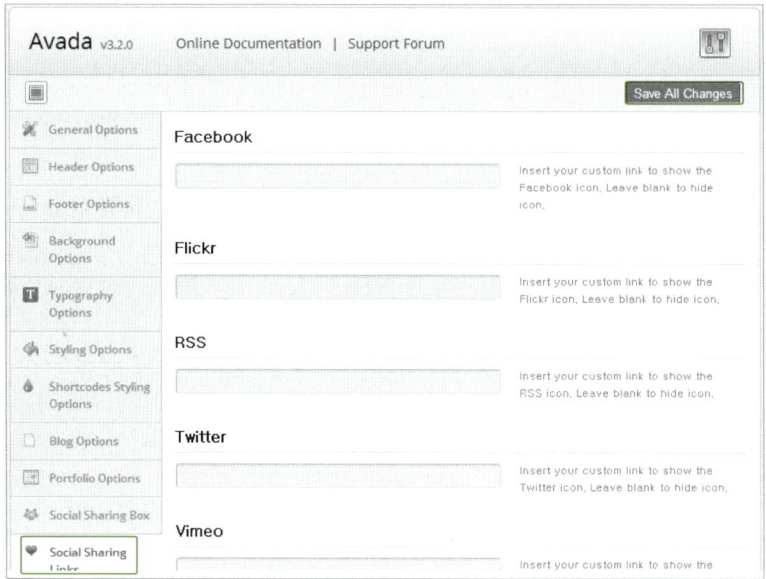

■ 그림 4-379 Social Sharing Links 설정 화면

07 Social Sharing Links 옵션 설정 화면하면의 링크는 아무런 주소도 설정되지 않은 상태인데, 다음 그림과 같이 소셜 사이트의 주소들을 입력하여 활성화시킵니다. Social 주소가 없는 경우에는 #으로 처리합니다.

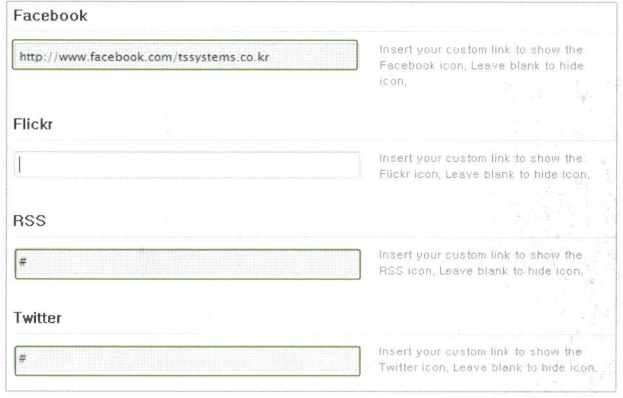

■ 그림 4-380 Social Sharing Link 주소 입력

08 Header 영역에 대한 옵션 값 설정을 완성하였습니다.

■ 그림 4-381 Header 영역 설정 완료

Footer Options 설정하기

이번에는 홈페이지 마지막 하단의 Footer 영역을 설정해 보도록 하겠습니다.

01 Footer 영역의 설정을 위해서 알림판에서 [외모]-[Theme Options] 메뉴를 선택한 후 Footer Options을 선택합니다. Footer Options은 크게 두 가지 설정이 있습니다. 첫 번째는 Footer 영역을 사용할 것인지 사용한다면 몇 개의 칼럼으로 사용을 할 것인지이고, 두 번째는 카피라이트에 대한 설정 부분으로 나눌 수 있습니다. 여기서는 Footer 영역을 사용하지 않을 것이기 때문에 Footer Widgets의 체크를 제거 비활성화 합니다.

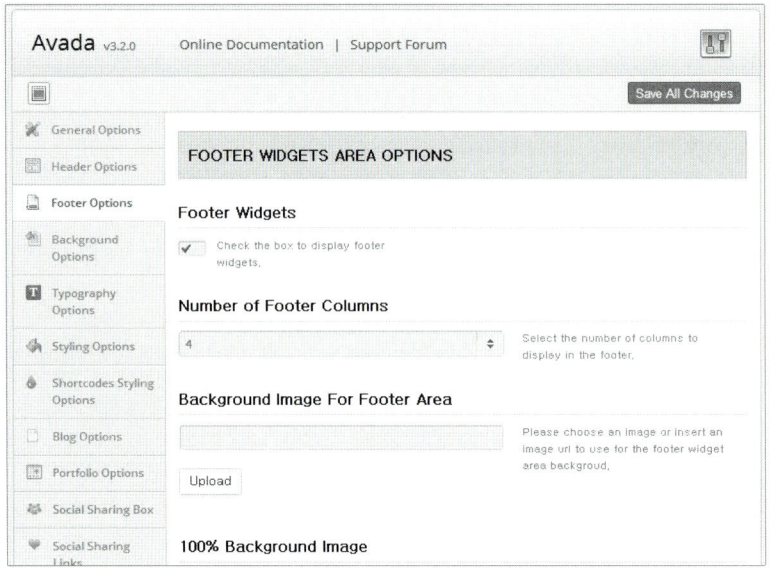

■ 그림 4-382 Footer Options 초기 화면

Footer Widgets를 사용할 경우 설정 방법은 "위젯 설정하기"를 참고합니다.

■ 그림 4-383 Footer Widgets 비활성화

02 Footer 영역의 간단하게 설정을 마무리 했습니다. 이번에는 카피라이트 부분을 설정해 보도록 하겠습니다. 카피라이트 설정도 간단합니다. Copyright Bar 부분이 활성화되어 있는 상태에서 Avada로 작성되어 있는 Copyright Text 부분을 새로운 내용으로 작성하거나 수정합니다.

Display social icons on footer of the page는 Social Link을 Footer 영역에도 나타나게 할 것인가를 묻는 것이고, Open social icons on footer in a new window은 Social Link를 클릭했을 때 새 창에서 열리게 할 것인가를 묻는 것입니다. 모두 체크하고 [Save All Changes] 버튼을 클릭하여 설정을 저장합니다. Footer 옵션 설정도 모두 마쳤습니다.

■ 그림 4-384 Copyright Text 부분 설정

서울시 영등포구 대림동 719-2 번지 대성빌딩 405호 TEL: 02.6297.0045 FAX: 02.6013.5102 Copyright 2013 TS SYSTEMS .co | All Rights Reserved | Powered by 〈a href= "http://www.tssystems.co.kr"〉TS SYSTEMS〈/a〉

03 Social 부분을 설정합니다. Footer Widgets 체크를 하고 Columns의 수를 정한 후 [Save All Changes] 버튼을 클릭하여 저장합니다.

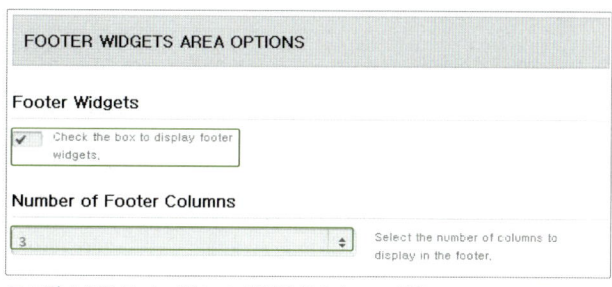

■ 그림 4-385 Footer Widgets 활성화 및 Columns 설정

04 알림판에서 [외모]-[위젯] 메뉴를 선택한 후 Footer에 Columns에 넣을 내용들을 설정합니다. 위젯 창으로 이동하면 사용할 수 있는 Footer에 사용 가능한 위젯들이 왼쪽에 있습니다. 이 위젯을 오른쪽 Footer Widget 1, 2, 3이라고 하는 곳으로 드래그 앤 드롭으로 옮겨 놓습니다. 위의 Footer Options을 설정하는 곳에서 Columns을 3으로 지정하였기 때문에 3개의 위젯을 가져다 놓은 것입니다. 만약 Columns의 값을 4로 지정하였다면 4개를 배치할 수 있습니다.

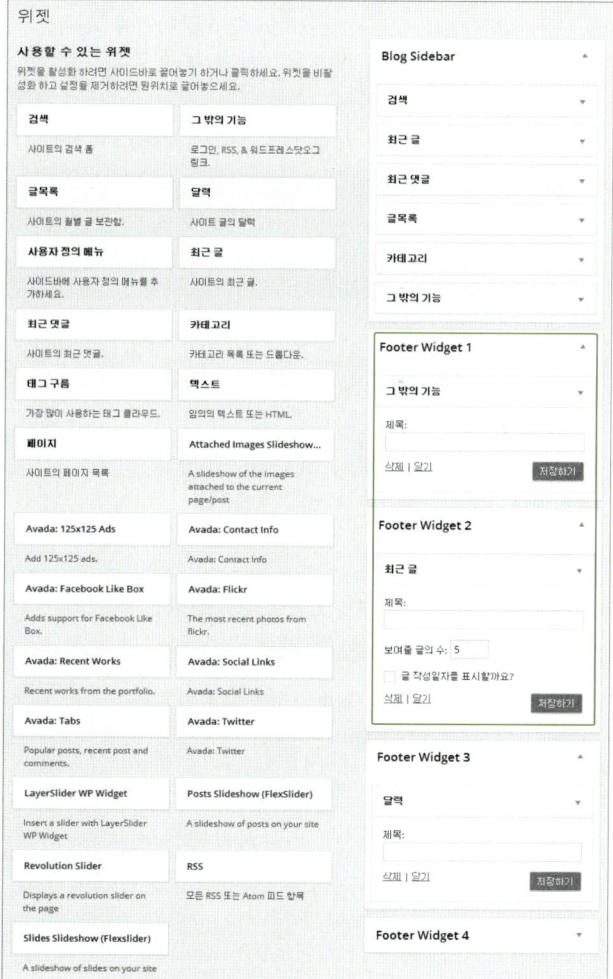

■ 그림 4-386 Footer에 사용할 위젯 설정

05 Footer 설정이 완료되었습니다. 하지만 달력이 영역에 비해서 작은 느낌이 들 것입니다. 이 부분은 css 수정하여 3개 Columns의 크기에 맞게 조정합니다.

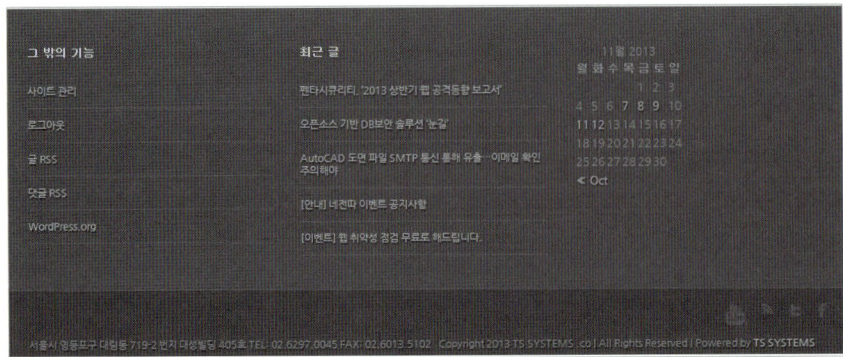

■ 그림 4-387 Footer 영역 확인

06 구글 크롬 개발자 도구를 이용하여 영역을 확인해 보겠습니다. 창을 열고 F12 키를 누르면 크롬 창 하단에 개발 코드들이 보입니다. 마지막 줄에서 찾기 아이콘을 클릭하여 바꾸고자 하는 영역을 마우스를 움직여서 찾습니다.

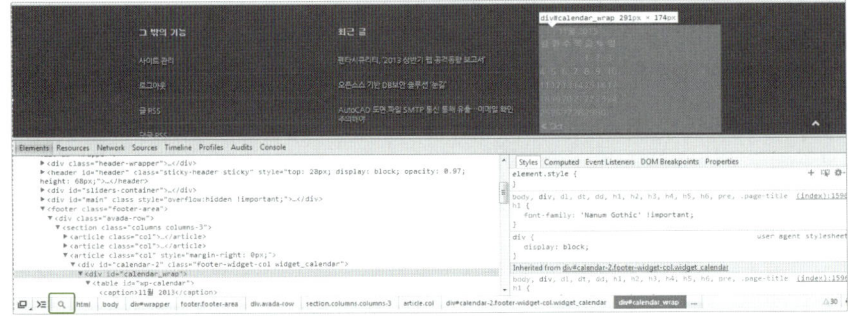

■ 그림 4-388 크롬 개발자 도구를 이용한 영역 찾기

07 영역을 찾은 후 이 부분의 소스를 확인합니다. 이 영역은 div id calendar라고 정의되어 있고, 바로 아래쪽에 table id wp-calendar라는 부분이 있습니다. 이곳을 선택하여 자세한 값들을 확인해보면 table에 대한 값들이 정의되어 있는 것을 확인할 수 있습니다.

08 border는 국경을 의미하는데, 이 부분이 calendar의 크기를 지정하는 곳입니다. 이 곳에 width:100%라고 입력합니다.

■ 그림 4-390 wp-calendar table 값

09 달력의 크기가 늘어난 것을 확인 할 수 있습니다. 이 값을 css에 값에 넣어 보겠습니다. 다음 그림에서 style.css:3647 부분을 클릭합니다.

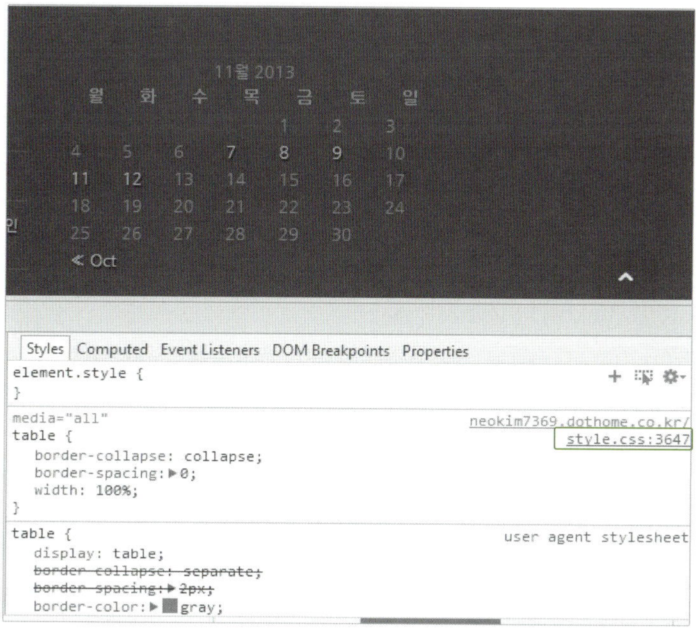

■ 그림 4-391 calendar width 값 정의

10 다음 값을 선택한 후 복사합니다.

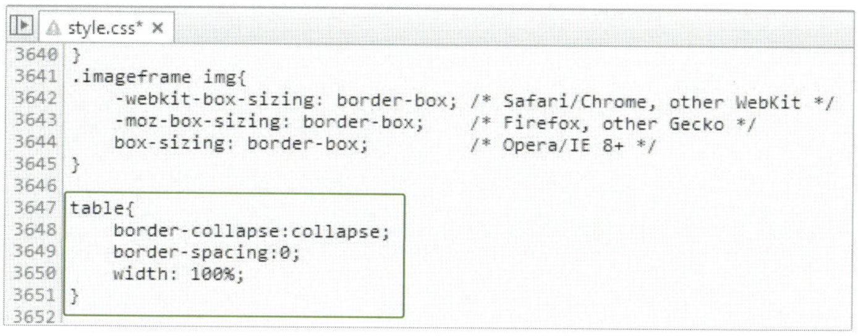

■ 그림 4-392 style.css의 값

11 알림판에서 [외모]-[편집기] 메뉴를 선택한 후 복사한 값을 현재 적용된 Avada Child 테마의 style.css 파일에 붙여 넣습니다. 값을 수정한 후 [파일 업데이트]하여 수정한 값을 저장합니다.

지금까지 Footer를 사용할 경우 설정하는 방법에 대해 알아보았습니다.

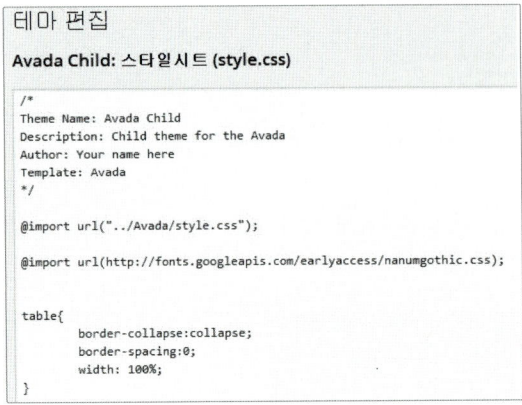

■ 그림 4-393 Avada Child 스타일 시트 값 수정

위젯 설정하기

이번에는 홈페이지의 사이드바를 설정해 보겠습니다. 사이드바 부분에 어떠한 위젯들을 사용할지에 대해 알아보도록 하겠습니다.

01 위젯 설정을 위하여 알림판에서 [외모]-[위젯] 메뉴를 선택하면 다음 그림과 같이 설정되어 있는 것을 확인할 수 있습니다. 필요 없는 부분을 드래그 앤 드롭으로 선택하여 왼쪽 공간에 배치시킵니다.

■ 그림 4-394 사이드바 위젯 기본 설정

02 이렇게 사이드바에 검색, 최근 글, 글목록을 드래그 앤 드롭하여 블러그 사이드바 설정을 완료하였습니다. 이것으로 Avada 테마를 이용한 회사 홈페이지 만들기에 대해 알아보았습니다.

■ 그림 4-395 사이드바 설정 완료

03 다음은 완성된 홈페이지(www.tssystems.co.kr)의 결과 화면입니다. Avada 테마는 책에서 사용한 기능 이외에도 수많은 기능들이 있습니다. 이런 기능들을 더 알아보고 활용하여 적용하면 더욱 멋진 홈페이지를 완성할 수 있습니다.

■ 그림 4-396 Avada 테마로 완성된 홈페이지

Chapter 04_ 중소기업 회사 홈페이지 만들기 327

의식주에서 식(食)은 우리생활에 중요한 부분을 차지합니다. 주변에서 레스토랑을 많이 볼 수 있고, 맛집을 찾아가기도 합니다. 하지만, 정보를 얻을 수 있는 곳은 블로그나 카페, 소셜 등의 공간이 대부분이고, 자체적으로 홈페이지를 운영하는 곳은 거의 없습니다. 그것은 아무래도 홈페이지 구축에 비용이 많이 들어가고 관련지식이 부족하기 때문이 아닐까 생각합니다. 이 장에서는 유료 테마를 이용하여 손쉽게 음식점 홈페이지를 만들어 보겠습니다. 실습을 통해 한식, 일식, 중식, 양식 전문점과 커피숍 다양한 음식점 홈페이지 제작에 응용할 수 있습니다.

워드프레스
실전 사이트 제작북

음식점
홈페이지 만들기

Chapter 05

Lesson 01 음식점 테마 선정하기
Lesson 02 음식점 홈페이지 메뉴구조도 기획하기
Lesson 03 테마 설치하기
Lesson 04 글 작성하기
Lesson 05 메뉴 만들기
Lesson 06 갤러리 만들기
Lesson 07 메뉴 구성하기
Lesson 08 커스터 마이징하기

Chapter 05　　　Lesson 01

음식점 테마 선정하기

음식점 홈페이지에 적합한 테마는 유료 테마, 무료 테마를 합치면 무수히 많습니다. 그 중에서 필자가 실제 테스트 등을 통해 추천할 만한 워드프레스 유료 테마는 다음과 같습니다.

Pluto 테마

Pluto 테마(Pluto Fullscreen Caf and Restaurant)는 메인화면에 이미지 슬라이드나 동영상을 풀사이즈로 배치할 수 있어 비쥬얼을 중시하는 홈페이지 제작에 좋습니다. 메뉴, 갤러리, 콘텐츠 부분이 잘 구성되어 있고, 유료($50, single licence 2013년 12월 기준) 테마입니다. 다음은 Pluto 데모 페이지(http://goo.gl/xgcUA)입니다.

■ 그림 5-1 Pluto 테마 데모 페이지

Palazzo Di Sole 테마

Palazzo Di Sole 테마는 양식 레스토랑 홈페이지 제작에 적당하며 메인화면은 이미지 슬라이드가 제공되고 그 안에 텍스트가 함께 슬라이드됩니다. 갤러리, 고객 리뷰, 예약 등 음식점 홈페이지에 최적화되어 있고, 유료(($40, single licence 2013년 12월 기준) 테마입니다. 다음은 Palazzo Di Sole 데모 페이지(http://goo.gl/bA9JEZ)입니다.

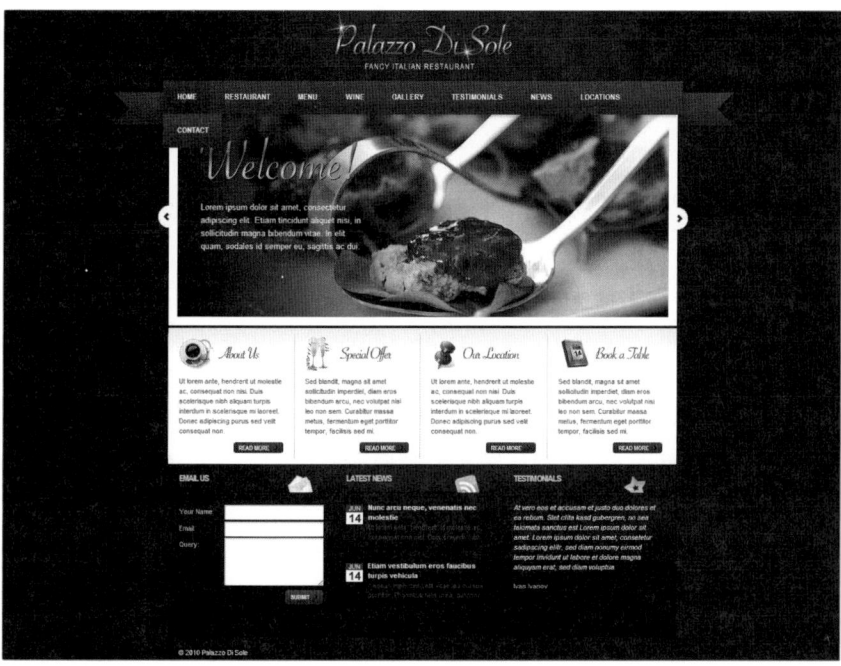

■ 그림 5-2 Palazzo Di Sole 테마 데모 페이지

Feast - Facebook Fanpage & WordPress theme

Feast 테마(Feast - Facebook Fanpage & WordPress theme)는 홈페이지의 포인트 색상 변경을 간단하고 손쉽게 수정할 수 있습니다. 메뉴, 이벤트 기능을 제공하고, 특히 예약 기능이 잘 되어 있습니다. 또한 캘린더 형태로 예약날짜를 지정할 수 있습니다. 메뉴, 예약 기능 외에 블로그 기능 등을 활용해 푸드 매거진 형태로 컨텐츠를 제공할 수 있기 때문에

다양한 컨텐츠를 제공해야 되는 레스토랑 홈페이지 적합하며, 유료($45, single licence 13년 12월 기준) 테마입니다. 다음은 Feast 데모 페이지(http://try.cro.ma/feast/)입니다.

■ 그림 43- Feast 테마 데모 페이지

Seasons 테마

Seasons 테마는 페이스북, 트위터, 인스타그램 등 소셜 서비스와 연동이 잘 되어 있는 것이 최대 장점입니다. 메뉴, 예약, About, Contact 기능을 제공되며, 특히 예약 기능은 contact form 플러그인과 유사한 형태로 제공됩니다. 유료($75, single licence 13년 12월 기준)입니다. 다음은 Seasons 데모 페이지(http://goo.gl/oVx7yS)입니다.

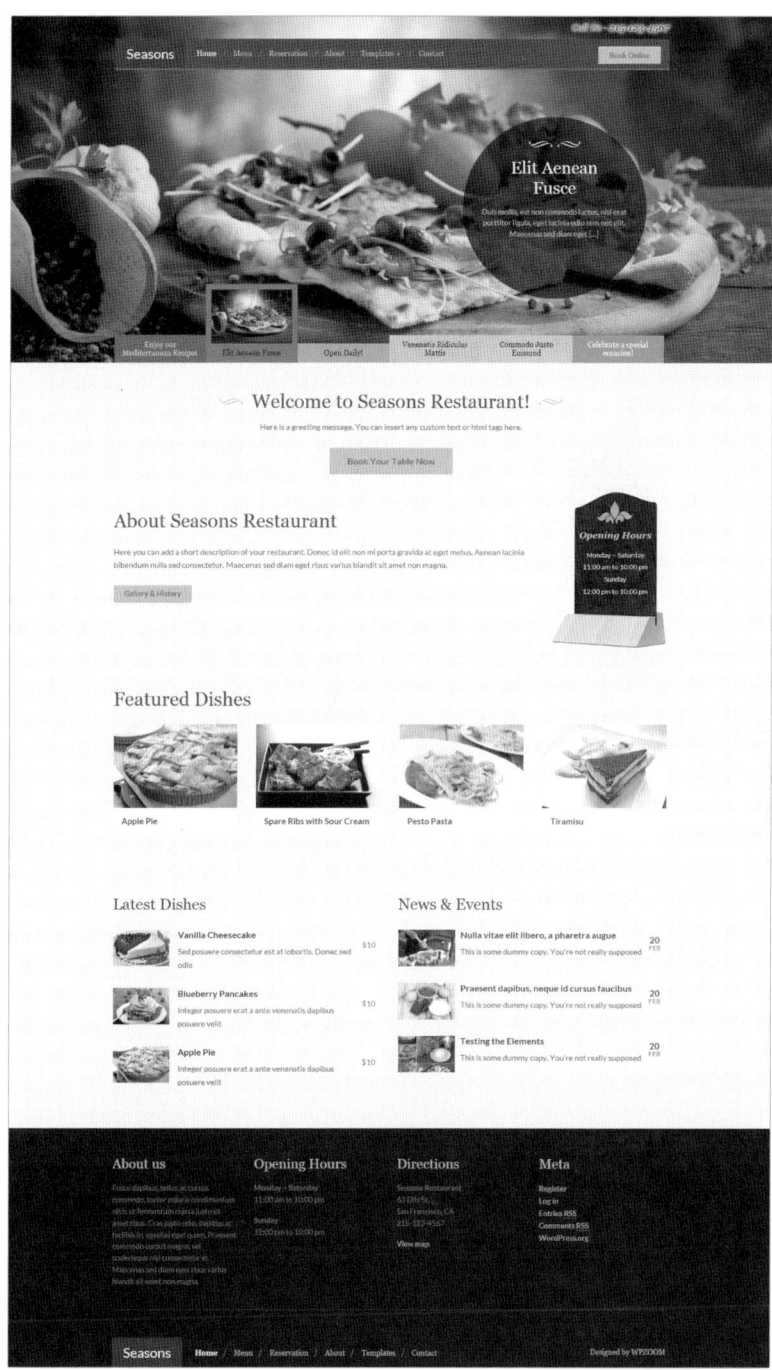

■ 그림 5-4 Seasons 테마 데모 페이지

Chapter 05 Lesson 02

음식점 홈페이지 메뉴구조도 기획하기

음식점 홈페이지의 메뉴구조도를 기획하기 위해서는 선정한 테마의 기능을 충분히 파악한 후 계획하는 홈페이지의 메뉴 별로 어떤 기능을 사용하여야 할지 연계하여 생각하는 것이 중요합니다.

홈페이지 구조도 완성하기

이 장에서 제작할 홈페이지는 약수역에 위치한 '횡성생고기'라는 실제로 운영중인 음식점 홈페이지입니다. 음식점 홈페이지의 구조도를 만들기 위해 카테고리 키워드를 정한 후 음식점소개, 메뉴, 오시는 길, 이벤트, 전경 갤러리, 고객문의, 예약 등 최소의 내용 토대로 꼭 필요한 메뉴만을 선정하여 메뉴구조도를 완성하였습니다.

횡성생고기 메뉴구조도						
HOME	횡성생고기 소개	메뉴소개	갤러리	고객후기	오시는길
고객의견	인사말	고기류	내부전경		
	예약문의	식사류	외부전경		
	오시는 길	주류	기타		

■ 그림 4-5 횡성생고기 홈페이지 메뉴구조도

선정한 테마 살펴보기

"5-1. 음식점 테마 선정하기"에서 소개된 음식점 유료 테마를 중 필자는 만들고자하는 음식점 홈페이지의 특성과 메뉴구조도를 매치시켰을 때 Pluto 테마가 적합하다고 판단하여 이 테마를 선정하였습니다. Pluto 테마를 살펴보도록 하겠습니다.

메인 슬라이드

Pluto 테마의 메인 슬라이드는 배경에 이미지 슬라이드가 재생되는 형태로 되어 있고, 이미지 안쪽에 텍스트를 넣을 수 있습니다. 배경은 이미지 슬라이드, 단일이미지, 동영상 등 다양한 형태로 삽입할 수 있습니다.

■ 그림4 -6 Pluto 테마의 메인 슬라이드

메인 서브페이지

메인 슬라이드 좌측 상단의 확장 버튼(▶)을 클릭하면 다음과 같은 서브 페이지가 나옵니다. 서브 페이지 내에는 메인화면에 노출시킬 이미지 슬라이드를 선택하여 삽입할 수 있습니다.

■ 그림 47- Pluto 테마의 메인 서브페이지

메뉴 페이지

음식점 홈페이지 테마에 걸맞게 메뉴 샘플을 제공합니다. 메뉴에는 이미지와 메뉴명, 별점으로 음식의 인기도 등을 표시할 수 있는 기능과 가격이 표시됩니다.

■ 그림 5-8 Pluto 테마의 메뉴 페이지

블로그 글 목록 페이지

글 목록 페이지는 다음과 같이 보여집니다. 트위터와 페이스북 버튼이 기본 제공됩니다.

■ 그림 5-9 Pluto 테마의 글 목록 페이지

글이나 페이지에서는 테마에서 제공하는 숏 코드를 사용할 수 있으며, 데모 페이지에서 샘플을 확인하고 복사해서 활용할 수도 있습니다.

■ 그림 5-10 Pluto 테마에서 제공하는 숏 코드 샘플

갤러리 페이지

메인화면의 이미지 슬라이드 쇼를 갤러리 형태로 만들 수 있는 갤러리 기능이 제공됩니다. 갤러리로 생성된 이미지들은 썸네일 형태로 표시되고 클릭하면 팝업 이미지 슬라이드 형태로 표시됩니다.

■ 그림 5-11 Pluto 테마의 갤러리

CONTACT 페이지

Contact 페이지는 템플릿 형태로 되어 있습니다. 콘텐츠의 제목과 내용을 작성한 후 페이지를 생성하면 아래쪽에 이름과 이메일, 메시지를 작성하여 홈페이지 관리자에게 보낼 수 있는 폼이 자동으로 생성됩니다.

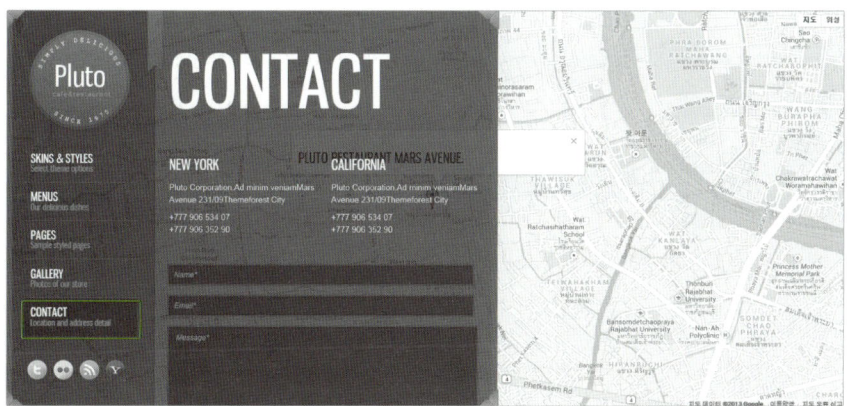

■ 그림 5-12 Pluto 테마의 CONTACT 페이지

Chapter 05 　 Lesson 03

테마 설치하기

테마에 대한 분석도 마쳤으니 이제 테마를 설치하여 보겠습니다. 유료 테마를 구입하고 파일을 다운 받는 방법은 "Chapter 04 중소기업 회사 홈페이지 만들기"를 참조합니다.
이 장의 실습은 도메인 등록과 웹 호스팅 그리고 워드프레스를 설치하고 테마파일의 다운이 완료되었다는 가정하에 진행합니다. 실습으로 사용되는 사이트주소는 http://www.yaksubeef.com 이며, 웹 호스팅은 카페24를 통해서 했으며, 약수역에 위치한 '횡성생고기' 음식점 홈페이지를 만들어 보겠습니다.

01 [외모] – [테마] 메뉴를 선택한 후 [새로 추가] 또는 [새 테마 추가하기]를 클릭합니다.

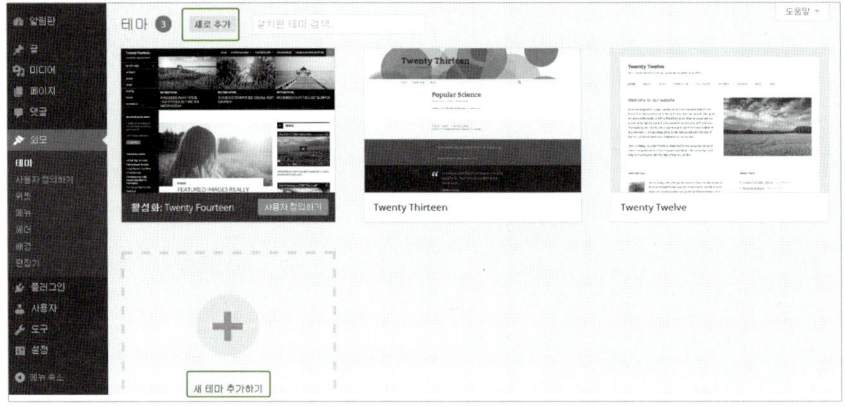

■ 그림 4-13 새 테마 추가

02 테마 설치 페이지에서 [업로드]를 클릭합니다.

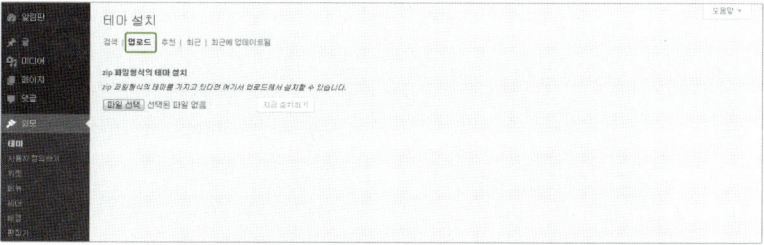

■ 그림 5-14 Pluto 테마 설치_업로드

03 미리 다운받은 테마의 zip 파일을 선택한 후 [열기] 버튼을 클릭합니다.

■ 그림 5-15 Pluto 테마 설치_ZIP 파일 열기

04 파일이 첨부되었으면 [지금 설치하기]를 클릭합니다.

■ 그림 5-16 Pluto 테마 설치_지금 설치하기

05 테마가 성공적으로 설치됩니다. [활성화]를 클릭합니다.

■ 그림 5-17 Pluto 테마 설치하기_활성화

06 Pluto 테마 셋팅 화면이 나오면 폰트, 컬러, 홈페이지 로고, 블로그 등 테마를 설정한 후 [Save changes] 버튼을 클릭합니다.

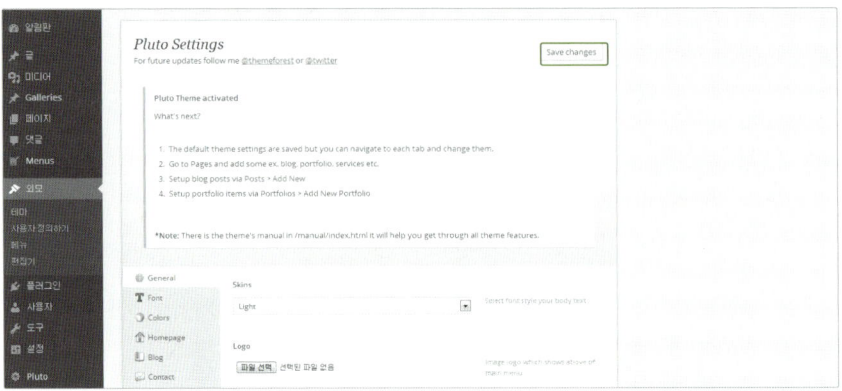

■ 그림 5-18 Pluto 테마 설치하기_설치 후 설정 적용

07 테마 적용이 완료됩니다.

■ 그림 5-19 Pluto 테마 설치하기_테마 적용 완료

Chapter 05 >>>> Lesson 04 >>>>

글 작성하기

이제 컨텐츠를 만들어 보겠습니다. "그림 4-5 횡성생고기 홈페이지 메뉴구조도"에서 설계한 메뉴구조 중 글을 이용하여 제작할 부분은 인사말, 예약문의, 오시는 길입니다. 이 부분은 페이지로 작성하여도 무관하지만 페이지로 작성할 경우 로딩이 느려지는 단점이 있어 글로 작성하겠습니다.

새 글 작성하기

인사말과 예약문의, 오시는 길을 글로 작성합니다.

01 [글] – [새 글 쓰기] 메뉴를 선택한 후 페이지를 만듭니다. 제목과 내용을 입력하고 [공개하기] 버튼을 클릭하면 페이지가 생성됩니다. [미디어 추가]를 누르면 이미지도 삽입할 수 있습니다.

■ 그림 4-20 글 작성하기

02 위와 같은 방법으로 예약문의와 오시는 길 컨텐츠도 글로 작성합니다.

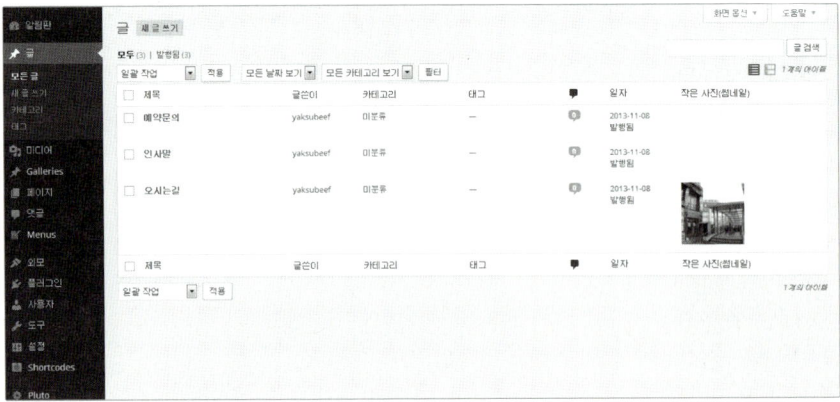

■ 그림4 -21 생성된 글 목록 화면

컨텍트 폼 템플릿을 이용한 고객의견 페이지 만들기

간략하게 음식점을 소개하고 그 아래쪽에 고객의견을 작성할 수 있는 페이지를 만듭니다.

01 [페이지] - [새 페이지 추가] 메뉴를 선택한 후 제목과 본문을 입력하고 오른쪽 템플릿 부분에서 [Contact]를 선택한 후 [공개하기] 버튼을 누르면 페이지가 생성됩니다.

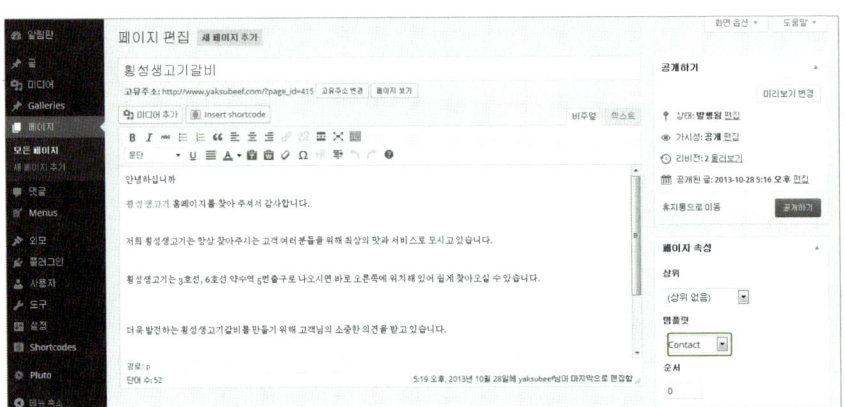

■ 그림 5-22 Contact 템플릿 이용하기

> ↦_tip_
> Pluto 테마는 contact 템플릿을 자체적으로 보유하고 있습니다.

02 [페이지보기] 버튼을 클릭하면 만들어진 페이지를 확인할 수 있습니다. 여기서는 아래에 생성된 Contact 부분의 텍스트가 보이지 않지만 메뉴를 만든 후 실제 화면에서 들어가면 텍스트가 표시됩니다.

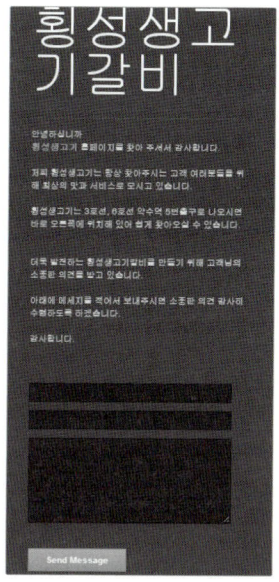

■ 그림 5-23 생성된 Contact 페이지 화면

메뉴 만들기

음식점 홈페이지를 만드는데 있어서 가장 중요한 부분중 하나는 메뉴입니다. Pluto 테마에서는 메뉴를 구성할 수 있는 부분을 별도로 제공하여 손쉽게 설정할 수 있습니다. 이제부터 메뉴를 만들어 보겠습니다.

메뉴 카테고리 만들기

메뉴에도 카테고리를 만들 수가 있습니다. 예를 들어, 에피타이저, 메인요리, 디저트와 같은 카테고리를 만들어 메뉴를 분류할 수 있습니다.

01 [Menus] – [Menus Categories] 메뉴를 선택한 후 메뉴 카테고리를 지정합니다. '횡성생고기'는 고깃집이므로 메뉴 카테고리를 '고기류', '식사류', '주류'로 만듭니다.

■ 그림 5-24 Menu 카테고리 추가 화면

02 카테고리를 추가하는 방법은 글의 카테고리를 추가하는 방법과 동일합니다. 새 카테고리 추가의 이름 부분에 '고기류'라고 입력한 뒤 [새 카테고리 추가] 버튼을 클릭합니다.

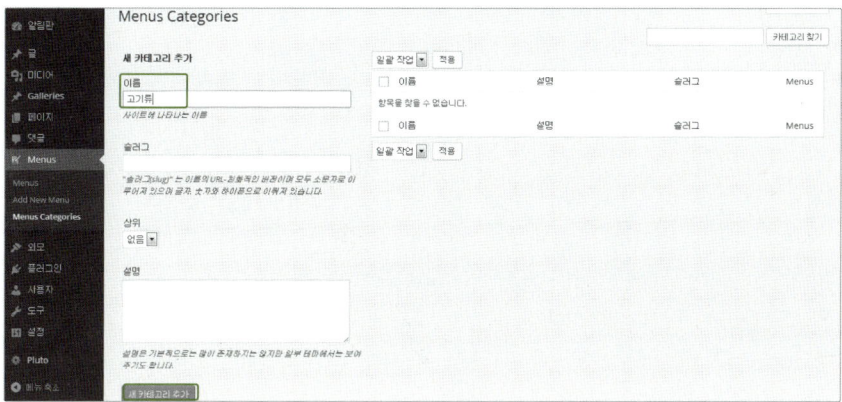

■ 그림 5-25 Menu 카테고리 추가하기

03 같은 방식으로 '식사류', '주류' 카테고리도 추가합니다.

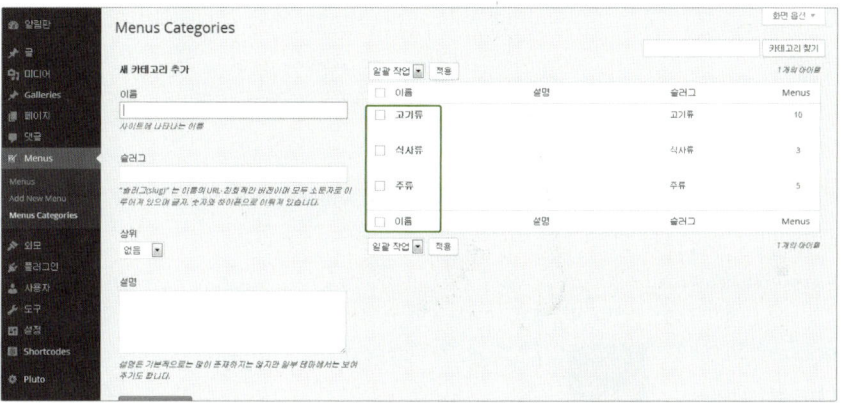

■ 그림 5-26 추가된 Menu 카테고리

새 메뉴 만들기

카테고리도 생성했으니 이제 각각의 카테고리에 추가할 Menu들을 만들어 보겠습니다.

01 [Menus] – [Add New Menu] 메뉴를 선택한 후 제목과 본문 내용을 입력합니다.

■ 그림 5-27 새 MENU 만들기

02 오른쪽 Menus Options 부분에 가격을 입력합니다.

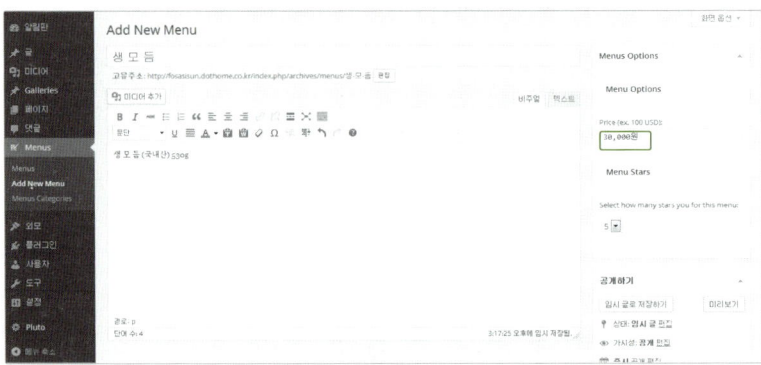

■ 그림 5-28 새 MENU 만들기_가격입력

03 Menus Categories에서 해당되는 카테고리를 선택합니다.

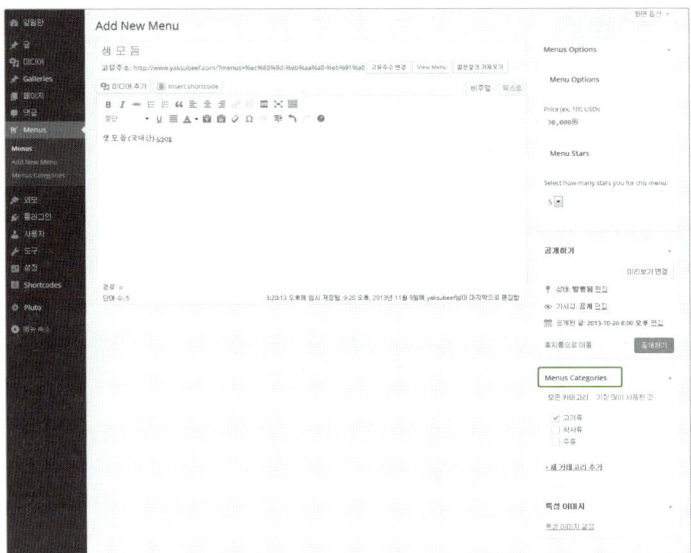

■ 그림 5-29 새 MENU 만들기_카테고리 선택

04 특성 이미지를 설정해 보겠습니다. 특성 이미지는 MENU의 썸네일 이미지처럼 들어가는 부분이라고 생각하시면 됩니다. 오른쪽 [특성 이미지]에서 [특성 이미지 설정]을 누르면 이미지 선택창이 열립니다.

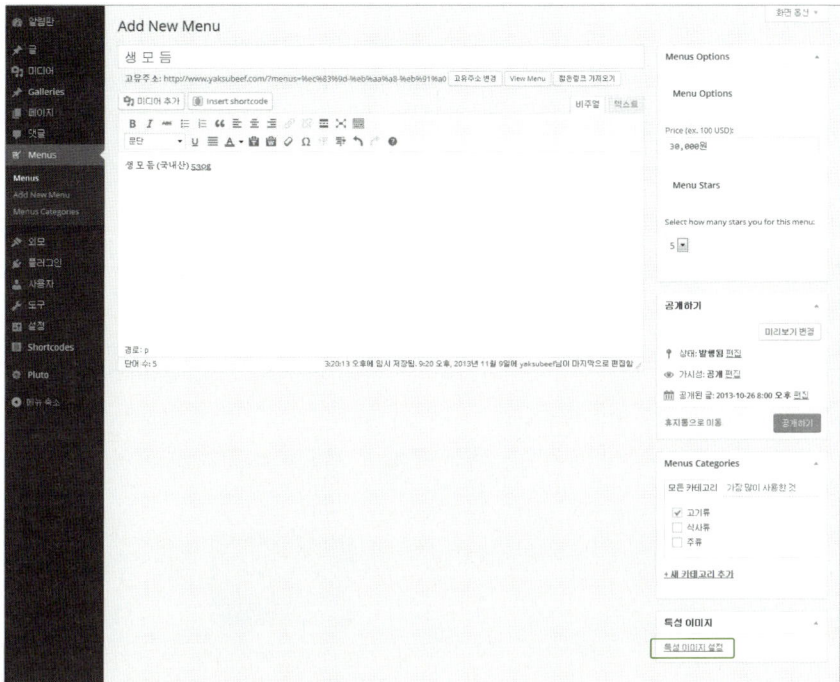

■ 그림 5-30 새 MENU 만들기_특성 이미지 설정

05 특성 이미지로 설정할 이미지를 선택한 후 [특성 이미지 설정] 버튼을 클릭합니다.

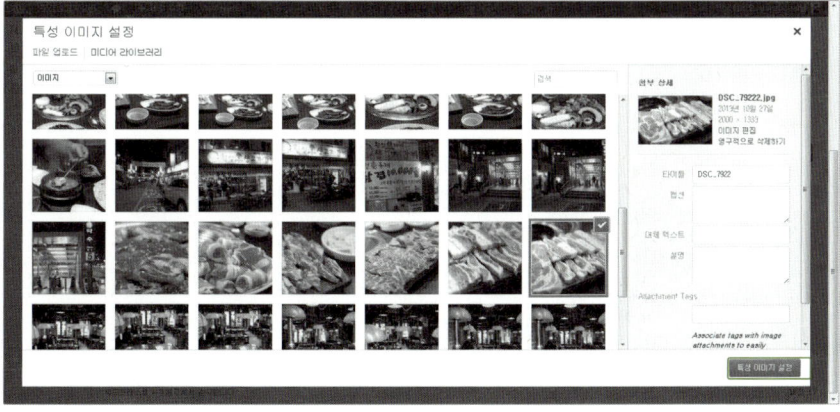

■ 그림 5-31 새 MENU 만들기_특성 이미지 선택하여 설정하기

06 특성 이미지가 첨부되면 [공개하기] 버튼을 눌러 메뉴를 저장합니다.

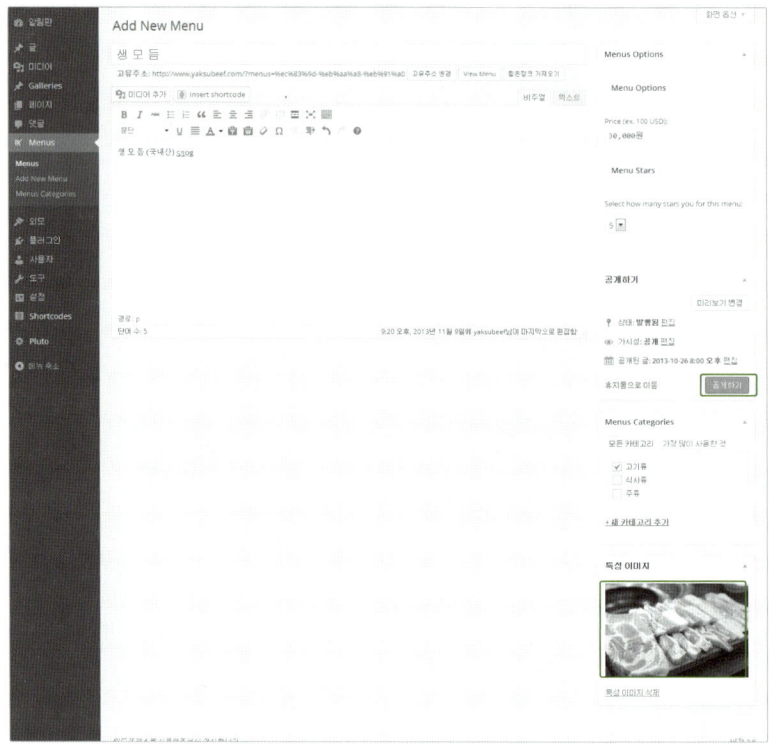

■ 그림 5-32 새 MENU 만들기_공개하기

✦_tip_

메뉴 구성 방법

메뉴를 구성할 때 특성화 이미지만 첨부하면 아래와 같이 나타납니다.

■ 그림 5-33 MENU 구성(특성화 이미지만 첨부)

■ 그림 5- 34 MENU 구성(특성화 이미지만 첨부한 결과 화면)

메뉴를 구성할 때 본문 이미지도 첨부하면 아래와 같이 나타납니다.

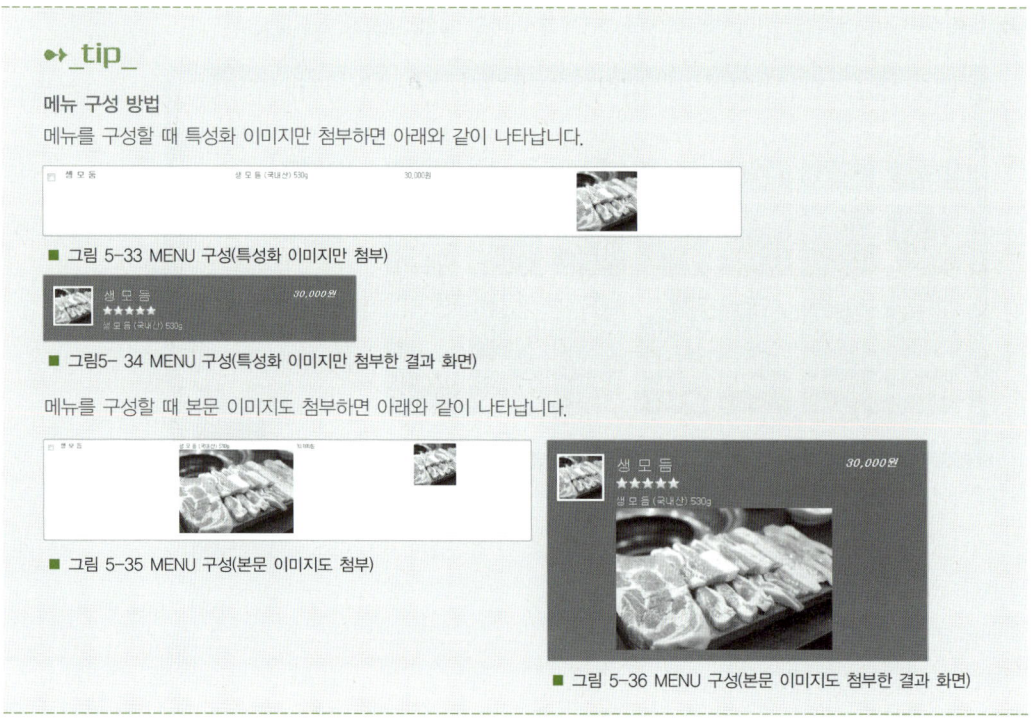

■ 그림 5-35 MENU 구성(본문 이미지도 첨부)

■ 그림 5-36 MENU 구성(본문 이미지도 첨부한 결과 화면)

07 위와 같은 방법으로 각각의 메뉴 카테고리에 해당되는 메뉴들을 생성하였습니다.

■ 그림 5-37 새 MENU 만들기_생성된 메뉴 목록

갤러리 만들기

갤러리는 음식점의 전경이나 기타 이미지들을 올릴 때 유용하게 사용됩니다. 갤러리를 이용하여 내부 전경, 외부 전경, 갤러리 메뉴와 홈페이지 메인화면에 삽입할 슬라이드 갤러리를 만들어보겠습니다.

갤러리 만들기

음식점의 내부 전경과 외부 전경을 갤러리로 만들어보겠습니다.

01 [Galleries] – [Add New] 메뉴를 선택한 후 갤러리 이름을 입력 후 [공개하기]를 누르면 갤러리가 생성됩니다. 여기서 갤러리 이름은 내부 전경이라고 작성하겠습니다.

■ 그림 5-38 갤러리 생성하기 1

02 갤러리가 생성되면 Gallery Images 부분이 나타나는데, 이 부분이 갤러리에 들어갈 이미지들을 넣는 공간입니다. [Add New] 버튼을 클릭합니다.

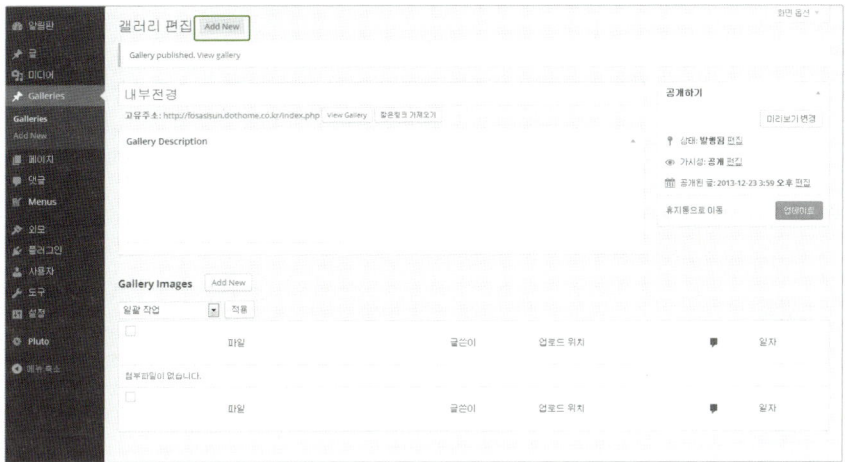

■ 그림 5-39 갤러리 생성하기 2

03 컴퓨터에서 첨부할 파일을 선택합니다. [컴퓨터에서] 탭을 클릭한 후 [파일을 선택하세요] 버튼을 클릭합니다. [url에서] 탭을 이용하여 첨부하거나 미디어 라이브러리에 올라와있던 이미지를 삽입해도 무관합니다.

■ 그림 5-40 갤러리 생성하기 3

04 첨부할 파일을 선택한 뒤 [열기]를 클릭합니다.

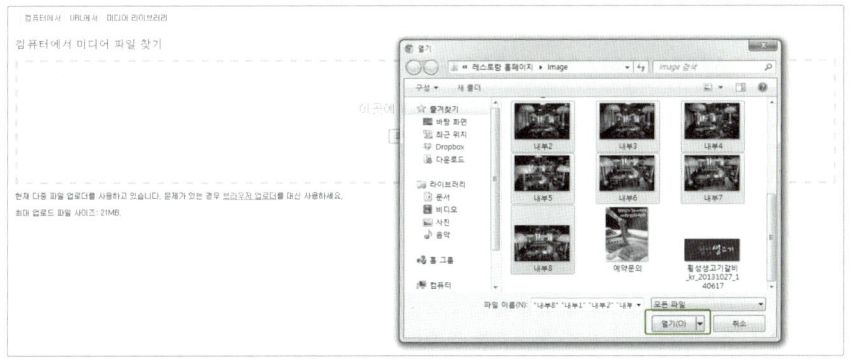

■ 그림 5-41 갤러리 생성하기 4

05 내부 전경 갤러리가 생성됩니다.

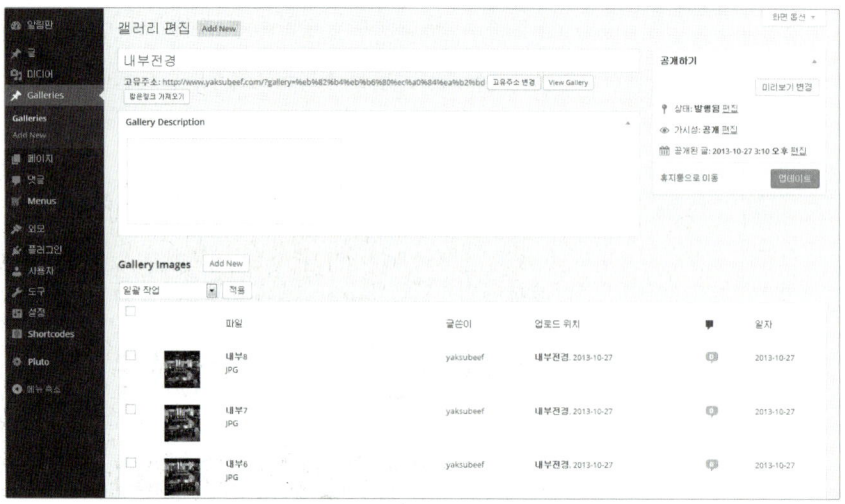

■ 그림 5-42 갤러리 생성하기 5

06 같은 방법으로 외부 전경 갤러리와 갤러리를 생성합니다.

■ 그림 5-43 갤러리 생성하기 6

홈 갤러리 만들기

홈 갤러리는 메인 페이지에서 보여줄 갤러리입니다. Pluto 테마는 메인 슬라이드 갤러리의 사이즈가 크기 때문에 이미지의 해상도에 신경 써서 첨부하는 것이 좋습니다.

01 [Galleries] – [Add New]에서 갤러리 제목을 입력하고 [공개하기]를 클릭합니다.

■ 그림 5-46 홈 갤러리 생성하기 1

02 갤러리 편집 페이지에서 [Gallery Images]의 [Add New] 버튼을 클릭하고 이미지를 첨부합니다.

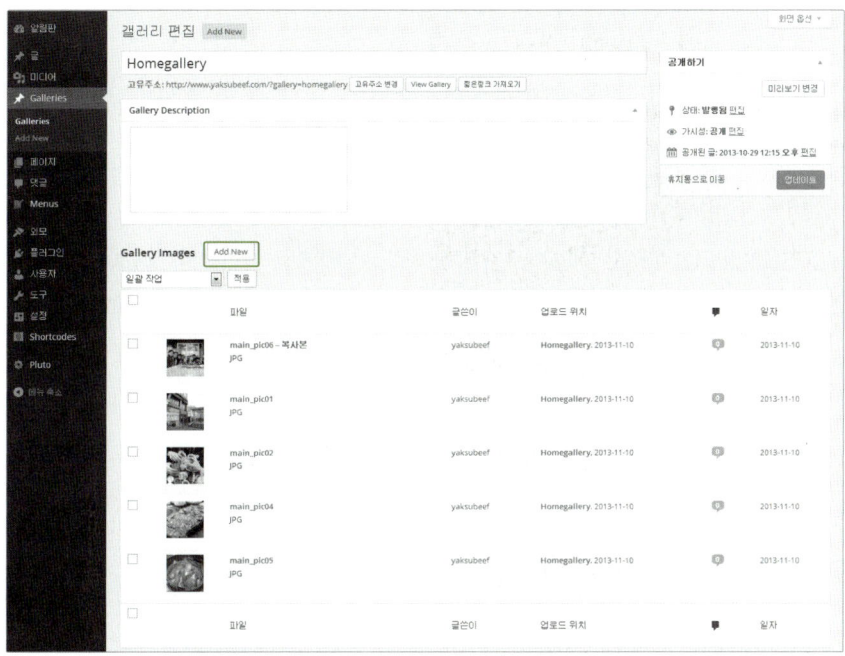

■ 그림 5-47 홈 갤러리 생성하기 2

Chapter 05   Lesson 07

메뉴 구성하기

지금까지 만든 페이지, MENU, 갤러리를 이용하여 만든 컨텐츠들을 보여질 수 있도록 메뉴로 구성하여 보겠습니다.

01 [외모] – [메뉴] 메뉴를 클릭합니다. 한 개의 메뉴가 자동으로 생성된 것을 확인할 수 있습니다. 다른 메뉴를 사용하려면 "새로운 메뉴를 생성하세요."를 클릭합니다. 여기서는 기존의 메뉴에 설정해보겠습니다.

■ 그림 5-48 메뉴 생성하기 1

02 글 부분에서 추가할 항목을 선택한 후 [메뉴에 추가]를 클릭합니다.

■ 그림 5-49 메뉴 생성하기 2

03 글이 추가됩니다. 메뉴의 상위, 하위 메뉴 설정과 위치는 드래그 앤 드롭으로 조정할 수 있습니다.

■ 그림 5-50 메뉴 생성하기 3

→_tip_

글 에서 보여지는 메뉴명만 변경해 메뉴 연결구조 만들기
다음 그림과 같이 메뉴 구조에 있는 [인사말]의 우측 아래 화살표를 클릭했을때 나타나는 네비게이션 라벨에 보여질 메뉴 명을 입력한 뒤 [메뉴저장] 버튼을 누르면 '음식점소개' 라는 이름의 메뉴가 생깁니다. 이 메뉴를 클릭하면 원본인 인사말 글로 연결됩니다.

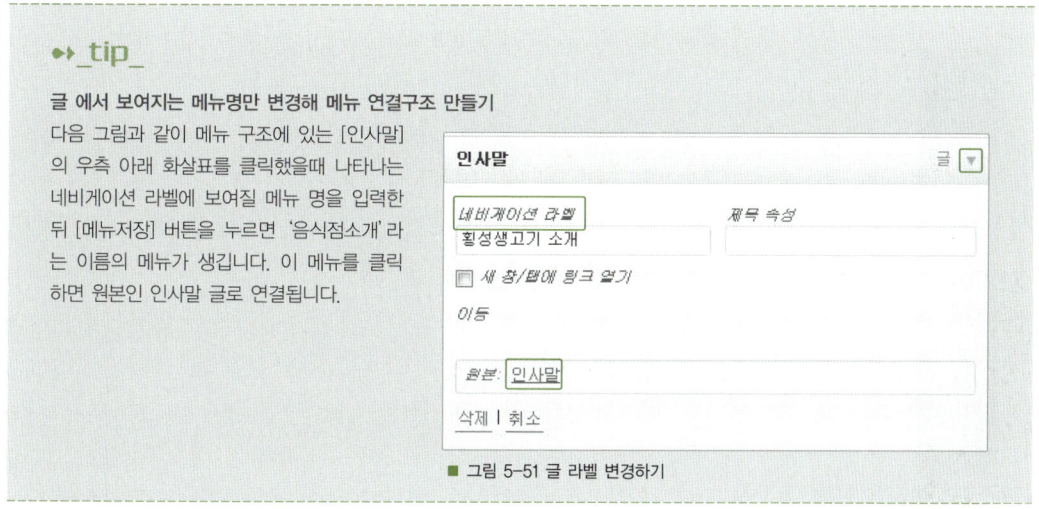

■ 그림 5-51 글 라벨 변경하기

04 글의 구조가 만들어졌습니다.

■ 그림5-52 메뉴 생성하기 4

05 Galleries에서 메뉴에 추가할 갤러리를 선택한 뒤 [메뉴에 추가] 버튼을 클릭합니다.

■ 그림 5-53 메뉴 생성하기 5

06 갤러리가 추가됩니다.

■ 그림 5-54 메뉴 생성하기 6

07 Menus Categories에서 추가할 Menu의 카테고리를 선택한 뒤 [메뉴에 추가] 버튼을 클릭합니다.

■ 그림 5-55 메뉴 생성하기 7

08 메뉴가 추가됩니다.

■ 그림 4-56 메뉴생성하기8

09 고객후기를 남길 수 있는 페이스북 페이지의 링크를 메뉴에 추가해 보겠습니다. URL과 링크 텍스트를 입력하고 [메뉴에 추가] 버튼을 클릭합니다.

■ 그림 4-57 메뉴 생성하기 9

10 링크가 메뉴에 추가됩니다.

■ 그림 4-58 메뉴 생성하기 10

11 메뉴에 추가한 링크 고객후기의 설정부분에서 [새 창/탭에 링크 열기] 박스를 체크하면 해당 링크가 새 창에서 열립니다.

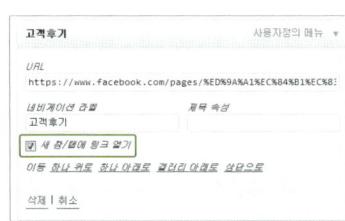

■ 그림 4-59 메뉴 생성하기 11

→_tip_

편집할 메뉴가 보이지 않을 때 이렇게 해결하세요.
메뉴 편집하기 오른쪽 위 화면 옵션이 보입니다.

■ 그림 4-60 화면옵션

화면 옵션에서 화면에 보여줄 항목들과 고급 메뉴들의 속성 보기 부분에서 필요한 부분을 체크할 수 있습니다.

■ 그림 4-61 화면 옵션 설정하기

12 메뉴 구성이 완료됩니다. [메뉴 저장]을 눌러 생성한 메뉴 구조를 저장합니다.

■ 그림 5-62 메뉴 저장하기

13 다음과 같이 메뉴1이 성공적으로 만들어졌습니다.

■ 그림 5-63 메뉴 생성 완료

14 홈페이지에서 다음과 같이 메인 메뉴를 클릭하면 서브 메뉴가 나오는 것을 확인할 수 있습니다.

■ 그림 5-64 메뉴구조 완성 화면

커스터 마이징하기

페이지, 메뉴, 갤러리를 만든 후 메뉴구조도도 만들었지만 홈페이지를 살펴보면 작업중인 미완성홈페이지로 보입니다. 커스터 마이징을 통하여 맛깔나는 음식점 홈페이지로 탈바꿈 시켜 보도록 하겠습니다.

스킨, 로고, 파비콘 설정하기

스킨, 로고, 파비콘은 [Pluto] - [Pluto] 메뉴를 선택한 후 Pluto 셋팅 화면의 General 메 뉴에서 설정할 수 있습니다.

■ 그림 5-65_ Pluto 테마 설정 General 1

01 Skins 드롭 버튼을 클릭한 후 홈페이지 스타일에 따라 적절한 스킨을 선택합니다. 여기서는 'Dark'를 선택하겠습니다.

■ 그림 5-66 Pluto 테마 설정 Skin 선택

02 Logo에서 [파일선택] 버튼을 클릭합니다.

■ 그림 5-67 Pluto 테마 설정 로고 1

03 미리 준비한 로고 이미지를 선택한 후 [열기] 버튼을 누르면 해당 로고가 첨부됩니다.

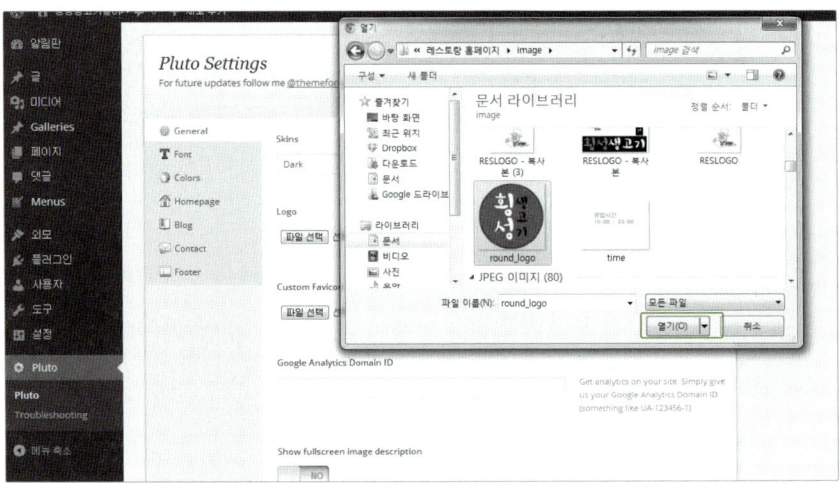

■ 그림 5-68 Pluto 테마 설정 로고 2

04 Custom Favicon에서 [찾아보기] 버튼을 클릭합니다.

■ 그림 5-69 Pluto 테마 설정 파비콘 1

05 준비한 파일을 선택한 뒤 [열기] 버튼을 클릭하여 파비콘 이미지를 첨부합니다.

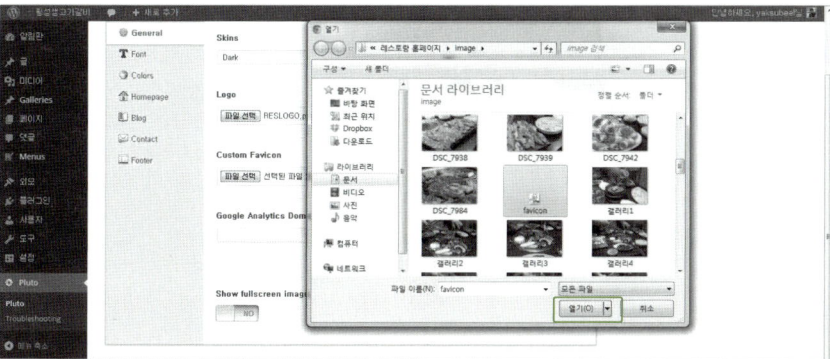

■ 그림 5-70 Pluto 테마 설정 파비콘 2

06 로고와 파비콘 설정을 완료한 후 [Save changes] 버튼을 클릭하여 설정 내용을 저장합니다.

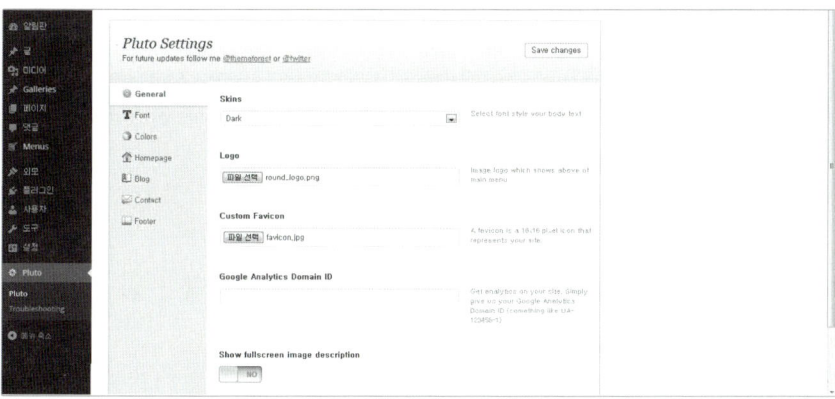

■ 그림 5-71 Pluto 테마 설정 General 2

폰트 크기 조절하기

페이지를 추가하거나 글을 작성할 때, 텍스트 모드로 바꾼 뒤 H1~H6까지의 태그를 넣어 줄 수 있습니다. 테스트로 아래의 왼쪽 그림과 같이 넣어 본 후 [공개하기] 버튼을 눌러서 페이지를 생성하였습니다. [페이지 보기]로 확인한 결과 다르게 나타나는 것을 확인할 수 있습니다. 이와 같은 폰트 사이즈를 적절이 활용하면 짜임새 있는 포스팅 작성에 도움이 됩니다.

■ 그림 5-72 폰트 크기 테스트 페이지

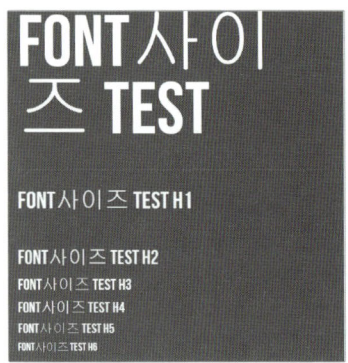

■ 그림 4-73 폰트 크기 테스트 화면

위에서 살펴본 사이즈의 기준은 어디서 조절할 수 있을까요? [Pluto] - [Pluto] 메뉴를 선택한 후 Pluto 셋팅 페이지의 Font 메뉴에서 조절 할 수 있으며, 조절 후 [Save changes] 버튼을 클릭하여 저장합니다.

■ 그림 5-74 Pluto 테마 설정 Font

버튼 색 변경하기

Pluto 테마에서는 contact page 템플릿을 제공합니다. 이 페이지 템플릿에서의 버튼 색을 변경하고자 할 경우, [Pluto]-[Pluto] 메뉴를 선택한 후 Pluto 셋팅 페이지의 Colors 메뉴에서 설정할 수 있습니다.

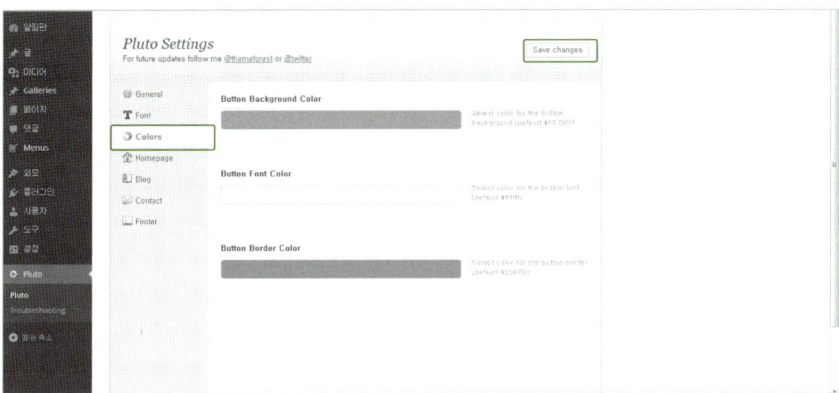

■ 그림 5-75 Pluto 테마 설정 Colors1

Colors 메뉴를 클릭하면 다음과 같이 색상을 선택할 수 있는 컬러 팔레트가 나옵니다. 왼쪽이 현재 선택한 색상, 오른쪽이 원본 색상입니다. 이런 방식으로 버튼의 배경색과 테두리 색, 글자 색을 설정할 수 있습니다. 설정이 완료되면 [Save changes] 버튼을 눌러 저장하면 설정이 적용됩니다.

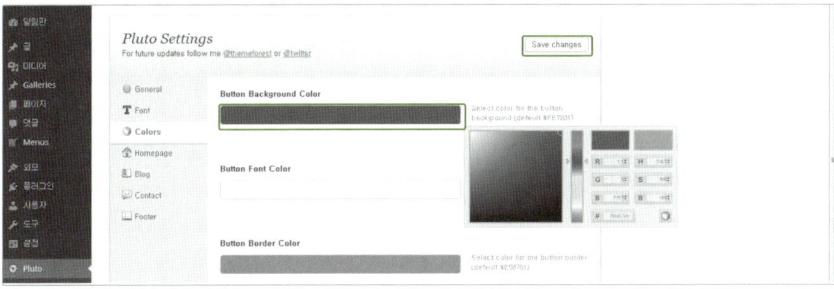

■ 그림 5-76 Pluto 테마 설정 Colors 2

홈페이지 메인 부분 커스터 마이징하기

이제 홈페이지 메인의 핵심인 홈 갤러리와 메인에서 버튼을 눌렀을 때 나오는 페이지(홈 서브 페이지 라고 명명하겠습니다.)를 적용하여 보겠습니다. [Pluto] - [Pluto] 메뉴를 클릭한 후 Pluto 셋팅 페이지에서 Homepage 메뉴에서 설정할 수 있습니다.

[Pluto]-[Pluto] 메뉴를 선택한 후 Homepage 메뉴 화면입니다. 상단은 홈 갤러리 설정 영역, 하단은 홈 서브페이지 설정 영역입니다.

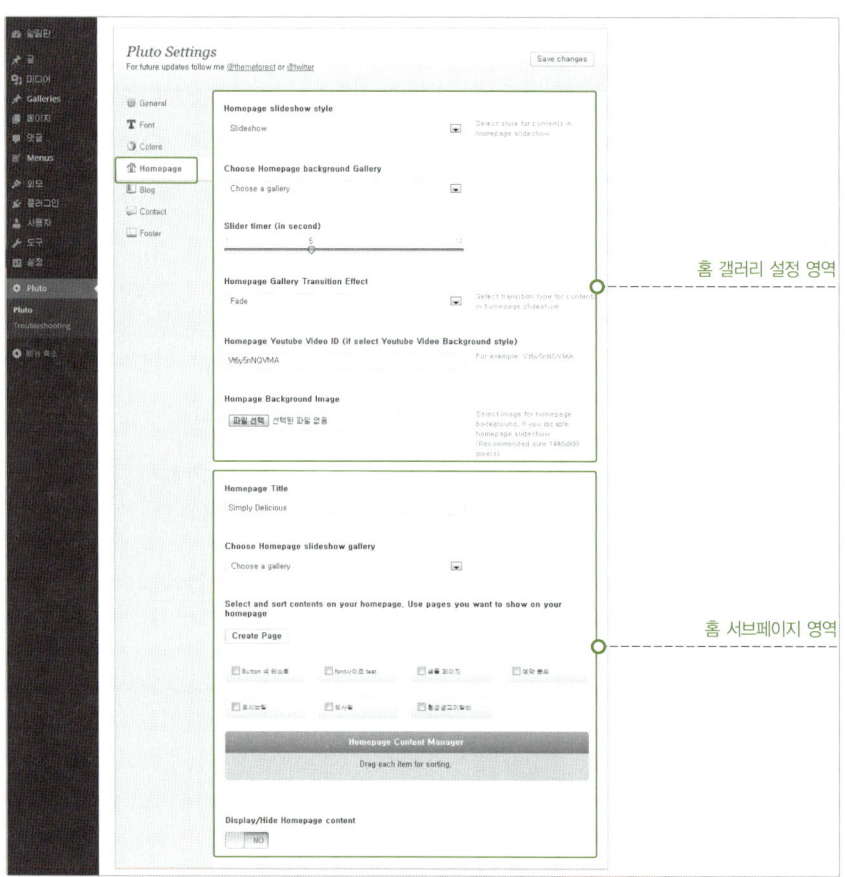

■ 그림 5-77 Pluto 테마 설정 Homepage 메뉴 화면

01 홈 갤러리 설정 영역입니다. Homepage slideshow style에서 Slideshow(이미지 슬라이드), Youtube Video Background(유투브 사이트의 비디오), Static image(정지된 이미지) 3가지 중 하나로 설정할 수 있습니다.

❶ Slideshow를 설정할 경우 Choose Homepage background Gallery에서 보여질 갤러리를 선택하고, Slider timer(in second) 부분과 Homepage Gallery Transition Effect 부분을 설정합니다.
❷ Youtube Video Background를 설정할 경우 Hompage Youtube Video ID 부분에 값을 넣습니다.
❸ Static image로 설정할 경우 Hompage Background Image를 첨부합니다.

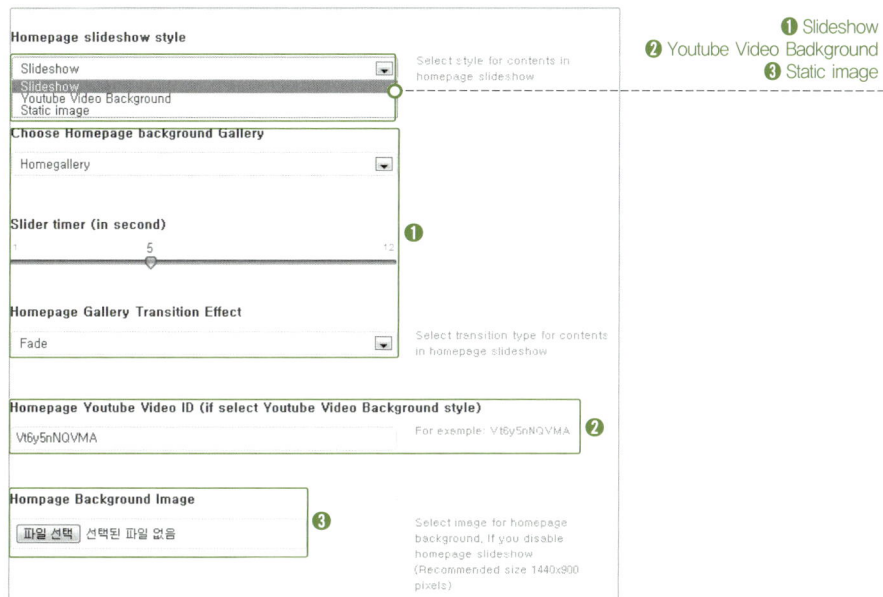

■ 그림 5-78 홈 갤러리 설정

02 홈 서브페이지 지정 영역입니다. Hompage Title 부분에 페이지 타이틀을 입력하고, 페이지 제목과 본문 사이의 위치에 들어갈 이미지 슬라이드 갤러리를 선택합니다. 홈 서브페이지의 페이지를 지정합니다. 원하는 페이지가 없다면 [Create Page] 버튼을 클릭하여 생성합니다. 여기서는 이전 과정에서 만든 '횡성생고기갈비'라는 페이지를 사용합니다.

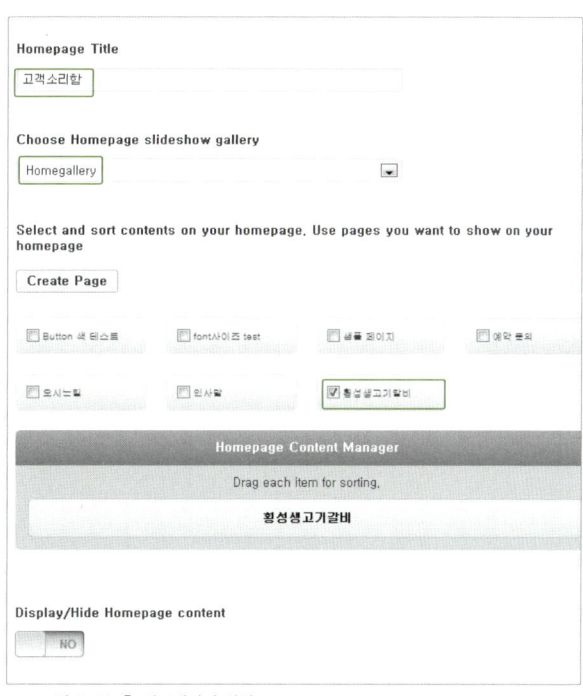

■ 그림 5-79 홈 서브페이지 설정

03 홈 서브페이지 설정 완료 후 [Save changes] 버튼을 클릭하여 설정 상태를 저장합니다.

■ 그림 5-80 Pluto 테마 설정 Homepage 저장하기

footer 영역에 배너 삽입 후 링크 설정하기

이번에는 홈페이지 footer 영역에 배너를 삽입해 보겠습니다. 앞 과정에서 미리 올려둔 배너 이미지의 파일 URL을 복사합니다.

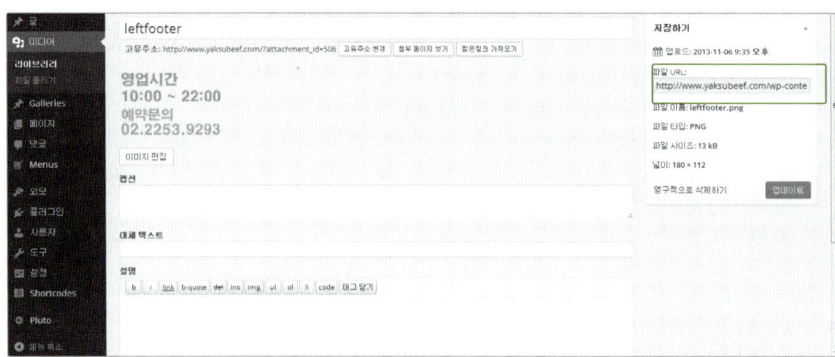

■ 그림 4-81 영업시간, 예약문의 이미지 파일 URL 확인하기

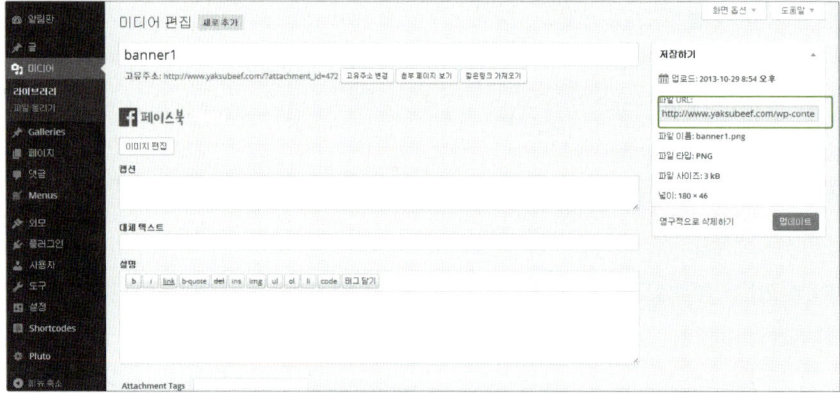

■ 그림 4-82 페이스북 배너이미지 파일 URL 확인하기

01 [Pluto] – [Pluto] 메뉴를 선택한 후 Menu Footer Content 영역에 〈a href="연결할 페이지주소" target="blank"〉〈img src="복사한 이미지파일URL"〉〈/a〉을 입력하고 [Save changes] 버튼을 클릭합니다.

■ 그림 5-83 Pluto 테마 설정 Footer

02 테마 설정을 완료한 후 홈페이지의 페이지를 확인하면 이전보다 훨씬 보기 좋아졌습니다.

■ 그림 5-84 Pluto 테마설정을 완료한 홈페이지 화면

구글 웹 폰트를 사용하여 한글 글씨체 바꾸기

테마 자체에서 제공되는 설정 기능을 모두 적용한 후 홈페이지를 확인하면 이전보다는 훨씬 보기좋아졌지만 한 가지 거슬리는 부분이 있습니다. 바로 폰트입니다. 테마에서 기본적으로 제공되는 폰트는 영문폰트이다 보니 한글폰트는 예쁘게 표현되지 않습니다.

■ 그림 5-85 한글 폰트가 예쁘지 않은 페이지 사례

01 구글 웹 폰트를 활용하여 한글 글씨체를 변경해보겠습니다. 구글 웹 폰트 사이트(http://www.google.com/fonts/earlyaccess)에 접속하여 원하는 글씨체의 소스를 복사합니다.

■ 그림 5-86 구글 웹 폰트 사이트

02 스타일 시트에 웹 폰트 링크 url을 삽입시켰습니다. 다음은 font-family: 부분을 찾아서 원하는 부분을 변경해야 하는데 보이지 않습니다. 자세히 살펴보면 스타일시트(style.css)에 css/screen.css 가 삽입되어 있는 것을 확인할 수 있습니다. 그러나 screen.css 파일은 오른쪽 파일 목록에서 찾을 수 없습니다.

■ 그림 5-87 스타일시트(style.css)

03 이런 경우에는 FTP 프로그램을 이용하여야 합니다. theme 경로 아래에 css라는 폴더가 있는데 그 안에 screen.css 파일이 있습니다. 파일을 다운로드합니다.

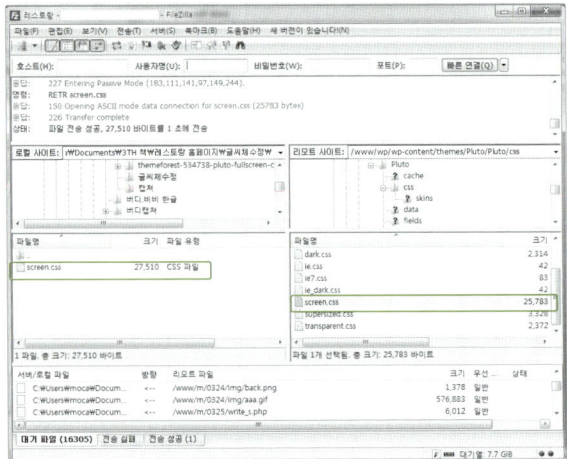

■ 그림 5-88 ftp를 이용한 css파일 다운로드

> **tip**
>
> **다운 받은 소스를 수정할 경우 유용한 에디터 프로그램**
> 메모장이나 워드패드를 사용하여서 수정해도 되지만 소스가 보기 좋게 정리가 되어 있지 않기 때문에 수정이 어려울 수 있습니다. 이럴 경우 에디터 프로그램(Editplus)을 사용하면 좋습니다.
> Html, css, php 등의 소스 파일을 열면 자동으로 보기 좋게 만들어주고 FTP 연결도 지원하므로 직접 FTP로 연결해서 수정할 수도 있습니다.
> Editplus(http://goo.gl/3HQJlR)에서 다운로드 후 셰어버전(30일 동안 무료)을 사용할 수 있습니다. Editplus와 비슷한 프로그램으로 Ultraedit도 있습니다. http://goo.gl/LWom51에서 다운로드, 셰어버전 30일 동안 무료로 사용할 수 있습니다.

04 다운받은 screen.css 파일에서 변경할 폰트의 부분을 수정한 후 저장합니다.

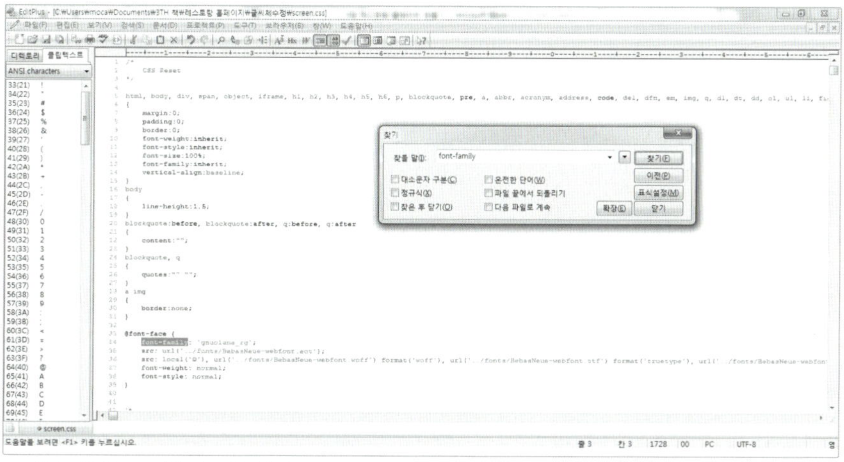

■그림 5-89 폰트 스타일 소스 변경하기

05 변경한 screen.css 파일을 다시 업로드합니다.

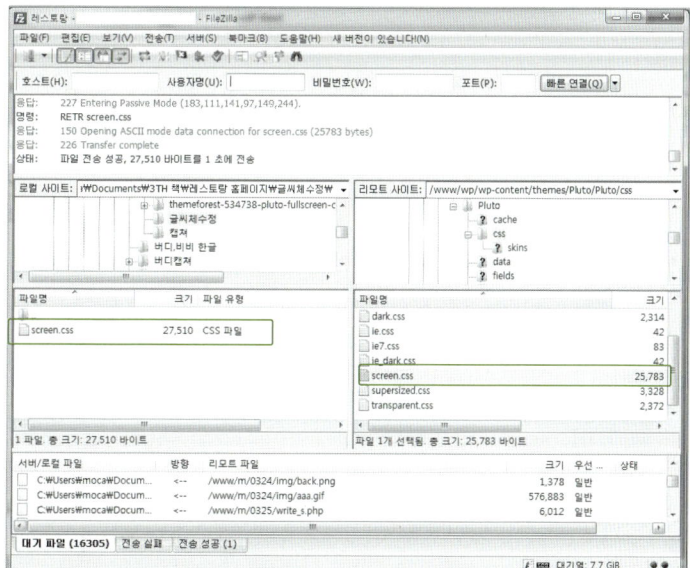

■ 그림 5-90 ftp를 이용한 css파일 업로드

06 다음과 같이 폰트가 변경됩니다.

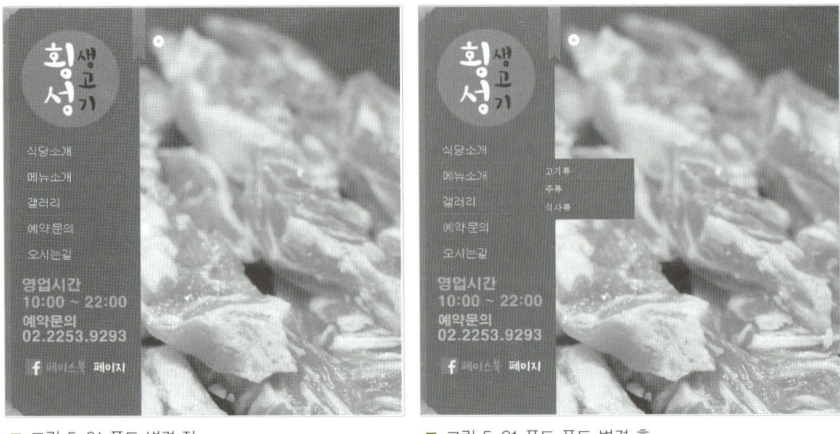

■ 그림 5-91 폰트 변경 전   ■ 그림 5-91 폰트 폰트 변경 후

Copyright 변경하기

사이트 내의 모든 컨텐츠 페이지(갤러리, MENU, 페이지, 메인 서브페이지) 아래에는 'Copyright ⓒ 2010 Peerapong Pulpipatnan. Remove this once after purchase from the ThemeForest.net' 라고 표시되는 부분이 보입니다. 이 부분을 변경하여 보도록 하겠습니다.

01 [외모] - [편집기] 메뉴를 선택한 후 푸터(footer.php) 파일을 확인하면 해당 부분을 확인할 수 있습니다.

■ 그림 5-92 푸터(footer.php) 수정하기 1

02 해당 부분을 변경한 뒤 [파일 업데이트] 버튼을 클릭합니다.

```
if(empty($pp_footer_text))
{
        $pp_footer_text = 'Copyright ⓒ 횡성생고기갈비';
}
```

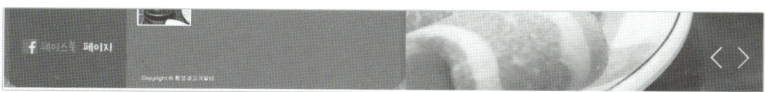

■ 그림 5-93 푸터(footer.php) 수정하기2

03 다음과 같이 푸터 영역이 변경됩니다.

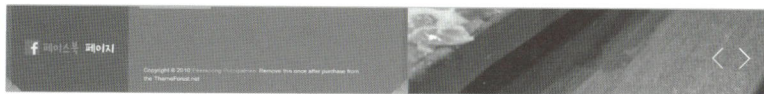

■ 그림 5-94 푸터(footer.php) 수정된 화면

다른 곳은 모두 변경되었지만 메인 서브페이지는 바뀌지 않았습니다.

■ 그림 5-95 메인 서브 페이지의 footer 부분

04 자세히 살펴보면 메인 인덱스 템플릿(index.php) 부분에 Copyright 부분이 하나 더 있었습니다. 이 부분을 변경한 후 [파일 업데이트] 버튼을 클릭하면 메인 서브페이지까지 푸터 변경이 완료됩니다

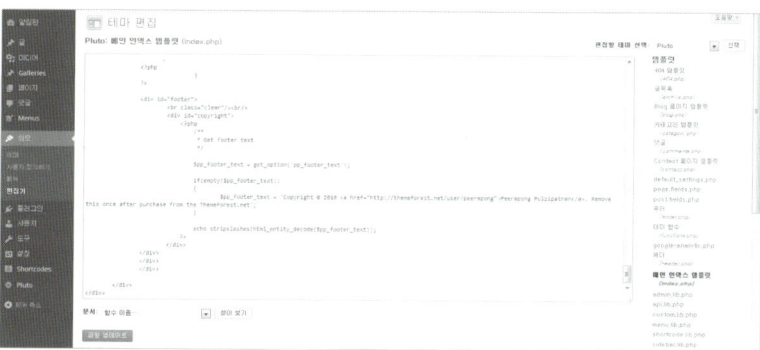

■ 그림 5-96 메인 인덱스 템플릿 소스의 푸터 부분

05 아래와 같이 음식점 홈페이지가 최종적으로 완성됩니다.

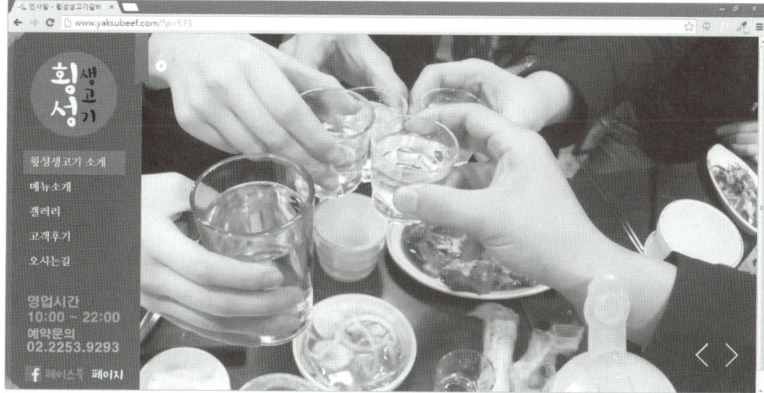

■ 그림 5-97 완성된 홈페이지

웹디자이너, 편집디자이너, 사진작가, 건축가 등 작품 활동을 하는 예술가들은 대부분 자신들의 개인 작품들을 가지고 있습니다. 이들 작품들을 웹상에서 멋지게 소개하기 위해서는 포트폴리오 형태의 홈페이지가 필요합니다. 워드프레스는 짧은 시간에 누구나 쉽게 만들수 있는 포트폴리오 테마들을 많이 있습니다. 이번 장에서는 무료 테마를 이용하여 포트폴리오 홈페이지를 만들어 보겠습니다.

워드프레스
실전 사이트 제작북

포트폴리오 홈페이지 만들기

Chapter 06

Lesson 01 포트폴리오 무료 테마 선정하기
Lesson 02 테마설치 및 일반 설정하기
Lesson 03 메뉴 구조 기획 및 카테고리 만들기
Lesson 04 포트폴리오 이미지 등록 & 설정하기
Lesson 05 위젯 설정 & 사이트 확인하기

포트폴리오 무료 테마 선정하기

포트폴리오 홈페이지는 자신의 실력을 보여줄 수 있는 작품이나 관련 내용을 집약한 웹 상의 작품집이기 때문에 테마 선정 시 작품의 특성, 느낌, 컨셉, 디자인 등을 고려하여 선택하는 것이 중요합니다. 이 장에서는 포트폴리오 테마 중 무료 테마를 이용하여 포트폴리오 홈페이지를 만들어보겠습니다.

무료 테마 후보 찾기

구글에서 포트폴리오 무료 테마들을 찾아봅니다.

01 구글에서 'wordrpress free portfolio theme'라고 검색한 후 [이미지] 메뉴를 선택합니다.

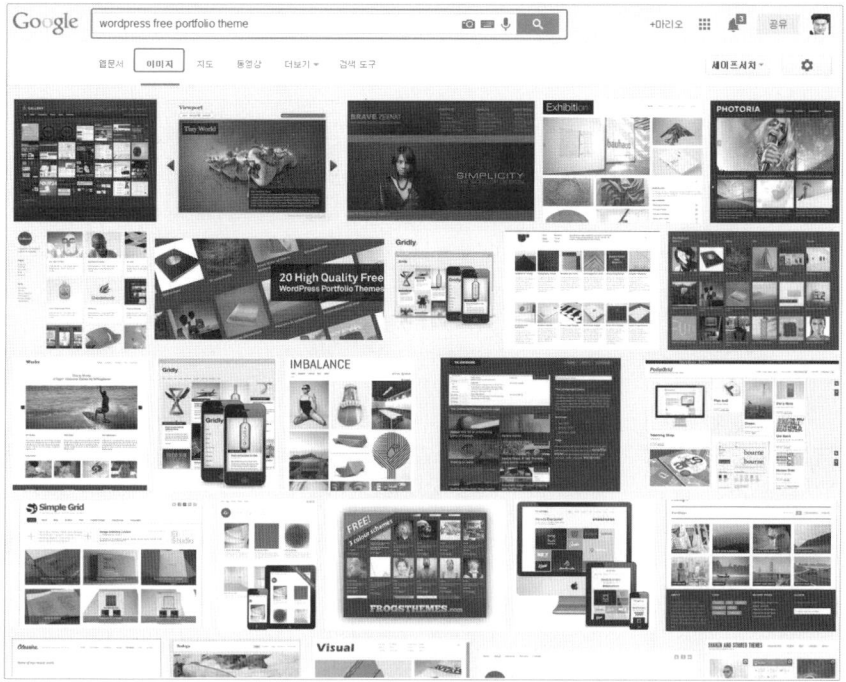

■ 그림 6-1 구글에서 'wordrpress free portfolio theme'로 검색한 결과

IMBALANCE 테마

IMBALANCE 테마는 포트폴리오 홈페이지에 적합하며 메뉴가 상단에 위치해 있고 이미지를 마우스 오버하면 본문 텍스트 내용을 보여주는 테마입니다. 포트폴리오 디자인이 우수하면 깔끔한 홈페이지를 구성할 수 있지만, 실제로 적용해본 결과 마우스오버 효과시 텍스트가 잘 보이지 않고 상단 메뉴 글자가 너무 작다는 느낌이 있습니다. 무료 테마이고, 다음은 IMBALANCE 데모 페이지(http://wpshower.com/themes/imbalance)입니다.

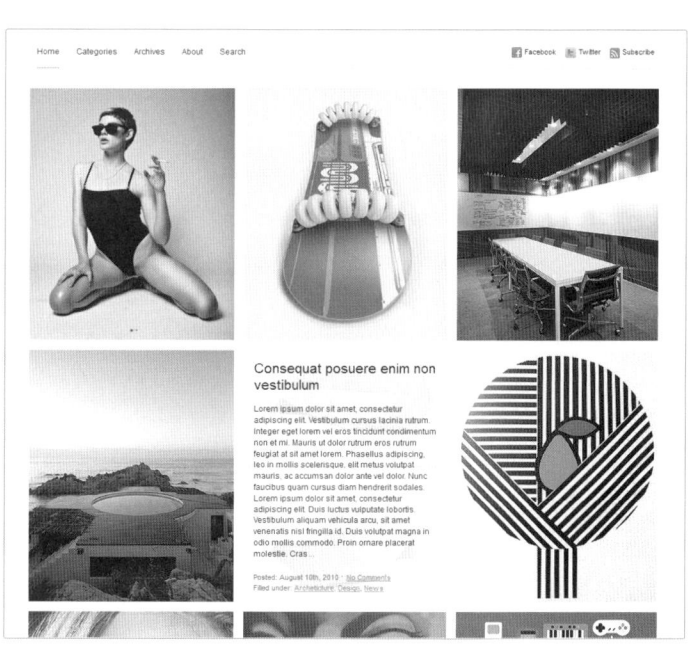

Portfolium 테마

Portfolium 테마는 한페이지에 많은 포트폴리오를 보여줄 수 있는 장점이 있는테마입니다. 작품들이 많을 경우 그리고 많은 작품들이 바둑판식으로 여러개 배열되어도 잘 어울리는 포트폴리오를 가진분들에게 어울리는 테마라고 볼 수 있습니다. 무료 테마이고, 다음은 Portfolium 데모 페이지(http://wpshower.com/themes/portfolium/)입니다.

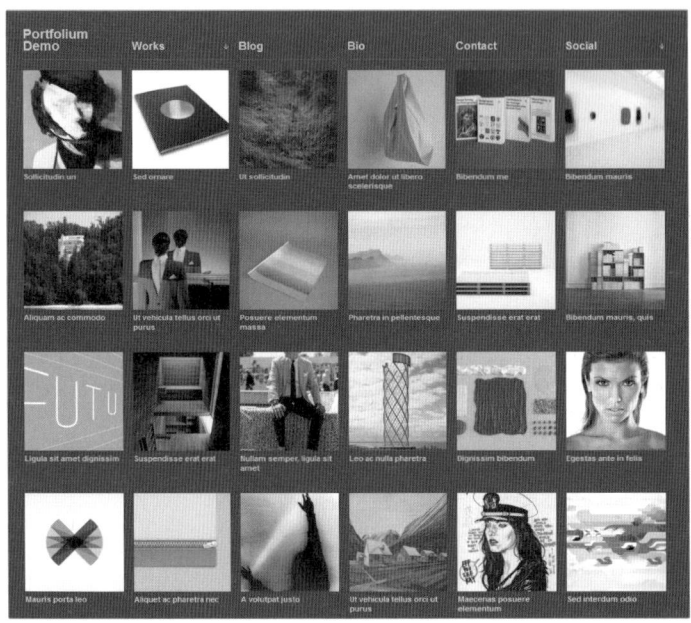

Emphaino 테마

wordpress.org에서 제공하는 테마로 포트폴리오에 적용하기 무난한 테마입니다. 메뉴가 탑 바에 있으며, 하위메뉴도 적용이 잘 됩니다. 무료 테마이고, 다음은 Emphaino 데모 페이지(http://wordpress.org/themes/emphaino)입니다.

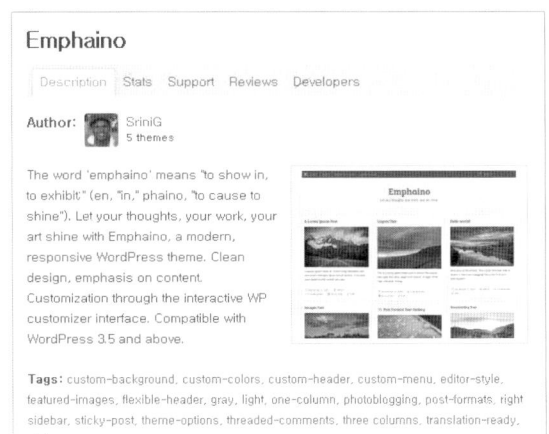

Photum 테마

블로그 스타일의 포트폴리오 사이트로 주요 메뉴가 왼쪽에 배열되어 있고 포트폴리오가 메인에 최근자료가 자동으로 올라오는 형식의 포트폴리오 테마입니다. 메인화면에 배치되는 이미지 갯수 및 서브화면에서 보여주는 방식 등 모든 면에서 무료 테마 중 가장 적합한 포트폴리오 테마라 판단되어 실습과제로 사용하기로 했습니다. 무료 테마이고, 다음은 Photum 데모 페이지(http://goo.gl/sFpwp)입니다.

테마 다운로드 받기

포트폴리오 무료 테마 검색 중 Photum 테마를 이용하여 포트폴리오 홈페이지를 만들어 보겠습니다.

01 Photum 테마의 홈페이지(데모 페이지 사이트 http://goo.gl/sFpwp)에 접속하면 아래와 같은 화면이 보입니다. 화면 아래쪽에 데모 사이트를 보는 [View an Online Demo Here 〉〉] 배너와 테마를 다운로드

받을 수 있는 [Click Here to Download] 배너가 있습니다. [Click Here to Download] 버튼을 클릭해서 Photum 테마 파일(Photum.1.11.zip 13년 12월 기준)를 다운로드합니다.

■ 그림 6-2 Photum 테마 데모 페이지

↔ _tip_

이 장에서 실습으로 사용되고 있는 사이트(http://herein.dothome.co.kr)에 접속한 후 좌측 사이드바에서 [무료 테마 다운] 메뉴를 클릭하여 Photum 테마를 다운로드 받아 사용해도 됩니다.

■ 그림 6-3 herein.dothome.co.kr에서 테마 다운로드 받기

테마설치 및
일반 설정하기

Photum 테마는 다른 테마에 비해 비교적 설치와 설정이 간단하기 때문에 어렵지 않게 진행할 수 있습니다.

01 알림판에서 [외모]-[테마] 메뉴에 접속한 후 [새로 추가] 버튼을 클릭합니다. 아래 화면은 버전과 다운로드 시기에 따라 약간씩 차이가 있을 수 있습니다.

■ 그림 6-18 테마 설치하기 1

02 다음과 같이 테마 설치 화면이 보입니다. 탭 메뉴에서 [업로드]를 선택한 후 미리 다운로드 받아저장한 Photum 테마 파일(Photum.1.11.zip)을 선택하고 [지금 설치하기] 버튼을 클릭합니다.

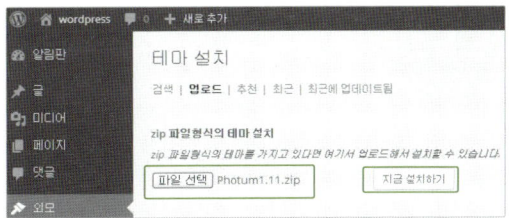

■ 그림 6-19 테마 설치하기

03 설치가 끝나면 [활성화]를 선택하면 테마 설치가 완성됩니다. 테마 설치가 완료되면 다음과 같은 화면이 보입니다.

■ 그림 6-20 테마 설치 완성 화면

04 PHOTUM 테마에 대해서 옵션패널과 위젯에서 설정을 해야된다는 안내 문구가 나옵니다. 이 부분은 해당 섹션에서 설명하도록 하겠습니다. 테마 설치 후 [설정]-[일반] 메뉴를 선택한 후 사이트 제목, 워드프레스 및 사이트 주소, 시간대 등을 설정하고 하단의 [변경사항 저장]을 클릭합니다.

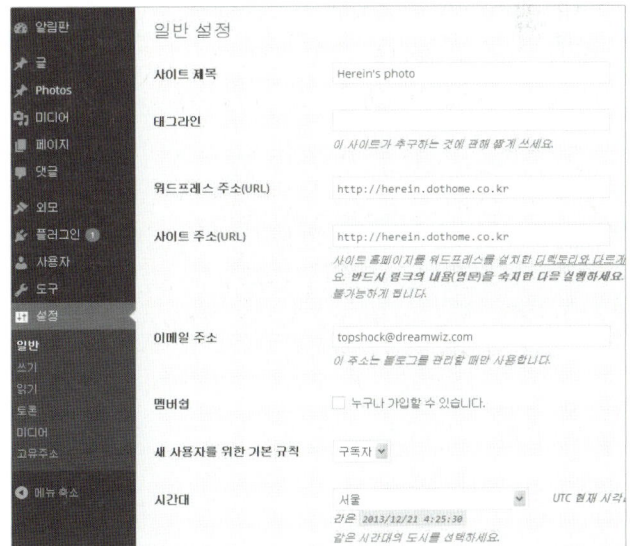

■ 그림 6-21 일반 설정하기

Chapter 06 　 Lesson 03

메뉴 구조 기획 및 카테고리 만들기

포트폴리오 홈페이지 메뉴 구조 기획하기

Photum 포트폴리오 무료 테마를 이용하여 만들 사이트는 DSLR 카페 지인의 사진 포트폴리오로 만들어 보았습니다.

Photum 테마는 포트폴리오 테마이지만, 스타일이 블로그 형태와 유사하기 때문에 메뉴 구조를 모두 1depth로 설정하는 것이 좋습니다. 2depth로 설정할 경우 메뉴가 본문 영역까지 넘어서는 현상을 보이기 때문에 1depth 메뉴로 구성하는 것을 권장합니다. 필자는 홈페이지의 메뉴 구조도를 다음과 같이 구성했습니다.

NO	메뉴(1depth)	구분
1	DSLR출사	글
2	국내여행	글
3	무한8기 사진	글
4	아시아여행	글
5	이집트여행	글
6	나의프로필	페이지

■ 그림 6-22 메뉴 구조도

카테고리 만들기

위 과정에서 만든 메뉴 구조도를 바탕으로 카테고리와 페이지를 만들겠습니다.

01 카테고리를 만들기 위해 알림판에서 [글]–[카테고리] 메뉴를 선택한 후 카테고리 제목과 슬러그, 설명 등의 내용을 추가해서 여러 카테고리를 만듭니다.

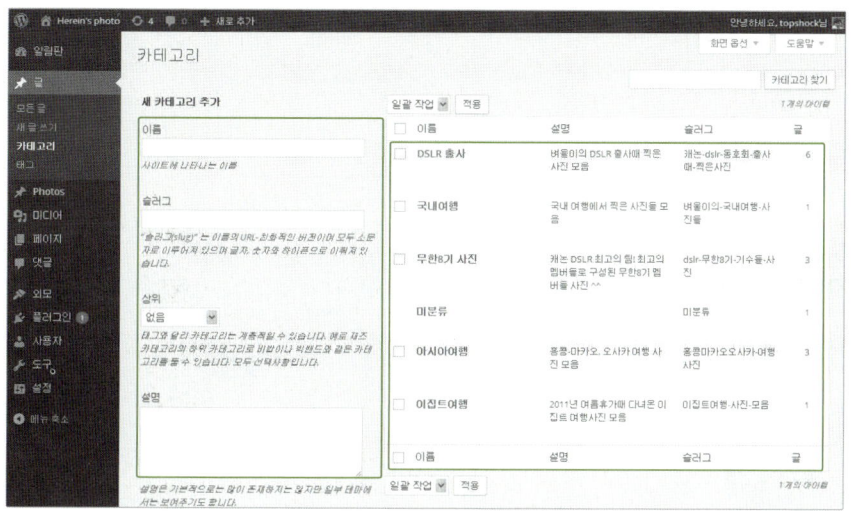

■ 그림 6-23 카테고리 생성 화면

페이지 만들기

포트폴리오 테마의 페이지는 일반적으로 본인 프로필 소개와 사무실이 있을 경우 약도 등을 소개하는 것이 일반적입니다. 여기서는 사무실이 없는 프리랜서라고 가정하고 간략한 프로필만 등록하겠습니다. 사무실 약도 및 회사소개 등을 추가하려면 앞장에 있는 Chapter 03과 Chapter 04 회사 홈페이지 부분을 참고합니다.

01 알림판에서 [페이지]–[새 페이지 추가] 메뉴를 선택한 후 페이지의 제목과 본문 내용을 작성한후 [공개하기] 버튼을 클릭하여 페이지를 공개합니다. 프로필 사진은 [페이지]–[파일 올리기] 메뉴를 선택한 후 자신이 가장 마음에 드는 사진 이미지를 선택합니다. 본문 내용을 작성하며, 필요할 경우 본문 내용에 이메일 주소와 연락처 페이스북 주소 등을 삽입합니다.

■ 그림 6-24 페이지 본문 글 내용 작성 화면

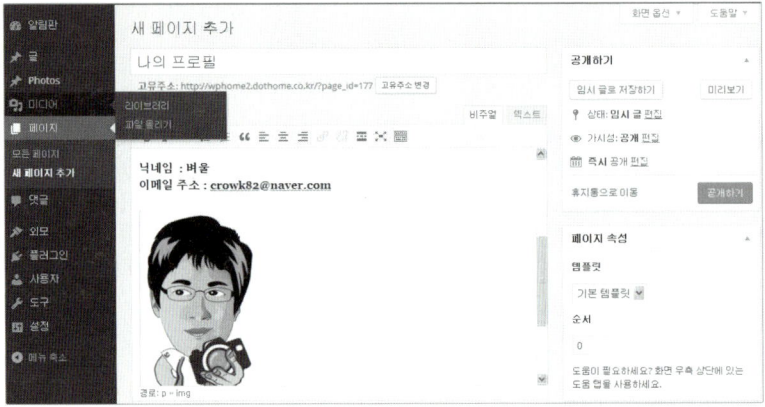

■ 그림 6-25 페이지 이미지 삽입 화면

메뉴 설정하기

메뉴 구조도에서 기획한 메뉴를 만들어보겠습니다.

01 [외모]-[메뉴] 메뉴를 선택한 후 홈페이지 메뉴를 설정합니다. 메뉴 이름 입력 상자에 '메뉴'라고 입력한 다음 [메뉴 생성] 버튼을 클릭합니다.

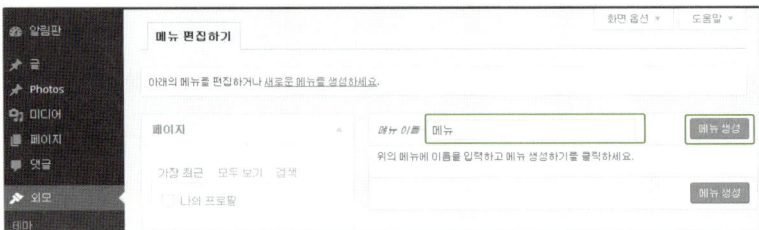

■ 그림 6-26 메뉴 생성 화면

02 메뉴 설정의 테마 위치에 'Primary Navigation'를 체크하고 본문 왼쪽의 페이지 영역으로 이동합니다. 본인이 작성한 페이지 중 메뉴에 추가할 페이지(여기서는 '나의 프로필')를 선택한 후에 [메뉴에 추가] 버튼을 클릭하고 [메뉴저장]을 클릭합니다.

■ 그림 6-27 메뉴에 페이지 추가 화면

03 '카테고리' 영역으로 이동하여 [모두보기] 탭을 선택한 후 [전체선택]을 클릭합니다. 단 '미분류' 제외합니다. [메뉴에 추가] 버튼을 클릭하여 카테고리를 메뉴에 추가합니다.

■ 그림 6-28 메뉴에서 카테고리 선택한 후 메뉴에 추가

04 메뉴 구조도에서 기획한 메뉴 순서를 드래그 앤 드롭하여 메뉴의 순서를 지정합니다. 위의 모든 작업이 완료되면 [메뉴 저장] 버튼을 클릭하여 메뉴 설정을 완성합니다.

■ 그림 6-29 메뉴 설정 완성 화면

로고 등록하기

Photum 테마의 테마 옵션은 매우 단순합니다. 로고 등록하는 섹션과 Google Analytics를 등록할 수 있는 Tracking Code 등 두 섹션으로 구성되어 있습니다. 여기서는 로고만 등록하겠습니다. 로고의 등록 방법은 [Upload Image] 버튼을 클릭해서 미리 준비한 png 형식의 이미지 파일을 등록한 후 [Save All Changes] 버튼을 클릭합니다.

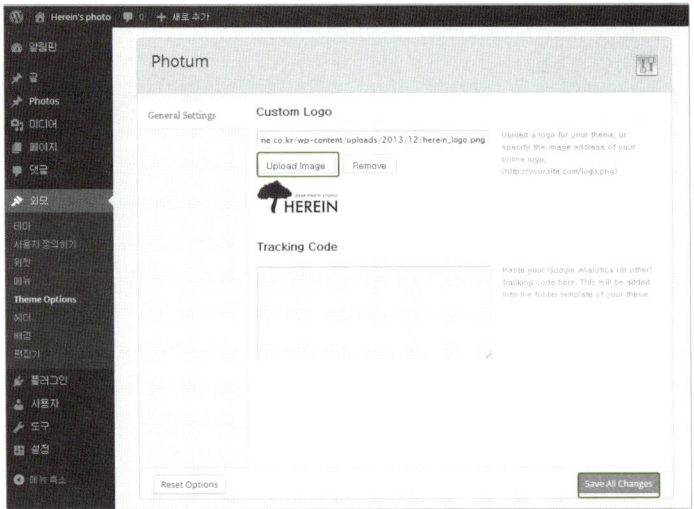

■ 그림 6-30 테마 옵션에서 로고 등록하기

포트폴리오 이미지 등록 & 설정하기

Photum 테마를 이용한 포트폴리오 홈페이지 제작 마지막 단계인 자신의 포트폴리오 작품을 홈페이지에 업로드하는 과정만 남았습니다.

포트폴리오 이미지 등록하기

내용을 등록하기 전에 자신의 포트폴리오 이미지 중에서 사이트에 등록할 대표적인 이미지들을 선별합니다. 우선 여러 폴더에 산재해 있는 파일들을 우선 하나의 폴더로 모읍니다. 그리고 파일명을 해당 메뉴에 맞게 수정합니다.

■ 그림 6-31 포트폴리오 작품들 선별 작업

대부분의 사진 파일이나 일러스트 파일들은 용량이 크기 때문에 미리 사이즈를 줄여서 올려야 여러 이미지들을 올릴 수 있습니다. 웹호스팅의 하드 용량이 충분하면 문제가 없겠지만 카페24 무료 호스팅이나 닷홈 무료 계정은 하드 용량이 제한적이기 때문에 이미지의 크기를 줄인 후 업로드하는 것이 좋습니다.

01 알씨 프로그램(http://www.altools.co.kr/download/alsee.aspx)을 다운로드 받은 후 실행시킵니다. 가로 사진은 가로 사진별로, 세로사진은 세로 사진별로 Ctrl 키를 이용하여 선택한 후 마우스 우측 버튼을 클릭하고 [크기 변경하기] 메뉴를 클릭합니다.

■ 그림 6-32 알씨 프로그램에서 크기를 변경할 사진을 선택한 화면

02 해상도를 600으로 맞추고 저장 옵션에서 자신이 구분할 수 있는 단어를 삽입을 하고 [확인] 버튼을 클릭합니다.

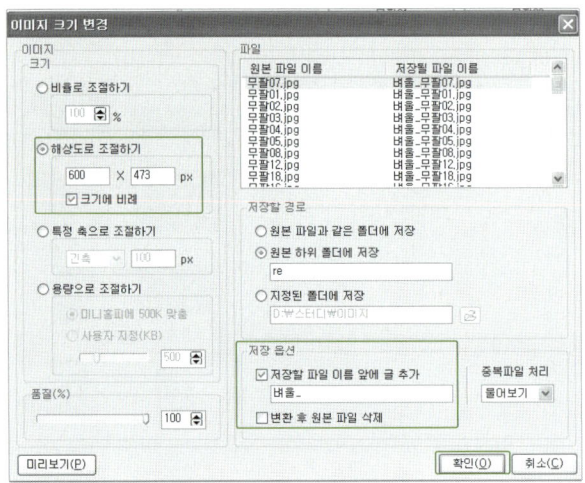

■ 그림 6-33 여러 이미지의 크기를 한 번에 변경하기

03 다음 화면과 같이 모든 가로 사이즈 파일이 600 픽셀 사이즈로 변경되고 파일명 앞에는 자동으로 저장 옵션에서 지정한 글(여기서는 '벼울_')이 붙게됩니다.

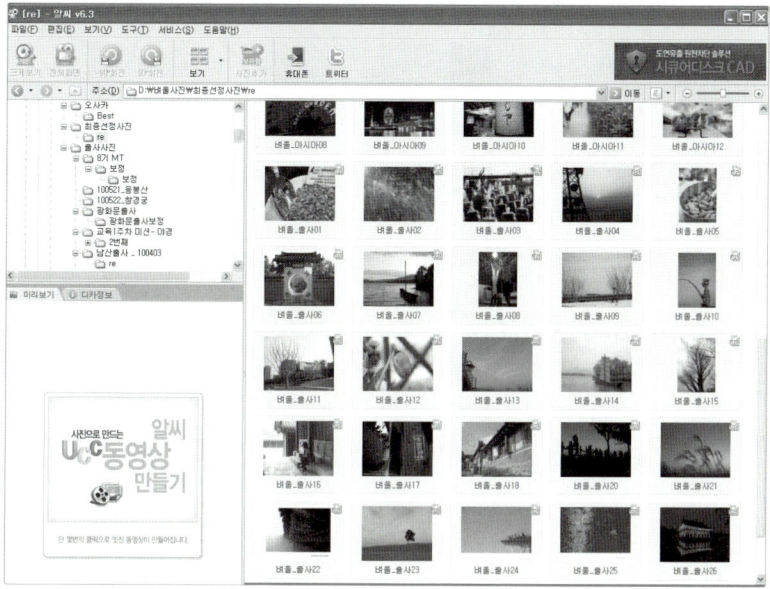

■ 그림 6-34 이미지 사이즈 조절 후 화면

04 세로 이미지도 위와 같은 방법으로 세로 이미지들만 선택해서 크기 조절 후 파일명을 변경하면 한번에 이미지 사이즈를 조절할 수 있습니다. 수정된 이미지를 워드프레스에 올려보겠습니다. 알림판에서 [미디어]-[파일올리기] 메뉴를 선택하고 포트폴리오 이미지 파일들을 선택한 후 [열기] 버튼을 클릭하여 모든 파일을 업로드합니다.

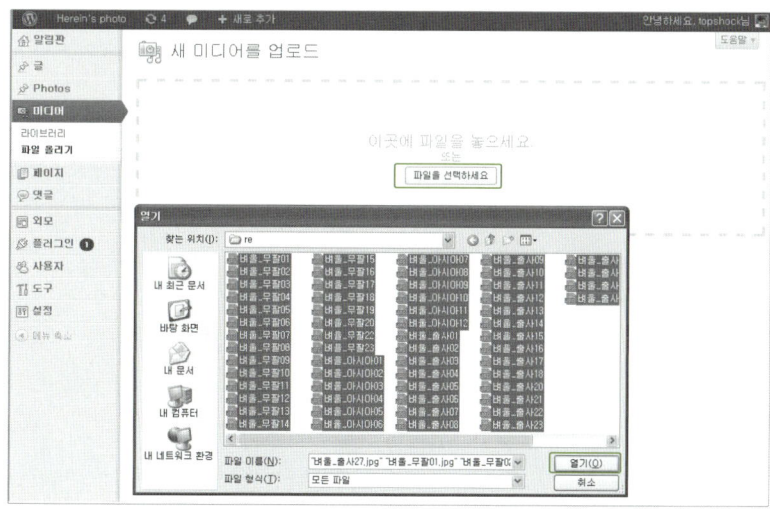

■ 그림 6-35 이미지 파일 미디어에 업로드

05 [미디어]-[라이브러리] 메뉴를 선택하면 업로드한 이미지들이 다음 화면과 같이 보이게 됩니다.

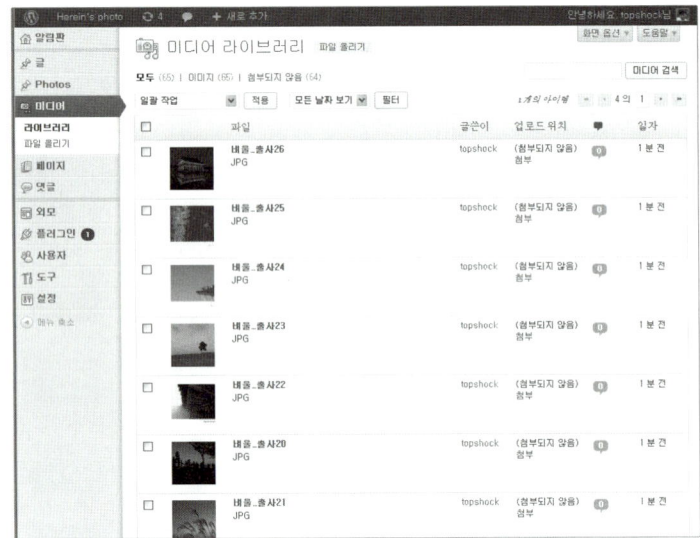

■ 그림 6-36 이미지 업로드 후 미디어 라이브러리 화면

포트폴리오 설정하기

지역 & 장치 설정하기

이제 마지막 단계인 포트폴리오에 등록하는 과정입니다. Photum 테마에는 '지역'과 '장치'로 카테고리가 구분됩니다. '지역'은 해당 포트폴리오를 작업한 지역을 의미하고, '장치'는 말 그대로 장치입니다.

01 Locations를 설정하기 위해서 [Photos]-[locations] 메뉴를 클릭한 후 Locations 페이지가 나타나면 포트폴리오와 연관된 지역을 카테고리 만드는 방법과 동일하게 다음 화면과 같이 작성합니다.

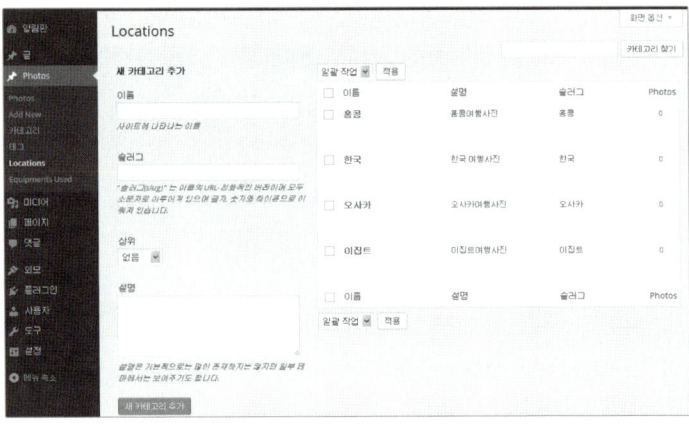

■ 그림 6-37 Photos에서 Locations 설정하기

02 Equipments Used 역시 해당 포트폴리오와 연관된 장치를 입력하면 포트폴리오에 카테고리 형태로 항목이 반영됩니다. 위의 locations와 동일한 방식으로 만듭니다.

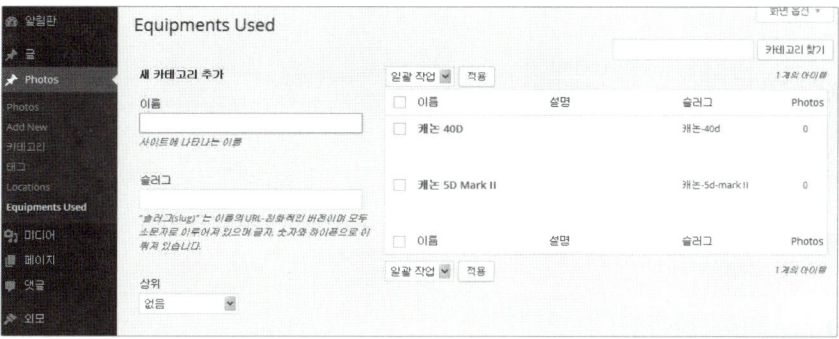

■ 그림 6-38 Equipments Used 카테고리 정하기

Photos 글 작성하기

글을 작성해보겠습니다. Photos 테마는 [글] 메뉴가 있지만 실질적인 포트폴리오 이미지와 글을 [Photos] 영역에서 노출시킬 수 있습니다. 글을 작성해 보겠습니다.

01 [Photos]-[Add New] 메뉴를 클릭한 후 Add New Photo 페이지에서 제목과 본문 내용을 작성합니다. [미디어추가] 버튼을 클릭하여 미리 등록한 미디어 라이브러리에서 이미지를 선택하여 본문에 삽입합니다.

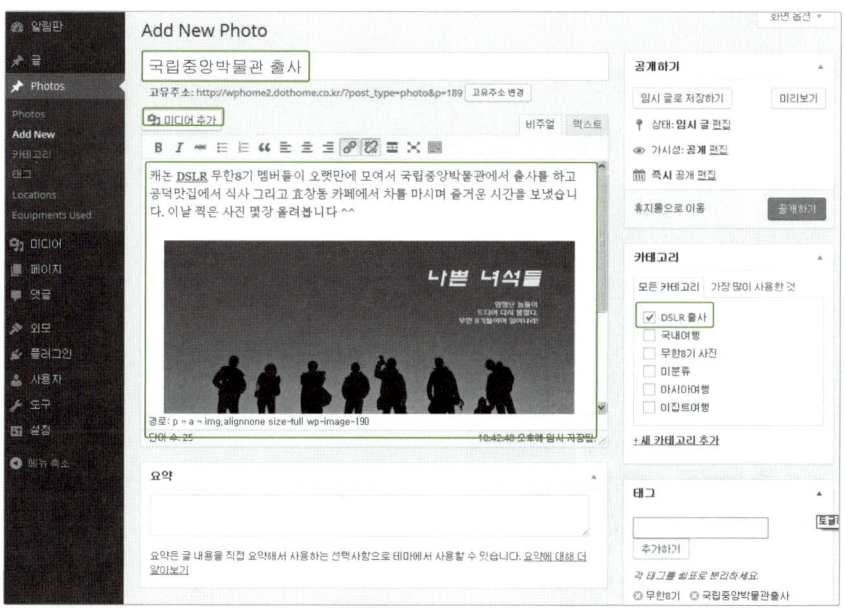

■ 그림 6-39 글 작성하기

02 카테고리 영역에서 해당 카테고리를 선택하고 필요에 따라 태그를 입력합니다. 태그 아래에 있는 Locations와 Equipments Used에서 관련 항목을 선택합니다.

■ 그림 6-40 Locations과 Equipments Used 설정하기

03 특성 이미지 영역에서 [특성 이미지 설정]을 클릭한 후 글을 대표할 수 있는 이미지를 선택하고 [특성 이미지 설정] 버튼을 클릭합니다.

■ 그림 6-41 특성 이미지 설정화면

04 사이트를 확인하면 다음과 같이 포트폴리오가 완성된 것을 볼 수 있습니다. 이미지에 마우스를 위치시키면 이미지 제목이 보입니다. 제목을 클릭하면 해당 페이지로 이동합니다.

■ 그림 6-42 글이 등록된 상태 화면   ■ 그림 6-43 글에 마우스 오버 시 나타나는 화면

05 위와 같은 방법으로 콘텐츠를 추가로 만들면 다음과 같이 photos 영역에 글 목록이 쌓이면서 Photos 영역 설정을 완성시킵니다.

■ 그림 6-44 Photos 글 작성 리스트

Chapter 06　 Lesson 05

위젯 설정 & 사이트 확인하기

위젯 설정하기

워드프레스에서 제공되는 다양한 위젯을 이용하면 홈페이지를 손쉽게 꾸밀 수 있습니다. 여기서는 검색창, 달력, 태그 구름 위젯을 포트폴리오 홈페이지에 설정하겠습니다.

01 알림판에서 [외모]-[위젯] 메뉴를 선택한 후 사이드바 영역을 수정합니다. Photum 테마는 자체적으로 지원하는 플러그인이 없기 때문에 간단하게 설정할 수 있습니다. 다음 화면처럼 기존 메뉴 아래에 영역에서 검색, 달력, 태그 구름을 드래그 앤 드롭하여 'Primary Widget Area' 위젯 영역에 넣어줍니다.

■ 그림 6-45 Photum 테마 위젯 설정하기

02 검색, 달력, 태그 구름의 제목 글자를 그대로 사용하려면 위 상태로 두면 위젯 설정이 끝나게 됩니다.

Photum 테마는 별도의 푸터 위젯을 설정하지 않기 때문에 사이드바 위젯으로 사이트를 완성시킬 수 있습니다. 사이트에 접속하여 위젯이 제대로 설정되었는지 확인합니다.

■ 그림 6-46 위젯이 설정된 화면

사이트 확인하기

사이트에 접속하면 다음과 같은 심플한 포트폴리오 홈페이지 결과를 확인할 수 있습니다.

이외 한글폰트를 변경하거나 왼쪽 사이드바에 소셜링크 등을 추가하려면 적절한 플러그인을 이용합니다.

■ 그림 6-47 사이트 완성 화면

Chapter 06에서는 무료 테마를 이용하여 포트폴리오 홈페이지를 만들었습니다. 이 장에서는 유료 테마를 이용하여 포트폴리오 사이트를 만들어 보겠습니다. 포트폴리오 유료테마 중에는 화려하고 다양한 컨셉의 테마들이 있습니다. 그 수 많은 테마들 중 시각적 전달 효과가 매우 우수한 pallax scrolling 테마를 이용하여 개성있는 포트폴리오 사이트를 만들어 보겠습니다.

워드프레스
실전 사이트 제작북

포트폴리오 사이트 만들기

Chapter 07

- **Lesson 01** 사이트 기획하기
- **Lesson 02** 테마 선정하기
- **Lesson 03** 테마 설치하기
- **Lesson 04** 테마 레이아웃과 메뉴 구조도 만들기
- **Lesson 05** 페이지 만들기
- **Lesson 06** 메인 메뉴 생성하기
- **Lesson 07** 포트폴리오 콘텐츠 올리기
- **Lesson 08** Jarvis 테마 옵션 분석하기
- **Lesson 09** 플러그인 설치하기
- **Lesson 10** 웹호스팅에 유용한 사항들

 Chapter 07　 Lesson 01

사이트 기획하기

사이트 제작 시 테마를 선정하는 것도 중요하시만 제작 전에 사이트의 개략적인 구조를 먼저 기획하고 구체화시키는 것이 더 중요합니다. 이 장에서 만들어 볼 포트폴리오 사이트의 메뉴 구조도는 다음과 같습니다.

포트폴리오 사이트 메뉴 구조는 자신의 프로필을 소개하는 About 메뉴, 그 동안 진행한 포트폴리오를 보여줄 수 있는 갤러리 스타일의 Portfolio 메뉴, 그 외에 직접 촬영한 사진을 보여주는 Photo 메뉴, 소통할 수 있는 SNS 메뉴, 클라이언트들이 문의 메일을 보낼 수 있는 Contact 메뉴로 구성하였습니다.

1depth	About	Portfolio	Photo	SNS	Contact
2depth	Timeline(경력)	편집디자인	동네탐방	Naver	
		CI/BI	일본여행	Tumblr	
		Web design	고양이	Instagram	
		Package	스냅샷	Facebook	
		Illust			

■ 허지호 닷컴(www.herjiho.com) 메뉴 구조도

> **_tip_**
>
> **parallax scrolling?**
> 패럴렉스 스크롤링은 시차 스크롤이라고 불리우며, 스크롤의 움직임에 따라 사이트의 배경 및 오브젝트가 시간차를 두고 변하는 기술을 말합니다. 주로 원 페이지 레이아웃을 사용하며 탐색을 간단하게 해주고 사용자와의 상호 작용을 높여주며, 시간차를 두고 배경 및 오브젝트가 변하기 때문에 생동감과 입체감 그리고 재미까지 동시에 표현할 수 있습니다.

테마 선정하기

포트폴리오 사이트는 다양한 스타일의 작품과 이미지들이 보여지기 때문에 최대한 깔끔한 레이아웃으로 만들어져야 합니다. 특히, 포트폴리오 테마는 테마의 레이아웃과 기능이 매우 중요하기 때문에 이 부분을 고려하여 테마를 선택해야 합니다. 다음은 가장 인기 있는 포트폴리오 테마를 제공하는 10곳의 포럼을 나열한 표입니다.

URL	특징	테마수
themeforest.net	세계 최대의 테마업체, 다양한 테마 보유	약 12,064
www.woothemes.com	다양한 플러그인을 자체적으로 보유	약 81
www.elegantthemes.com	테마를 저렴한 패키지로 제공	약 86
www.mojo-themes.com	젊은 느낌의 시원시원한 디자인 테마	약 588
www.wpzoom.com	비지니스 및 매거진 테마 다수	약 60
www.studiopress.com	직관적인 비즈니스테마 위주 운영	약 52
www.templatelite.com	다양한 스타일의 무료테마 다수	약 72
www.vivathemes.com	최근 트랜드를 반영한 레이아웃의 테마	약 31
alohathemes.com	음악, 엔터테인먼트 관련 테마 다수	약 26
www.obox-design.com	사각형 이미지 주로 사용 약 50개의 테마 보유	약 31

■ 참조 : http://cafe.naver.com/wphome/3391

이 장에서 샘플 포트폴리오 사이트로 만들 허지호 닷컴(www.herjiho.com)은 테마포레스트(themeforest.net)에서 Jarvis 테마를 이용하여 제작되었습니다. 테마포레스트는 가장 많은 종류의 테마를 보유하고 있으며 구매가 편리하고, 테마 제작자와 피드백을 주고받을 수 있는 포럼이 있습니다.

테마포레스트(themeforest.net) 사이트에 접속한 후 검색 창에서 Portfolio를 입력하고 검색합니다. 검색결과의 분류(sort by) 목록 중 rating을 선택하면 가장 좋은 평가를 받은 테마들을 보여줍니다. 많은 사람들이 구매했고 평가가 좋은 테마들의 업데이트가 빠르고, 제작자가 구매고객 관리를 잘 한다는 경우가 상위에 노출됩니다. 테마의 상세 페이지를 확인하여 원하는 기능과 사양의 테마를 선택합니다.

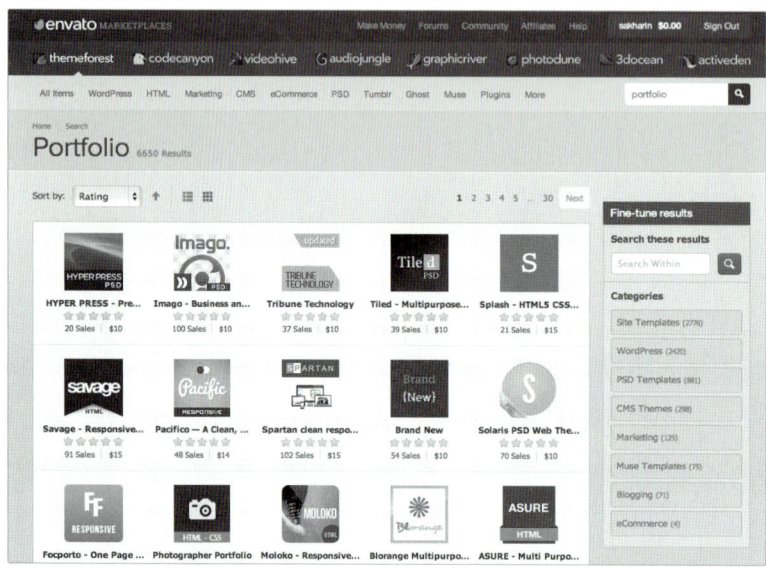

■ 그림 7-1. Themeforest rating

테마 분석을 통한 레이아웃 이해하기

웹 사이트는 사용자에게 가장 먼저 보여주어야 하는 컨텐츠가 무엇이냐에 따라서 첫 화면의 이미지와 네비게이션의 위치가 달라집니다. 레이아웃은 크게 Z 레이아웃, F 레이아웃, 원 페이지 레이아웃 등 3가지로 나눌 수 있습니다.

Z 레이아웃

Z레이아웃 형태는 메인 화면에서 Z 형태의 경로를 반복하면서 계속 아래로 내려오는 형태를 가지고 있습니다. 사용자의 시선은 오른쪽 상단에서 왼쪽 하단으로 흐르는 것이 기본 원칙이기 때문에 대부분의 웹사이트가 Z 레이아웃 형태로 구성되어 있습니다.

1포인트에서는 로고가 보이고, 1포인트에서 2포인트로 흐르는 부분은 사이트의 전체적인 메뉴를 보여주는 상단 네비게이션이 들어갑니다. 3포인트에서 4포인트로 흐르는 부분은 컨텐츠의 간략한 내용들을 모아놓은 것을 보여줍니다. 그러면 4포인트에서는 사람들은 가장 오래 머무르고 집중하는 결과가 있었습니다. 사이트의 규모가 크고 컨텐츠가 많은 경우에는 4포인트 주변에 상단 화면으로 올라가는 TOP 버튼을 넣어주는 것이 좋습니다.

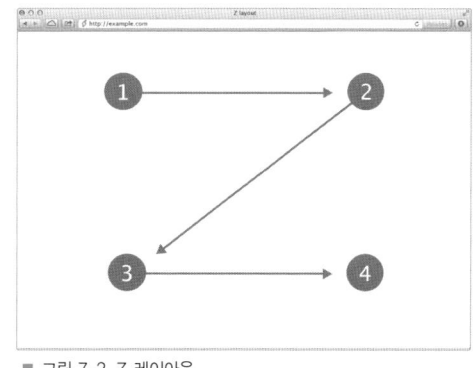

■ 그림 7-2. Z 레이아웃

F 레이아웃

F 레이아웃은 사이트 상단 영역을 스캔하고 지나가면서 정보를 읽어나가는 구조입니다. 대부분의 사람들은 왼쪽에서 오른쪽 방향으로 살펴보는 습관을 가지고 있습니다. 이 레이아웃은 구글(Google)에서 가장 먼저 사용성에 대한 평가를 한 후에 적용을 한 레이아웃이며, 네이버(Naver), 다음(Daum) 등 포털 사이트들도 F 레이아웃 형태입니다.

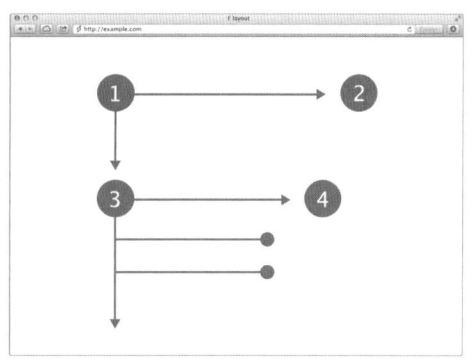

■ 그림7-3. F 레이아웃

1포인트에 로고를 배치하고, 1포인트와 3포인트가 흐르는 부분에 좌측 네비게이션을 배치합니다. 그러면 내용을 행으로 읽고 아래로 내려올 수록 좁은 간격으로 읽어 갑니다. 최근에는 반응형 웹 디자인이 나오면서 좌측 네비게이션도 컨텐츠의 양에 제약 없이 사용할 수 있게 되었습니다.

원 페이지 레이아웃

원 페이지 레이아웃(one page layout)은 전세계적으로 가장 많이 선호하는 구조입니다. 원 사이트로 구성하기도 하고 parallax scrolling으로 제작하기도 합니다. 원 페이지 레이아웃은 스토리를 담아 전달하기에 효과적이며, 사이트를 볼 때 시선이 항상 중앙에 집중됩니다. 많은 컨텐츠에 대한 집중력이 감소될 수는 있지만 스크롤을 내려서 컨텐츠를 보게 유도하는 사이트들이 최근에 많이 생겼기 때문에, 여백을 감각적으로 사용하면 집중력 감소를 해소할 수 있습니다.

국내의 많은 인터넷 쇼핑몰들은 상품 상세페이지를 스크롤을 내리기만 하면 상품 내용을 볼 수 있는 원 페이지 형태로 만듭니다. 그 이유는 많은 컨텐츠를 보아야 하는 대부분의 사용자들은 클릭하여 이동하는 것을 불편해하고 컨텐츠를 클릭했을 때 화면이 바뀌는 그 몇 초 사이를 기다리지 못하고 사이트를 이탈할 가능성이 많기 때문입니다.

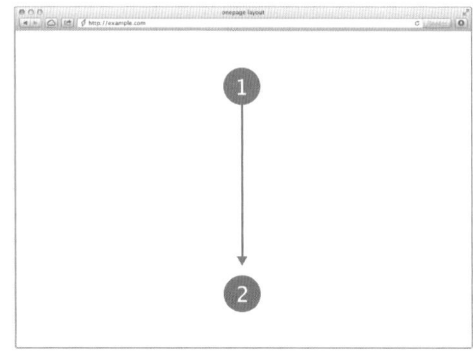

■ 그림7-4. 원 페이지 레이아웃

원 페이지 레이아웃들은 UI(User Interface) 즉, 사용자에게 보다 쉽고 빠르고 편리하게 정보를 전달하기 위한 정보 설계(Information Architecture)를 사용자 환경으로 시각화한 것입니다. 가장 중요한 정보를 우선적으로 제공하고, 시기별 사용자들의 관심을 자극할 수 있는 정보를 제공하여 사이트 목적에 부합한 사용자의 반응을 유도할 수 있게 합니다.

레이아웃에 맞는 테마 찾기

위와 같이 레이아웃에 대한 이론을 기억하며 워드프레스 테마들을 살펴 보면 사이트의 목적과 전략에 맞춘 테마를 찾을 수 있습니다.

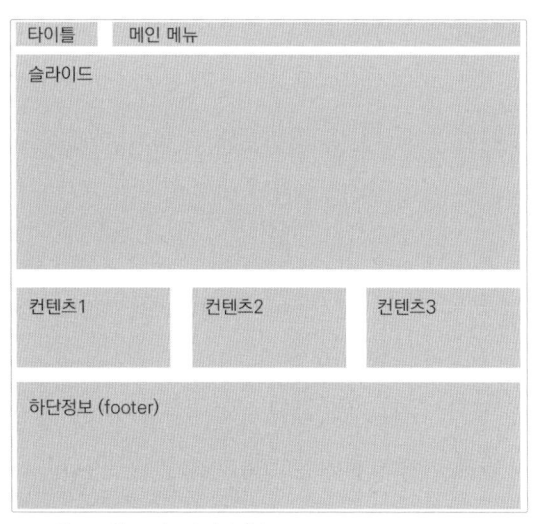

■ 그림7-5. 워드프레스의 레이아웃 1

일반적으로 워드프레스 테마의 레이아웃은 Z 레이아웃 스타일을 사용하고 있습니다. 현재 약 2년간 테마포레스트에서 가장 인기있는 Avada 테마가 Z 레이아웃 스타일입니다.

■ 그림7-6. Avada 테마

■ 그림7-7. Avada 테마 미리보기

언뜻 보면 Avada 테마는 포트폴리오 사이트 제작에 적합해 보이지만 디자이너들의 개성을 살린 포트폴리오 사이트로 사용하기에는 적합하지 않습니다.

포트폴리오 사이트는 디자이너의 아이덴티티와 안목을 보여주면서, 그 동안 만들어 놓았던 작품과 참여한 프로젝트들의 이미지를 자세히 보여줄 수 있어야 하고 최대한 심플한 레이아웃으로 연령대와 상관없이 누구든지 쉽게 볼 수 있어야 합니다.

즉 제작한 포트폴리오 사이트를 주로 보게 되는 타겟(주로 클라이언트)의 니즈를 정확하게 파악해서 사용자 편의성에 최적화된 사이트로 구축하여야 합니다.

다양한 스타일의 테마 선별하기

사이트의 메뉴 구조와 정보 설계를 마친 상태라도 100% 순수 제작을 하는 것이 아닌, 이미 제작되어 있는 테마를 선택하여 사이트를 만들어야 하기 때문에 몇 가지 스타일의 테마를 선별해보겠습니다.

원페이지 스타일

원 페이지 스타일의 테마는 마우스를 아래로 스크롤하면 네비게이션 메뉴바가 따라오면서 전체적인 사이트를 훑어볼 수 있습니다. 이런 테마를 사용할 경우 홈페이지의 사이트 구조 설명(Site map)이 없어도 스토리보드를 훑듯이 흐르는 듯 볼 수 있는 장점이 있습니다. 원 페이지 스타일을 표현할 수 있는 테마에는 Jarvis Theme(http://goo.gl/i9Z8LL)가 있습니다.

■ Jarvis theme의 특징

■ 그림 7-8. 워드프레스의 레이아웃 2

자비스 테마(Jarvis Theme)는 다양한 레이아웃 폼을 제공하기 때문에 전체화면으로 이미지를 배치하여 갤러리처럼 사용할 수도 있으며, 개인 포트폴리오 사이트 이외에도 회사나 스튜디오 포트폴리오 사이트에도 적합합니다.

■ 그림7-9. Jarvis theme preview

갤러리와 블로그 집중형 스타일

갤러리와 블로그 집중형 스타일은 원 페이지와 비슷한 레이아웃을 사용한 것처럼 보이지만, 메인 메뉴가 네비게이션 형태로 따라오지는 않으며 메뉴마다 다른 페이지로 넘어갑니다. 풀 스크린 슬라이드의 크고 시원한 이미지를 보여줌으로써 시선을 사로잡아 사이트의 성격을 한눈에 보여줄 수 있는 장점이 있습니다. 갤러리와 블로그 집중형 스타일의 대표적인 테마로 themetrust.com의 Hayden Theme(http://goo.gl/C0iX8Y)가 있습니다.

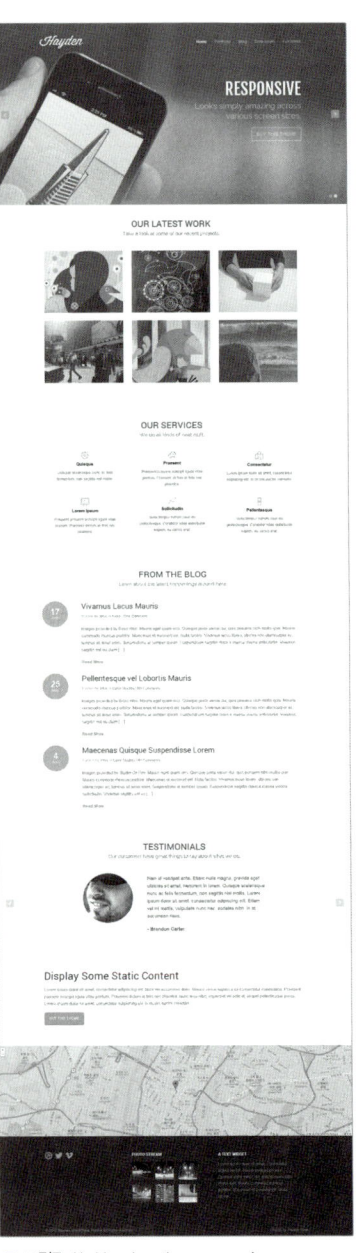

■ 그림7-10. 워드프레스의 레이아웃 3

■ 그림7-11. Hayden theme preview

■ Hayden theme의 특징

테마트러스트(themetrust.com)에서 제공하고 있는 Hayden 테마는 전면에 메인 슬라이드 이미지를 제공하면서도 갤러리와 블로그에 집중적인 레이아웃을 가지고 있습니다. 사이트 설정이 쉽고 구글 웹 폰트를 제공하고 있어서 타이틀이나 메뉴에 다양한 영문 서체를 사용할 수 있습니다.

풀 스크린 슬라이드 스타일

풀 스크린 슬라이드 스타일은 일러스트레이터들이나 포토그래퍼들이 사용하기 좋은 전면 슬라이드 레이아웃입니다. 이미지가 사이트 전체 화면에 표현되기 때문에 높은 해상도가 요구되지만 퀄리티가 우수한 매력적인 이미지를 사용한다면 사용자의 집중도를 높일 수 있는 장점이 있습니다. 이 스타일의 대표적인 테마로 photogra theme(http://goo.gl/kNyySQ)가 있습니다.

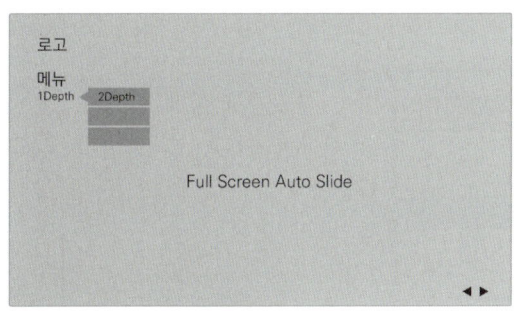

■ 그림7-12. 워드프레스의 레이아웃 4

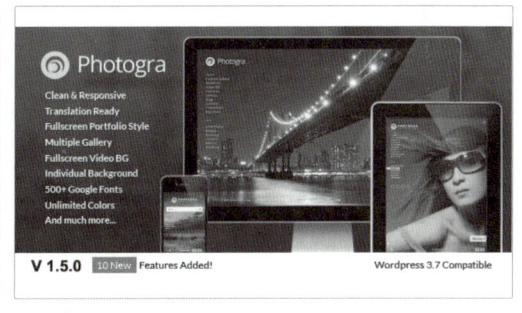

■ 그림7-13. Photogra theme preview

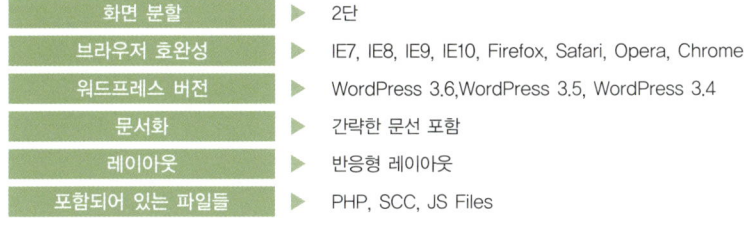

■ Photogra theme의 특징

photogra 테마는 자동으로 슬라이드가 움직임과 동시에 갤러리를 보는듯한 고해상도의 이미지를 이용하여 사이트를 만들 수 있습니다. 해상도가 다소 떨어지는 이미지를 사용하는 경우 다양한 무늬의 질감을 넣을 수 있어서 일정부분 이미지 보정도 가능합니다. 사이트 메인 화면 이외에 다른 메뉴들은 라이트박스(Lightbox) 기능으로 구성되어 있어 배경이 연속해서 바뀌도록 설정할 수 있습니다. 2depth로 이루어진 메인 메뉴는 [+], [-] 버튼을 이용하여 위젯처럼 화면 왼쪽에 배치가 가능합니다.

> **_tip_**
>
> 라이트박스 Lightbox?
> 썸네일의 작은 이미지로 구성되어 있는 갤러리에서 이미지를 클릭하면 확대해서 보여주는 기능입니다. 주로 배경색상이 어두워지면서 클릭한 해당 이미지가 크게 확대됩니다.

테마 선정하기

앞에서 나열한 3개의 유료테마들 중 이 장에서 실습으로 사용할 테마는 원 페이지 스타일의 자비스 테마(Jarvis theme)입니다.

자비스 테마(Jarvis Theme)의 특징은 메인 슬라이드나 메뉴바의 위치와 설정을 바꾸어 10가지 이상의 레이아웃을 만들 수 있습니다.

다음 썸네일을 보면서 어떤 형태의 레이아웃이 좋을지 먼저 결정합니다. Jarvis 테마 레이아웃 데모 주소 (http://goo.gl/Yqy0hJ)에서 확인할 수 있습니다.

■ 그림7-14. Jarvis 테마 레이아웃

테마 설치하기

테마포레스트 사이트에서 Jarvis 테마를 구입한 후 워드프레스에서 설치해보겠습니다.

01 테마포레스트(themeforest.net) 사이트의 검색창에서 Jarvis를 검색하고 Jarvis 테마를 구입한 후 다운로드 합니다.

■ 그림 7-15. Jarvis 테마 다운로드

02 알림판에서 [외모]-[테마] 메뉴를 설치한 후 [새로 추가] 버튼을 클릭합니다. 테마 설치 페이지에서 [업로드] 메뉴를 선택한 후 [파일선택] 버튼을 클릭하여 다운로드 받은 Jarvis 테마를 선택하고 [지금 설치하기] 버튼을 클릭합니다.

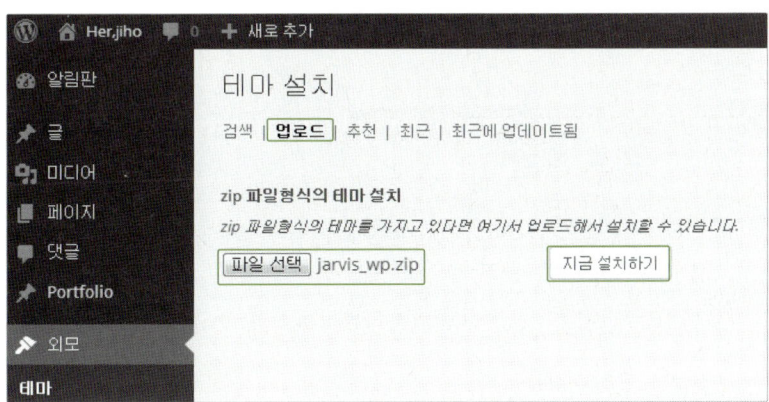

■ 그림 7-16. Theme 설치 1

03 "테마를 성공적으로 설치했습니다." 메세지가 나타나면 [활성화]를 클릭합니다.

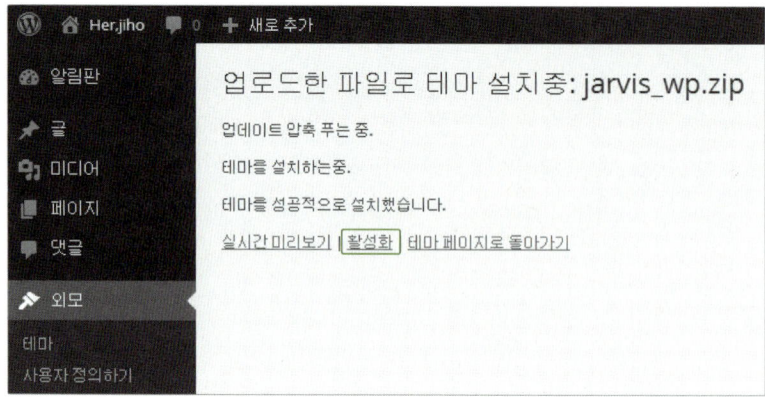

■ 그림 7-17. Theme 설치 2

04 사이트에 접속하면 레이아웃이 설정되지 않은 샘플 페이지 화면을 확인할 수 있습니다.

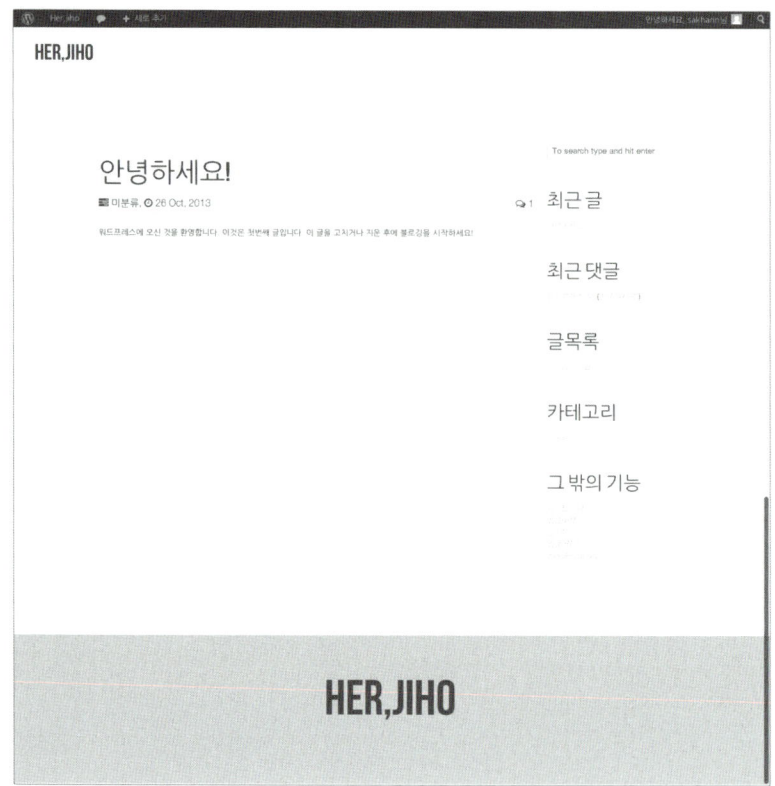

■ 그림 7-18. Theme 설치 3

 Chapter 07  Lesson 04

테마 레이아웃과
메뉴 구조도 만들기

테마를 개발 업체마다 숏코드나 특성이미지, 카테고리를 설정하는 방법들이 각각 다르기 때문에 여러 테마를 사용해 본 후 숙지해야 합니다. 하지만 워드프레스는 메인 메뉴를 생성하는 경우 페이지를 미리 만들어 준비해 두어야 합니다. 포트폴리오 사이트의 성향이나 스타일을 고려하여 레이아웃을 구성합니다.

이 장에서 만들어볼 홈페이지는 이미지 슬라이드가 전체화면으로 배치되고, 스크롤을 내렸을 때 메뉴 바가 따라오는 레이아웃으로 제작할 계획입니다.

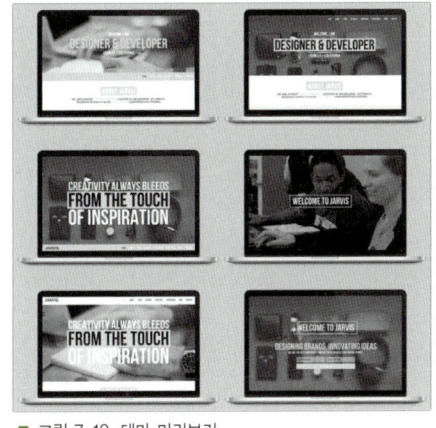

■ 그림 7-19. 테마 미리보기

메뉴 구조도 만들기

처음에 준비해 놓았던 사이트 기획과 메뉴 구조도를 레이아웃과 정보 설계를 Jarvis 테마를 고려하여 수정합니다.

1DEPTH	2DEPTH				
HOME	첫 화면 이미지 및 텍스트 슬라이드 설정				
ABOUT	TIME-LINE (경력)				
*Quote	명언이나 문구를 넣을 수 있는 부분으로 다양하게 응용 가능				
SERVICES	제공 가능한 디자인 서비스 소개				
PORTFOLIO	편집 디자인	CI/BI	WEB DESIGN	PACKAGE	ILLUST
*Twitter	트위터 API키 설정 및 개발자 설정				
TEAM	팀원 소개 기능을 이용한 동거묘 소개				
BLOG	개별 페이지 연결				
*ADDRESS	활동 지역 소개				
CONTACT	이메일 전송				

■ 허지호닷컴(herjiho.com) 메뉴 구조도

(*)별 표시는 네비게이션 메인 메뉴에서 보이지 않게 설정합니다.

Chapter 07　Lesson **05**

페이지 만들기

숏코드와 특성이미지를 넣어 콘텐츠를 채워 넣은 후에 메뉴를 생성하는 방식을 보여줍니다. 이 방식은 Jarvis 테마에만 유효한 방법으로 메뉴를 만들기 전에 진행해야 합니다. Jarvis 테마는 Quote(인용구)와 SNS를 메뉴 사이에 배치하여 사이트를 둘러 볼 때 흐름이 끊기지 않게 해줍니다. 다른 테마에는 볼 수 없는 이 기능들을 숏코드를 이용하여 효과적으로 사용하면 사이트의 콘텐츠가 더 풍성해집니다.

워드프레스를 처음 접해보는 사용자들에게는 다소 어려울 수도 있지만, 반드시 이 기능들을 최대한 활용해서 포트폴리오 사이트를 완성하기 바랍니다.

> **_tip_**
>
> **Quote란?**
> 사전적 의미로는 인용하거나 예시를 든다는 의미입니다. Jarvis테마에서는 배경 이미지와 함께 인용구를 넣을 수 있는 기능이 별도로 포함되어 있습니다. 책 속 명언이나 좋아하는 카피를 넣어 사이트를 볼 때에 사용자의 눈을 쉬게 하는 메뉴로, 디자인적으로 빈 공간을 의도적으로 삽입하여 레이아웃의 답답함을 해결해주는 부분입니다. 시각적으로 편안하게 느껴지는 이미지를 넣거나 사이트 컨셉에 맞춘 이미지를 사용하여 작성해놓은 카피를 눈에 띄게 연출할 수 있으며, 메인 메뉴에는 보이지 않는 숨은 메뉴입니다.
>
>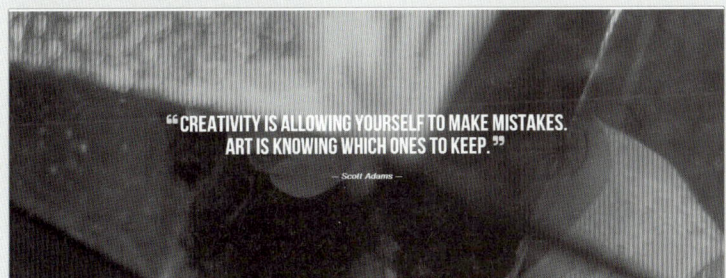
>
> ■ 그림 7-20. Quote 미리보기

메인 페이지 만들기

메인 페이지는 홈페이지 첫 방문자들이 가장 먼저 접하게 되는 페이지입니다. 다음 화면은 Jarvis 테마의 사이트 미리 보기 화면 중 홈 화면(메인 페이지)입니다. 실습을 진행하면서 여러분들이 직접 만들게 될 페이지와 데모 페이지의 메인 페이지와 비교하면 이해하기 쉽습니다.

■ 그림 7-21. 메인 페이지 미리보기

페이지 기본 항목 입력하기

01 알림판에서 [페이지]-[새 페이지 추가] 메뉴를 선택한 후 제목은 HOME, 위 화면의 우측 영역에 페이지 속성과 페이지 설정을 합니다. 홈은 1DEPTH(상위없음), 템플릿은 기본템플릿을 선택합니다.

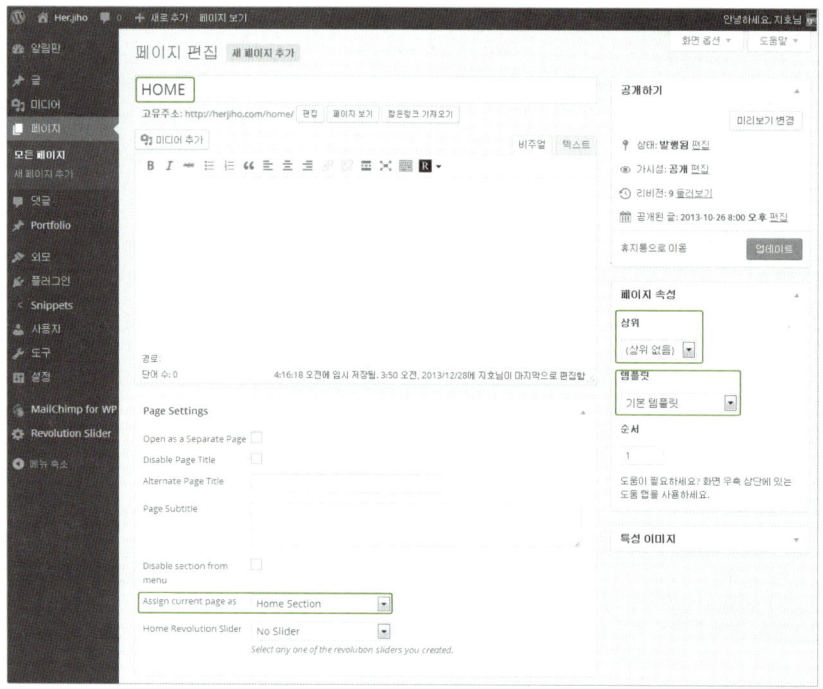

■ 그림 7-22. New page setting

⇢ _tip_

페이지 설정의 주요기능

다음은 페이지 설정에 필요한 페이지 설정(Page Settings)의 주요기능에 대해서 설명하겠습니다.

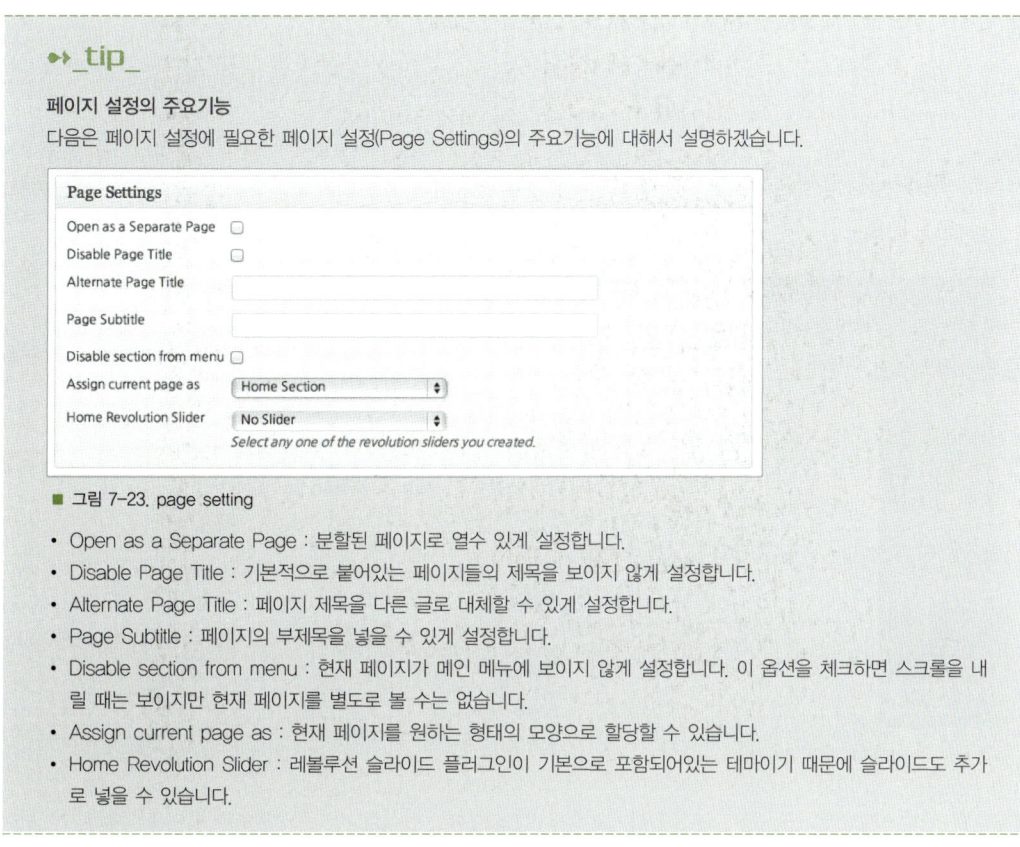

■ 그림 7-23. page setting

- Open as a Separate Page : 분할된 페이지로 열수 있게 설정합니다.
- Disable Page Title : 기본적으로 붙어있는 페이지들의 제목을 보이지 않게 설정합니다.
- Alternate Page Title : 페이지 제목을 다른 글로 대체할 수 있게 설정합니다.
- Page Subtitle : 페이지의 부제목을 넣을 수 있게 설정합니다.
- Disable section from menu : 현재 페이지가 메인 메뉴에 보이지 않게 설정합니다. 이 옵션을 체크하면 스크롤을 내릴 때는 보이지만 현재 페이지를 별도로 볼 수는 없습니다.
- Assign current page as : 현재 페이지를 원하는 형태의 모양으로 할당할 수 있습니다.
- Home Revolution Slider : 레볼루션 슬라이드 플러그인이 기본으로 포함되어있는 테마이기 때문에 슬라이드도 추가로 넣을 수 있습니다.

02 특성 이미지 영역의 [특성 이미지 설정]을 클릭한 후 [파일 업로드] 탭을 선택하고 메인 화면에 넣을 이미지를 선택합니다. 필자는 2400×600 픽셀의 고해상도 이미지를 사용하였습니다.

■ 그림 7-24. Featured image   ■ 그림 7-25. Featured image 2

Chapter 07_ 포트폴리오 사이트 만들기 417

페이지 숏코드 설정하기

Jarvis 테마에서 기본적으로 사용할 수 있는 숏코드(short codes)를 제공합니다.

01 페이지에 있는 [R] 드롭 버튼을 활용해서 설정할 수 있습니다. [R] 드롭 버튼을 누르면 원하는 숏코드를 선택하여 사용할 수 있습니다.

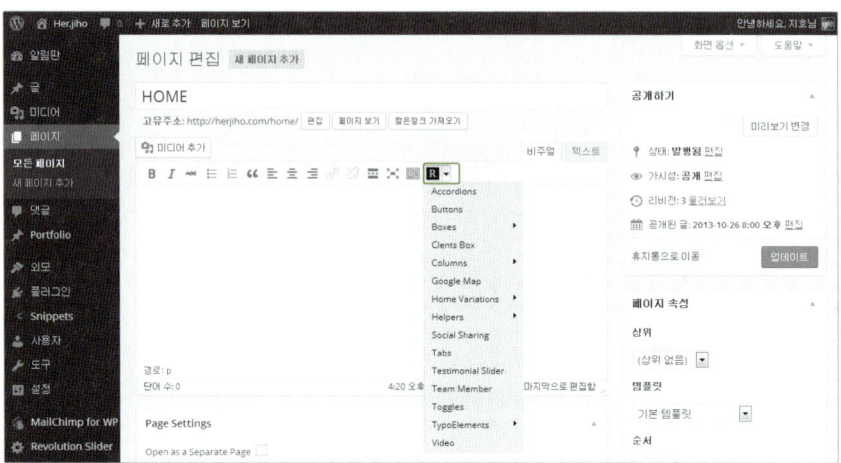

■ 그림 7-26. Page short code

> **_tip_**
>
> **Jarvis 테마의 숏코드 데모 페이지**
>
> 자비스 테마의 데모 페이지(http://goo.gl/Z0T9pp)에서 숏코드의 예시를 미리볼 수 있습니다.

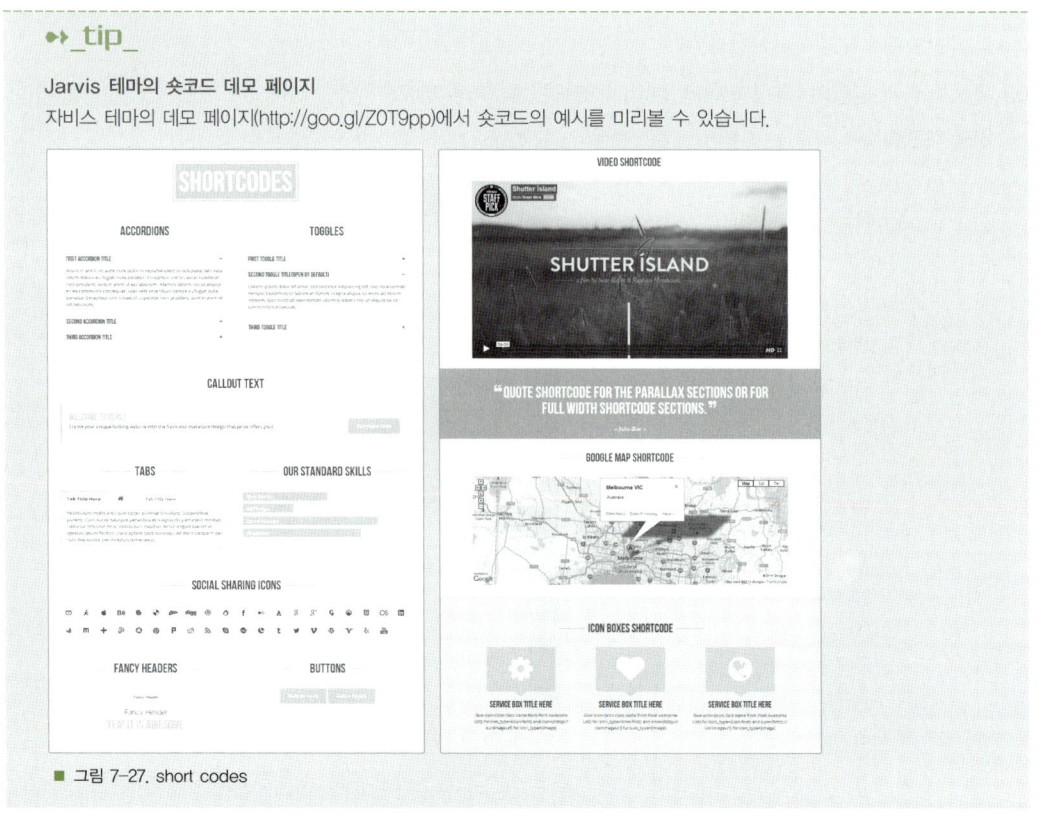

■ 그림 7-27. short codes

Jarvis 테마의 숏코드 데모 페이지에서 보여지는 아이콘이나 표, 단락을 나눠주는 박스들은 모두 [R] 드롭 버튼을 클릭한 후 숏코드로 입력할 수 있으며, 자동으로 숏코드가 작성됩니다. 만약 메인화면에 홈페이지 제목이나 로고 외에 다음의 이미지와 같이 텍스트가 크게 들어가게 설정 하려면 [R] 드롭 버튼의 숏코드를 활용하면 됩니다.

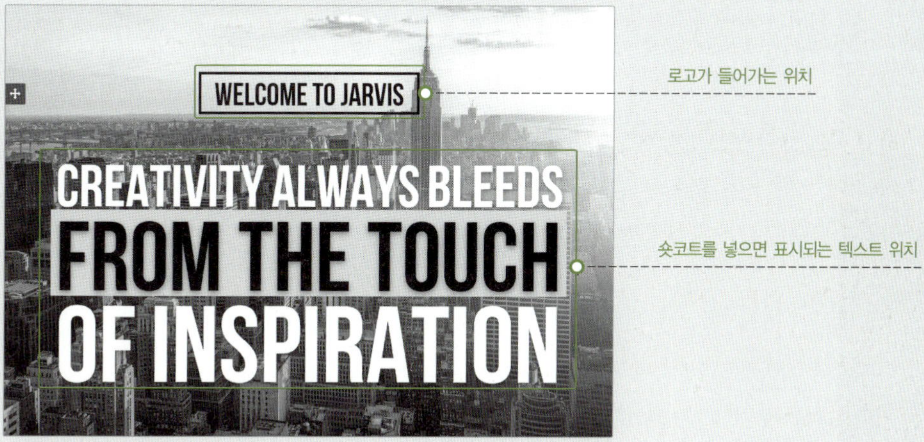

■ 그림 7-23. page setting

02 [Home variations] - [Home Quote] 메뉴를 선택합니다.

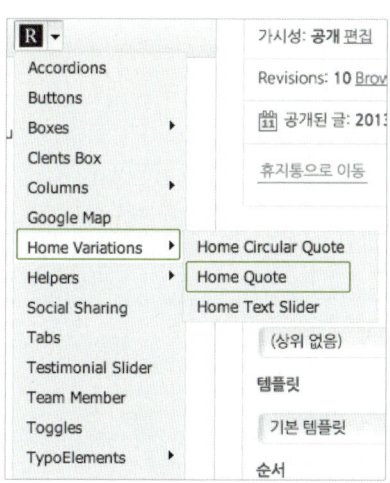

■ 그림 7-29. Home short code - quote

03 다음과 같이 숏코드가 자동으로 입력됩니다.

■ 그림 7-30. page short code 2

04 다음 박스의 숏코드에서 [ ] 괄호와 [ ]괄호 사이에 적혀있는 내용이 메인 페이지에 표시되는 텍스트입니다. 그 부분에 원하는 텍스트를 입력하면 그대로 적용되어 나타납니다.

```
[home_callout]
[home_callout_line]Creativity always bleeds[/home_callout_line]
[home_callout_line bg_highlight="true"]from the touch[/home_callout_line]
[home_callout_line]of inspiration[/home_callout_line]
[/home_callout]
```

tip

Jarvis 테마에는 한글 서체가 포함되어 있지 않기 때문에 사이트를 접속하는 컴퓨터에 설치된 기본 한글 서체로 표시되며, 일반적으로 굴림체로 표시됩니다. 그렇기 때문에 한글 텍스트일 경우 행간이 맞지 않거나 슬라이드 이미지와 어울리지 않게 적용될 가능성이 있기 때문에 영문 텍스트를 사용하는 것을 추천합니다. 이 장에서는 메인페이지에 숏코드를 사용하지 않고 로고만 삽입했습니다.

로고 삽입하기

홈 화면의 페이지 설정과 특성 이미지를 설정한 후 로고를 넣고 [사이트 보기]를 클릭하면 다음 화면과 같이 보입니다.

다음 화면의 이미지에서 가운데 her, ji ho라고 적혀있는 부분은 메인 페이지에서 로고가 들어가는 위치입니다.

01 알림판에서 [외모]-[Theme Options]-[Home settings]-[Home Logo Upload] 메뉴를 선택한 후 미리 만들어놓은 로고(.png) 파일을 첨부합니다.

■ 그림 7-31. Main page preview

ABOUT 페이지 만들기

다음은 포트폴리오 사이트에서 작가를 소개하는 ABOUT 메뉴입니다. ABOUT 메뉴 또한 앞의 HOME과 동일하게 페이지에서 설정합니다.

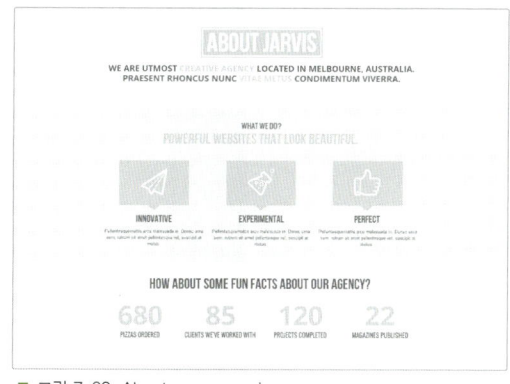

■ 그림 7-32. About menu preview

Jarvis 테마의 데모 페이지를 보면 업체 소개나 자기 소개를 간단하게 넣을 수 있는 페이지를 보여줍니다. 홈페이지의 ABOUT 페이지를 만들어 보겠습니다.

01 HOME과 마찬가지로 알림판에서 [페이지]-[새 페이지 추가] 메뉴를 선택한 후 제목, 페이지 속성, 특성 이미지 등 필요한 내용을 설정합니다. 여기서는 제목은 ABOUT, 페이지 속성은 상위없음, 템플릿은 기본템플릿, 순서는 0 등 기본값을 사용하고 특성 이미지는 첨부하지 않습니다. 테마에서 기본적으로 제공해주는 숏코드를 이용하여 자기소개 메뉴 부분을 꾸며봅니다. [R] 드롭 버튼을 클릭한 후 다음 숏코드를 응용해서 적용합니다.

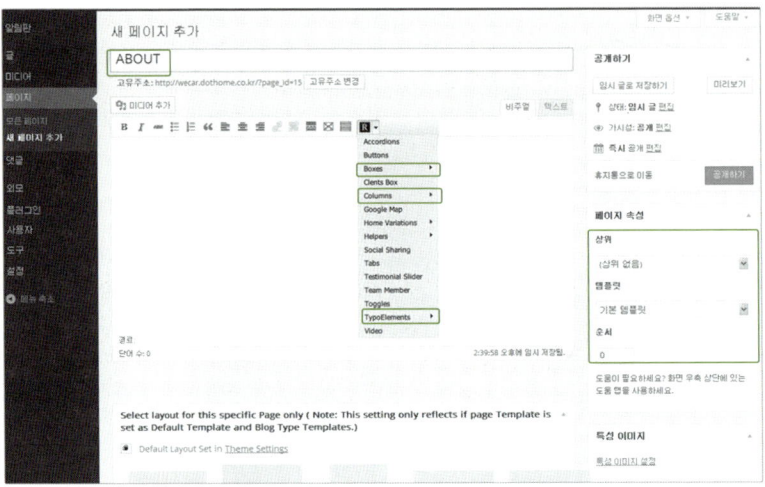

■ 그림 7-33. Short code

02 여기서 사용한 숏코드는 다음과 같습니다.

- Boxes 〉 Full Width Box
- TypoElements 〉 Fancy Header
- Columns 〉 One third
- Boxes 〉 Icon Box

위 숏코드들을 선택하면 비주얼 창에 자동으로 입력됩니다.

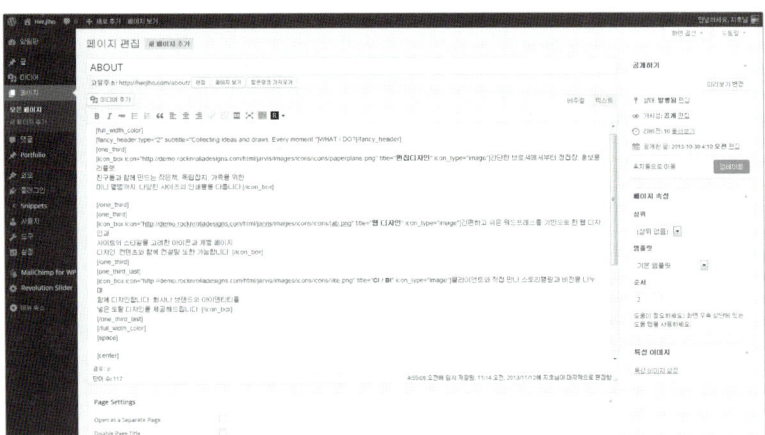

■ 그림 7-34. About menu short code

03 입력된 숏코드들을 적당히 배치하여 내용을 넣어야 하지만 기본적인 HTML이나 CSS 지식이 있어야 하므로 이 장의 실습 예제 사이트인 허지호닷컴에 적용해 놓은 코드를 복사해서 사용해도 무방합니다. 다음 html 소스 코드는 네이버카페(cafe.naver.com/wphome)의 [워드프레스 실전 사이트 제작북] 게시판에서 확인할 수 있습니다.

```
[full_width_color]
[fancy_header type="2" subtitle="Collecting ideas and draws, Every moment."]WHAT I DO?[/fancy_header]
[one_third]
[icon_box icon="http://demo.rocknrolladesigns.com/html/jarvis/images/icons/icons/paperplane.png" title="<strong>편집디자인</strong>" icon_type="image"]간단한 브로셔에서부터 청첩장, 홍보용 리플렛, 친구들과 함께 만드는 작은책, 독립잡지, 가족을 위한 미니 앨범까지, 다양한 사이즈의 인쇄물을 다룹니다.[/icon_box]
[/one_third]
[one_third]
[icon_box icon="http://demo.rocknrolladesigns.com/html/jarvis/images/icons/icons/lab.png" title="<strong>웹 디자인</strong>" icon_type="image"]간편하고 쉬운 워드프레스를 기반으로 한 웹 디자인과 사이트의 스타일을 고려한 아이콘과 개별 페이지 디자인. 컨텐츠와 함께 컨설팅 또한 가능합니다. [/icon_box]
[/one_third]
[one_third_last]
[icon_box icon="http://demo.rocknrolladesigns.com/html/jarvis/images/icons/icons/like.png" title="CI / BI" icon_type="image"]클라이언트와 직접 만나 스토리 텔링과 비전을 나누며 함께 디자인합니다.회사나 브랜드의 아이덴티티를 넣은 토탈 디자인을 제공해드립니다.
[/icon_box]
[/one_third_last]
[/full_width_color]
[space]

[center]
<h2><strong>숫자로 보는 포트폴리오</strong></h2>
[one_fourth]
[milestone_box count="680" title="Coffee Ordered"]
[/one_fourth]
[one_fourth]
[milestone_box count="47" title="Clients Worked With"]
[/one_fourth]
[one_fourth]
```

```
[milestone_box count="45" title="Projects Completed"]
[/one_fourth]
[one_fourth_last]
[milestone_box count="7" title="Magazines Published"]
[/one_fourth_last]
[/center]
```

04 다음 이미지 처럼 간단한 소개글을 넣고 싶을 경우에는 [Page settings]-[Page subtitle] 영역에 다음과 같은 내용과 적절한 HTML을 이용해서 페이지 서브 타이틀을 변경합니다.

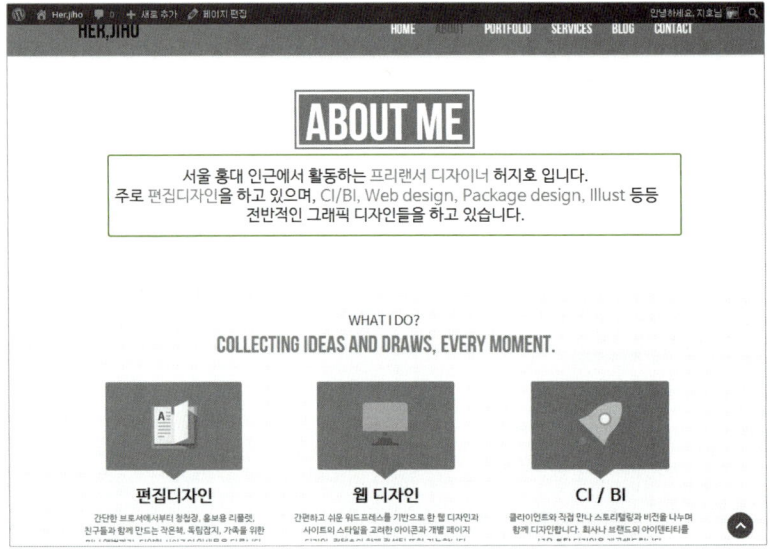

■ 그림 7-35. About menu preview

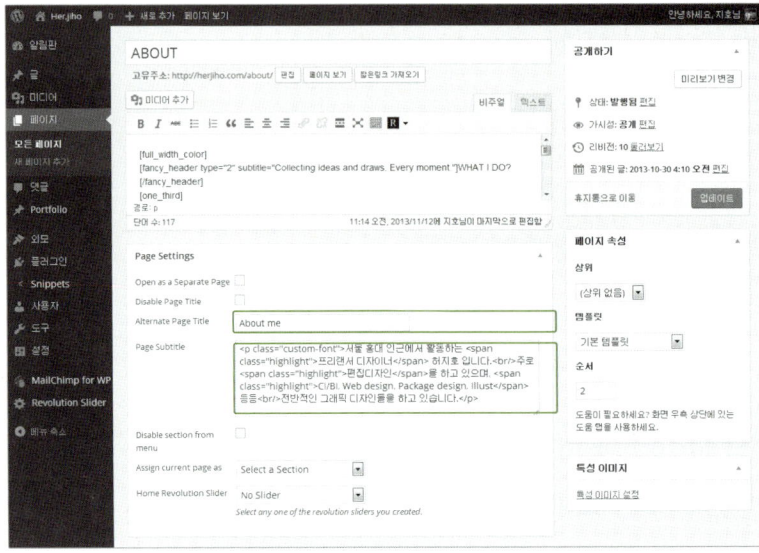

■ 그림 7-36. About page setting

> 서울 홍대 인근에서 활동하는 <span class="highlight">프리랜서 디자이너</span> 허지호 입니다. 주로 <span class="highlight">편집디자인</span>을 하고 있으며, <span class="highlight">CI/BI, Web design, Package design, Illust</span> 등등 전반적인 그래픽 디자인들을 하고 있습니다.

위와 같은 방식의 html 소스를 사용하려면 이 내용을 복사해서 사용해도 무방합니다. html소스는 네이버 카페(cafe.naver.com/wphome)의 [워드프레스 실전 사이트 제작북] 게시판에서도 확인할 수 있습니다.

05 about 부분 페이지에 숏코드를 넣은 후 필요한 내용들을 편집하거나, 내용을 수정하여 적용하면 다음 이미지와 같이 페이지 설정(page setting)을 적용한 부분과 숏코드를 이용하여 적용한 모습을 확인하실 수 있습니다.

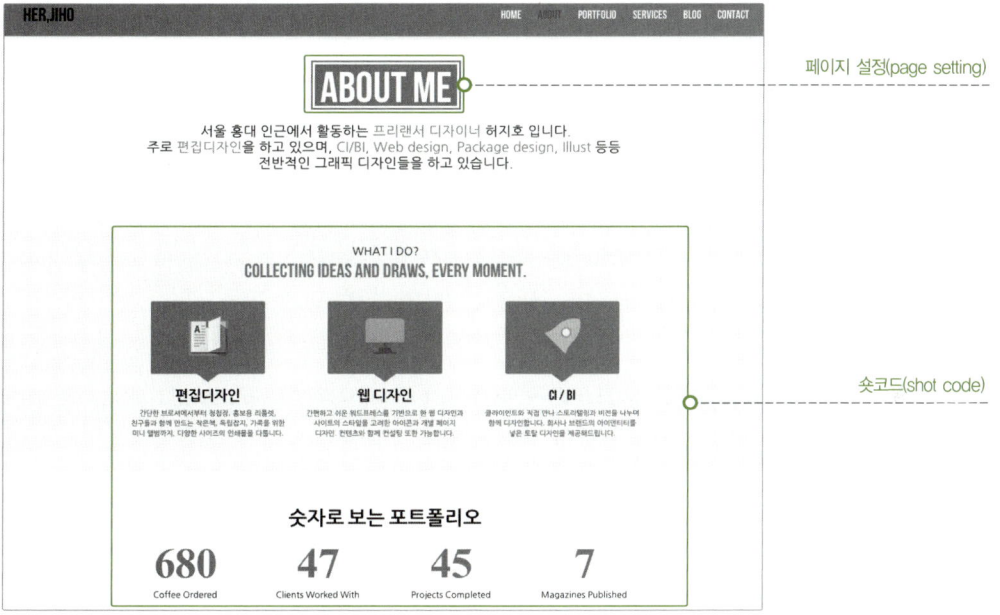

■ 그림 7-37. About me

네모난 말풍선에 들어있는 플랫 디자인 아이콘들은 구글 검색에서 무료로 사용할 수 있는 아이콘을 찾아서 적용한 것입니다. 최근에는 홈페이지 제작 시 플랫디자인 아이콘이나 로고가 많이 사용되고 있어서 구글에서 Free Flat design icon이라는 키워드로 검색 및 다운로드하여 사이트에 활용하면 좋습니다. 네이버 카페(cafe.naver.com/wphome)의 [워드프레스 실전 사이트 제작북] 게시판에서도 다운로드 받으실 수 있습니다.

Quote 페이지 만들기

명언이나 좋아하는 카피를 넣어 사이트를 볼 때에 사용자의 눈을 쉬게 하는 메뉴로, 디자인적으로 빈 공간을 의도적으로 넣어 레이아웃에 여백의 미를 주는 부분입니다. 시각적으로 편안하게 느껴지는 이미지를 넣거나 사이트 컨셉에 맞춘 이미지를 사용하여 작성한 텍스트를 눈에 띄게 연출할 수 있으며, 메인 메뉴에는 보이지 않는 숨은 메뉴입니다.

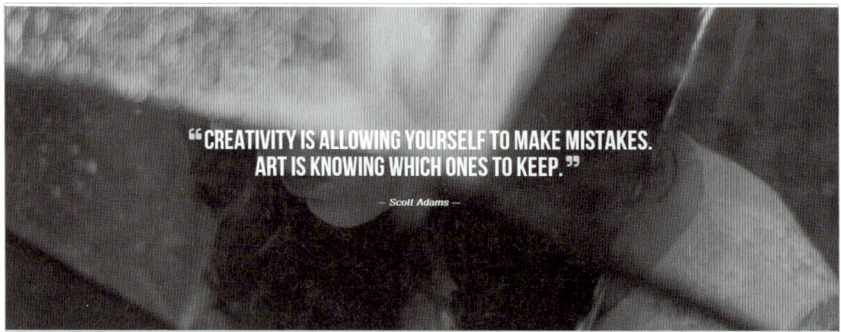

■ 그림 7-38. Quote preview 1

01 알림판에서 [페이지]-[새 페이지 추가] 메뉴를 선택한 후 페이지 제목은 Quote라고 입력하고 페이지 속성은 기본값을 사용한 후 특성이미지는 고해상도의 이미지를 첨부합니다. 필자는 가로 1920pixel 이상의 이미지를 사용하였습니다. 페이지 셋팅(Page Settings)에서 Disable section from menu를 체크하고 Assign current page as : Parallax Section을 선택한 후 적용합니다.

02 페이지 내용은 카피에 해당되는 내용을 숏코드와 함께 입력합니다. 소스 코드를 복사하거나 그대로 작성한 후에 세부 내용을 수정하여 적용하면 편리합니다.

```
[parallax_quote author="이 부분에 명언이나 카피 내용들을 넣어줍니다."][/parallax_quote]
```

필자는 Paula Rago의 "ART IS THE ONLY PLACE YOU CAN DO WHAT YOU LIKE. THAT'S FREEDOM."이라고 입력하였습니다. 숏코드를 넣어주고 특성이미지를 넣으면 다음 이미지처럼 구성할 수 있습니다. Quote 페이지는 메인 메뉴에 보이지 않는 숨은 메뉴(페이지)이기 때문에 페이지를 여러 개 만들어 콘텐츠 사이사이에 넣을 수 있어 다양하게 적용이 가능합니다.

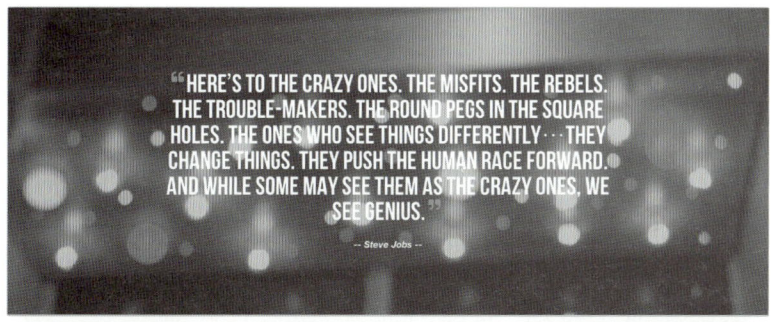

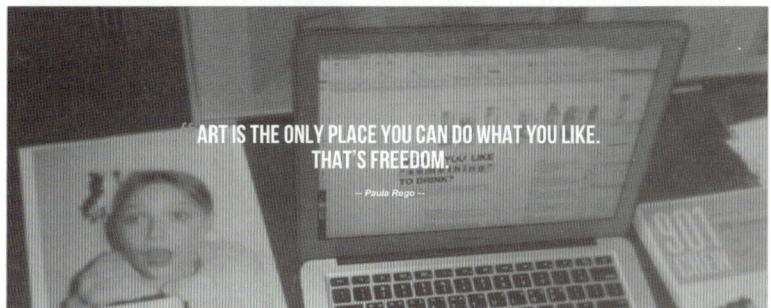

■ 그림 7-39. Quote preview 2

어떤 이미지를 사용하느냐에 따라서 사이트의 전체적인 분위기가 결정되기 때문에 가능하면 고해상도와 사이트의 전체적인 퀄리티를 떨어뜨리지 않는 이미지를 넣어주는 것이 중요합니다.

SERVICES 페이지 만들기

페이지 제목은 메뉴 구조도에서 어떻게 결정했는가에 따라 다르기 때문에 여기서는 SERVICES라는 제목으로 진행하도록 하겠습니다.

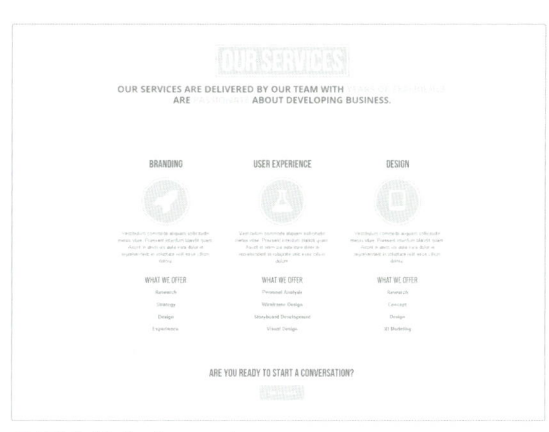

■ 그림 7-40. Services preview

SERVICE 페이지는 업체 혹은 디자이너가 제공할 수 있는 서비스에 대해서 보여주는 섹션으로 ABOUT 페이지를 작성할 때와 같은 방식으로 설정합니다.

01 알림판에서 [페이지]-[새 페이지 추가] 메뉴를 선택한 후 페이지 제목은 SEAVICES라고 입력하고 페이지 속성은 기본값을 사용한 후 특성이미지는첨부하지 않습니다. 필자는 가로 1920pixel 이상의 이미지를 사용하였습니다. 페이지 셋팅(Page Settings)에서 Disable section from menu를 체크하고 Assign current page as : Parallax Section을 선택한 후 적용합니다.

02 본문내용과 다음 숏코드를 입력합니다. 서비스 페이지는 숏코드가 다른 페이지 보다 많이 들어가는데 이 부분 또한 [R] 드롭 버튼을 이용하여 다양한 숏코드를 적용해봄으로써 레이아웃을 다양하게 나눌 수가 있습니다. 여기서는 큰 직사각형 박스 안에 3개의 네모 박스가 있는 형태로 구성하고, 3개의 각 네모박스 안에는 숏코드로 아이콘을 적용합니다. 소스 코드는 다음과 같습니다.
그리고 페이지의 가장 아래 부분에는 견적 문의를 할 수 있는 페이지로 이동할 수 있는 이메일 버튼을 HTML 소스로 만듭니다. 네이버 카페(cafe.naver.com/wphome)의 [워드프레스 실전 사이트 제작북] 게시판에서 다음 소스를 복사하여 이용하면 손쉽게 적용할 수 있습니다.

```
[full_width_color]
[one_third]
[service_box icon="icon-tablet" title="<strong>세련된 디자인</strong>" icon_type="font"]<strong>트랜드를 읽어나가는 안목으로 클라이언트에게 더 좋은 이미지와 방향을 제시해 드립니다. 아이덴티티의 강화를 위한 자료조사와 함께 다양한 의견을 수렴하고 아이디어를 발전시켜나갑니다.?[space]</strong>
<h6>Offers</h6>
<ul class="styled-list">
        <li>Research</li>
        <li>Planning</li>
        <li>Design</li>
        <li>Experience</li>
</ul>
[/service_box]
[/one_third]
[one_third]
[service_box icon="icon-gift" title="<strong>지속적인 업데이트</strong>" icon_type="font"]<strong>사후관리가 필요한 경우 상황에 맞추어 지속적인 업데이트를 해드립니다. 웹 디자인의 경우 꾸준한 업데이트가 사이트의 방문자들을 만족시킬 수 있는 가장 좋은 방법입니다.[space]</strong>
```

```
<h6>Offers</h6>
<ul class="styled-list">
        <li>Research</li>
        <li>Planning</li>
        <li>Design</li>
        <li>Experience</li>
</ul>
[/service_box]
[/one_third]
[one_third_last]
[service_box icon="icon-bolt" title="<strong>빠른 피드백</strong>" icon_type="font"]<strong>미리 일정을 말씀해주시고 예약을 해주시면 프로젝트가 진행되는 기간 동안에는 이메일과 메신저를 통해 빠른 피드백을 드립니다. 의견 교환이 간편합니다.?[space]</strong>
<h6>Offers</h6>
<ul class="styled-list">
        <li>Research</li>
        <li>Strategy</li>
        <li>Design</li>
        <li>Experience</li>
</ul>
[/service_box]
[/one_third_last]
[/full_width_color]

[space]
[center]
<h3><strong>디자인 의뢰 & 견적 문의?</strong></h3>
[button title="메일 보내기" scroll="true" link_url="contact"]
[/center]
```

03 page setting 영역을 수정하여 페이지를 설정합니다. Alternate Page Title에는 제목을 넣습니다. 여기서는 Services라고 입력하고 Page Subtitle에는 페이지 내용을 입력합니다. 다음과 같이 입력합니다.

```
<p class="custom-font">사용자의 의견에 귀 귀울여 전문적이고 객관적인 시선으로 디자인의 <span class="highlight">완성도</span> 를 높이고, <span class="highlight">다양한 경험</span>을 바탕으로 클라이언트와 소통합니다.
```

서비스 부분은 아이콘박스 숏코드를 이용하여 제공하는 서비스에 대한 개략적인 설명을 넣을 수가 있고, 해당 사이트를 제작한 스튜디오나 회사가 보여주고 싶은 내용들을 한눈에 볼 수 있도록 하는 기능입니다.

어떤 내용을 넣느냐에 따라서 다양한 쓰임새를 가지고 있습니다. 그렇기 때문에 서비스 페이지는 주로 비즈니스용 회사 홈페이지나 회사의 주요서비스를 소개할 때 유용합니다.

■ 그림 7-41. Services page setting

04 [공개하기] 버튼을 클릭한 후 [사이트보기]에서 글을 확인하면 다음과 같이 페이지가 완성됩니다.

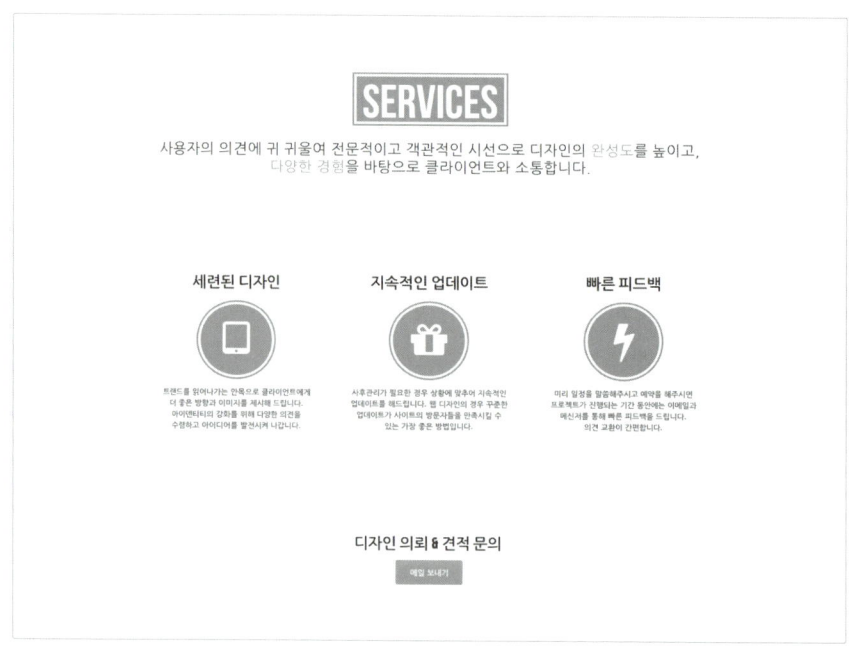

■ 그림 7-42. Services preview

포트폴리오 페이지 만들기

포트폴리오 페이지를 만들어 보겠습니다.

01 알림판에서 [portfolio] 메뉴를 선택한 후 페이지 제목은 PORTFOLIO라고 입력하고 페이지 속성은 기본 값을 사용한 후 특성 이미지는 첨부하지 않습니다. [new item]-[미디어 추가] 메뉴를 선택한 후 각각의 포트폴리오 제목과 이미지 그리고 내용을 작성합니다.

포트폴리오 이미지를 업로드할 때는 되도록 무채색이나 흰색톤의 배경화면에 작품이 올라간 상태의 목업(Mock up)을 올리는게 좋습니다. 프로젝트들 마다 각자 다른 컨셉으로 제작되어 있고, 특히 여러 가지 작업을 하는 사람일 수록 작품들을 모아놓았을 때 어떤 작업인지 알기가 힘들기 때문에 목업으로 미리 볼 수 있는 이미지를 올리게 되면 프로젝트에 대한 내용을 굳이 읽어보지 않아도 유추할 수있습니다.

> **↔_tip_**
>
> **목업 Mock-up이란?**
> 사전적인 의미는 "제품 디자인 평가를 위하여 만들어지는 실물 크기의 정적 모형"이지만 분야에 따라 뜻은 조금씩 다릅니다. 시각디자인에서 목업은 디지털 작업이미지가 아닌 출력된 인쇄물이나 패키지 자체를 스튜디오에서 촬영하거나, 3D를 이용해 입체적으로 만드는 작업을 말합니다.

02 page setting 영역을 수정하여 페이지를 설정합니다. Assign current page as의 Portfolio Section을 선택한 후 적용합니다. [Portfolio]-[new item-]-[미디어 추가] 메뉴를 선택한 후 각각의 포트폴리오 제목 과 이미지 그리고 내용을 작성하여 업로드 하면 다음과 같이 포트폴리오 이미지들이 배치됩니다.

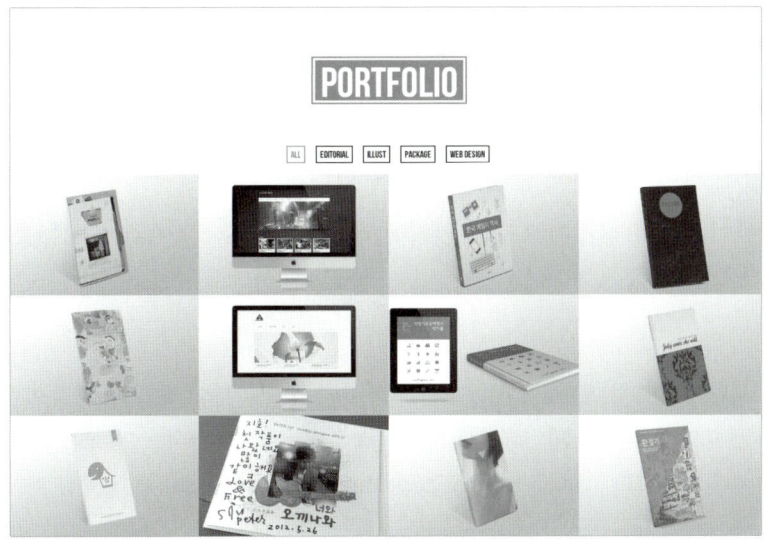

■ 그림 7-43. Portfolio preview

03 [Portfolio]-[Re-Order] 메뉴를 선택하면 그 동안 올려놓은 포트폴리오 콘텐츠들의 순서를 변경할 수 있습니다. 업로드 한 순서대로 배치되어 있는 글들을 마우스 클릭, 드래그를 사용하여 편리하게 수정할 수 있습니다. 첫 번째 이미지가 가장 최근에 작업한 프로젝트로 보이게 수정한 후 [Update] 버튼을 클릭합니다.

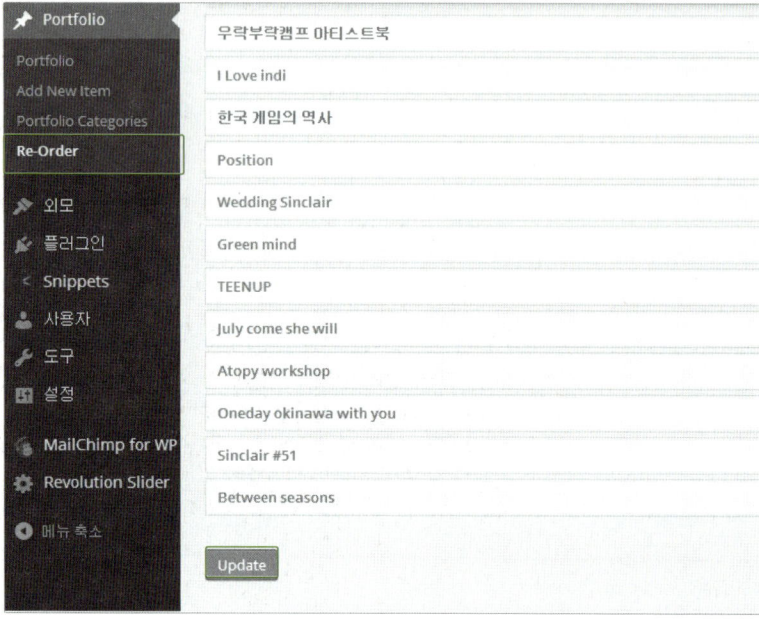

■ 그림 7-44. Portfolio re-order

Twitter 페이지 만들기

SNS를 이용한 마케팅과 개인 아이덴티티를 강화하는 방식의 소셜 마케팅이 활발하게 이루어지고 있어서 모바일로도 접속이 가능한 SNS 기능 적용 그리고 홈페이지로 홍보하여 클라이언트들이 사이트에 많이 접속하게 만들 수 있도록 합니다.

여기서는 트위터API를 이용하여 실시간으로 트위터에서 작성한 글을 보여주는 메뉴를 만들어 보겠습니다.

01 알림판에서 [페이지]-[새 페이지 추가] 메뉴를 선택한 후 제목은 Twitter, 페이지속성은 기본값, 특성 이미지 첨부는 고해상도의 큰 이미지 첨부합니다. 페이지 셋팅(Page Settings) 영역에서는 Disable section from menu의 체크 박스를 선택하고, Assign current page as는 Parallax Section을 선택한 후 적용합니다.

그리고 비주얼 박스에 트위터의 글을 홈페이지로 가져오는 숏코드를 넣어줍니다. 굵게 표시된 숫자는 홈페이지에 보여지는 글의 수를 의미합니다.

```
[parallax_twitter count="10"]
```

02 페이지 설정이 끝나면 공지 업데이트 용도로 트위터 계정을 만든 후 트위터 API 생성합니다. 트위터 사이트(https://twitter.com)에 접속한 후 정보를 입력하고 [가입하기] 버튼을 클릭하여 계정을 만듭니다.

■ 그림 7-45. Twitter sign up

03 트위터 개발자 센터(https://dev.twitter.com/)에 접속한 후 로그인합니다. 오른쪽 상단의 프로필을 클릭합니다. My Applications 메뉴를 클릭하고 [Create a new application] 버튼을 클릭합니다.

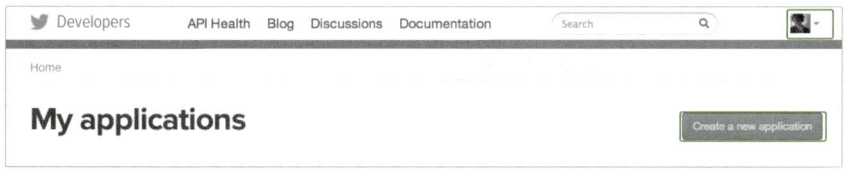

■ 그림 7-46. My applications

04 이름과 설명, 트위터 API를 사용할 웹사이트 주소와 콜백을 받을 URL을 정확하게 입력합니다. 약관에 동의하는 체크 박스를 체크한 후에 확인 문자 입력을 하면 트위터 어플리케이션이 만들 준비가 거의 다 되었습니다.

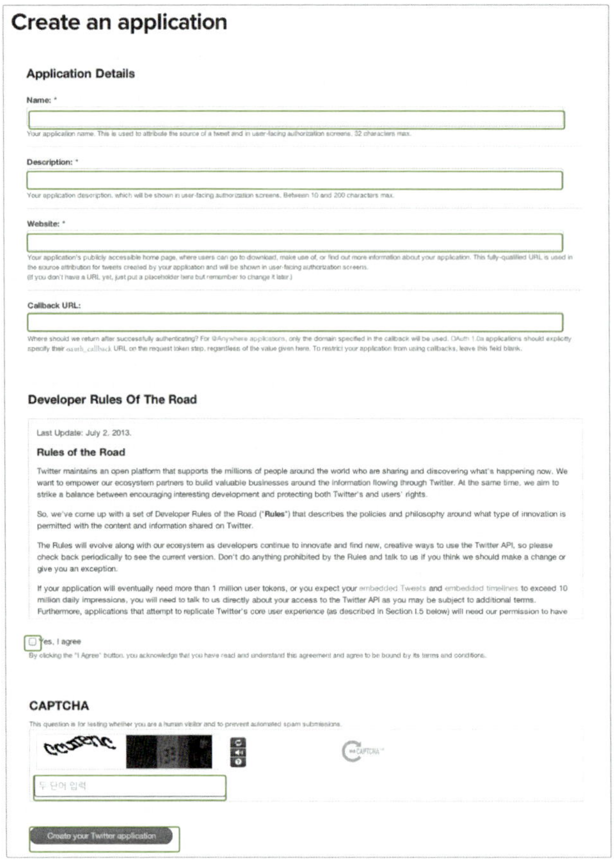

■ 그림 7-47. Create an application

05 트위터에 접속하여 설정 창으로 들어간 후 [위젯]을 선택하고 [변경사항 저장하기] 버튼을 클릭하여 위젯을 생성합니다. 위젯 생성이 개발자 API 이용 약관에 동의하는 것으로 간주되어 API입력에 필요한 옵션 키들이 개발자 센터에 등록됩니다.

■ 그림 7-48. Twitter widget

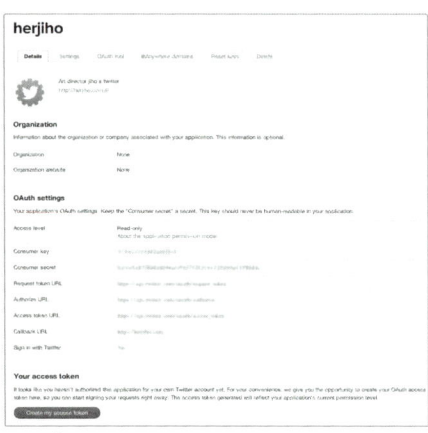

■ 그림 7-49. twitter oauth setting

06 알림판에서 [Theme Options]-[Twitter Settings] 메뉴를 선택하고 개발자 센터에서 표시된 일련 번호 키들을 확인한 후 필요한 부분에 입력합니다. [Save All Changes] 버튼을 클릭하면 완료됩니다.

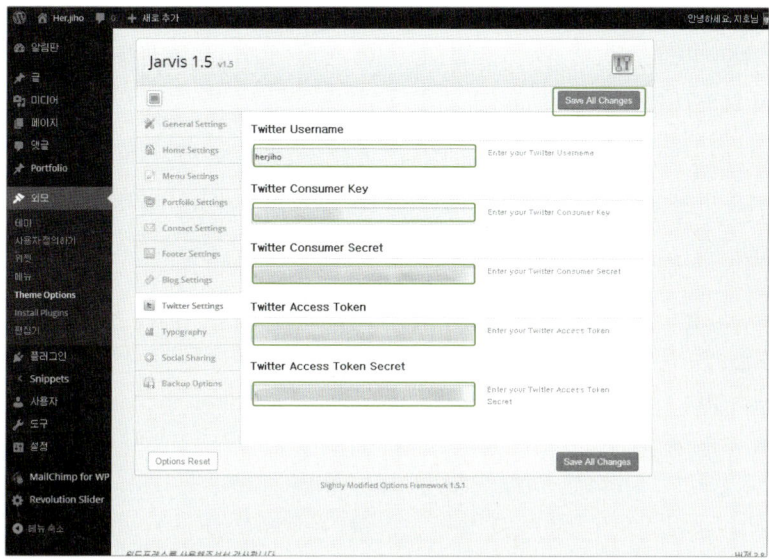

■ 그림 7-50. twitter settings

TEAM - CATs 페이지 만들기

TEAM 메뉴는 작은 회사나 업체를 위한 팀 소개 옵션으로 개인 프리랜서에게는 필요하지 않는 메뉴입니다. 하지만 다양한 방식으로 응용이 가능한 메뉴이기 때문에 이 장에서 만드는 홈페이지에서는 룸메이트처럼 같이 살고 있는 고양이들을 소개하는 작은 페이지로 제작하였습니다. 여러분들은 다른 내용으로 TEAM페이지를 구성해보기 바랍니다.

■ 그림 7-51. Team preview

01 TEAM 페이지를 만들기 위해서는 글 박스에 들어갈 숏코드에 URL을 붙여넣기 해야하기 때문에, [미디어]-[파일 올리기] 메뉴를 선택한 후 TEAM페이지에 올린 사진들을 업로드 한 후에 사용할 이미지들의 URL을 메모장 등에 복사해서 준비해 둡니다.

앞에서와 마찬가지로 [페이지]-[새 페이지 추가] 메뉴를 선택하여 제목은 CATs, 페이지속성은 기본값, 특성 이미지 첨부는 하지 않고 TEAM 페이지 만듭니다.

02 다음 숏코드 소스를 복사 또는 참고해서 내용을 삽입합니다. 해당 이미지나 내용은 여러분들이 응용해서 변경해서 적용하기 바랍니다.

```
[fancy_header type="2" subtitle="Always inspiring a friendly cats."]My Roommates[/fancy_header]
[team_member name="NIX" role="Americat Short Hair" img="이미지 URL"]
2007년 9월 13일생 / 동글동글하고 귀여운 얼굴과 몸매를 가진 넉살좋은 남자 고양이. 배가 고플 때면 늘 책상위로 올라가 물건을 떨어뜨려 사람을 일어나게 하는 지능형 고양이. 평소에는 사람 음식에는 관심도 없는 점잖은 고양이인척 하지만 빠스락거리는 비닐봉투와 빵을 좋아한다.
<h3>NIX's Standard Skills</h3>
[skill_bar percentage="90" title="친화력"]
[skill_bar percentage="30" title="점프력"]
[skill_bar percentage="80" title="식욕"]
[skill_bar percentage="60" title="체력"]
[/team_member]
[team_member name="SAN" role="Russian Blue" img="이미지 URL"]
2012년 6월 20일생 / 새침떼기 아가씨 산이. 수도꼭지에서 흐르는 신선한 물을 좋아하고 상추나 블로콜리 등 야채만 보면 씹고싶어서 달려드는 생야채애호가. 걸어가는 사람 어깨에 올라 타거나 닉스 오빠에게 헤드락을 걸고 꼬리를 괴롭히는 것을 좋아한다.
<h3>SAN's Standard Skills</h3>
[skill_bar percentage="30" title="친화력"]
[skill_bar percentage="100" title="점프력"]
[skill_bar percentage="40" title="식욕"]
[skill_bar percentage="80" title="체력"]
[/team_member]
[team_member name="DARAK" role="Korean Short hair" img="이미지 URL"]
2013년 3월 30일생 / 애교많은 사춘기 고양이 다락이. 꼬리가 동그랗게 말려있는게 특징이다. 고양이 낚시대 장난감을 제일 좋아하고 방 안에서 우다다하는걸 좋아한다. 요즘은 식욕이 폭발하여 거대해지고 있는 중.
<h3>DARAK's Standard Skills</h3>
[skill_bar percentage="80" title="친화력"]
```

```
[skill_bar percentage="40" title="점프력"]
[skill_bar percentage="80" title="식욕"]
[skill_bar percentage="70" title="체력"]
[/team_member]
[space height="20"]
```

03 페이지 셋팅(Page Settings) 영역에서는 Disable Page Title과 Disable section from menu의 체크 박스를 선택하고, Assign current page as는 select a Section을 선택한 후 적용합니다. 알림판 상단의 [사이트보기] 또는 [페이지보기]를 클릭하여 적용된 페이지를 확인합니다.

■ 그림 7-52. Team cats 1

■ 그림 7-52. Team cats 2

■ 그림 7-52. Team cats 3

Blog 페이지 만들기

Jarvis 테마의 블로그 페이지는 메인 페이지에서 메뉴를 클릭하였을때 해당 상세 페이지로 이동하여 블로그 내용을 보여주고, 메인에서는 메뉴만 노출되는 레이아웃으로 되어 있습니다. 블로그 페이지를 만들어 보겠습니다.

01 [페이지]-[새 페이지 추가] 메뉴를 선택하여 제목은 BLOG, 페이지속성은 기본값, 특성 이미지 첨부는 하지 않고 블로그 페이지 만듭니다. 페이지 셋팅(Page Settings) 영역에서는 Open as a Separate Page 의 체크 박스를 선택한 후 적용합니다.

02 페이지 글쓰기를 통해서 본문에 들어갈 내용을 작성합니다. Blog video settings 영역에서 video Type과 embed code를 입력합니다. 여기서는 유튜브(Youtube)를 선택하고 유튜브의 콘텐츠 주소를 입력하겠습니다.

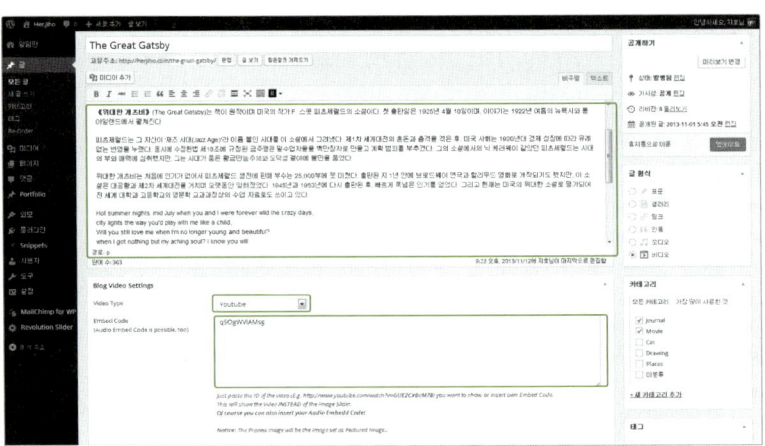

■ 그림 7-55. Blog 페이지 셋팅

03 블로그 글을 작성하는 경우에는 글 형식과 카테고리, 태그를 지정할 수가 있습니다. 글 형식에 맞추어 선택하여 글을 발행합니다.

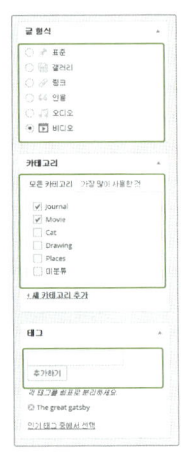

■ 그림 7-56. Blog edit page

04 [사이트 보기]를 클릭하여 작성한 블로그 페이지를 확인합니다.

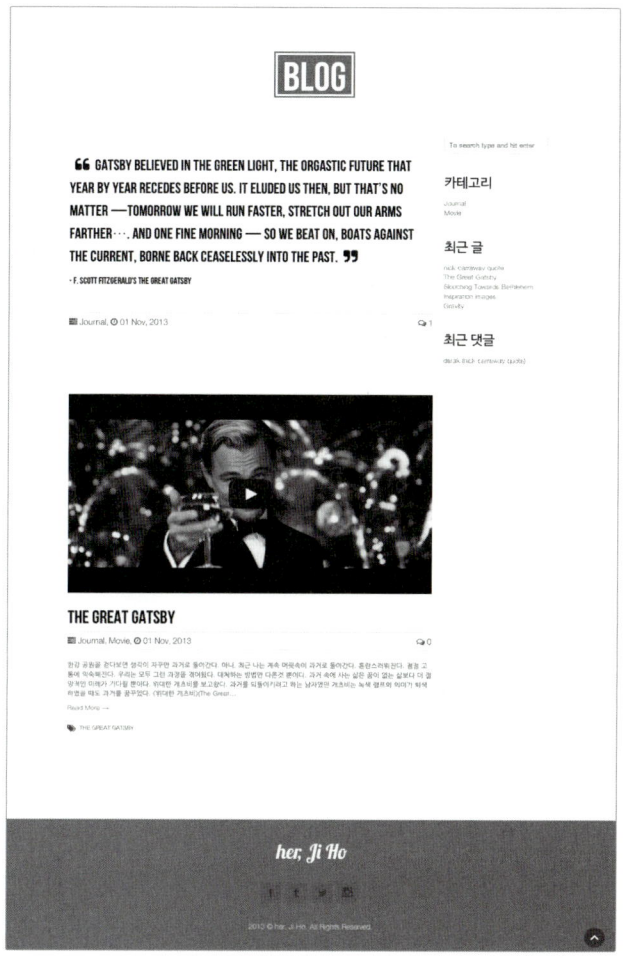

■ 그림 7-57. Blog preview

ADDRESS 페이지 만들기

ADDRESS 메뉴는 개인 작업실이나 사무실을 소유한 경우 주소와 간단한 연락처 혹은 이메일을 보여줄 수 있는 메뉴입니다. ADDRESS 페이지를 만들어 보겠습니다.

01 [페이지]-[새 페이지 추가] 메뉴를 선택하여 제목은 ADDRESS, 페이지속성은 기본값, 특성 이미지 첨부는 고해상도의 큰 이미지를 첨부하여 ADDRESS 페이지 만듭니다.

쇼코드를 적용하기 위햇 비주얼 본문에 다음의 쇼코드를 삽입합니다.

```
[contact_box email="email@gmail.com" address="해당 주소" telephone="010-123-456"]
```

페이지 셋팅(Page Settings) 영역에서는 Disable section from menu 의 체크 박스를 체크하고 Assign current page as의 Parallax Section을 선택한 후 적용합니다.

02 알림판 좌측 상단의 [사이트 보기] 또는 [페이지 보기]를 클릭하면 다음 화면과 같이 적용된 페이지 결과를 확인할 수 있습니다.

■ 그림 7-58. Adress preview

Contact 페이지 만들기

CONTACT 페이지는 사이트 이용자와 사이트 관리자가 소통할 수 있는 페이지로, 사무실 약도를 보여주거나 메일을 보낼 수 있는 메뉴를 만드는 페이지입니다. 예제에서는 구글 지도와 이메일을 표시하도록 하겠습니다. 페이지 설정만 하면 자동으로 이메일을 작성하는 양식이 만들어지기 때문에 별도로 컨텍트 폼(Contact form) 같은 플러그인을 설치할 필요가 없습니다.

01 [페이지]-[새 페이지 추가] 메뉴를 선택하여 제목은 CONTACT, 페이지 속성은 기본값, 특성 이미지는 첨부하지 않은 상태로 CONTACT 페이지 만듭니다. 본문 내용에서 구글 지도를 사용해서 위치를 표시하였습니다. Jarvis 테마에서 구글 지도를 페이지에 적용하는 방법은 GOOGLE MAP SETTINGS에서 자세히 설명되기 때문에 여기서는 별도로 설명하지 않겠습니다. 페이지 셋팅(Page Settings) 영역에서는 Assign current page as의 Contact Section을 선택한 후 적용합니다.

02 [사이트 보기] 또는 [페이지 보기]를 선택하여 다음과 같은 화면을 확인할 수 있습니다.

■ 그림 7-59. Contact preview

Front 페이지 만들기

Jarvis 테마는 메인 페이지에서 원 페이지 형태로 보여주기 때문에 프론트 페이지(Front page)를 만들어 템플릿을 Frontpage로 설정해 주어야 합니다.

01 알림판에서 [페이지]-[새 페이지 추가] 메뉴를 선택한 후 제목은 'Frontpage'라고 입력하고, [속성]-[템플릿]-[Frontpage Template]을 설정한 후 [공개하기] 버튼을 클릭하여 페이지 설정을 완료합니다.

Chapter 07 Lesson 06

메인 메뉴 생성하기

01 알림판에서 [외모]-[메뉴] 메뉴를 선택하면 지금까지 만든 페이지들을 확인할 수 있습니다. [전체 선택]을 선택하고 [메뉴에 추가] 버튼을 클릭한 후 [메뉴 이름] 입력 상자에 원하는 이름으로 설정합니다. 그리고 테마 위치에 있는 Primary Navigation Menu를 체크해 줍니다. 다음 화면에서 각 페이지의 메뉴들의 위치는 상하로 변경이 가능합니다. 가장 많이보는 메뉴를 상단으로 배치하고 배치가 완료되면, [메뉴 저장] 버튼을 클릭하여 저장합니다.

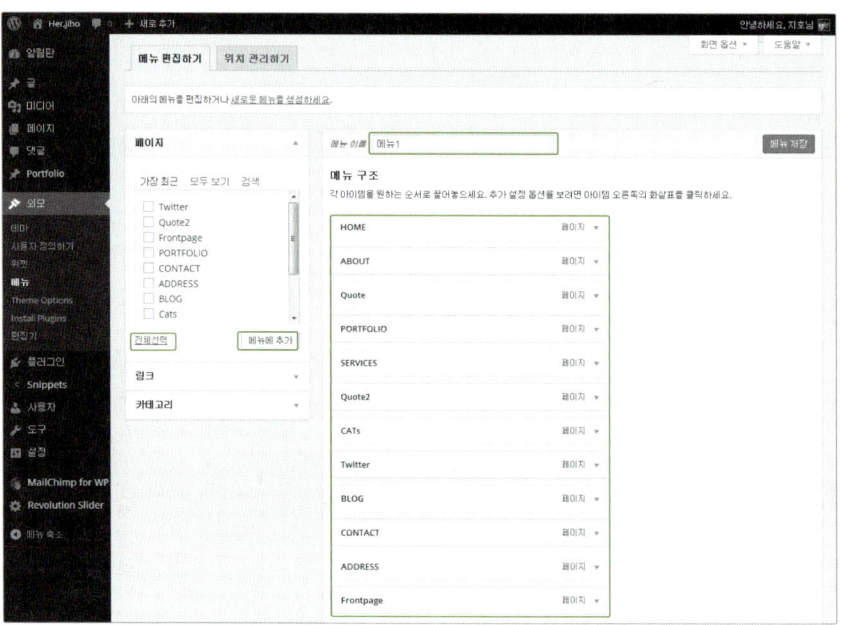

■ 그림 7-60. Primary navigation menu.

02 알림판에서 사용자 정의하기 메뉴로 들어갑니다. 사이트 제목과 태그라인에 들어갈 제목과 내용들을 입력합니다. 여기서는 제목은 'Her jiho', 태그라인은 'PORTFOLIO' 라고 작성하겠습니다.

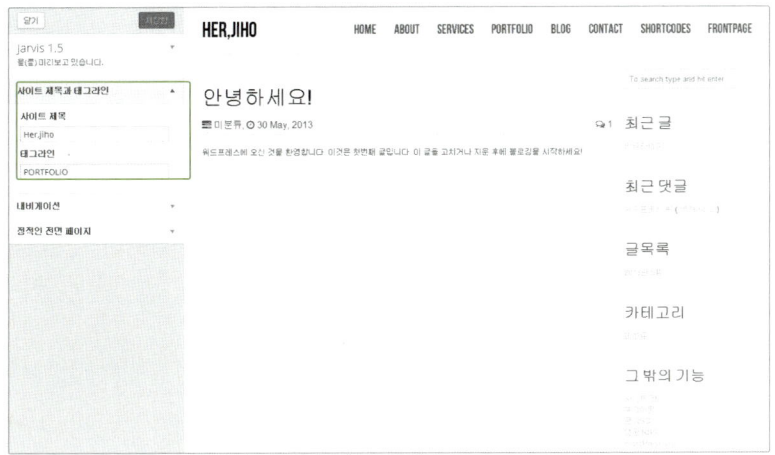

■ 그림 7-61. Theme customize

03 네비게이션 탭을 클릭하여 Menu1을 선택한 후 [저장&발행] 버튼을 클릭합니다

■ 그림 7-62. Theme navigation

04 [정적인 전면 페이지] 탭을 클릭한 후 [정적인 페이지]를 체크하고 전면 페이지를 Frontpage로 선택합니다. 그리고 글 페이지를 Blog로 선택하여 [저장&발행] 버튼을 클릭하면 메인 화면 설정이 완료됩니다.

■ 그림 7-63. static front page

Chapter 07 Lesson 07

포트폴리오 콘텐츠 올리기

포트폴리오 메뉴는 해당 포트폴리오 콘텐츠를 올려야만 완성됩니다. 메뉴 구조도를 만들어 놓으면 카테고리 만들 때 효율적입니다

01 알림판에서 [Portfolio]-[Portfolio Categories] 메뉴를 선택한 후 이름과 슬러그 설명을 넣고 [Add New portfolio category] 버튼을 클릭하여 카테고리를 만듭니다.

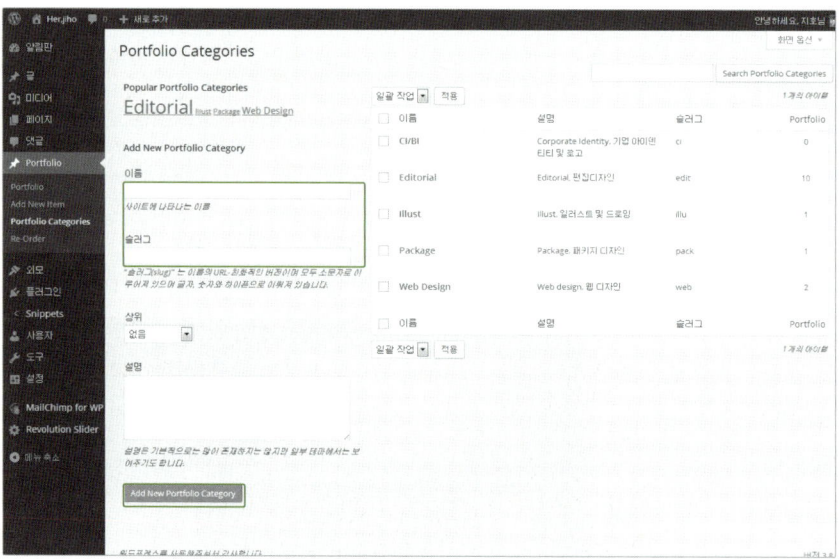

■ 그림 7-64. Portfolio categories

02 알림판에서 [Portfolio]-[add new Item]을 클릭하여 포트폴리오 콘텐츠를 업로드합니다. 제목을 입력하고, 글 박스에는 프로젝트 진행에 관한 설명이나 관련 내용을 넣습니다. 그리고 카테고리를 지정해주고 특성 이미지를 넣습니다. 반드시 특성 이미지를 넣어야만 메인 화면에서 이미지가 보이게 됩니다.

■ 그림 7-65. Add new portfolio item

03 [설정]-[고유주소] 메뉴를 선택한 후 글 이름으로 주소가 나타날 수 있도록 체크한 후에 [변경사항 저장] 버튼을 클릭합니다. 이제 [특성 이미지]를 클릭하면 자동적으로 사이트 레이아웃이 밀려나면서 포트폴리오 상세 내용이 펼쳐집니다. 고유주소를 설정하지 않을 경우 로딩 애니메이션이 연속해서 나타나고 이미지는 로딩되지 않습니다.

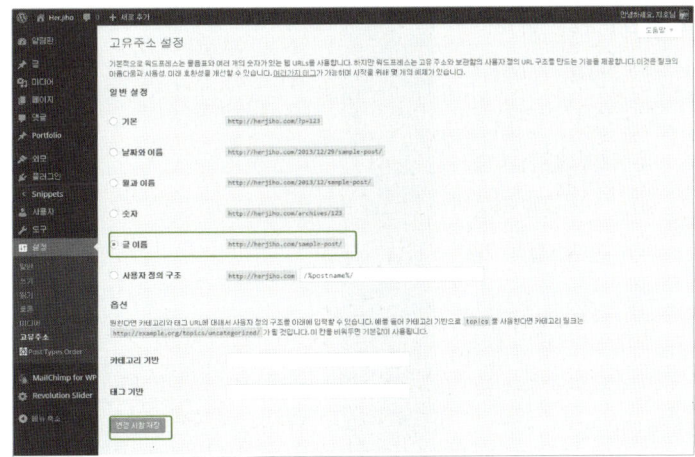

■ 그림 7-66. Permalinks

블로그 콘텐츠 올리기

포트폴리오 메뉴의 카테고리를 설정한 것과 동일한 방법으로 블로그 카테고리를 만듭니다.

01 [글]-[카테고리] 메뉴를 선택한 후 이름, 슬러그, 설명을 채워 넣고 [새 카테고리 추가] 버튼을 클릭하여 카테고리를 만듭니다.

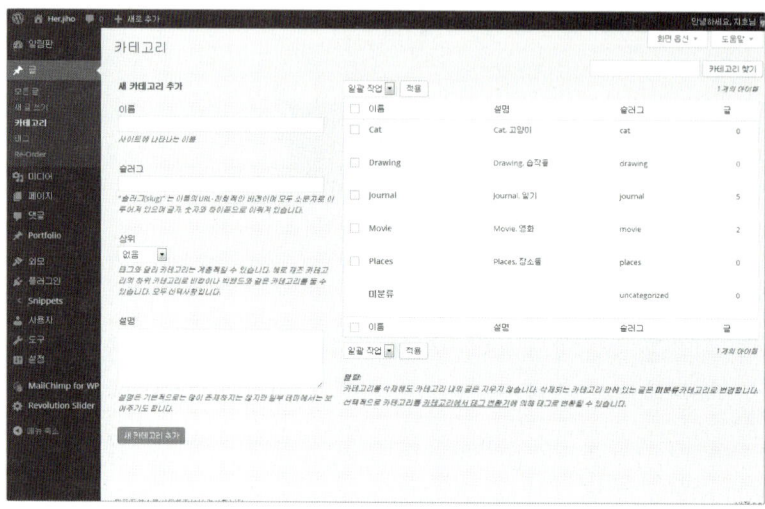

■ 그림 7-67. Categories

02 [글]-[새 글쓰기] 메뉴를 선택한 후 제목과 내용을 입력하고 글 형식을 선택하여 특성이미지를 넣거나 인용구를 넣습니다. Blog Video Setting 항목에서는 Video Typed은 youtube(유튜브) 또는 vimeo(비메오)를 선택하여 동영상을 첨부합니다. 위와 같은 방법으로 여러 글을 작성하여 콘텐츠들을 채워줍니다. 이제 사이트의 전반적인 레이아웃이 모두 완성되었습니다.

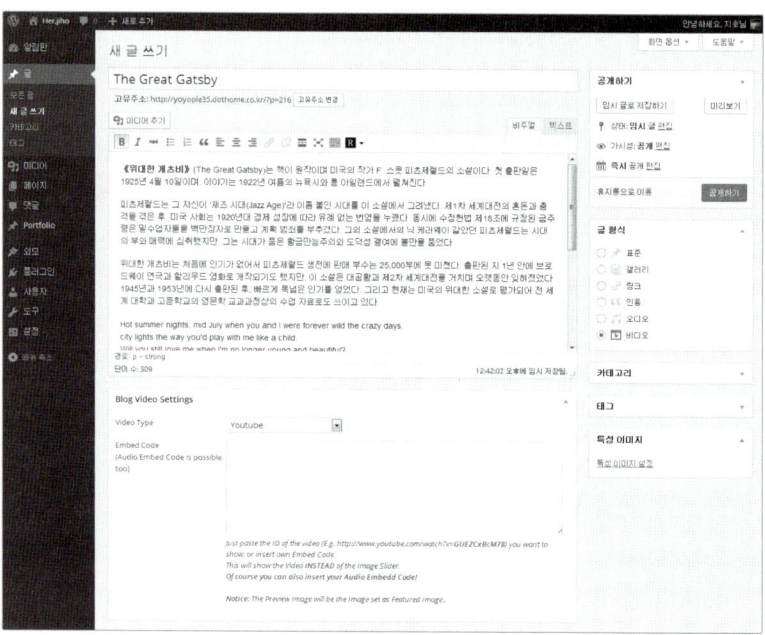

■ 그림 7-68. Add new post

Chapter 07   Lesson 08

Jarvis 테마 옵션 분석하기

테마 옵션을 통해 조금 더 세밀한 부분까지 커스터 마이징합니다.

01 [외모]-[Theme Options]로 들어가면 테마 옵션 페이지가 나옵니다. 테마 옵션은 테마마다 성격이나 기능이 다르기 때문에 해당 테마의 항목들을 꼼꼼히 분석 해야만 원하는 형태의 커스터 마이징이 가능합니다. 만들려는 사이트의 결과물에 따라서 필요한 옵션들을 변경해줍니다. 여기서는 1a8fad 색상을 사용하였고, 미리 제작해놓은 이미지를 파비콘으로 사용할 수 있게 업로드하였습니다.

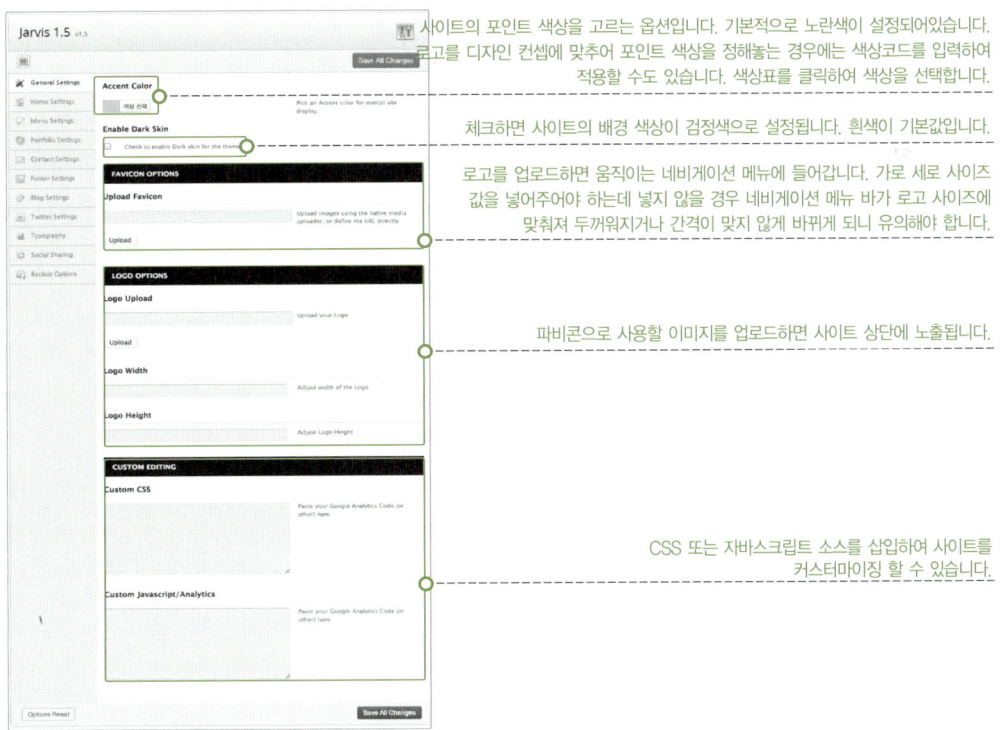

■ 그림 7-69. General settings

↔_tip_

Jarvis 1.5 버전의 환경 설정 기능 살펴보기

Jarvis 1.5 버전의 Home setting, Menu Settings, Portfolio Settings, Google map settings, Footer styling, BLOG Settings, Typography Social Sharing, Backup Options 설정 메뉴를 참조하여 포트폴리오 홈페이지를 설정합니다.

• Home setting

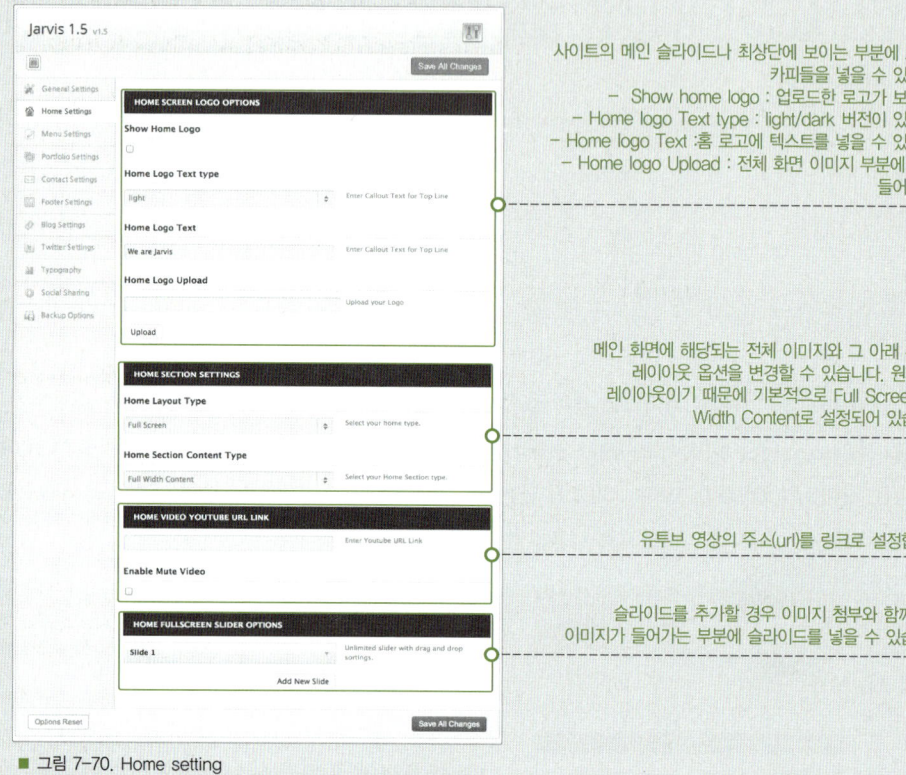

사이트의 메인 슬라이드나 최상단에 보이는 부분에 로고 및 카피들을 넣을 수 있습니다.
- Show home logo : 업로드한 로고가 보입니다.
- Home logo Text type : light/dark 버전이 있습니다.
- Home logo Text : 홈 로고에 텍스트를 넣을 수 있습니다.
- Home logo Upload : 전체 화면 이미지 부분에 로고가 들어갑니다.

메인 화면에 해당되는 전체 이미지와 그 아래 부분의 레이아웃 옵션을 변경할 수 있습니다. 원페이지 레이아웃이기 때문에 기본적으로 Full Screen/Full Width Content로 설정되어 있습니다.

유투브 영상의 주소(url)를 링크로 설정합니다.

슬라이드를 추가할 경우 이미지 첨부와 함께 메인 이미지가 들어가는 부분에 슬라이드를 넣을 수 있습니다.

■ 그림 7-70. Home setting

• Menu Settings

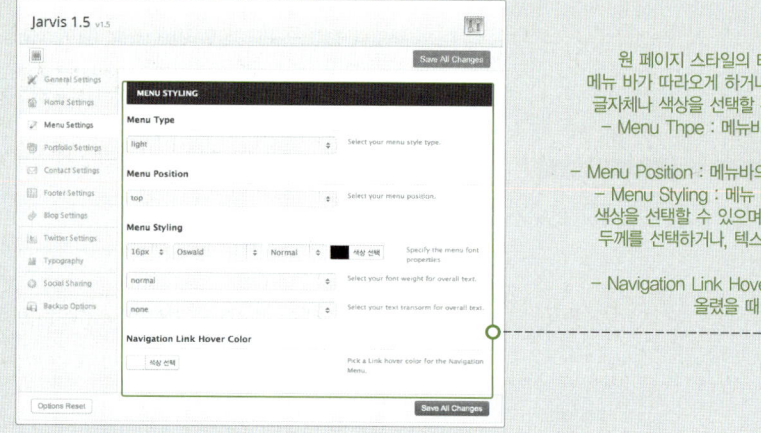

원 페이지 스타일의 테마이지만 스크롤을 내렸을때 메뉴 바가 따라오게 하거나, 메뉴 바에 작성할 메뉴들의 글자체나 색상을 선택할 수 있는 스타일링 옵션입니다.
- Menu Thpe : 메뉴바 그라의 스타일(light/dark)을 선택합니다.
- Menu Position : 메뉴바의 위치를 선택할 수 있습니다.
- Menu Styling : 메뉴 바의 서체 크기, 종류, 스타일, 색상을 선택할 수 있으며, 그 밖에 전체 텍스트의 글꼴 두께를 선택하거나, 텍스트가 영문일 경우 대문자로만 적용되도록 설정합니다.
- Navigation Link Hover Color : 메뉴바에 마우스를 올렸을 때 변경되는 색상을 설정합니다.

■ 그림 7-71. Menu settings

• Portfolio Settings

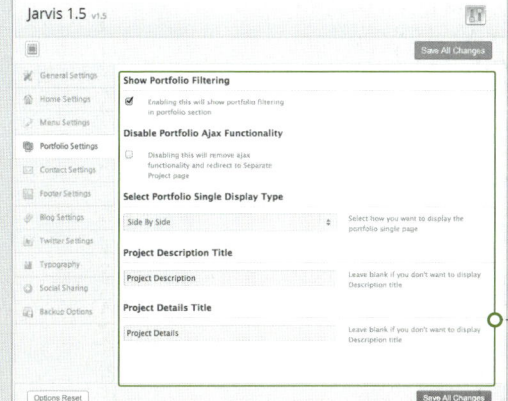

- Show Portfolio Filtering : 포트폴리오 메뉴에 작은 카테고리드를 볼 수 있게 설정합니다. 카테고리를 누르면 해당 카테고리의 포트폴리오 콘텐츠만 재정렬됩니다.
- Disable Protfolio Ajax Functionality : 포트폴리오 메뉴가 개별 페이지로 떨어져 나옵니다.
- Select Portfolio Single Display Type : Side By Side를 선택하면 이미지와 함께 오른쪽 콘텐츠 내용이 노출되고, Full width을 선택하면 포트폴리오 이미지가 사이즈에 맞추어 풀스크린으로 뜨고 콘텐츠 내용은 하단에 노출됩니다.
- Project Description Title : 콘텐츠의 제목을 바꿔주는 옵션입니다. 설명하는 부분의 제목을 표시하지 않으려면 비워두면 됩니다.
- Project Details Title : 콘텐츠의 디테일 타이틀을 바꿔주는 옵션입니다.

■ 그림 7-72. Portfolio settings

• Google map settings

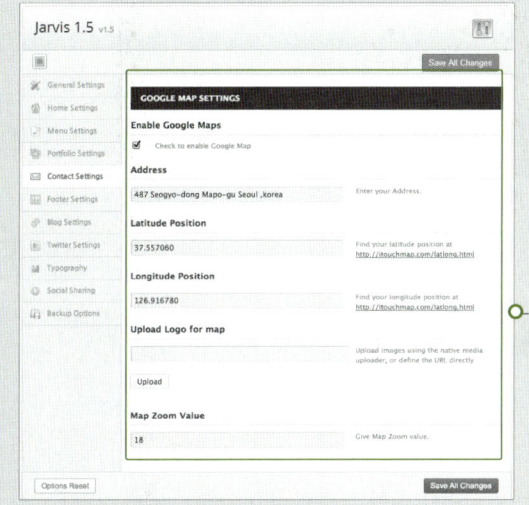

- Enable Google Maps : 구글맵을 사용합니다.
- Address : 주소를 입력합니다.
- Latitude Position : URL을 클릭하여 주소를 입력하면 나타나는 위도 값을 입력합니다.
- Longitude Position : 주소를 입력하면 나타나는 경도 값을 입력합니다.
- Upload Logo for map : 지도에 표시될 작은 로고 이미지를 삽입합니다.
- Map Zoom Value : 지도의 배율을 결정합니다. 15~18정도가 적당합니다.

■ 그림 7-73. Google map settings

■ Google map

• Footer styling

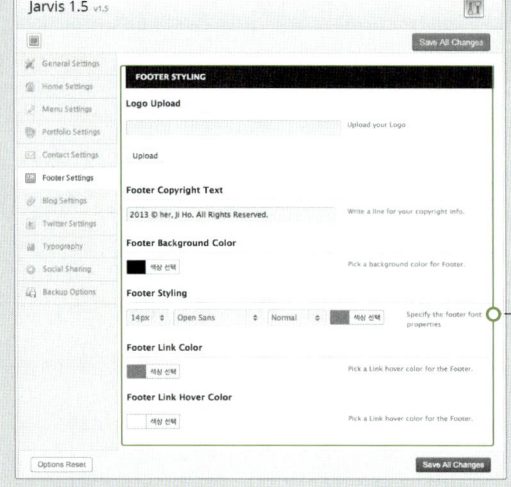

- Logo Upload : 로고를 넣으면 푸터 부분 로고가 나옵니다.
- Footer Copyright Text : 저작권 표시, 업체 정보 등을 입력할 수 있습니다.
- Footer Background Color : 푸터 부분의 배경 색상을 변경할 수 있습니다.
- Footer Styling : 푸터의 글자체와 사이즈, 색상을 변경할 수 있습니다.
- Footer Link Color : 링크가 설정되는 부분의 색상을 변경할 수 있습니다.
- Footer Link Hover Color : 링크가 설정되는 부분에 마우스를 올렸을 때 바뀌는 글자 색상을 변경할 수 있습니다.

■ 그림 7-74. Footer settings

• BLOG Settings

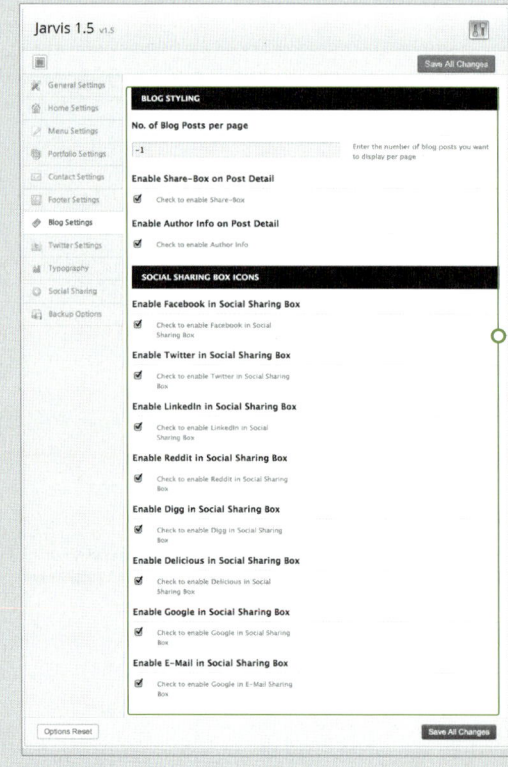

- No of Blog per page : 블로그에 표시할 게시물의 개수를 지정합니다.
- Enable Share-Box on Post Detail : 포스트를 공유할 수 있는 쉐어 박스를 표시합니다.
- Enable Author Info on Post Detail : 글 작성자의 정보를 보여줄 것인지 정할 수 있습니다.
- SOCIAL SHARING BOX ICONS : SNS에 공유할 수 있는 아이콘이 생성됩니다. 자주 사용하는 SNS를 선택할 수 있습니다.

■ 그림 7-75. Blog settings

• Typography

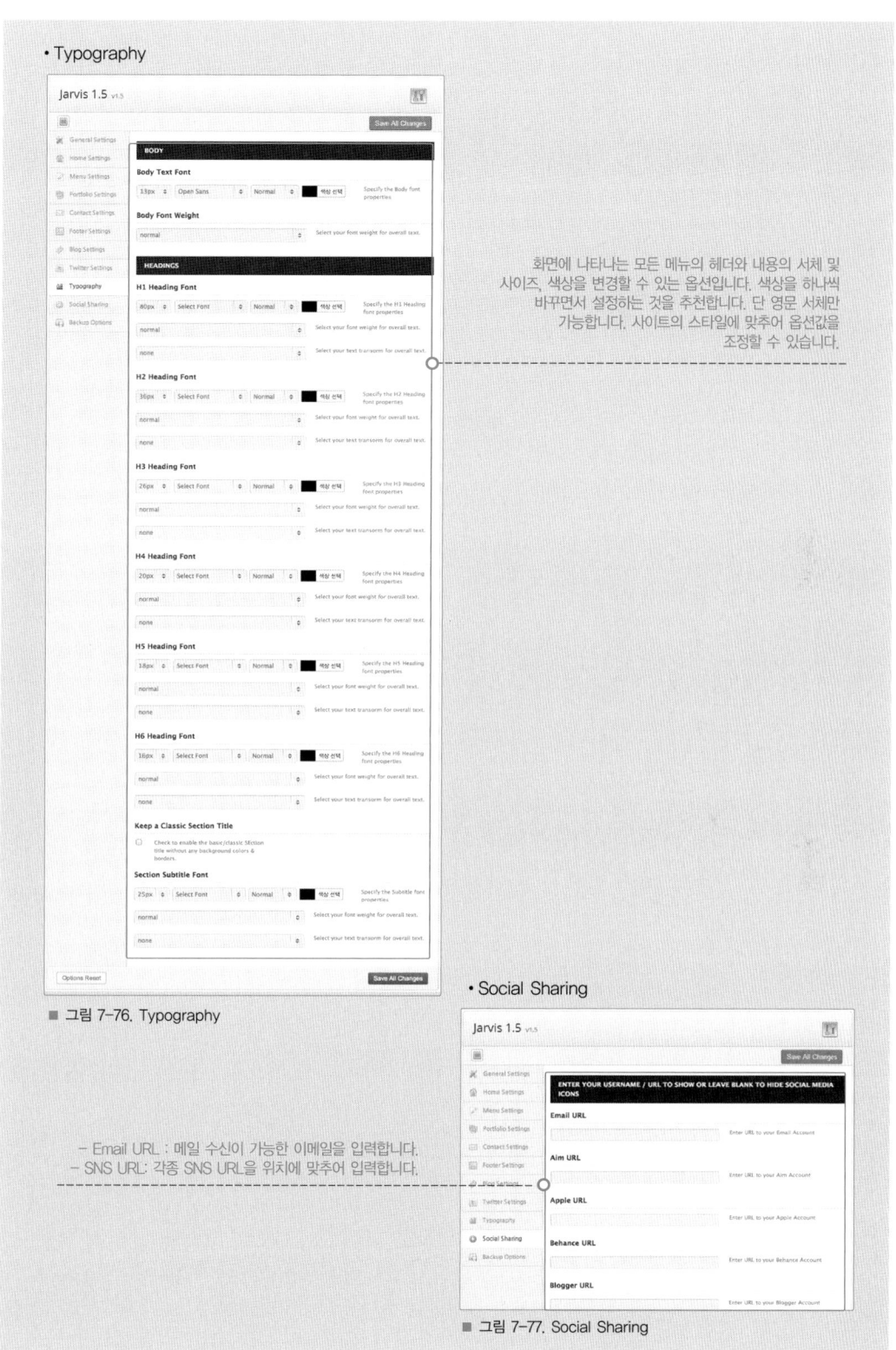

화면에 나타나는 모든 메뉴의 헤더와 내용의 서체 및 사이즈, 색상을 변경할 수 있는 옵션입니다. 색상을 하나씩 바꾸면서 설정하는 것을 추천합니다. 단 영문 서체만 가능합니다. 사이트의 스타일에 맞추어 옵션값을 조정할 수 있습니다.

■ 그림 7-76. Typography

• Social Sharing

- Email URL : 메일 수신이 가능한 이메일을 입력합니다.
- SNS URL: 각종 SNS URL을 위치에 맞추어 입력합니다.

■ 그림 7-77. Social Sharing

Chapter 07_ 포트폴리오 사이트 만들기 **451**

• Backup Options

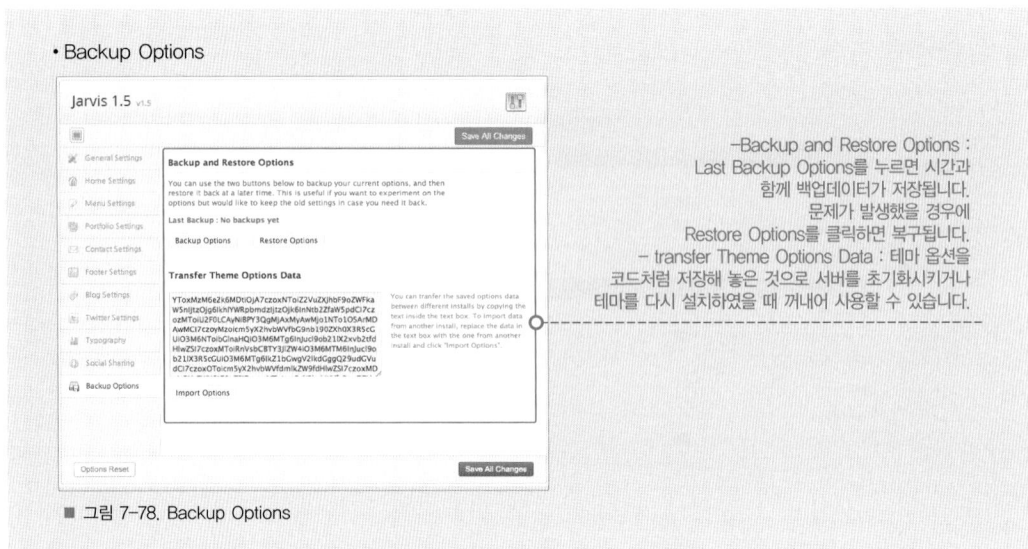

■ 그림 7-78. Backup Options

-Backup and Restore Options :
Last Backup Options를 누르면 시간과
함께 백업데이터가 저장됩니다.
문제가 발생했을 경우에
Restore Options를 클릭하면 복구됩니다.
- transfer Theme Options Data : 테마 옵션을
코드처럼 저장해 놓은 것으로 서버를 초기화시키거나
테마를 다시 설치하였을 때 꺼내어 사용할 수 있습니다.

플러그인 설치하기

Javis 테마에는 기본적으로 3개의 플러그인(MailChimp for WP, Post Types Order, Revolution Slider)이 설치되어 있으며, 이 중에서 Revolution Slider은 유료 플러그인입니다. 여기서는 3가지 플러그인을 사용하지는 않으므로 주요 기능들만 설명하겠습니다.

01 알림판에서 [외모]-[Install Plugins] 메뉴를 선택하면 다음과 같은 화면이 보입니다. 각 플러그인은 플러그인 제목 앞의 선택 박스를 체크한 후 [활성화/비활성화]를 설정할 수 있습니다.

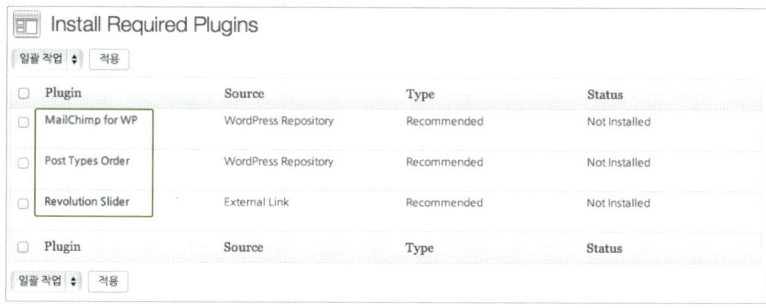

■ 그림 7-79. Intall required plugins

> ↔ _tip_
>
> **javis 테마의 기본 플러그인 기능**
> javis 테마의 3가지 기본 플러그인의 주요기능은 다음과 같습니다.
> ❶ **MailChimp for WP** : 지정된 사용자들에게 뉴스레터를 쉽게 보낼 수 있는 대량 메일 발송 솔루션입니다. 템플릿은 물론 통계, 답장 관리 및 페이스북 연동, 관리용 모바일 앱, API 등을 제공하기 때문에 매우 편리한 서비스입니다. 설정 시 해당 사이트에 접속해서 MailChimp API key를 받아서 Key값을 복사해서 해당 필드에 넣어주면 적용이 됩니다.
> ❷ **Post Types Order** : 드래그 및 정렬이 가능한 자바 스크립트 기능을 이용하여 포스팅의 순서나 옵션값을 간편하게 재정리할 수 있는 플러그인입니다.
> ❸ **Revolution Slider** : 다른 테마에서도 많이 사용되고 있는 레볼루션 슬라이더는 많은 이미지들을 슬라이드로 생성하여 글 안에 첨부하거나 특성 이미지를 슬라이드로 적용할 수 있습니다.

02 각종 플러그인 설치가 완료되면 사이트 제작이 완성됩니다. 다음 허지호닷컴(www.herjiho.com) 포트폴리오 사이트는 이 장에서 소개된 javis 테마의 실습 내용으로 만들었습니다. 여러분들이 만든 사이트와 비교해서 잘되었는지 확인한 후 적용하지 않은 부분이 있는 경우 해당 부분을 수정합니다.

■ 그림 7-80. 완성 사이트

 Chapter 07 >>> Lesson 10 >>>

웹호스팅에 유용한 사항들

이번 섹션에서는 사이트 운영 시 유용한 팁에 대해서 설명하도록 하겠습니다. 포트폴리오 사이트가 일반적으로 고해상도의 이미지를 많이 올리게 되므로 호스팅 용량을 절약하는 방법, 숏 코드를 생성해서 쉽게 처리하는 방법 등에 대해서 알아보도록 하겠습니다.

Google Drive를 이용해 호스팅 용량 절약하기

일반적으로 워드프레스에 이미지를 업로드하면 한 개의 이미지가 사이즈 별로 수정되어 중복된 이미지가 한번에 저장되기 때문에 웹 호스팅 용량이 부족하게 됩니다. 이런 경우에는 대부분의 경우는 웹 호스팅 업체에서 제공하는 이미지 호스팅을 사용합니다. 그 외 드랍박스를 이용하는 경우도 있습니다. 하지만 구글 드라이브를 이용하면 무료로 웹 호스팅 용량을 절약할 수 있습니다.

Google 계정을 만들면 15GB의 웹하드 용량을 얻을 수 있습니다. 구글 드라이브를 이용하려면 구글 계정이 있어야 합니다. 구글 계정이 있는 경우 이 과정을 실습하지 않아도 무관합니다.

01 구글 사이트(google.co.kr)에서 [로그인] 버튼을 클릭한 후 우측 상단에서 [누구] 또는 [로그인] 버튼을 클릭하고 [가입하기]를 클릭합니다.

■ 그림 7-81. Google 메인 화면

02 Google 계정 만들기 페이지에서 개인정보를 입력한 후 [다음 단계] 버튼을 클릭하여 계정을 만들고 로그인합니다.

■ 그림 7-82. Google sign up

03 구글에 로그인한 후 우측 상단의 바둑판 메뉴를 누르고 드라이브를 클릭합니다.

■ 그림 7-83. Google drive

04 구글 드라이브 공유폴더 만들기 위해 구글 드라이브 페이지 왼쪽 상단의 [만들기]-[폴더]를 메뉴를 클릭합니다.

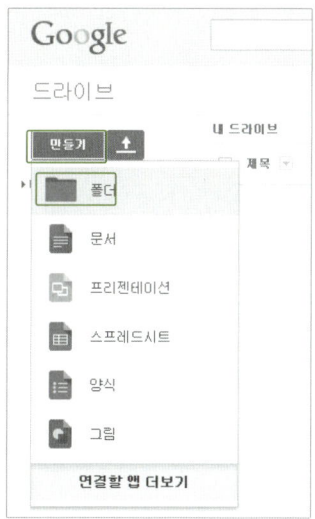

■ 그림 7-84. Create folder

05 "새 폴더의 이름을 입력하세요." 창이 나타나면 폴더 이름을 입력하고 [만들기] 버튼을 클릭합니다.

■ 그림 7-85. Create folder 2

Chapter 07_ 포트폴리오 사이트 만들기 **457**

06 폴더를 선택한 후 [더보기]-[공유]-[공유] 메뉴를 클릭합니다.

■ 그림 7-86. Create folder 3

07 공유 설정 창이 나타나면 비공개의 [변경…]을 클릭합니다.

■ 그림 7-87. Create folder 4

08 공유 옵션 항목 중 [웹에 공개] 버튼을 선택한 후 [저장] 버튼을 클릭하고 [완료] 버튼을 클릭합니다. 웹에 공개를 설정해야 Google Driver에 업로드한 이미지를 url로 액세스가 가능합니다.

■ 그림 7-88. Create folder 5

09 [업로드] 버튼을 클릭한 후 [파일] 메뉴를 선택한 후 이미지 파일을 선택하고 [업로드 및 공유] 버튼을 클릭하여 업로드합니다.

■ 그림 7-87. Google drive - File upload

10 url로 공유 폴더를 접근하려면 공유옵션에서 설정한 폴더의 KEY 값을 알고 있어야 합니다. 폴더 내에서 url을 살펴보면 KEY 값, 여기서는 0B9fjmb5APDC0b29NcFFITWIYSGc라고 적혀있습니다.

■ 그림 7-90. Google drive - key url

11 구글 드라이브에서 가져온 url 이미지들은 워드프레스 알림판의 [미디어]-[라이브러리]의 [파일 올리기]로 업로드하고, [페이지]-[새 페이지 추가] 메뉴를 선택한 후 [미디어추가] 버튼을 클릭하고 [URL에서 삽입하기] 메뉴를 선택한 후 Google Driver에 업로드한 이미지 url을 붙여넣어야 합니다. 그렇기 때문에 특성 이미지에는 적용되지 않습니다.

■ 그림 7-91. Insert from URL

12 URL의 처음 부분인 https://googledrive.com/host/ 부분은 공통이며, 그 뒤에 공유설정을 해놓은 폴더의 KEY값을 붙여 넣기하고, 가장 마지막 부분에 이미지 제목을 넣어주어 URL을 완성합니다.

```
https://googledrive.com/host/폴더KEY/이미지
https://googledrive.com/host/폴더KEY/폴더/이미지
```

하위 폴더 및 파일은 자동으로 공유 설정됩니다. [공개하기] 버튼을 클릭하여 포스트 내용을 확인합니다. Google Driver에 등록된 이미지가 보이는 것을 확인할 수 있습니다.

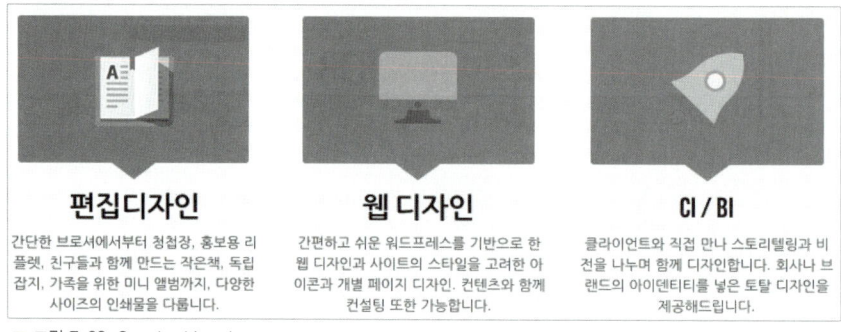

■ 그림 7-92. Google driver image

> **_tip_**
> Google Drive에 등록한 이미지는 포스트 내에서만 사용할 수 있습니다. 특성 이미지는 워드프레스에 등록된 이미지를 불러온 후 사용하기 때문에 이미지 사이즈를 최소한으로 만든 후 업로드합니다.

Code snippet 플러그인을 이용한 숏코드 만들기

구글 드라이브를 이용한 이미지를 가져오는 방법에 알아보았습니다. 이번에는 구글 드라이브에 업로드한 이미지들을 콘텐츠에 넣어주는 html 코드를 숏코드로 만들어 구글 드라이브에 업로드 해놓은 이미지의 제목만 입력하면 사용할 수 있게 만드는 플러그인이 있습니다.

01 알림판에서 [플러그인]-[플러그인 추가하기] 메뉴를 선택한 후 검색창에서 'code snippets'를 검색합니다. 검색 결과 중 사용자 별점을 가장 많이 받은 code snippets의 [지금 설치하기]를 클릭하여 설치합니다.

■ 그림 7-93. code snippets 설치

02 [플러그인을 활성화]를 클릭하여 플러그인을 활성화시킵니다.

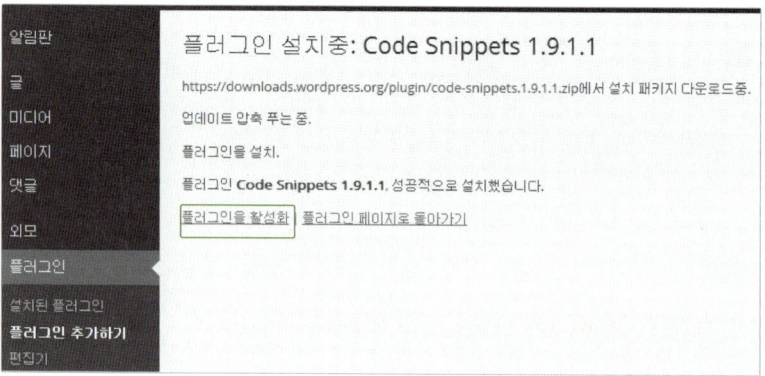

■ 그림 7-94. code snippets 활성화

03 Code snippets 플러그인은 중급 수준의 HTML이나 숏코드가 만들어지는 방식을 이해하는 수준의 코딩을 할 줄 알아야 하므로, 자세히 알기 보다는 예시 코드를 보고 복사해서 붙여 넣어 사용하시는 것을 권장합니다. 알림판에서 [Snippets]-[Add New] 메뉴를 클릭한 후 아래와 같이 제목, 코드(Code), 주석(Description)을 작성한 후 [변경 사항 저장] 버튼을 클릭합니다.

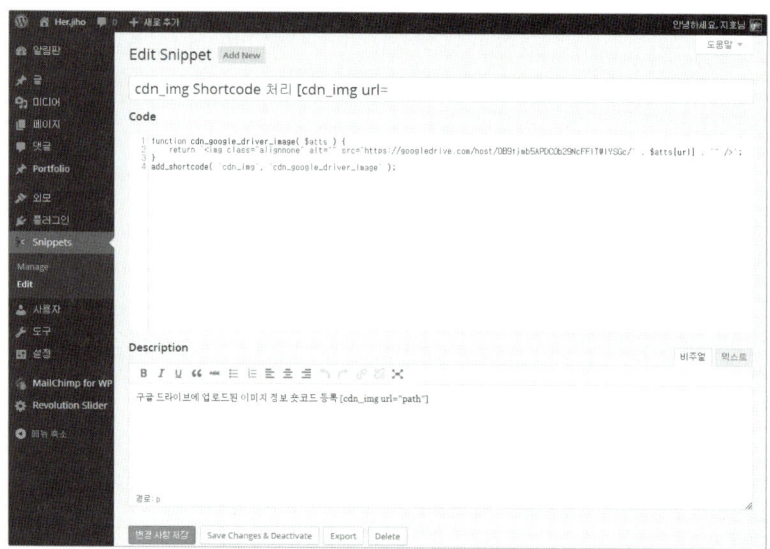

■ 그림 7-95. Add new snippet

```
function cdn_google_driver_image( $atts ) {
    return '<img class="alignnone" alt="" src="구글 드라이브의 폴더의 KEY 값' . $atts[url] . '" />';
}
add_shortcode( 'cdn_img', 'cdn_google_driver_image' );
```

설명(Discription)란에도 필요한 내용을 넣습니다.

```
구글 드라이브에 업로드된 이미지 정보 숏코드 등록 [cdn_img url="업로드 할 파일제목"]
```

위와 같이 숏코드를 생성한 후 공유 가능한 구글 드라이브에 이미지를 업로드하고 그 이미지의 제목만 다음과 같이 숏코드의 따옴표 사이에 넣어줍니다.

```
[cdn_img url="파일 이름"]
```

04 여기서는 [글]-[새 글쓰기] 메뉴를 클릭한 후 다음 화면 처럼 숏코드를 넣고 본문 내용을 작성한 후 [공개하기] 버튼을 클릭합니다.

■ 그림 7-96. Short code snippet test 1

05 다음과 같이 사이트에서 적용된 것을 확인할 수 있습니다. 이밖에 다른 복잡한 코드들을 code snippets을 사용하여 숏코드로 만들어 사용할 수 있습니다.

■ 그림 7-97. Short code snippet test 2

학교의 학과별 사이트, 동아리 사이트 등 회원가입과 관리가 필요하고 회원간의 상호 커뮤니케이션을 위한 커뮤니티 사이트를 구축하고 싶다면 워드프레스에서 가장 다양하고 유용한 기능을 제공하는 '버디프레스'를 이용합니다. 이 장에서는 버디프레스(Buddypress) 전용 테마인 'buddy' 테마를 활용하여 커뮤니티 사이트를 만드는 방법을 살펴보겠습니다.

워드프레스
실전 사이트 제작북

커뮤니티 사이트 만들기

Chapter 08

Lesson **01** 커뮤니티형 테마 선정하기
Lesson **02** 커뮤니티 사이트 구축을 위한 기본 설정하기
Lesson **03** 사이트 콘텐츠 만들기
Lesson **04** 친구 맺기와 그룹 생성하기
Lesson **05** 커뮤니티 사이트에 다양한 기능 업데이트하기

Chapter 08   Lesson 01

커뮤니티형 테마 선정하기

버디프레스는 워드프레스 제작된 사이트 안에서 커뮤니티를 만들어 다양한 커뮤니케이션을 가능하게 해 주는 플러그인(Plugin)입니다. 최근에는 버디프레스를 이용한 테마들이 많이 생성되어서 워드프레스의 대표 테마들 카테고리에서 한 축을 이루고 있습니다.

국내서 많이 쓰는 '네이버 카페'나 '다음 카페' 같은 커뮤니티 사이트들의 형태를 손쉽게 만들 수 있도록 도와주는 커뮤니티 사이트 구축용 빌더(Bulider)라고 볼 수 있습니다.

버디프레스 테마 선정하기

버디프레스를 사용하기 위해서는 워드프레스에 버디프레스 플러그인을 설치합니다. 하지만 사용하려는 워드프레스 테마가 버디프레스를 지원하지 않을 경우 플러그인 설치 시 테마가 최적화 되지 못하고 레이아웃이 흐트러지게 됩니다. 이러한 이유 때문에 버디프레스 플러그인을 활용한 커뮤니티 사이트 제작 시에는 버디프레스 전용 테마를 사용할 것을 권장합니다.

버디프레스 전용 테마들을 살펴보도록 하겠습니다. 앞장에서 대부분의 유료 테마들이 테마포레스에 테마를 선택했듯이 버디프레스도 테마포레스에서 찾아보겠습니다.

01 테마포레스 사이트(http://www.themeforest.net/)에 접속한 후 [WordPress]-[BuddyPress] 메뉴를 클릭하면 워드프레스 테마들이 나오는데, 이들 테마들은 버디프레스 전용 테마입니다.

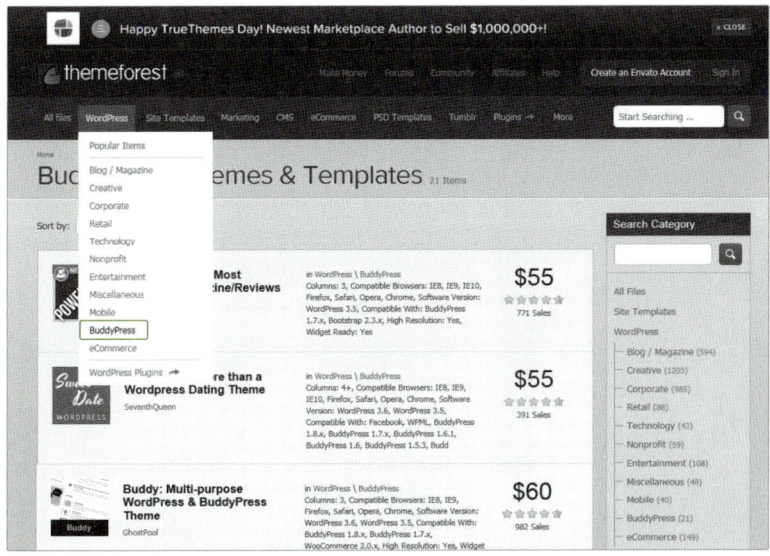

■ 그림 8-1 buddy 전용 테마

02 테마를 선정할때는 제공하는 기능, 호환 브라우저 등을 꼼꼼하게 체크하고 구축하려는 사이트의 컨셉을 잘 표현할 수 있는 테마를 고르는 것이 중요합니다. 어떤 테마를 선정해야 할지 고민될 때는 추천 순(sort by Rating), 혹은 판매 순(sort by Sales)으로 정렬한 후 그 중에서 선택하면 좋습니다. 최종 후보 중 선택이 망설여질 때에는 SNS나, 카페에 설문조사 형식으로 주변의 의견을 물어보는 것도 도움이 됩니다.

단, 설문에 응하는 사람들은 워드프레스에 대하여 조금은 알고 있어야 더 도움이 되는 결과를 얻을 수 있습니다. 만약 여러분들이 버디프레스 테마 선정에 관련된 설문을 한다면, 워드프레스와 커뮤니티에 대해서 어느 정도 지식을 가지고 있는 지인들을 대상으로 설문하는 것이 좋습니다.

이 장에서는 커뮤니티 연합 사이트인 '시솝클럽' 사이트를 버티프레스 테마로 리뉴얼하여 제작할 것입니다. 필자는 제작에 사용할 버디프레스 테마 중 2개를 선별하여 최종 설문조사를 통해 선정한 결과 buddy 테마로 선정하였습니다.

■ 그림 8-2 버디프레스 테마 설문조사

Buddy 테마 살펴보기

앞에서 정한 buddy 테마에 대해서 기본적으로 어떠한 특징과 기능을 가지고 있는지 알아보도록 하겠습니다.

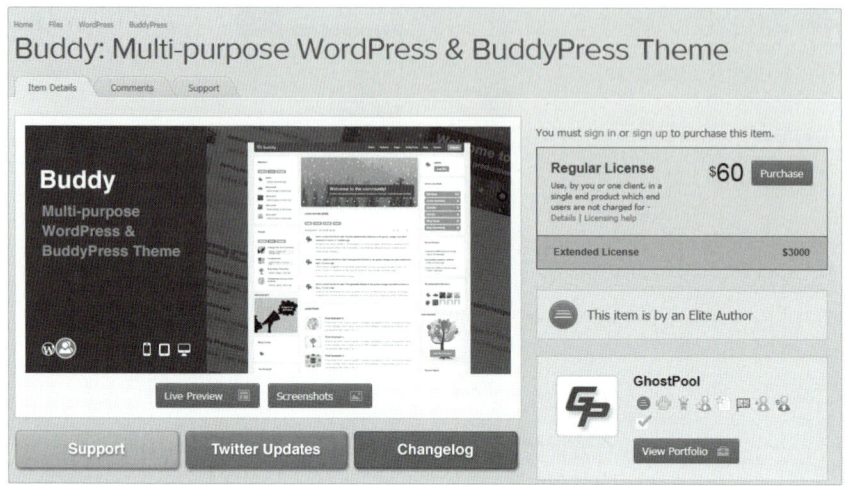

■ 그림 8-3 buddy 테마

Buddy 테마는 IE8, IE9, 파이어폭스, 사파리, 오페라, 크롬 브라우저를 지원하고, 워드프레스 3.6, 3.5버전을 지원합니다. BuddyPress 1.8.X, BuddyPress 1.7.x, 2.0.x와 호환되고 WooCommerce도 지원합니다. 반응형 테마이고, SEO(검색 엔진 최적화)가 지원됩니다. 그 밖에도 많은 기능들을 제공합니다. 자세한 내용은 buddy 테마 사이트(http://goo.gl/DRO1h3)에서 확인하실 수 있습니다.

> **_tip_**
>
> 반응형 테마란? PC와 모바일기기에서 사이즈가 유연하게 보여지는 테마입니다. 즉 PC용 사이트, 모바일용 사이트를 별도로 구축할 필요가 없습니다. 워드프레스 테마는 대부분 반응형 테마입니다.
> 검색 엔진 최적화란? 검색엔진의 검색 방식에 최적화하여 검색엔진 검색 결과 최적의 상태로 만들어 검색 결과에 노출되게하는 사이트 구조화를 의미합니다. 워드프레스는 검색 엔진 최적화(SEO)에 최적화된 CMS입니다.

이제 buddy 테마를 이용하여 본격적으로 시솝들의 모임인 시솝클럽 사이트(http://ilovecafe.kr/)를 만들어보도록 하겠습니다.

■ 그림 8-4 buddy 테마로 제작한 시솝클럽 사이트

Buddy 테마 설치하기

buddy 테마를 설치합니다. 도메인등록, 웹호스팅, 워드프레스 설치 등에 관한 사항은 워드프레스 홈페이지 카페(cafe.naver.com/wphome)의 [Tip 설치]게시판, 홍마리오 또는 FOTH님 게시글을 참조합니다.

01 buddy 테마구입 후 [다운로드] 버튼을 클릭하여 다운로드합니다.

■ 그림 8-5 테마 구매 및 다운로드

02 알림판에서 [외모]-[테마]- [업로드] 메뉴를 선택합니다. 테마 설치 페이지에서 [파일선택] 버튼을 클릭한 후 다운로드한 buddy 테마 압축 파일을 선택하고 [지금 설치하기] 버튼을 클릭하여 설치합니다.

■ 그림 8-6 buddy 테마 설치

Chapter 08 　　Lesson 02

커뮤니티 사이트 구축을 위한 기본 설정하기

버디프레스는 다른 워드프레스 사이트와는 달리 기본적으로 설치해야 할 플러그인들이 있습니다. 여기서는 커뮤니티 사이트 구축에 필요한 기본적인 사항을 설정해보겠습니다.

buddy 테마에서 제공하는 플러그인 설치하기

buddy 테마에서 제공하는 플러그인을 설치합니다.

01 Buddy 테마를 설치한 후 [외모] 메뉴에 [Install Plugins]라는 메뉴가 생성되었음을 확인할 수 있습니다. Buddy 테마에서는 BuddyPress Community stats라는 테마 자체의 플러그인을 제공합니다. [Install Plugins] 메뉴를 선택하고 [BuddyPress Community stats]에 마우스 오버한 후 [Install]을 클릭합니다.

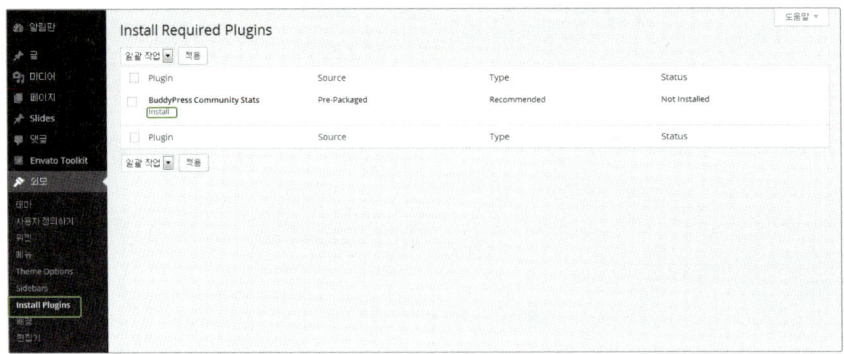

■ 그림 8-7 테마 지원 플러그인 활성화 1

02 플러그인이 설치됩니다. BuddyPress Community Stats 플러그인은 자동으로 활성화되므로, 설치완료 후 [활성화]를 클릭하는 부분이 보이지 않습니다.

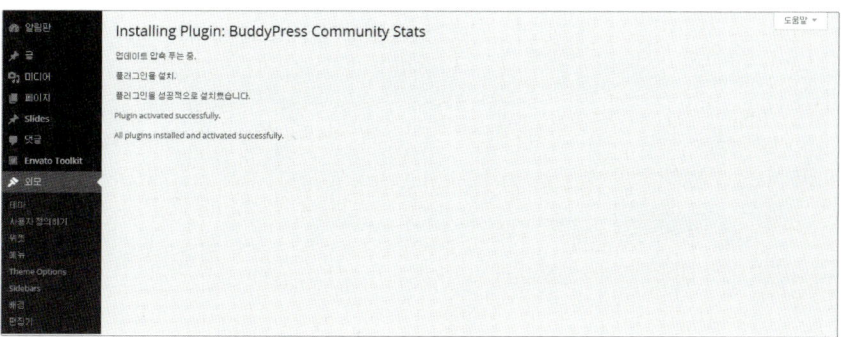

■ 그림 8-8 테마 지원 플러그인 활성화 2

03 플러그인이 설치되었음을 확인할 수 있습니다.

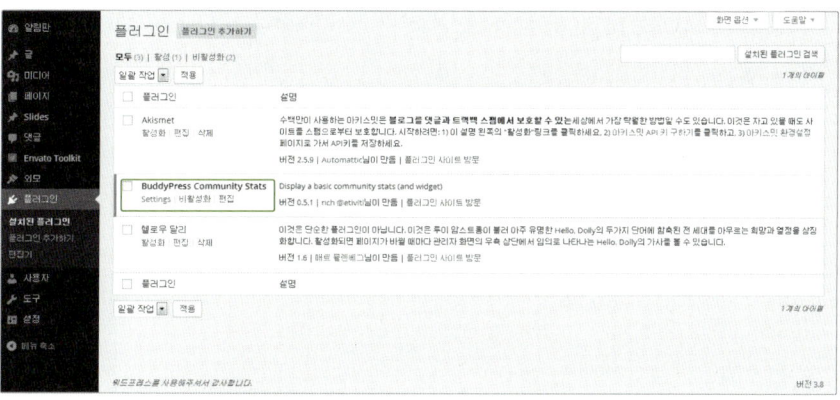

■ 그림 8-9 테마 지원 플러그인 활성화 3

버디프레스 플러그인 설치하기

버디프레스 전용 테마를 설치하면 버디프레스 플러그인을 설치하지 않아도 커뮤니티 기능을 사용할 수 있는 것으로 알고 계신 분들이 있는데, 이는 잘못 알고 계신 부분입니다. 테마 설치 후 커뮤니티기능 구현을 위해서는 반드시 버디프레스 플러그인을 설치해주어야 합니다.

01 [플러그인] – [플러그인 추가하기] 메뉴를 클릭한 후 검색창에 buddypress를 입력한 뒤 [플러그인 검색] 버튼을 클릭합니다.

■ 그림 8-10 buddypress 플러그인 설치 1

02 표시된 검색 결과 중 Buddypress 플러그인의 [지금 설치하기]를 클릭합니다. 1.8.1 버전을 설치해 보도록 하겠습니다.

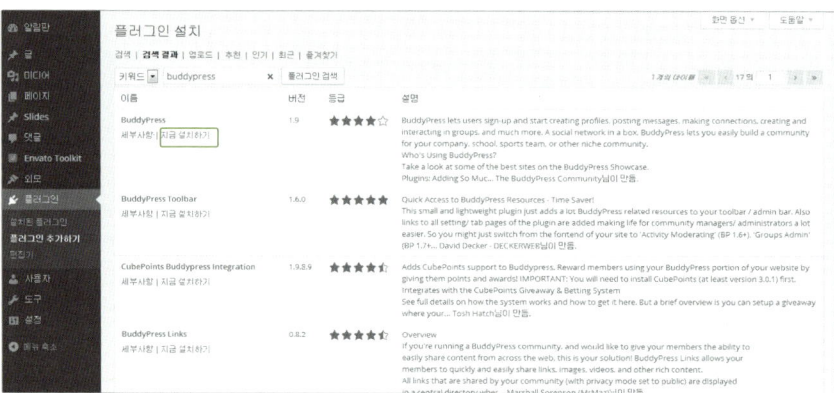

■ 그림 8-11 buddypress 플러그인 설치 2

03 플러그인이 성공적으로 설치되면 [플러그인을 활성화]를 클릭합니다.

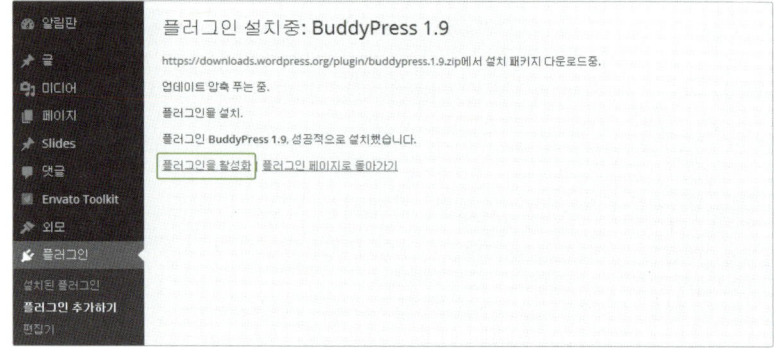

■ 그림 8-12 buddypress 플러그인 설치 3

04 버디프레스 플러그인이 활성화되었습니다.

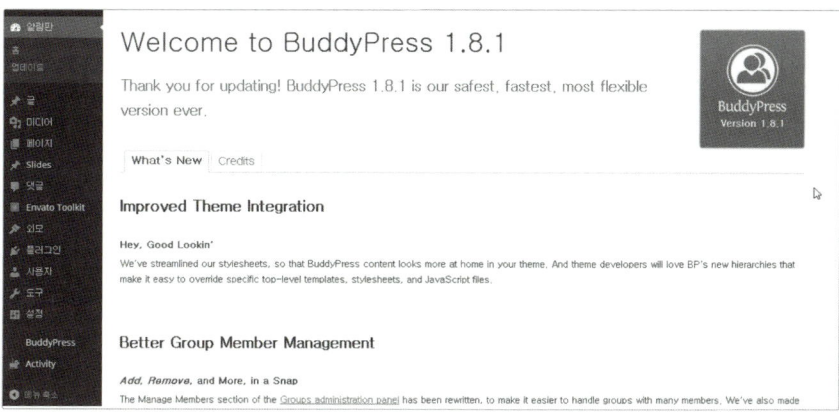

■ 그림 8-13 buddypress 플러그인 설치 4

버디프레스 플러그인 설정하기

버디프레스 플러그인이 설치되면 구성요소를 확인해야 합니다.

고유주소 업데이트하기

01 알림판에서 [설정] - [버디프레스] 메뉴를 클릭합니다. "고유주소를 업데이트해야 합니다." 메시지가 나타나면 [고유주소 업데이트] 버튼을 클릭합니다.

■ 그림 8-14 고유주소 업데이트

02 고유주소의 설정은 기본으로 되어 있습니다. 버디프레스가 제대로 작동하려면 기본 설정이 아닌 내용으로 업데이트해야 합니다.

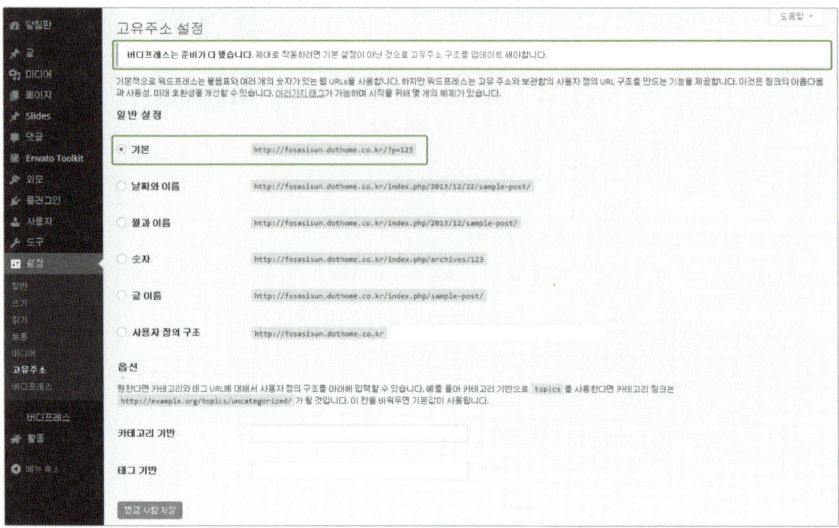

■ 그림 8-15 고유주소 설정

03 여기서는 숫자로 변경하여 보겠습니다. 다른 것으로 변경해도 무관합니다. 숫자를 체크한 후 [변경사항 저장] 버튼을 클릭합니다.

■ 그림 8-16 고유주소 설정변경

구성요소 설정하기

01 [설정] - [버디프레스] 메뉴를 클릭한 후 [구성요소] 탭을 설정합니다. 기본적으로 활성화되어 있는 것은 확장프로필, 계정설정, 활동흐름, 통지, 버디프레스 코어, 커뮤니티 회원으로 총 6가지 항목입니다.

■ 그림 8-17 버디프레스 구성요소 설정하기

02 오른쪽의 설명을 참조하여 자신의 사이트에 필요한 항목들을 체크하고 [설정 저장하기] 버튼을 클릭합니다.

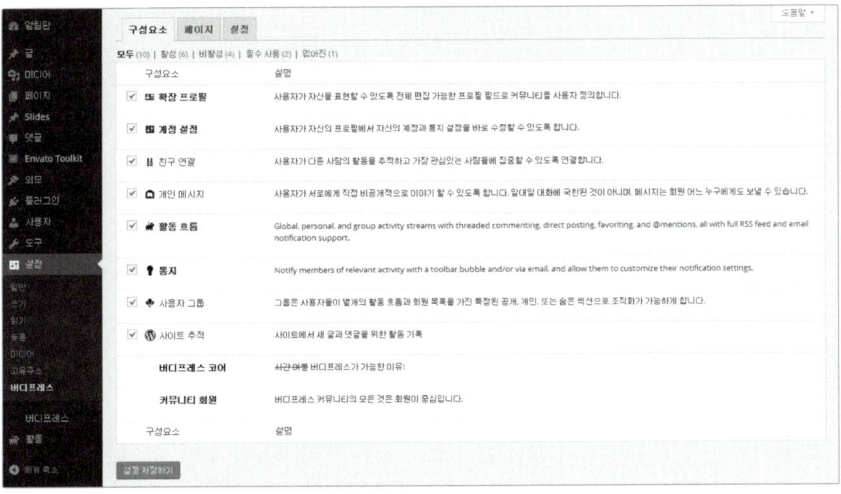

■ 그림 8-18 버디프레스 구성요소 설정 저장하기

버디프레스 플러그인 페이지 설정하기

01 [설정] – [버디프레스] 메뉴를 선택한 후 [페이지] 탭에서는 디렉터리와 등록페이지를 지정합니다. 활동 흐름, 사용자그룹, 회원 부분은 자동으로 설정되어 있습니다. 등록하기, 활성화 부분의 페이지를 만든 후 [설정 저장하기] 버튼을 클릭하여 적용합니다.

■ 그림 8-19 buddypress 플러그인 페이지 설정

02 [페이지] – [새 페이지 추가] 메뉴를 선택한 후 새 페이지를 추가합니다. Register, Activate 페이지를 각각 생성합니다. 제목을 입력하고 [공개하기] 버튼을 눌러 각각 페이지를 만듭니다.

■ 그림 8-20 Register 페이지 생성

■ 그림 8-21 Activate 페이지 생성

03 [페이지] - [모든페이지] 메뉴를 클릭하면 Register, Activate 페이지가 만들어진 것을 확인할 수 있습니다. 그 외의 페이지들은 자동으로 생성되어 있던 페이지들입니다.

■ 그림 8-22 생성된 페이지 목록

04 [설정] - [버디프레스] 메뉴를 선택한 후 [페이지] 탭을 클릭합니다. 다음과 같이 설정한 후 [설정저장하기] 버튼을 클릭합니다.

■ 그림 8-23 buddypress 플러그인 페이지 설정 저장하기

버디프레스 플러그인 설정 탭 부분 설정하기

01 버디프레스 플러그인 설정 탭 부분을 설정합니다. 기본 설정으로 블로그와 게시판 댓글 부분의 체크가 해제되어 있는데 필요에 따라 체크하고, 다른 항목들도 필요한 항목들만 체크한 후 [설정저장하기] 버튼을 클릭합니다.

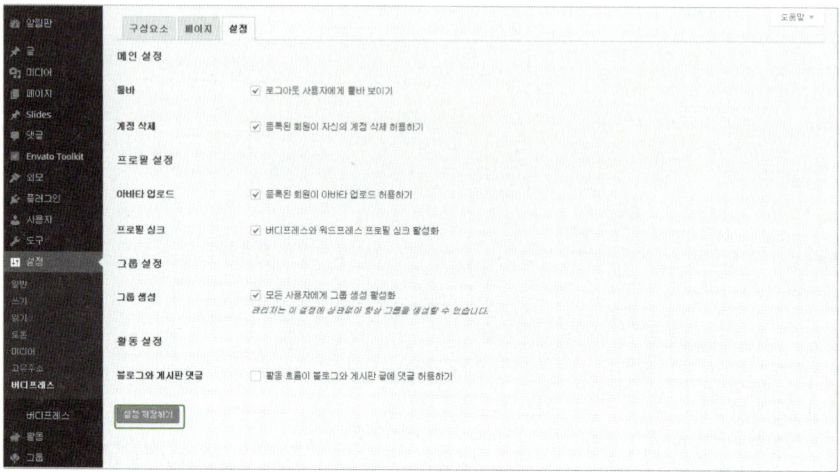

■ 그림 8-24 버디프레스 플러그인 설정 탭 부분 설정하기

포럼 생성을 위한 비비프레스(bbpress) 플러그인 설치하기

버디프레스 포럼을 생성하기 위해서는 비비프레스 플러그인이 필요합니다. 비비프레스 플러그인을 설치해보겠습니다.

01 [플러그인] – [플러그인 추가하기] 메뉴를 클릭한 후 검색창에 bbpress라고 입력한 후 [플러그인 검색] 버튼을 클릭합니다.

■ 그림 8-25 bbpress 플러그인 설치하기 1

02 검색 결과 중 bbPress 플러그인의 [지금 설치하기]를 클릭합니다. 2.5.1 버전을 설치해 보도록 하겠습니다.

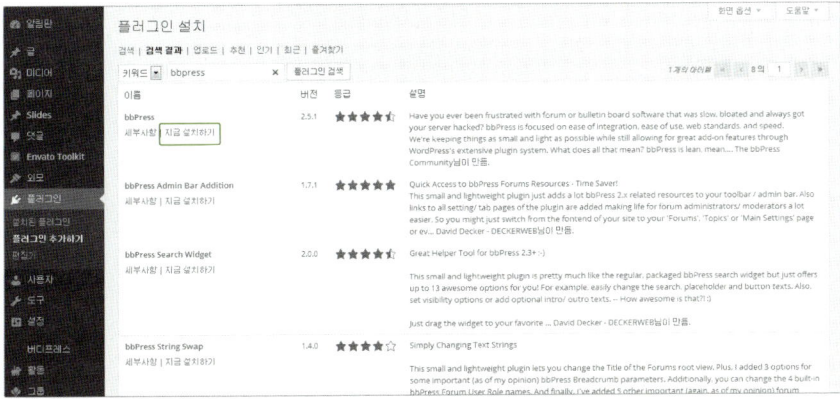

■ 그림 8-26 bbpress 플러그인 설치하기 2

03 플러그인이 성공적으로 설치되면 [플러그인을 활성화]를 클릭합니다

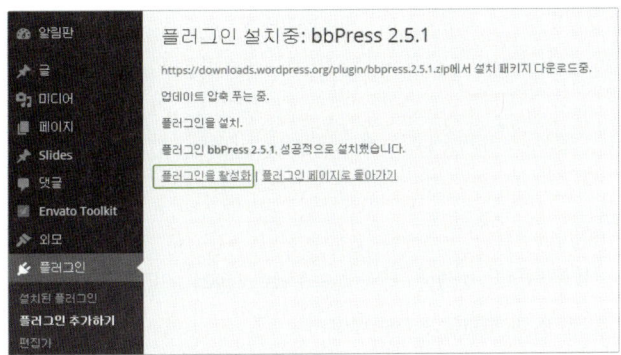

■ 그림 8-27 bbpress 플러그인 설치하기 3

04 설치가 완료되면 Welcome to bbpress 2.5.1이라는 영어 메시지가 있는 화면이 나옵니다. 알림판 부분에 업데이트할 내용이 한 가지 있다고 표시됩니다.

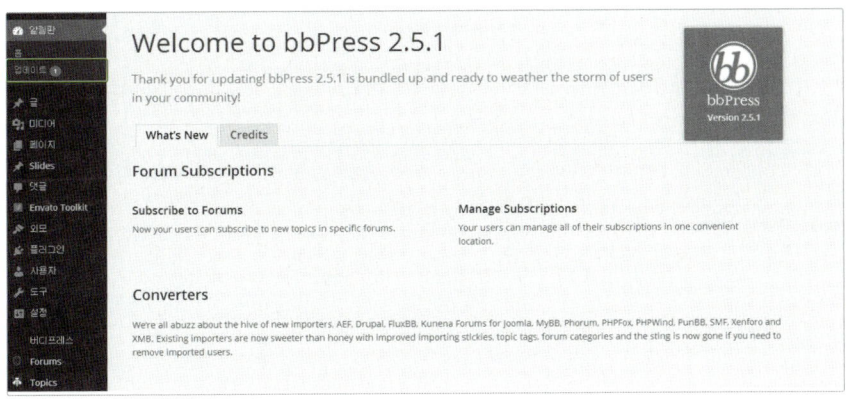

■ 그림 8-28 Welcome to bbpress 화면

Chapter 08_ 커뮤니티 사이트 만들기   479

05 업데이트 부분을 살펴보면 가장 아래쪽 번역 부분에 업데이트가 필요하다고 나타납니다. [번역 업데이트] 버튼을 클릭합니다.

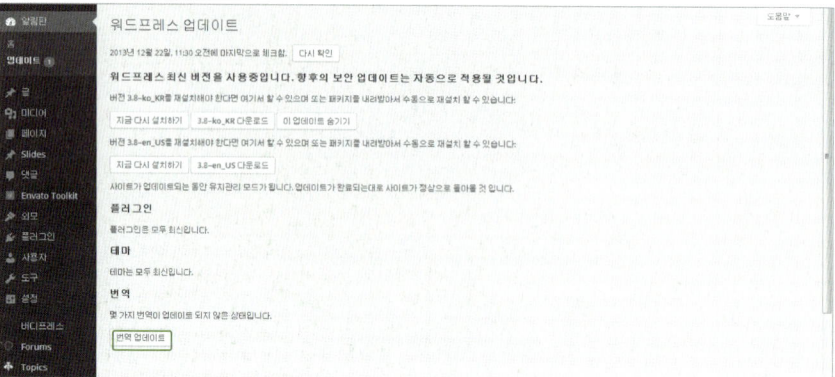

■ 그림 8-29 번역 업데이트

06 bbpress의 번역 업데이트가 완료되었습니다.

■ 그림 8-30 번역 업데이트 완료

07 bbpress가 한글화 작업이 완료되었습니다. 한글로 변경된 것을 확인하려면 [플러그인] – [설치된 플러그인] 메뉴를 선택한 후 bbPress 플러그인의 소개 부분을 클릭합니다.

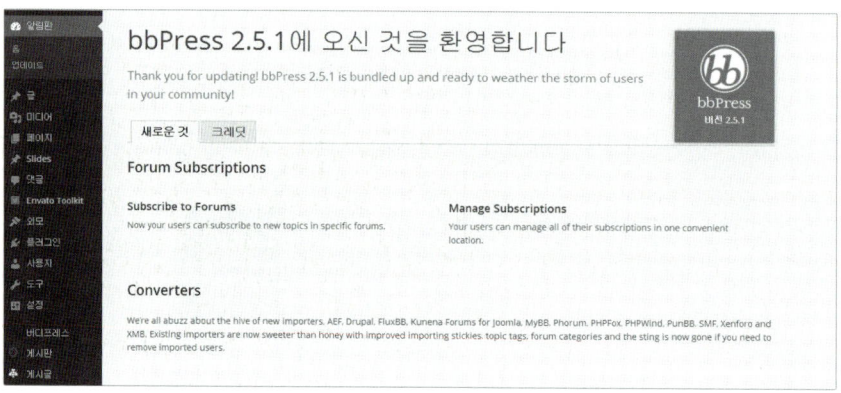

■ 그림 8-31 bbpress 한글화

사이트 콘텐츠 만들기

버디프레스 테마는 커뮤니티 사이트 성격을 가장 잘 표현할 수 있는 테마이기 때문에 커뮤니티가 활성화될 수 있는 콘텐츠로 구성해야 합니다. 커뮤니티 사이트를 만들기 위해서는 일반적인 워드프레스 사이트보다는 조금 더 치밀한 분석과 설계를 통해 메뉴구조도를 작성하고 양질의 콘텐츠를 올리는 것이 중요합니다. 이 섹션에서는 커뮤니티 사이트에 최적화된 콘텐츠를 만들어보겠습니다.

카테고리 만들기

카테고리를 만들기 전에 다음과 같이 메뉴를 구성하면 카테고리를 생성할 때 계획적이고 손쉽게 작업할 수 있습니다. 다음은 커뮤니티 사이트의 메뉴 구성도입니다. 아래 메뉴 구성도에 맞게 카테고리를 만들어보겠습니다.

1Depth	2Depth
카페랭킹	이번달 순위
	지난 달 순위
	지난 달 순위테마 별 순위
모임 장소	맛집/술집
	세마나장소
	세마나장소커피/차
	MT장소

1Depth	2Depth
이번달 모임	카페교육/스터디
	카페 정보
	어린이교육
카페노하우	카페운영노하우
	홍마리오 칼럼
	카페고민 Q&A
	카페고민 FAQ
	해외 커뮤니티 소개

01 [글] – [카테고리] 메뉴를 선택한 후 새 카테고리들을 추가합니다. 위의 메뉴 구성도를 참조하여 카테고리 이름을 입력하고 상위 지정한 후 [새 카테고리 추가] 버튼을 클릭하여 카테고리들을 만듭니다.

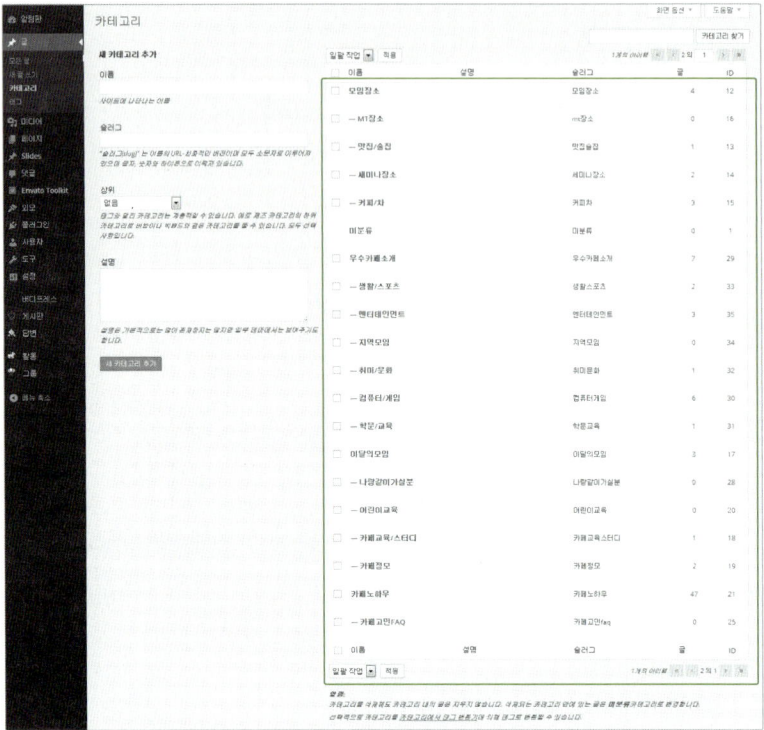

■ 그림 8-32 카테고리 생성

글 작성하기

01 [글] – [새 글 쓰기] 메뉴를 클릭한 후 글 제목과 내용을 입력하고 카테고리를 지정한 후 [공개하기] 버튼을 클릭합니다.

■ 그림 8-33 글 작성하기

02 위와 같은 방식으로 카테고리별로 다양한 글들을 작성합니다.

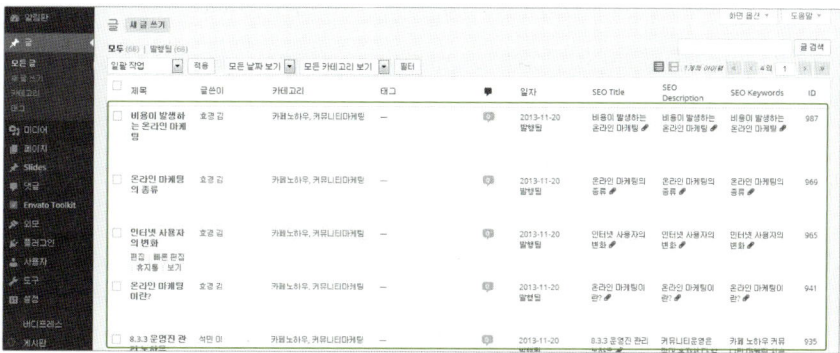

■ 그림 8-34 생성된 글 목록

페이지 만들기

아래와 같이 새 페이지들을 추가하여 보겠습니다.

01 [페이지] – [새 페이지 추가] 메뉴를 클릭하여 페이지 제목과 내용을 입력한 후 페이지 속성과 특성 이미지 등을 설정한 후 [공개하기] 버튼을 클릭합니다.

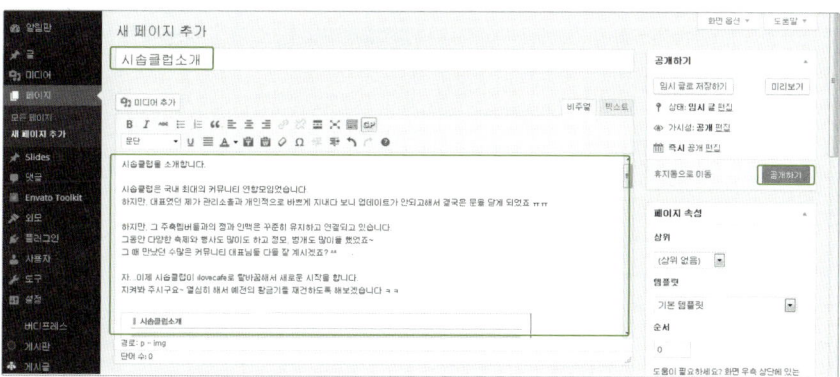

■ 그림 8-35 새 페이지 만들기

02 위와 같은 방식으로 다양한 페이지를 생성합니다.

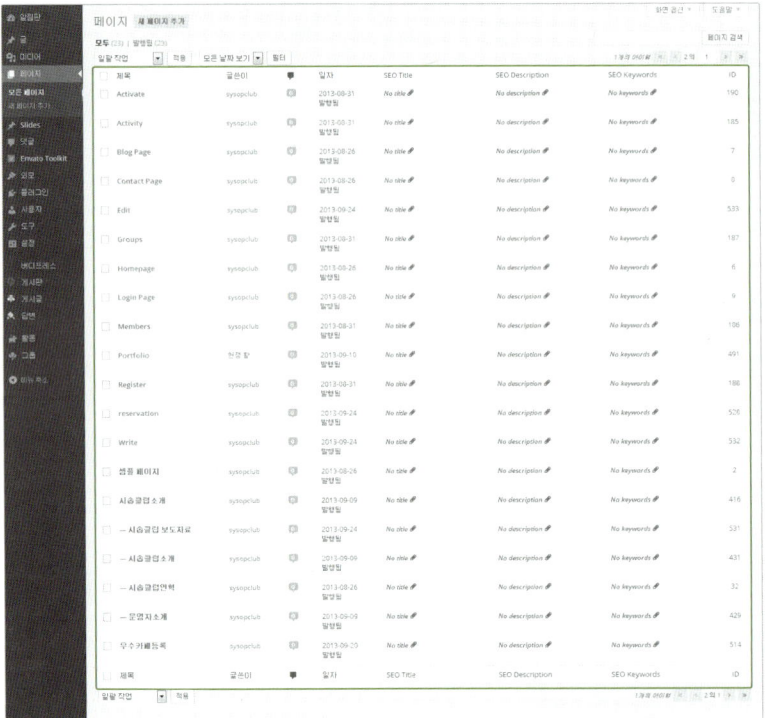

■ 그림 8-36 페이지 리스트

메뉴 만들기

01 [외모] – [메뉴] 메뉴를 클릭한 후 [메뉴 편집하기] 탭을 클릭합니다. [카테고리]를 클릭한 후 메뉴에 구성할 항목을 선택하여 [메뉴에 추가] 버튼을 클릭합니다.

■ 그림 8-37 메뉴 구성하기(글)

02 [페이지]를 클릭한 후 메뉴에 구성할 항목을 선택한 후 [메뉴에 추가] 버튼을 클릭합니다.

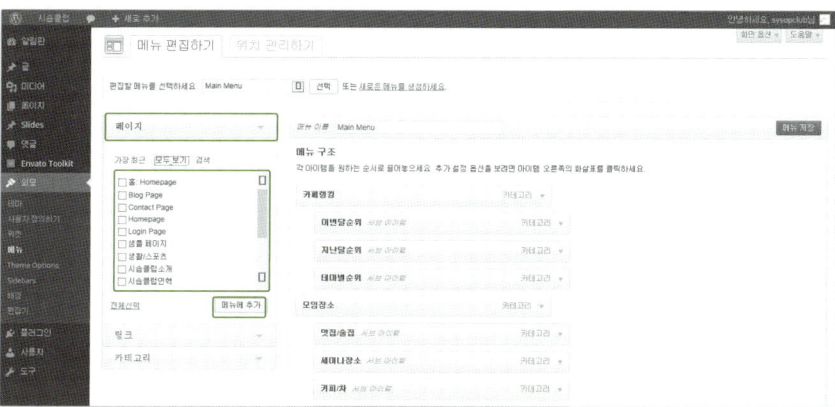

■ 그림 8-38 메뉴구성하기(페이지)

03 추가한 메뉴들을 상하로 드래그하여 순서를 조정하고, 좌우로 드래그하여 카테고리의 상하를 조정합니다.

■ 그림 8-39 메뉴 구성 위치 조정

04 다음과 같이 메뉴 구성이 완료되었습니다.

■ 그림 8-40 메뉴 구성 후 화면

메인 슬라이드 만들기

이제 글과 페이지를 완성하였고, 메뉴도 구성하였습니다. 하지만 사이트 메인 페이지를 접속하면 메인 슬라이더 부분에 이미지가 보이지 않습니다. 이제부터 메인 슬라이더 이미지를 설정하여 보겠습니다.

01 [Slides] – [Add New] 메뉴를 클릭한 후 슬라이드 이미지 제목을 입력하고 우측의 [특성 이미지] – [특성 이미지 설정]을 클릭합니다.

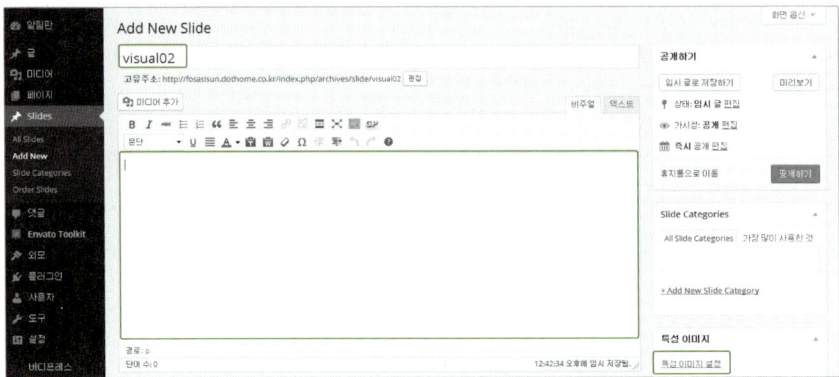

■ 그림 8-41 슬라이드 만들기 1

02 특성 이미지 설정 화면이 나오면 [파일 업로드] 탭을 클릭한 후 [파일을 선택하세요] 버튼을 클릭합니다.

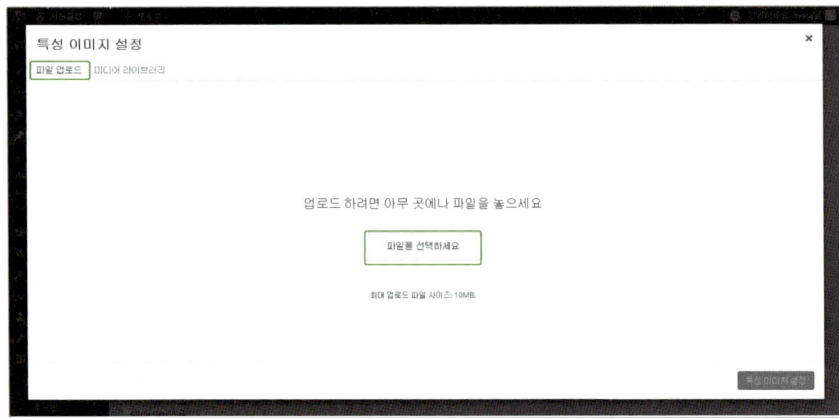

■ 그림 8-42 슬라이드 만들기 2

03 파일을 선택한 후 [열기] 버튼을 클릭합니다.

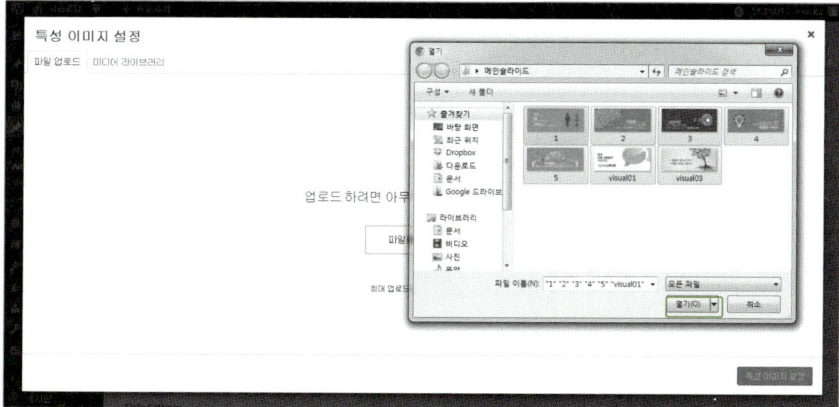

■ 그림 8-43 슬라이드 만들기 3

04 업로드 한 이미지를 선택하고 [특성 이미지 설정] 버튼을 클릭합니다.

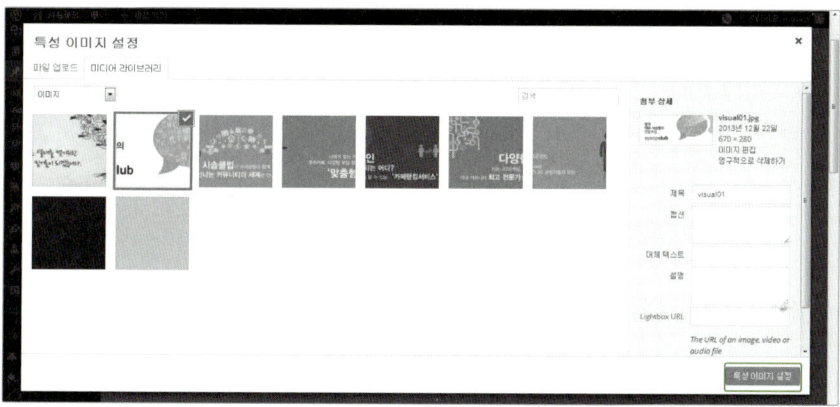

■ 그림 8-44 슬라이드 만들기4

05 특성 이미지가 첨부된 후 [공개하기] 버튼을 클릭합니다.

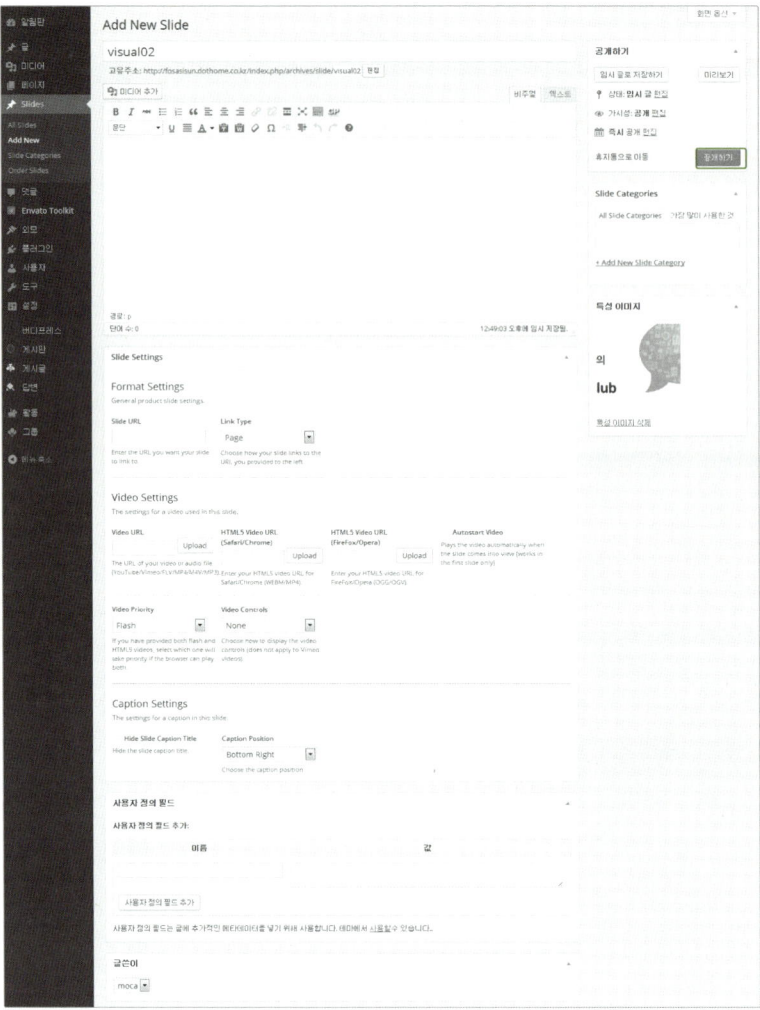

■ 그림 8-45 슬라이드 만들기 5

06 [Slides] - [All Slides] 메뉴를 클릭하면 업로드한 슬라이드 이미지를 확인할 수 있습니다. 위와 같은 방식으로 슬라이드 이미지를 추가로 첨부합니다.

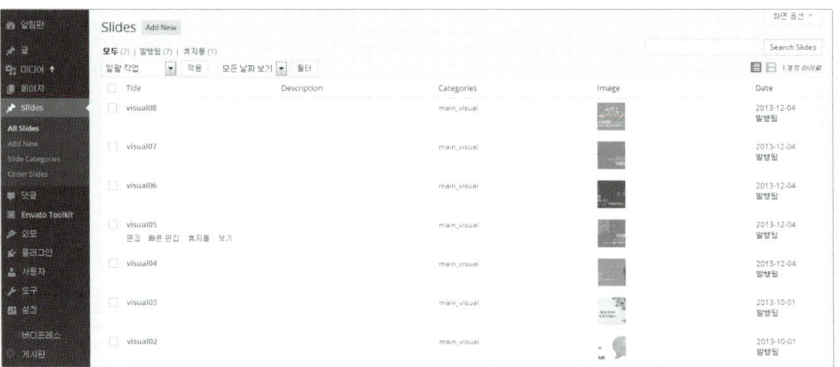

■ 그림 8-46 슬라이드 만들기 6

07 Order Slides에서 슬라이드에 표시될 이미지 목록을 확인할 수 있습니다. 클릭 앤 드래그하여 순서를 변경할 수 있습니다.

■ 그림 8-47 슬라이드 만들기 7

08 메인 슬라이드가 완성되었습니다. 메인 슬라이드는 순차적으로 보여집니다.

■ 그림 8-48 슬라이드 만들기 8

위젯 설정하기

01 [외모] – [위젯] 메뉴를 선택한 후 좌우 사이드바 위젯을 설정합니다. 사용할 위젯을 선택한 후 클릭 앤 드래그하면 위젯이 설정됩니다. 위젯 목록 중 BuddyPress가 부착된 것은 BuddyPress에서 제공하는 위젯이고, bbPress가 붙어있는 것은 bbPress에서 제공하는 위젯입니다.

■ 그림 8-49 위젯 설정하기

Chapter 08 >>> Lesson 04

친구 맺기와 그룹 생성하기

다음은 버디프레스의 가장 강력한 기능 중 하나인 회원간 친구 맺고, 그룹을 생성하여 커뮤니케이션 할 수 있는 방법에 대해서 알아보겠습니다.

친구 추가하기

01 오른쪽 사이드바 위젯에 추가한 '회원' 위젯 부분을 살펴보면, 회원들의 리스트가 나타나는 것을 알 수 있습니다. 이 중에 친구로 추가하고 싶은 회원을 클릭합니다.

■ 그림 8-50 친구 추가하기 1

02 친구의 개인페이지가 나타나면 [친구 추가] 버튼을 클릭합니다.

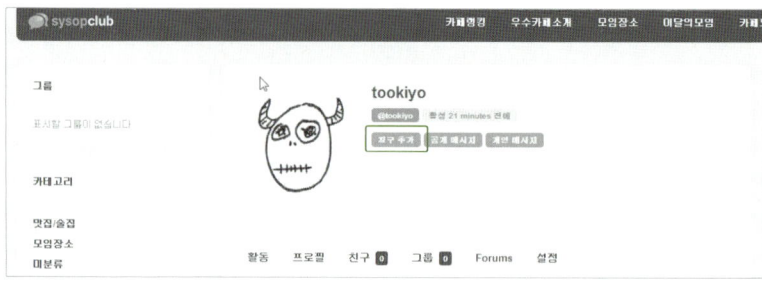

■ 그림 8-51 친구 추가하기 2

03 친구요청이 발송되었습니다. 상대방이 수락하면 친구관계가 됩니다.

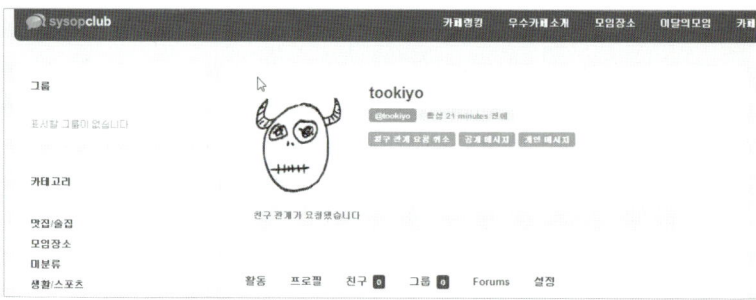

■ 그림 8-52 친구 추가하기3

친구 수락하기

01 상단의 우측에 마우스 오버하면 프로필 편집과 로그아웃 메뉴를 비롯한 개인 메뉴들을 확인할 수 있습니다. [친구] 메뉴에는 친구관계나 요청대기중인 숫자가 표시됩니다. 개인 페이지의 [친구] – [요청] 부분에서도 확인할 수 있습니다.

■ 그림 8-53 친구 신청 수락하기 1

02 친구요청을 받은 내용을 확인해볼 수 있습니다. [수락] 버튼을 클릭하면 친구관계가 성립됩니다.

■ 그림 8-54 친구 신청 수락하기 2

그룹 생성하기

버디프레스는 그룹을 생성해서 자체적으로 운영할 수 있는 기능이 있습니다. 그룹을 생성하는 방법에 대해서 알아보겠습니다.

01 알림판에서 [그룹] 메뉴를 클릭한 후 그룹 페이지에서 [새로 추가(Add New)] 버튼을 클릭합니다.

■ 그림 8-55 그룹 생성하기 1

02 그룹 생성하기 페이지에서 그룹 이름, 그룹설명을 입력하고 [그룹 생성 후 계속하기] 버튼을 클릭합니다.

■ 그림 8-56 그룹 생성하기 2

03 사생활 보호 옵션(공개 그룹, 개인그룹, 숨은 그룹)을 선택합니다. 공개그룹은 사이트의 모든 회원들이 참가할 수 있게 공개된 그룹이고, 개인그룹은 그룹에 참여하고 싶은 회원이 회원가입을 요청해서 수락한 경우에만 참여할 수 있는 그룹입니다. 숨은 그룹은 비공개 그룹으로 초대를 받아야 참여할 수 있습니다.

그룹초대 옵션을 설정합니다. 그룹에 다른 회원을 초대할 수 있는 권한을 모든 그룹 회원에게 부여할지, 그룹 관리자와 조정자에게 부여할지, 그룹 관리자에게만 부여할지를 설정할 수 있습니다.

■ 그림 8?57 그룹 생성하기 3

04 Group Forum을 만들것인지 선택합니다. 여기서는 체크를 하고 [다음단계] 버튼을 클릭합니다. 포럼이 만들어지면 체크를 하지 않고 [다음단계] 버튼을 클릭합니다. 그룹에 포럼이 생성되지 않습니다.

■ 그림 8-58 그룹 생성하기 4

05 그룹 대표 아바타를 설정합니다. [파일선택] 버튼을 클릭한 후 파일을 선택하고 [열기]를 클릭합니다.

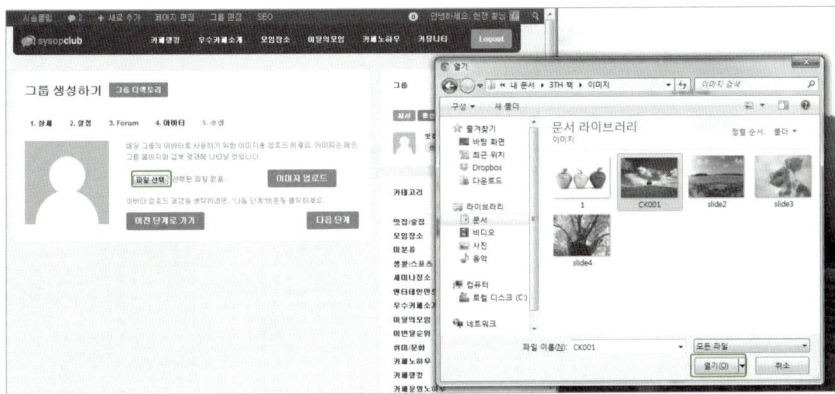

■ 그림 8-59 그룹 생성하기 5

06 [이미지 업로드] 버튼을 클릭합니다.

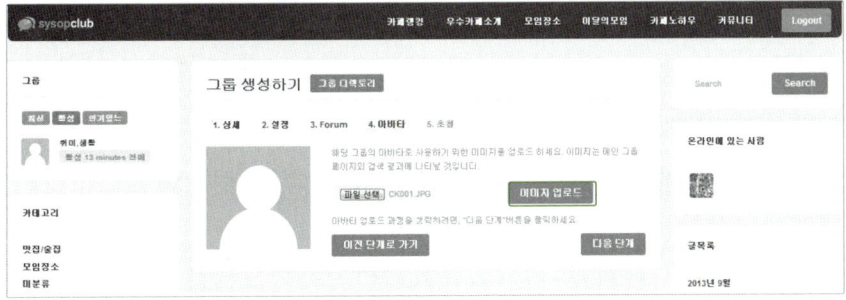

■ 그림 8-60 그룹 생성하기 6

07 그룹 아바타 자르기 페이지가 나옵니다. 최적화된 가로세로 비율에 맞추어 잘라낼 영역을 설정한 후 [이미지 자르기] 버튼을 클릭합니다.

■ 그림 8-61 그룹 생성하기 7

08 "그룹 아바타가 성공적으로 업로드 되었습니다!"라는 메시지가 나타나면 [다음단계] 버튼을 클릭합니다.

■ 그림 8-62 그룹 생성하기 8

09 그룹에 친구를 초청할 수 있습니다. 왼쪽 목록에는 이미 자신과 친구로 등록된 회원만 표시됩니다. 선택하면 자동으로 초청됩니다. 오른쪽의 [초청 제거] 버튼을 클릭하면 초청을 취소할 수 있습니다. 초청을 완료하였으면 [끝내기] 버튼을 클릭합니다.

■ 그림 8-63 그룹 생성하기 9

10 그룹이 생성되었습니다.

■ 그림 8-64 그룹 생성하기 10

11 위와 같은 방법으로 여러 그룹을 만듭니다.

■ 그림 8-65 그룹 생성하기 11

12 [외모] – [메뉴] 메뉴를 클릭한 후 Forums 부분에서 추가할 그룹을 선택하고 [메뉴에 추가] 버튼을 클릭합니다.

■ 그림 8-66 그룹 생성하기 12

13 메뉴를 구성하고 [메뉴저장] 버튼을 클릭합니다.

■ 그림 8-67 그룹 생성하기 13

14 사이트에 메뉴가 추가된 것을 확인할 수 있습니다.

■ 그림 8-68 그룹 생성하기 14

Chapter 08 — Lesson 05

커뮤니티 사이트에
다양한 기능 업데이트하기

버디프레스로 커뮤니티 사이트를 만드는 경우에는 다양한 플러그인을 활용할 필요가 있습니다. 이 장에서 실습으로 만들고 있는 시숍클럽 사이트도 자신의 카페를 소개하고 등록하기 위해 Quform이 필요하고, 카페 랭킹 서비스를 위해서 평가할 수 있는 플러그인 장착도 필요합니다. 그리고 buddy 테마를 홈페이지로서 최적화하기 위해 반드시 필요한 기능들에 대해서 알아보도록 하겠습니다.

Quform을 이용한 입력 폼 만들기

일반적으로 워드프레스의 입력 폼 플러그인은 Contact form7을 가장 많이 이용합니다. 하지만 Contact form7은 제공되는 기본 기능 이외의 기능을 표현하기 위해서 응용하는 경우 다소 어려움이 있습니다. 여기서는 다양한 기능을 구현하기 위해 Quform이라는 유료 플러그인($25)을 사이트에 적용시켜보도록 하겠습니다.

Quform는 워드프레스 사이트를 쉽고 빠르게 여러 양식을 구축할 수 있는 플러그인으로 복잡한 양식도 소스를 수정하지 않고 매우 쉽게 자신이 원하는 폼으로 구현할 수 있습니다. 즉 예약 & 접수 시스템을 가장 쉽게 체계화할 수 있는 플러그인이라 할 수 있습니다.

01 Quform의 홈페이지(http://goo.gl/EUOCG)에 접속한 후 [Live Preview] 버튼을 클릭합니다.

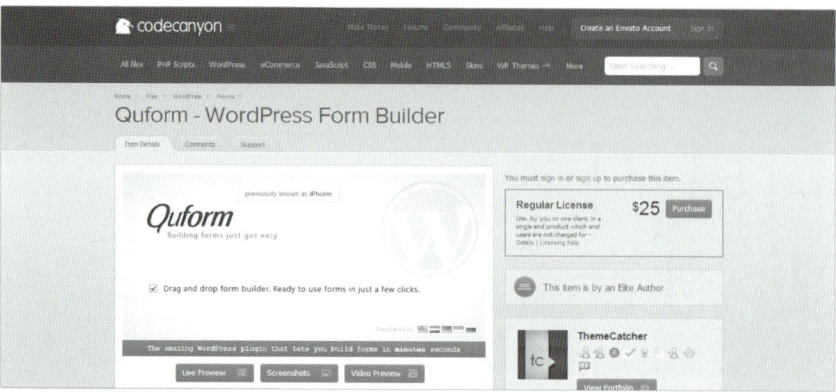

■ 그림 8-69 Quform 홈페이지 접속

02 Quform의 미리보기 화면을 보면 밝은 배경, 어두운 배경, 고객설문조사, 웨딩 청첩장, 예약서비스, 멀티파일업로드, 팝업 폼 등 다양한 형태의 폼을 만들 수 있다는 것을 알 수 있습니다.

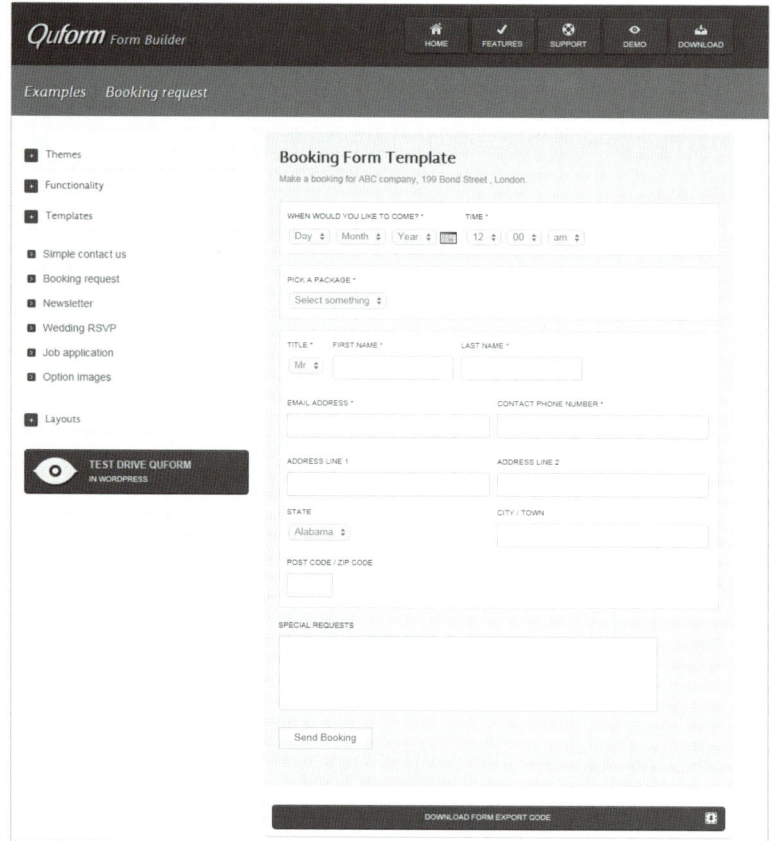

■ 그림 8-70 Quform의 다양한 기능 예시 화면

03 Quform 플러그인을 구매하고 설치하여 간단한 신청 폼을 만들겠습니다. Quform 유료 플러그인의 결제와 다운방법은 앞의 사례에서 본 themeforest의 테마 설치 방법과 동일합니다.

Quform을 결제한 후 파일을 다운받습니다. 알림판에서 [플러그인]-[플러그인 설치] 메뉴를 클릭한 후 [플러그인 추가하기] 버튼을 클릭하여 플러그인을 설치합니다. 다음 그림과 같이 알림판에 Quform 메뉴가 추가된 것을 확인할 수 있습니다.

■ 그림 8-71 Quform 메뉴 생성

04 [Quform] - [Form Builder] 메뉴를 클릭하면 새로운 창이 나타나면 [Form] 버튼을 클릭하고 빈 공란에 새로운 폼 제목을 입력한 후 [OK] 버튼을 클릭합니다.

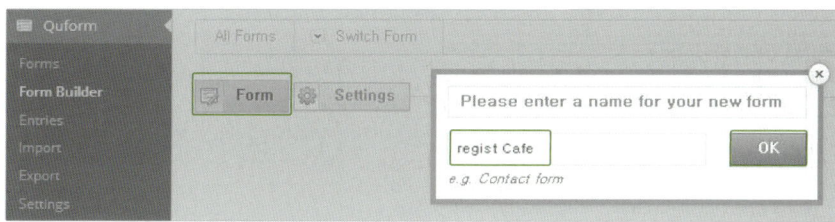

■ 그림 8-72 Quform 폼 제목 입력하기

05 다음과 같은 화면이 나타납니다. 우측에 있는 메뉴에 [Popular]과 [More] 탭이 있습니다.

■ 그림 8-73 Quform 기본 화면 구성 1

> **_tip_**
>
> Quform의 각 메뉴의 기능은 다음과 같습니다.
> - Single Line Text : 한칸짜리 박스
> - Paragraph Text : 많은 글을 작성할 수 있는 박스
> - Email Address : 이메일 주소 입력 박스
> - Dropdown Menu : 드롭다운 메뉴
> - Checkboxes : 여러 개중 한 개만 체크해야 하는 체크 박스
> - Mutiple Choice : 여러 개를 동시에 선택할 수 있는 박스
> - CAPTCHA : 스팸 방지를 위해 숫자+단어를 입력시켜 스팸을 방지하기 위한 옵션
> - Group : 여러 폼을 묶어서 그룹으로 설정이 가능한 기능
> - Preview : 작업 중간중간에 미리 보기를 할 수 있는 기능

06 우측의 [Popular]에서 [Single Line Text]를 Form 아래의 빈 공간에 드래그합니다.

■ 그림 8-74 Quform 기본 화면구성 2

07 생성된 폼에 마우스를 위치시키면 Settings 버튼이 나타납니다. [Settings] 버튼을 클릭합니다.

■ 그림 8-75 Quform 기본 화면 구성 3

08 구성할 폼의 설정사항을 입력합니다.

[Label]은 원하는 박스의 제목을 입력하는 곳이고, [Description]은 설명이 필요할 경우 작성합니다. [Required]는 필수입력 항목일 경우 체크를 해주어야 되고, [Tooltip]은 제목에 마우스를 위치시키면 간단하게 요약한 텍스트 설명문구를 의미합니다. 나머지 메뉴들도 비슷한 형태로 구성되어 있습니다.

■ 그림 8-76 Quform의 주요 메뉴

09 그룹을 설정합니다. [Popular] 탭에서 [Group]을 클릭합니다. 그룹의 시작 라인과 종료 라인이 나타난 것을 볼 수 있습니다.

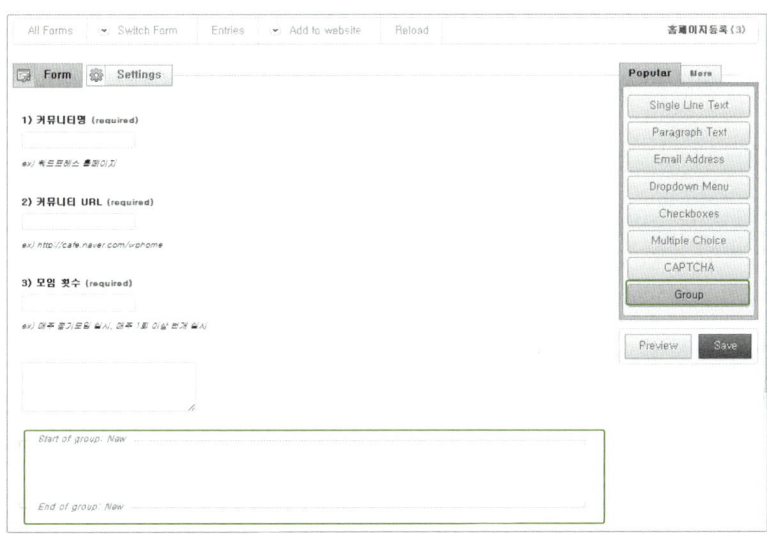

■ 그림 8-77 Quform의 그룹 라인 생성 화면

10 마우스로 각각 Start of group 라인과 End of group 라인을 원하는 위치시킵니다.

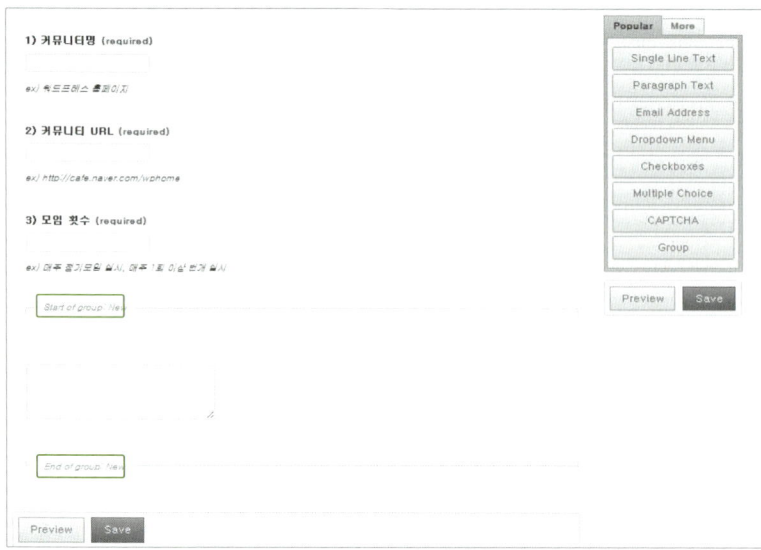

■ 그림 8-78 Quform의 그룹-위치-정하기

11 그룹설정 라인 부분에 마우스를 위치시킨 후 [Settings] 버튼을 눌러 설정사항을 입력합니다.

■ 그림 8-79 Quform의 그룹 세팅하기

12 Optional 탭을 클릭하면 여러 옵션들을 설정할 수 있습니다.

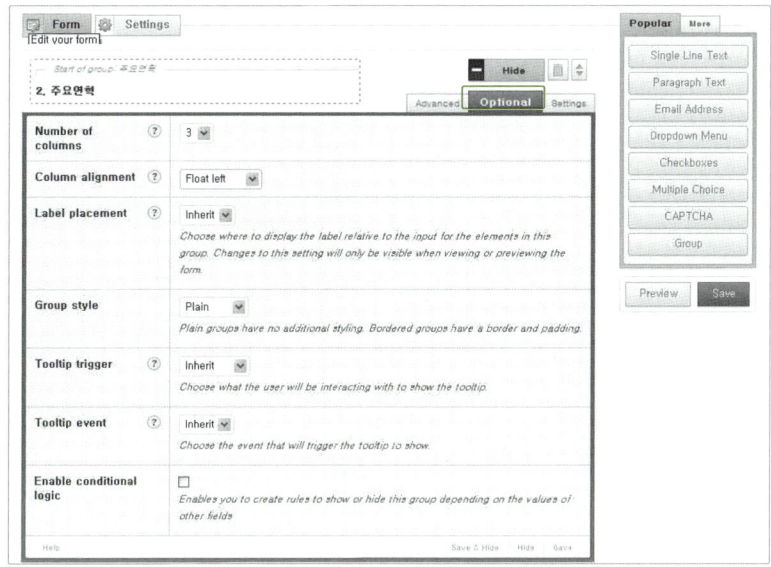

■ 그림 8-80 Quform의 그룹 옵션

> **▸_tip_**
>
> 예를 들어 'Number of columns'를 3으로 하고 'Column alignment'를 Float left로 지정하면 3개의 컬럼을 왼쪽정렬로 나열하겠다는 의미이고, 다음 그림처럼 3개의 칼럼이 왼쪽정렬로 나열되어 있음을 알 수 있습니다. 이는 주로 각각의 박스가 짧은 단어로 구성될 경우 적용하면 편리합니다.
>
>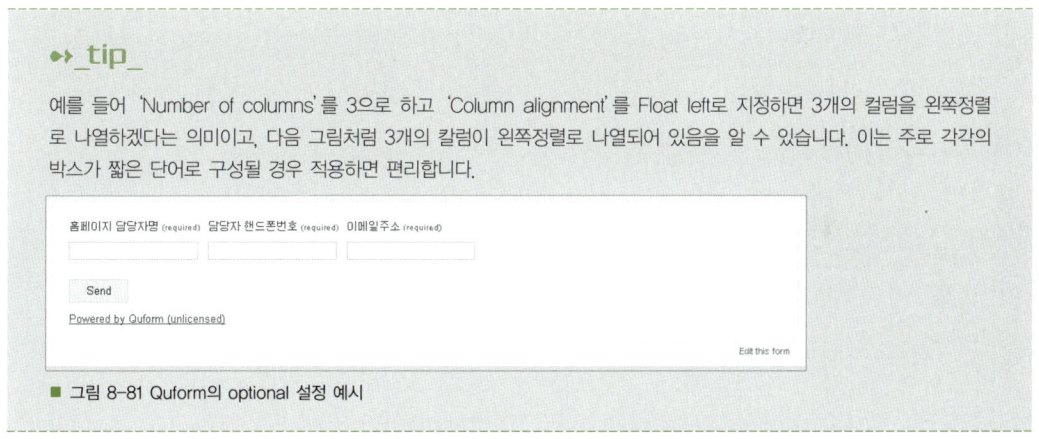
>
> ■ 그림 8-81 Quform의 optional 설정 예시

13 [More] 탭에서 [File Upload] 메뉴를 클릭 드래그하여 원하는 곳에 위치시킵니다. File upload는 파일을 업로드할 때 사용합니다. 다른 메뉴와 마찬가지로 마우스를 위치시키고 [Settings] 버튼을 클릭하여 설정합니다.

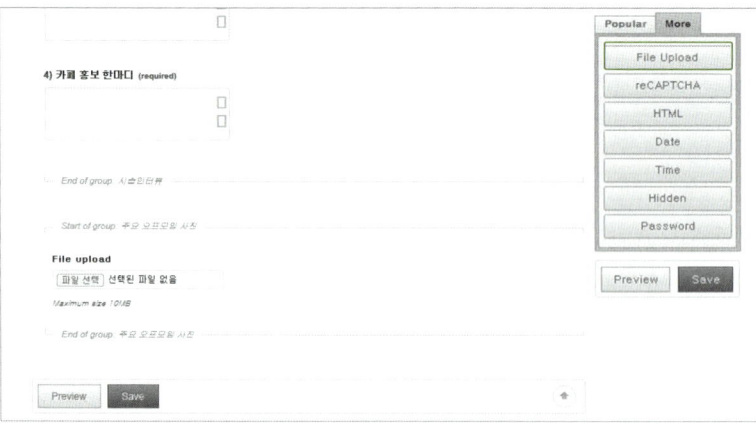

■ 그림 8-82 Quform의 파일 첨부하기

14 Quform을 구성할 form들의 구성과 세팅이 완성되면 Quform 기본 화면 왼쪽 상단에 있는 [Settings] 메뉴를 클릭합니다.

설정 값의 General 부분에는 생성할 폼을 설명하는 Form Information과 폼 양식에 맞게 입력을 완료했을 때 알려주는 메시지 내용을 어떤 내용으로 작성할지를 결정하는 Successful submit options 등이 있습니다.

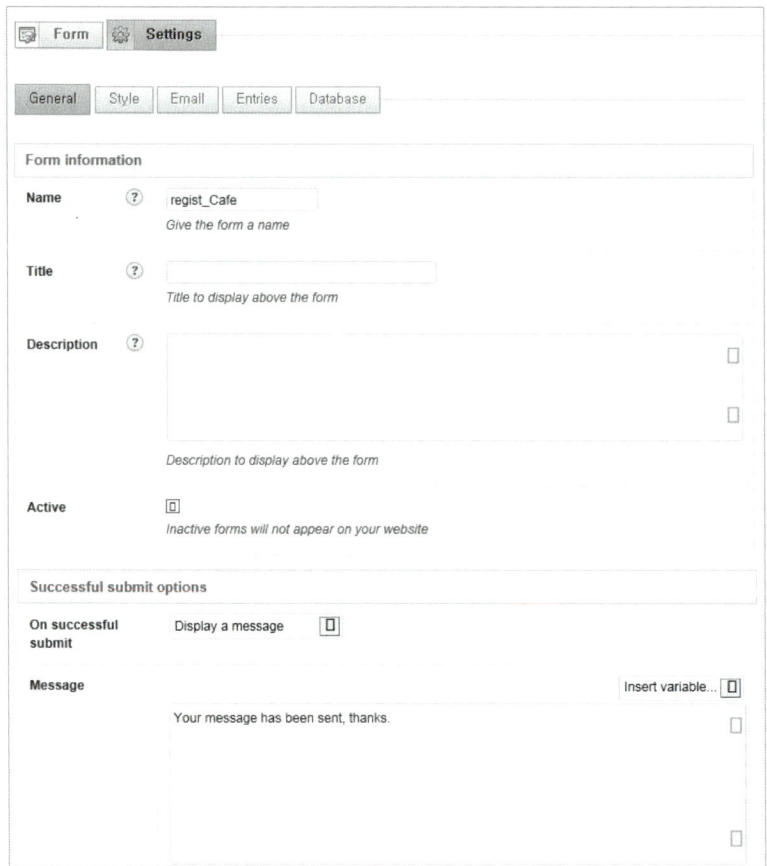

■ 그림 8-83 Quform의 생성할 폼 기본 설정하기

15 설정을 완료한 후 [저장] 버튼을 클릭합니다. [Quform] – [Forms] 메뉴에서 생성된 폼을 확인할 수 있습니다.

■ 그림 8-84 Quform의 생성된 폼 확인

16 생성된 Quform을 페이지에 추가합니다. [페이지] – [새 페이지 추가] 메뉴를 클릭한 후 제목을 입력하고 [+quform] 버튼을 클릭합니다.

■ 그림 8-85 페이지에 QFORM 추가하기 1

17 'insert a form' 이라는 창이 나타나면 선택박스에서 만들어 준비해 둔 폼을 선택하고 [Insert] 버튼을 클릭합니다.

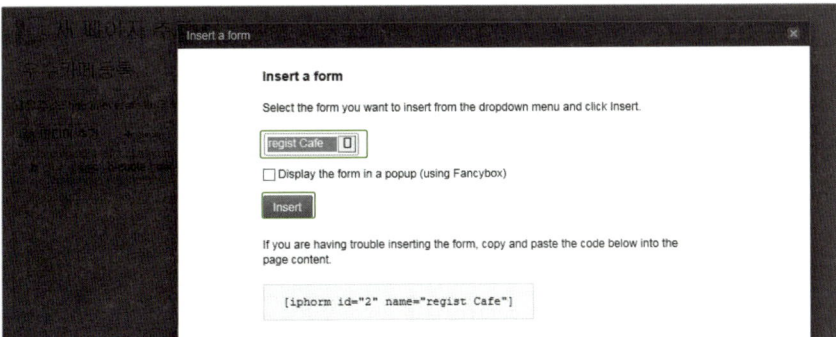
■ 그림 8-86 페이지에 QFORM 추가하기 2

18 내용에 숏 코드가 입력된 것을 확인할 수 있습니다. [공개하기] 버튼을 클릭하면 페이지가 생성됩니다.

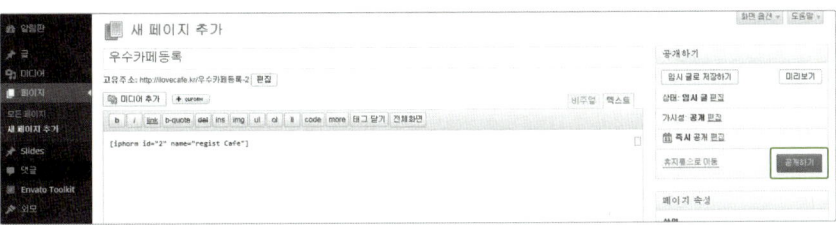
■ 그림 8-87 페이지에 QFORM 추가하기 3

19 다음과 같이 Quform을 사용한 페이지가 완성되었습니다.

■ 그림 8-88 페이지에 QFORM 추가 완료

메인 페이지 커스트 마이징하기

다음은 사이트 메인 중앙에 보여지는 컨텐츠입니다. 일반적으로 사이트에서 회원들의 활동 보다는 최근 콘텐츠를 많이보게 되므로 Latest Post와 Latest Activity의 위치를 변경하여 보겠습니다.

변경 전	변경 후

■ 그림 8-89 메인 페이지 커스트 마이징하기 1   ■ 그림 8-90 메인 페이지 커스트 마이징하기 2

01 [페이지] – [모든 페이지] 메뉴를 클릭한 후 목록에서 Homepage 페이지의 [편집]을 클릭합니다.

■ 그림 8-91 메인 페이지 커스트마이징하기 3

02 Homepage의 페이지 편집 페이지에는 숏 코드 형태로 되어 있습니다. 가장 위쪽에 슬라이더가 있고, Header="" 부분에서 Latest Activity, Latest Posts, The Features 영역이 어느 위치에 있는지 알 수 있습니다. Latest Activity, Latest Posts의 위치는 다음 그림과 같이 변경할 수 있습니다. 변경 완료 후 [업데이트] 버튼을 클릭하면 편집이 완료됩니다.

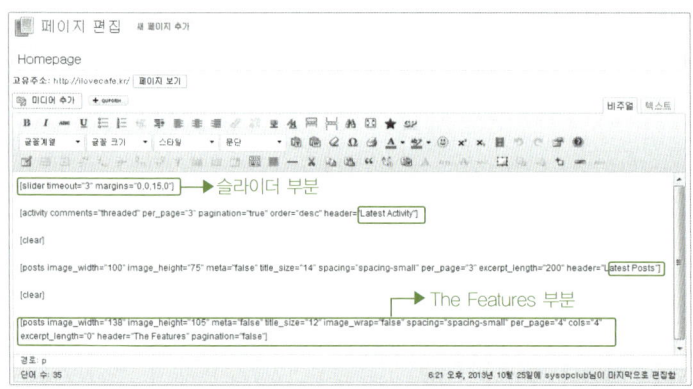
■ 그림 8-92 메인 페이지 커스트마이징하기 4

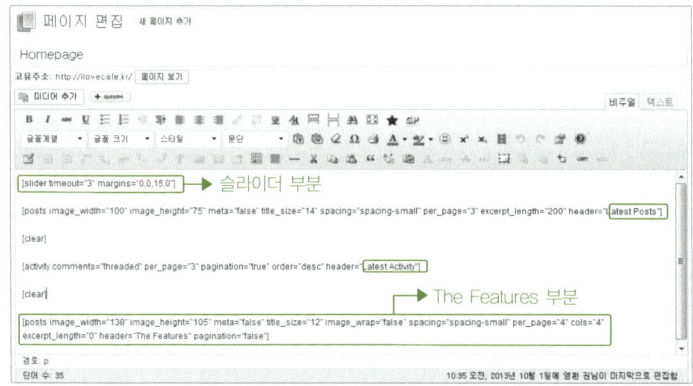
■ 그림 8-93 메인 페이지 커스트마이징하기 5

커뮤니티 사이트의 상태 관리 플러그인 설치하기

BuddyPress Community State 플러그인은 일반 회원, 활동 회원, 업데이트, 그룹, 블로그, 블로그 댓글의 총 수를 위젯 형태로 표시해주는 플러그인입니다. 커뮤니티 사이트의 상태를 한눈에 볼 수 있습니다. BuddyPress Community State 플러그인을 설치해보겠습니다.

01 [플러그인] – [플러그인 설치] 메뉴를 클릭한 후 검색창에서 BuddyPress Community State 입력한 후 [플러그인 검색] 버튼을 클릭합니다. [지금 설치하기]를 클릭하여 BuddyPress Community State 플러그인을 설치합니다.

■ 그림 8-94 BuddyPress Community Stats 플러그인 설정하기 1

02 플러그인 설치가 완료되면 [플러그인을 활성화]를 클릭합니다.

■ 그림 8-95 BuddyPress Community Stats 플러그인 설정하기 2

03 플러그인이 설치가 완료되었습니다. 플러그인 설정을 위해 [Settings]를 클릭합니다.

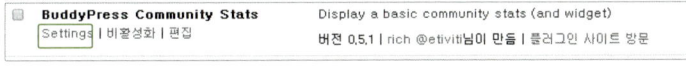

■ 그림 8-96 BuddyPress Community Stats 플러그인 설정하기 3

04 total count를 표시할 항목을 선택하고 [Save Settings] 버튼을 클릭합니다.

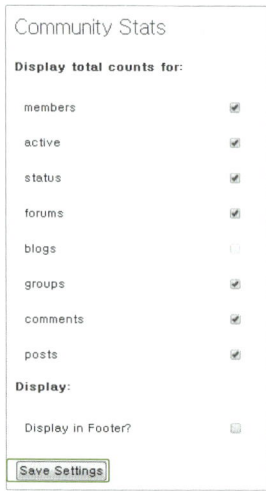

■ 그림 8-97 BuddyPress Community Stats 플러그인 설정하기 4

05 [외모] - [위젯] 메뉴를 클릭한 후 위젯 페이지에서 Community Stats 위젯을 드래그하여 설정합니다.

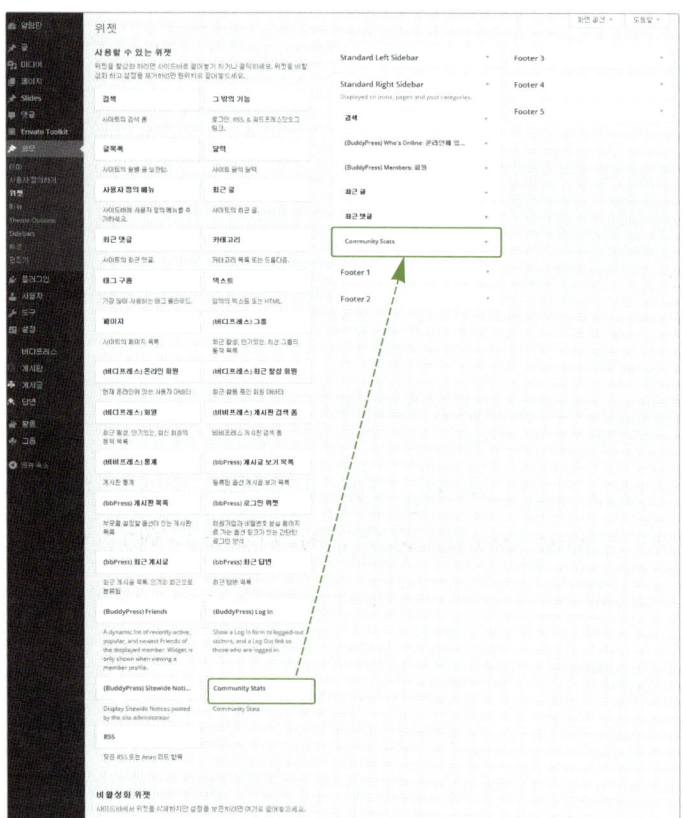

■ 그림 8-98 BuddyPress Community Stats 플러그인 설정하기 5

06 BuddyPress Community State 위젯이 성공적으로 설정된 것을 아래와 같이 확인할 수 있습니다.

■ 그림 8-99 BuddyPress Community Stats 플러그인 설정하기 6

플러그인으로 이미지, 동영상, 링크 첨부하기

BuddyPress Activity Plus은 커뮤니티 사이트 내의 개인 페이지에서 이미지, 동영상, 링크 첨부를 간단하게 할 수 있게 해주는 플러그인입니다. BuddyPress Activity Plus 플러그인을 설치해보겠습니다.

01 [플러그인] – [플러그인 설치] 메뉴를 클릭한 후 검색창에서 BuddyPress Activity Plus를 입력하고 [플러그인 검색] 버튼을 클릭합니다. [지금 설치하기]를 클릭하여 플러그인을 설치합니다.

■ 그림 8-100 BuddyPress Activity Plus 플러그인 설정하기 1

02 플러그인이 설치되면 [플러그인을 활성화]를 클릭합니다.

■ 그림 8-101 BuddyPress Activity Plus 플러그인 설정하기 2

03 플러그인이 성공적으로 설치되었습니다.

■ 그림 8-102 BuddyPress Activity Plus 플러그인 설정하기 3

04 개인 페이지의 글 쓰기 영역에 이미지, 동영상, 링크를 첨부할 수 있는 아이콘이 생성되었음을 확인할 수 있습니다.

■ 그림 8-103 BuddyPress Activity Plus 플러그인 설정하기 4

게시글과 그룹에 투표 평가 시스템 추가하기

Rating-Widget 플러그인은 웹사이트에서 작성한 콘텐츠의 호응도를 알고 싶을 때 각 포스트와 그룹 등에 별점을 매길 수 있도록 하여 사이트 내의 평가 시스템을 추가하고자 할 때 설치하면 유용합니다.

■ 그림 8-104 Rating Widget 플러그인

01 [플러그인] – [플러그인 설치] 메뉴를 클릭한 후 BuddyPress Community State 입력하고 [플러그인 검색] 버튼을 클릭합니다. [지금 설치하기]를 클릭하여 BuddyPress Community State 플러그인을 설치합니다.

■ 그림 8-105 Rating Widget Plugin 설정하기 1

02 플러그인이 설치가 완료되면 [플러그인을 활성화]를 클릭합니다.

■ 그림 8-106 Rating Widget Plugin 설정하기 2

03 [Ratings] – [Basic] 메뉴를 클릭하여 설정을 할 수 있습니다. 'Rating-Widget'은 블로그 포스트, 메인 페이지, 페이지, 댓글 등 총 4가지 부분에 대한 평점을 매길 수 있는 기능을 제공합니다. Basic 옵션에서는 위 4가지 부분 각각에 대한 설정을 할 수 있도록 되어 있습니다. 각 부분 별로 동일한 설정 화면을 제공합니다.

다음 그림과 같이 첫 번째 박스에서는 플러그인의 표시 유/무를 선택하게 됩니다. 'Enable for Blog Posts'을 체크할 경우 해당 플러그인이 노출되며 체크 해제 시 해당 플러그인은 보이지 않게 됩니다. 또한 'Rating-Widget Options'에서는 표시될 이미지 형식을 선택할 수 있습니다. 투표 형태를 '별표' 또는 '손가락'으로 설정이 가능하며, '별'과 '손가락'의 크기 및 테마 설정 등을 할 수 있습니다. 'Advanced Settings'를 클릭할 경우 언어를 한국어로 설정할 수 있습니다.

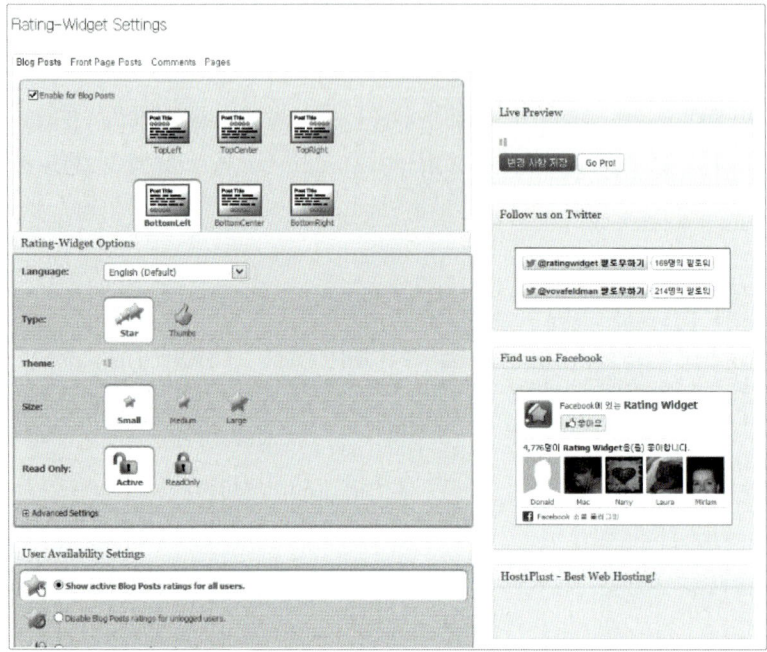

■ 그림 8-107 Rating Widget Plugin 설정하기 3

추가적으로 로그인 한 사용자에게만 투표를 허용할지, 누구에게나 허용할지를 설정할 수 있습니다. 또한 투표 기능이 모든 블로그에 표시할지 또는 특정 블로그 포스트에만 표시할지를 설정할 수 있습니다. 그리고 특정 카테고리에만 해당 투표 기능이 노출되도록 설정할 수 있도록 하거나 중복 투표를 허용할지를 설정할 수 있습니다.

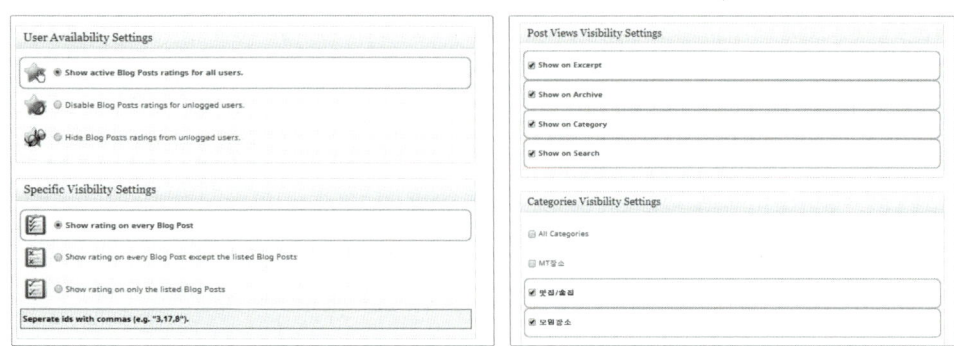

■ 그림 8-108 Rating Widget Plugin 설정하기 4

04 [Ratings] – [Advanced] 메뉴에서는 모바일 페이지에서 투표 기능 노출 여부와 기본 설정 되돌리기 기능을 제공합니다.

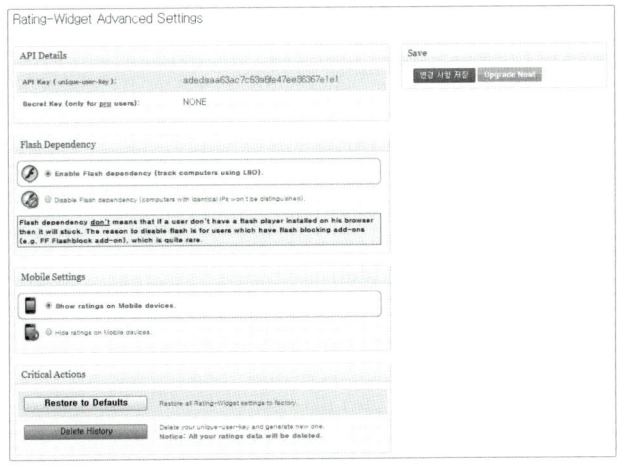

■ 그림 8-109 Rating Widget Plugin 설정하기 5

05 [외모] – [위젯] 메뉴를 클릭한 후 'Rating-Widget: Top Rated' 위젯을 설정합니다.

■ 그림 8-110 Rating Widget Plugin 설정하기 6

06 다음과 같이 위젯이 첨부되었습니다.

■ 그림 8-111 Rating Widget Plugin 설정하기 7

07 다음과 같이 버디프레스를 이용하여 시솝클럽 사이트가 완성되었습니다. 커뮤니티 사이트는 회원들과의 소통이 활발하고 회원들이 많을수록 사이트가 더욱 활성화되기 때문에 관리와 운영을 잘해야 합니다.

■ 그림 8-112 시솝클럽 사이트(www.ilovecafe.kr) 완성 화면

[**cafe24** 웹 호스팅 상품 3개월 무료 이용 쿠폰 사용법]

01 카페24 호스팅센터(cafe24.com)에 회원가입 후 '10G 광아우토반 full SSD' 호스팅 상품의 전략형 서비스의 [신청하기] 버튼을 클릭합니다.

02 해당 서비스 아이디를 등록합니다.

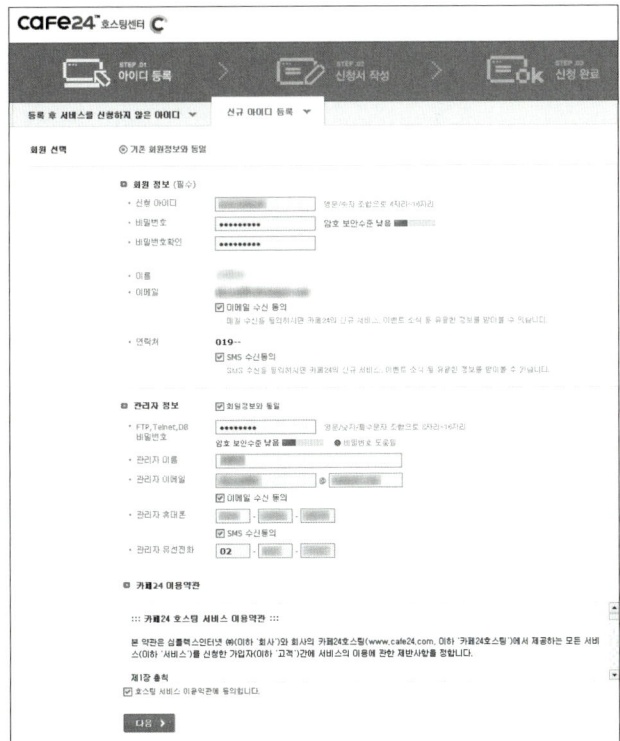

03 기간 설정은 '3개월'을 선택하고 서버 환경설정은 'PHP 5.3/MySQL 5.xUTF-8'을 선택해야 '프로그램 자동설치 선택'이 가능합니다.

04 결제수단에서 '쿠폰'을 선택 후 쿠폰번호를 입력하면 결제가 완료됩니다. 신청이 완료되면 30분 내 접속이 가능합니다.

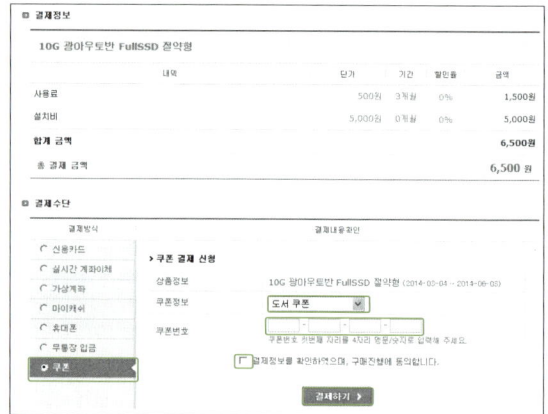

[쿠폰 이용 안내]

앤써북 고객센터로 다음과 같은 형식으로 메일을 보내주시면 메일 확인 후 1~2일 이내로 쿠폰번호를 요청하신 메일로 보내드립니다.

- **요청 형식** : 이메일 제목에 [도서 이용 쿠폰 요청]이라고 작성한 후 '구입하신 도서명', '카페24 아이디', '이름'을 작성하여 앤써북(answerbook.co.kr) 고객센터로 보내주시면 감사하겠습니다.
- **앤써북 고객센터 이메일** : duzonlife@empas.com

※ 쿠폰발행과 관련된 전화문의는 받지 않습니다. 쿠폰입력 및 사용에 관한 문의는 앤써북 고객센터 이메일 (duzonlife@empas.com)로 보내주시면 최대한 빠른 시간에 답변 드리겠습니다.
※ 쿠폰관련 문의사항 : 앤써북 고객센터 070-8877-4177
※ 쿠폰번호가 유출되는 문제로 인하여 부득이하게 쿠폰번호를 이메일로 보내드리는 점 양해 부탁드립니다.